Bruxelles

Ch. Bastin et J. Evrard

D1262756

S.A. MICHELIN BELUX N.V.
Brusselsesteenweg 494 – bus 1
1731 ZELLIK (Asse)
☎ 32 2 274 4360
www.ViaMichelin.com
LeGuideVert@fr.michelin.com

Manufacture française des pneumatiques Michelin
Société en commandite par actions au capital de 304 000 000 EUR
Place des Carmes-Déchaux – 63 Clermont-Ferrand (France)
R.C.S. Clermont-Fd B 855 200 507

Maquette de couverture extérieure : Agence Carré Noir à Paris 17ᵉ

Parution 2004

LE GUIDE VERT,
l'esprit de découverte

Avec Le Guide Vert, voyager c'est être
acteur de ses vacances, profiter
pleinement de ce temps privilégié pour
se faire plaisir : apprendre sur le terrain,
découvrir de nouveaux paysages, goûter
l'art de vivre des régions et des pays.
Le Guide Vert vous ouvre la voie, suivez-le !
Grands voyageurs, nos auteurs parcourent
chaque année villes et villages pour
préparer vos vacances : repérage et
élaboration de circuits, sélection des plus
beaux sites, recherche des hôtels et des
restaurants les plus agréables,
reconnaissance détaillée des lieux pour
réaliser des cartes et plans de qualité…
Aujourd'hui, vous avez en main un guide
élaboré avec le plus grand soin, fruit de
l'expérience touristique de Michelin.
Régulièrement remis à jour, Le Guide Vert
se tient à votre écoute. Tous vos courriers
sont ainsi les bienvenus.
Partagez avec nous la passion du voyage
qui nous a conduits à explorer plus de
soixante destinations, en France et à
l'étranger. Laissez-vous guider, comme
nous, par cette curiosité insatiable, qui
donne au voyage son véritable esprit :
l'esprit de découverte.

L'équipe du Guide Vert Michelin
Le Guide Vert@fr.michelin.com

3

Sommaire

Valdin/PHOTONONSTOP

La fusée de Tintin

L. Banahan/A chacun son image/MICHELIN

La place du Petit-Sablon

Bruxelles-centre   91

Les autres communes   185

Les environs de Bruxelles   221

Le Zinneke de Tom Frantzen

Détail d'un chapiteau de l'hôtel de ville

Cartographie

LES PRODUITS COMPLÉMENTAIRES AU GUIDE VERT

Plan (n° 44) et atlas à spirale (n° 2044) de Bruxelles

– un plan complet de la ville au 1/17 500 avec les grands axes de circulation, les sens uniques, les principaux parkings, les bâtiments publics essentiels, les bureaux de poste, les stations de taxis...

– un répertoire alphabétique de toutes les rues permettant de les localiser facilement

– des renseignements pratiques dont des numéros de téléphone utiles (assistance, informations touristiques, transport, aéroport, ambassades)

– un plan des transports en commun

– un agrandissement du centre de Bruxelles au 1/10 500

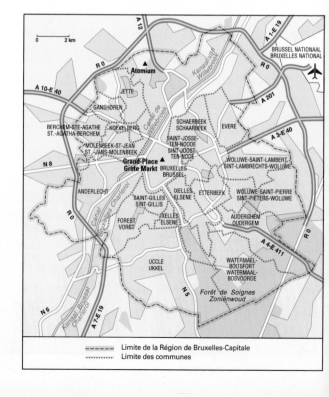

- - - - - Limite de la Région de Bruxelles-Capitale
·········· Limite des communes

... et pour se rendre à Bruxelles

Carte n° 716 Belgique-Luxembourg

– carte routière et touristique au 1/350 000 indiquant le réseau routier et autoroutier, les distances sur routes et autoroutes, les limites administratives des provinces, et comportant un index des localités ainsi qu'un agrandissement de Bruxelles.

Cartes n°s 533 (Nord) et 534 (Sud) de la Belgique

– cartes détaillées au 1/200 000 avec un index des localités permettant de les localiser facilement. La carte n° 533 comprend un agrandissement de Bruxelles.

Sachez également qu'en complément de ces cartes et de ce plan de ville, les internautes pourront bénéficier des mêmes renseignements en surfant sur le site www.ViaMichelin.fr.

INDEX CARTOGRAPHIQUE

Plans de quartier

Plans de musée, de site

Votre guide

Votre Guide Vert est une mine de renseignements. Vous y trouverez :

● des cartes générales en début de guide pour vous aider à préparer votre séjour ; la carte des plus beaux quartiers et monuments vous indique les destinations les plus intéressantes.

● des Informations pratiques : adresses utiles, formalités, dates des manifestations principales.

● un Carnet d'adresses avec une sélection d'hôtels, de restaurants, de cafés, de boutiques ainsi que le nécessaire pour rendre votre séjour plus agréable.

● une Introduction au voyage : pour en savoir plus avant de partir, ou en cours de route, sur l'histoire, les arts, les institutions européennes.

● les chapitres Bruxelles-centre, Les autres communes et Les environs de Bruxelles qui vous présentent par ordre alphabétique les quartiers de Bruxelles et les communes environnantes. Les curiosités soumises à des conditions de visite sont signalées au visiteur par le signe ⊘.

● un Index en fin de volume : pour retrouver rapidement la description d'un monument, des informations sur une personnalité ou un sujet qui vous passionne.

Votre avis nous intéresse. À votre retour, faites-nous part de vos critiques, de vos suggestions, de vos bonnes adresses. Bibendum attend votre courrier au Brusselsesteenweg 494, 1731 Zellik ou sur Internet LeGuideVert@fr.michelin.com, et vous souhaite un

bon voyage !

L. Banahan/A chacun son image/MICHELIN © Adagp. Paris 2002

The Whirling Ear de Calder au Mont des Arts

Légende

★★★ Très vivement recommandé

★★ Recommandé

★ Intéressant

Curiosités

⊘ Conditions de visite en fin de volume	►► Si vous le pouvez : voyez encore…
Itinéraire décrit / Départ de la visite	AZ B Localisation d'une curiosité sur le plan
Église – Temple	ℹ Information touristique
Synagogue – Mosquée	Château – Ruines
Bâtiment	Barrage – Usine
Statue, petit bâtiment	Fort – Grotte
Calvaire	Monument mégalithique
Fontaine	Table d'orientation – Vue
Rempart – Tour – Porte	▲ Curiosités diverses

Sports et loisirs

Hippodrome	Sentier balisé
Patinoire	Base de loisirs
Piscine : de plein air, couverte	Parc d'attractions
Port de plaisance	Parc animalier, zoo
Refuge	Parc floral, arboretum
Téléphérique, télécabine	Parc ornithologique, réserve d'oiseaux
Chemin de fer touristique	

Autres symboles

Autoroute ou assimilée	Poste restante – Téléphone
Échangeur : complet, partiel	Marché couvert
Rue piétonne	Caserne
Rue impraticable, réglementée	Pont mobile
Escalier – Sentier	Carrière – Mine
Gare – Gare routière	Bacs
Funiculaire – Voie à crémaillère	Transport des voitures et des passagers
Tramway – Métro	Transport des passagers
Bert (R.)... Rue commerçante sur les plans de villes	③ Sortie de ville identique sur les plans et les cartes MICHELIN

Abréviations et signes particuliers

G	Gendarmerie (Rijkswacht)	**P**	Gouvernement provincial (Provinciehuis)
H	Hôtel de ville ou maison communale (Stad- of gemeentehuis)	**POL.**	Police (Politie)
J	Palais de justice (Gerechtshof)	**T**	Théâtre (Schouwburg)
M	Musée (Museum)	**U**	Université (Universiteit)
P	Chef-lieu de province (Hoofdplaats provincie)		Parking Relais

Les plus beaux quartiers
et monuments

Très vivement recommandé ★★★

Recommandé ★★

Intéressant ★

Les noms en noir désignent les curiosités décrites dans ce guide.
Consultez l'index

0   4 km

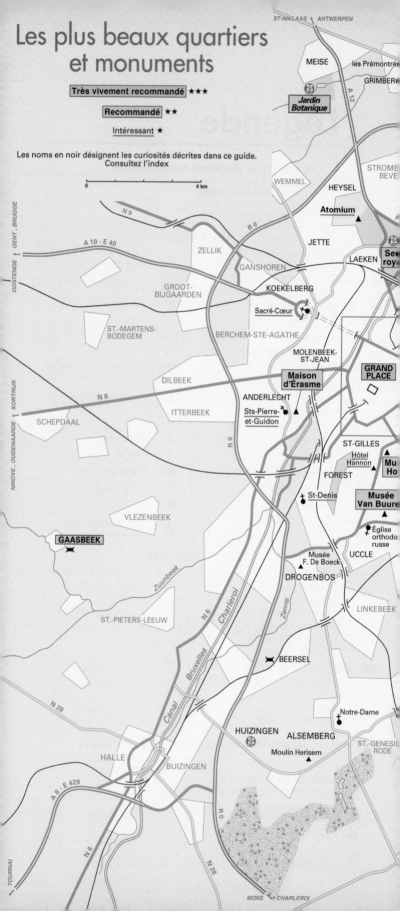

ST-NIKLAAS / ANTWERPEN

MEISE

les Prémontrés

GRIMBER

Jardin Botanique

A 12

STROME
BEVE

OOSTENDE / GENT · BRUGGE

N 9

WEMMEL

HEYSEL

Atomium ▲

A 10 · E 40

ZELLIK

R 0

JETTE

LAEKEN

Ser
roya

GANSHOREN

KOEKELBERG

GROOT-
BIJGAARDEN

Sacré-Cœur

BERCHEM-STE-AGATHE

ST.-MARTENS-
BODEGEM

MOLENBEEK-
ST-JEAN

**GRAND
PLACE**

NINOVE · OUDENAARDE / KORTRIJK

N 8

DILBEEK

**Maison
d'Érasme**

ITTERBEEK

ANDERLECHT

SCHEPDAAL

Sts-Pierre-
et-Guidon ▲

R 0

ST-GILLES

Hôtel
Hannon ▲

**Mu
Ho**

FOREST

VLEZENBEEK

St-Denis

**Musée
Van Buure** ▲

Église
orthodo
russe

GAASBEEK ✕

UCCLE

Musée
F. De Boeck

Zuunbeek

DROGENBOS

LINKEBEEK

ST.-PIETERS-LEEUW

N 6

Charleroi

Bruxelles

Zenne

N 28

Canal

BEERSEL ✕

Notre-Dame

N 6

HUIZINGEN

ALSEMBERG

ST.-GENESIU
RODE

HALLE

BUIZINGEN

Moulin Herisem ▲

A 8 · E 429

R 0

N 6

N 28

TOURNAI

MONS ○ CHARLEROI

Les plus beaux quartiers et monuments du centre-ville

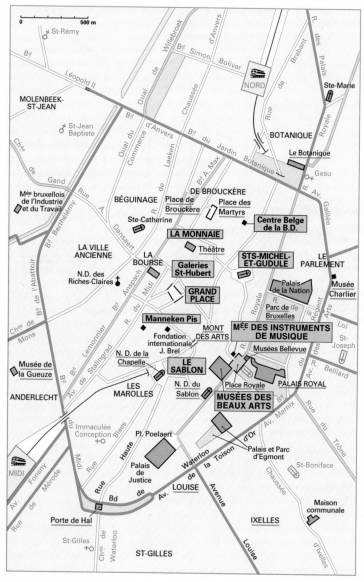

Vous aimez...

L'Art nouveau – Rendez-vous au musée des Instruments de Musique, au Centre belge de la bande dessinée, au musée Horta (Ixelles), à l'hôtel Hannon (Ixelles), à la maison Cauchie (près du Cinquantenaire), aux squares (quartier des Institutions européennes), et aux étangs d'Ixelles.

La bande dessinée – Visitez le Centre belge de la bande dessinée ou procurez-vous à l'Office de tourisme la brochure consacrée au parcours de la bande dessinée.

L'architecture gothique – Visitez la cathédrale des Saints-Michel-et-Gudule, l'église Notre-Dame-du-Sablon, l'église Notre-Dame-de-la-Chapelle, et l'église des Saints-Pierre-et-Guidon à Anderlecht.

La peinture – Visitez le musée d'Art ancien, le musée d'Art moderne, le musée Wiertz, le musée Charlier, le musée communal d'Ixelles, le musée David et Alice van Buuren (Uccle), et le musée Felix De Boeck (Drogenbos).

Les découvertes insolites – Rendez-vous au palais du Coudenberg, à la Tour japonaise (Heysel), au Pavillon chinois (Heysel), à l'Atomium (Heysel), et à la Bibliotheca Wittockiana (Woluwe).

Les délicieuses spécialités belges – Rendez-vous au musée de la Brasserie (Grand-Place), au musée du Cacao et du Chocolat (Grand-Place), et à la brasserie Cantillon à Anderlecht.

Les souvenirs des musiciens et chansonniers – Rendez-vous au Théâtre royal de la Monnaie, à la Fondation internationale Jacques Brel, et au musée des Instruments de Musique.

PLANS DE BRUXELLES
Index des rues et curiosités voir p. 21 à 23

BRUXELLES CAPITALE

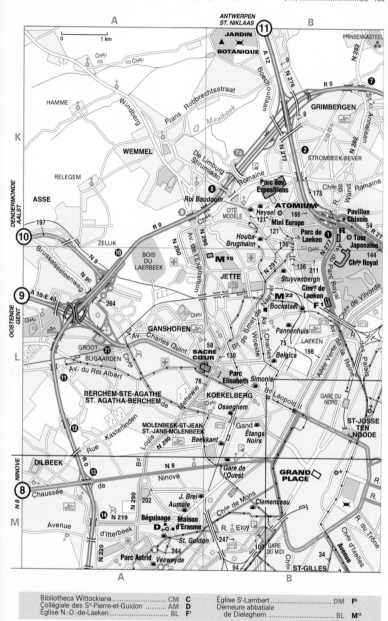

Pour connaître les expositions,
les spectacles et les salons en cours à Bruxelles,
consultez le supplément hebdomadaire « MAD »
du quotidien Le Soir
qui paraît chaque mercredi
ou les mensuels Kiosque et Tram 81.

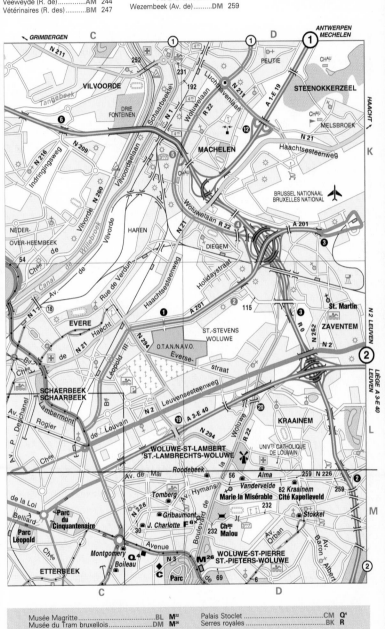

La Société des Transports Intercommunaux de Bruxelles (STIB)
a conçu un intéressant dépliant :
« L'Art nouveau en transports en commun »
Une liste indique les lignes de transports publics à emprunter,
et trois itinéraires sont proposés
afin d'être guidé dans les rues de la capitale,
longées de remarquables édifices de style Art nouveau.

BRUXELLES CAPITALE

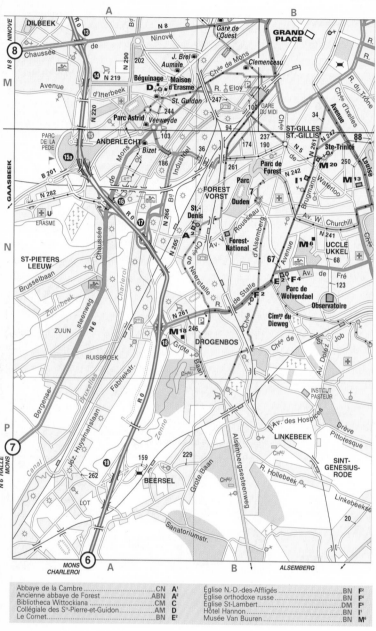

*À Bruxelles, on n'est jamais loin de la prochaine curiosité ;
c'est la raison pour laquelle
plusieurs possibilités de prolonger la visite
sont proposées à chaque fin de bloc.*

BEERSEL

DROGENBOS

KRAAINEM

ST-GENESIUS-RODE

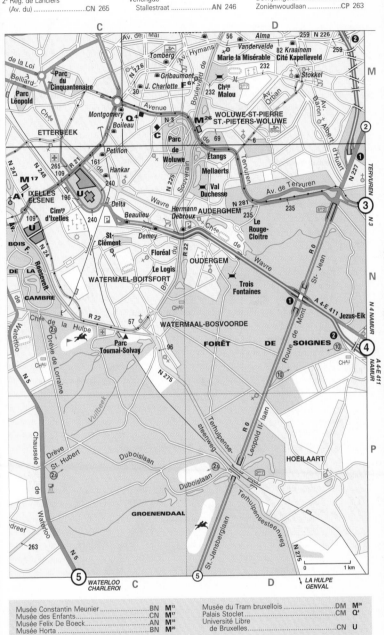

Participez à notre effort permanent de mise à jour.
Adressez-nous vos remarques et suggestions :
Michelin Éditions des Voyages
Brusselsesteenweg 494
1731 Zellik
LeGuideVert@fr.michelin.com

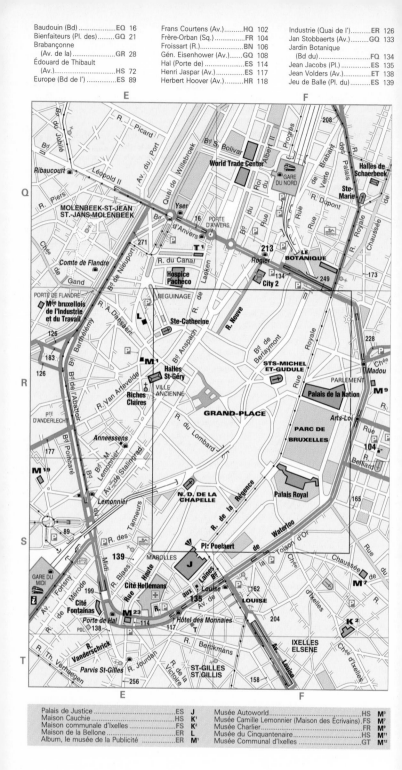

Vous aimez la musique classique ?
Des concerts de midi sont régulièrement organisés à l'auditorium
du musée d'Art ancien (mercredi), au musée Charlier (mardi et jeudi),
et à la Monnaie (vendredi).

Vous aimez l'Art nouveau, visitez
le musée Horta
le Centre belge de la bande dessinée
la maison Cauchie
l'hôtel Hannon
le musée des Instruments de Musique
les squares
les étangs d'Ixelles.

BRUXELLES
CAPITALE

Index des rues des plans pages 14 à 20

ENVIRONS

ASSE

BEERSEL

DROGENBOS

GRIMBERGEN

HOEILAART

KRAAINEM

LINKEBEEK

MACHELEN

ST-GENESIUS-RODE

ST-PIETERS-LEEUW

STEENOKKERZEEL

VILVOORDE

WEMMEL

ZAVENTEM

Index des curiosités des plans pages 14 à 20

Détente sur la Grand-Place

Informations pratiques

Avant le départ

Adresses utiles

ORGANISMES DE TOURISME

Pour organiser son voyage, rassembler la documentation nécessaire ou vérifier certaines informations, s'adresser en premier lieu aux **offices de tourisme**.

Paris – Office belge de tourisme Wallonie-Bruxelles, 21, bd des Capucines, 75002 Paris, ☎ 01 47 42 41 18, fax 01 47 42 71 83.

Québec – Office de Promotion du Tourisme Wallonie-Bruxelles, 43, rue De Buade, bureau 525, G1R 4A2, ☎ 418 692-4939, fax 418 692-4974.

Bruxelles – **BI (Bruxelles International)**, hôtel de ville, Grand-Place, 1000 Bruxelles, ☎ 02 513 89 40, fax 02 513 83 20, www.brusselsinternational.be. Cet organisme édite chaque année un guide pratique sur Bruxelles : « Guide & Plan ». En outre, le BI-TC propose de nombreux services dont un guide des restaurants, un guide des hôtels, un passeport touristique accordant de nombreuses réductions.
Vous pouvez également vous adresser à l'**OPT (Office de Promotion du Tourisme Wallonie-Bruxelles)**, rue du Marché-aux-Herbes 63, 1000 Bruxelles, ☎ 02 504 03 90, fax 02 504 02 70, www.belgique-tourisme.net.

Formalités

Documents – Pour les citoyens de l'Union européenne, une carte d'identité ou un passeport en cours de validité suffisent pour visiter Bruxelles. Les enfants mineurs voyageant seuls doivent être en possession d'une autorisation des parents délivrée par le commissariat de police.
Pour les ressortissants canadiens, la carte nationale d'identité ou le passeport en cours de validité suffisent.

Santé – En cas d'accident ou de maladie au cours du séjour, les ressortissants de l'Union européenne bénéficient de la gratuité des soins sur présentation du formulaire E 111. Les Français doivent s'adresser à leur centre de Sécurité sociale.

Conducteurs – Permis de conduire national pour les ressortissants des pays de l'Union européenne ou permis international.

Documents pour la voiture – Papiers du véhicule (carte grise) et carte verte internationale d'assurance.

Animaux domestiques – Un certificat de vaccination antirabique de plus de 30 jours et de moins d'un an est exigé.

Transports

Comment se rendre facilement à Bruxelles ?

En avion – La plupart des compagnies aériennes (SN Brussels Airlines, Air France, Swissair) desservent l'aéroport de Bruxelles-National à Zaventem, situé à environ 12 km au Nord-Est de la capitale. Se renseigner auprès de son agence de voyages afin de connaître les conditions en vigueur, les vols charters et les vols à prix réduits.
Air France – 119, avenue des Champs-Élysées, 75008 Paris. Renseignements et réservations ☎ 0820 820 820, bv.airfrance.fr.

SN Brussels Airlines – À Bruxelles, aéroport de Bruxelles-National, 1935 Zaventem, réservations ☎ 070 35 11 11, www.snbrussels.com ; heures de départ ☎ 02 723 23 45 ; récupération des bagages ☎ 02 723 60 11.

L'aéroport est relié au centre par une ligne de train. L'Airport City Express s'arrête à Bruxelles-Nord, Bruxelles-Centrale et Bruxelles-Midi. Durée du trajet de 20 à 27 mn. De l'aéroport, départs de 5 h 30 à 0 h 20.
Pour une course en taxi, il faudra compter environ 20 mn selon la densité de la circulation. Une nouvelle ligne de bus (n° 12) fonctionne entre l'aéroport et le centre de Bruxelles. Le bus s'arrête à Nato, Genève, Diamant, Schuman et Luxembourg (terminus).

En train – Le Thalys (TGV) relie Paris (gare du Nord) à Bruxelles (Bruxelles-Midi) en 1 h 25. Pour obtenir des informations sur les prix, les formules spéciales et la réservation de votre billet, vous pouvez appeler le centre téléphonique Thalys : ☎ 08 36 35 35 36 (de 7 h à 22 h, 0,34 €/mn). Vous pouvez également consulter le site Web : www.thalys.com.

- [ ] a. *Maison d'hôte de charme*
- [ ] b. *Chambre à 40€ maximum la nuit*
- [ ] c. *À ne pas manquer : le petit "plus"*

Vous ne savez pas quelle case cocher ?
Alors ouvrez vite Le Guide Coups de Cœur Michelin !

De l'ancienne ferme de caractère au petit château niché dans son parc en passant par la maison de maître au cœur d'un vignoble, la sélection Michelin, classée par région, recense autant d'adresses à l'accueil chaleureux qui charmeront même les petits budgets.

Guide Coups de Cœur Michelin, le plaisir du voyage

En voiture – Pour choisir l'itinéraire entre votre point de départ en France et Bruxelles, utiliser :

– le **Minitel 3615 code Michelin** : ce service définit un itinéraire et donne le coût des péages sur le parcours français, le kilométrage total ainsi que la sélection Michelin des hôtels, restaurants et campings.

– les **cartes Michelin** : n° 705 Europe, n° 721 France, n° 729 Suisse, n° 717 Grand-Duché de Luxembourg, n° 716 Belgique, n° 533 Belgique Nord, n° 534 Belgique Sud.

Circulation automobile

Vitesses limites – En Belgique, la vitesse est limitée à 120 km/h sur les autoroutes, à 90 km/h sur les autres routes, à 50 km/h dans les agglomérations. Le port de la ceinture de sécurité est obligatoire, y compris dans les villes.

Autoroutes – Elles sont gratuites. Leurs échangeurs portent un numéro qui est mentionné sur les cartes Michelin.

Accidents – En cas d'accident grave, téléphoner de jour ou de nuit au 100 (ambulance) ou 101 (police). Des postes d'appel téléphonique, signalés par des panonceaux, sont à la disposition des automobilistes en détresse sur les grands axes.

Dépannage – En Belgique, en cas de panne ou d'accident, on peut faire appel jour et nuit aux services de Touring Secours de Belgique. Sur les autoroutes, utiliser les postes d'appel téléphonique. Sur les autres routes, appeler le ☎ 070 344 777.
Le Royal Automobile Club de Belgique porte également assistance en cas de panne : ☎ 02 287 09 00. En Flandre et à Bruxelles, on peut aussi contacter le VTB-VAB, ☎ 070 344 666.

Météorologie, état des routes – Se renseigner auprès de l'Institut royal météorologique, ☎ 0900 27 003 ou auprès du Touring Club, ☎ 0900 10 280 *(7 h-23 h)*.

À Bruxelles

Transports en commun

La Société des Transports Intercommunaux de Bruxelles (STIB), créée en 1954, est la première entreprise belge de transports en commun urbains. Son réseau développe une longueur totale de 430 km et ses activités s'étendent aux 19 communes bruxelloises ainsi qu'à d'autres communes périphériques.

Le Centre d'Informations Téléphonées (CIT) donne des précisions concernant les déplacements sur le réseau et les horaires au ☎ 0900 10 310. Il existe également un site Web : www.stib.irisnet.be.

Les différents transports en commun fonctionnent environ de 6 h à minuit et utilisent les mêmes tickets. Des plans et brochures sont mis à la disposition des usagers dans certaines stations et à l'Office de tourisme.

Il existe des cartes donnant droit à 1 ou 5 voyages sur tout le réseau de la STIB, alors que celle permettant 10 voyages est uniquement valable sur le réseau urbain. Une carte d'un jour (uniquement valable le jour de l'oblitération) autorise un nombre illimité de trajets. Leur durée de validité est d'une heure et comprend une correspondance gratuite, également valable avec le chemin de fer où le délai de validité s'élève à 2 h. Ne pas oublier d'oblitérer la carte à chaque montée dans un véhicule ou à chaque entrée en station.

Les cartes sont en vente dans les trams, les autobus, les salles des guichets et chez certains commerçants (libraires), mais on peut aussi s'en procurer au moyen des distributeurs automatiques dans les différentes stations.

En métro – Il existe depuis 1976, et ses stations ont été décorées par une soixantaine d'artistes contemporains, ce qui le transforme en une immense galerie d'art *(voir Introduction, Vivre à Bruxelles)*.

La ligne principale, longue de 33 km, traverse la ville de part en part, d'Est en Ouest. Elle possède quatre terminus (Roi Baudouin, Hermann-Debroux, Stockel et Bizet) dont le nom est repris sur les voitures pour permettre aux usagers de mieux se diriger.

La seconde ligne (7,5 km) ou « Petite Ceinture » recoupe la première en deux points : Arts-Loi et Simonis.

Tout comme les stations Rogier, Roodebeek et Gare du Midi, celle de la Porte de Namur offre les services d'un centre d'information et de vente, mais possède également un bureau des objets trouvés (☎ 02 515 23 94).

Les entrées de métro sont signalées par un panneau bleu sur lequel se détache la lettre M en blanc.

En tramway – Les trams font partie intégrante du paysage bruxellois et se déplacent sur une quinzaine de lignes. Ils circulent soit en surface, soit en tunnel, ce qui permet d'échapper à la circulation souvent dense de la capitale, et dans ce cas, on parle de prémétro. Celui-ci possède deux lignes : l'une suivant un axe Nord-Sud et reliant, entre autres, les gares du Nord et du Midi ; l'autre suit le parcours de la « Grande Ceinture » dans les communes de Woluwe et de Schaerbeek.

Les tramways en surface desservent toute l'agglomération.

En autobus – Ils parcourent de nombreuses rues de Bruxelles, mais également de banlieue, ce qui permet aux voyageurs de rejoindre les lignes de métro vers le centre-ville.

En voiture – Comme dans toutes les grandes villes, la circulation n'est pas aisée, surtout aux heures de pointe. Néanmoins pour traverser la ville, les tunnels de la Petite Ceinture facilitent la vie. Idéal pour se déplacer dans les communes extérieures, il est conseillé pour la visite du centre-ville d'abandonner son véhicule dans l'un des nombreux parkings et de continuer son parcours à pied. N'est-ce pas la meilleure manière de découvrir une ville ? Pour les emplacements payants à l'aide de parcmètres ou d'horodateurs, se munir de pièces. La durée de stationnement est souvent limitée à 1 h ou 2 h maximum.

Louer une voiture – Cette solution est très utile pour tous ceux qui, arrivés à Bruxelles en avion ou en train, désirent en visiter les environs. Les principales agences de location sont :

Avis : Rue de France 2 (Gare du Midi) ; ☎ 02 527 17 05

Aéroport de Bruxelles-National ; ☎ 02 720 09 44

Budget : Avenue Fonsny (Gare du Midi) ; ☎ 02 527 59 47

Aéroport de Bruxelles-National ; ☎ 02 753 21 70

Europcar : Gare du Midi ; ☎ 02 522 95 73

Aéroport de Bruxelles-National ; ☎ 02 721 05 92

Hertz : rue Colonel Bourg ; ☎ 02 702 05 11.

Bon à savoir

Ambassades

Ambassade du Canada : avenue de Tervuren 2, 1040 Bruxelles, ☎ 02 741 06 11.
Ambassade de France : rue Ducale 65, 1000 Bruxelles, ☎ 02 548 87 11.
Ambassade du Luxembourg : avenue de Cortenbergh 75, 1000 Bruxelles, ☎ 02 737 57 00.
Ambassade de Suisse : rue de la Loi 26, 1040 Bruxelles, ☎ 02 285 43 50.

Banques

Sont en général ouvertes de 9 h à 15 h 30. Certaines ferment entre 12 h 30 et 13 h 30. mais restent ouvertes plus tard en semaine ou sont ouvertes le samedi matin.

Bureaux de poste

Sont normalement ouverts en semaine de 9 h à 17 h. Le bureau au premier étage du Centre Monnaie (place de la Monnaie) est ouvert le samedi matin.
Les lettres (jusqu'à 20 g) et les cartes postales destinées aux pays de l'Union européenne seront affranchies à 0,42 €.

Cartes de crédit

Les chèques de voyage et les principales cartes de crédit internationales (Visa. Eurocard, American Express, Diners Club) sont acceptés dans presque tous les commerces, hôtels et restaurants. Les distributeurs de billets fonctionnent en général avec les cartes de crédit internationales. Les Français titulaires de la carte CCP 24-24 peuvent utiliser les distributeurs automatiques de billets Postomat.

Pertes : American Express, ☎ 02 676 21 21
Visa, Eurocard, ☎ 070 344 344
Diners Club, ☎ 02 639 41 10

Devises

L'unité monétaire est l'euro. Il y a huit pièces et sept billets. Seules les pièces ont encore une face nationale. Pièces : 1, 2, 5, 10 20 et 50 cents et 1 et 2 euros ; billets : 5, 10, 20, 50, 100, 200 et 500 euros.

Jours fériés

1er janvier	Ascension	15 août
Pâques	Pentecôte	1er novembre
Lundi de Pâques	Lundi de Pentecôte	11 novembre
1er mai	21 juillet (fête nationale)	25 décembre

Magasins

La plupart des magasins sont ouverts du lundi au samedi de 9 h à 18 h 30. Ils sont fermés le dimanche. Les supermarchés sont ouverts de 9 h à 20 h (le vendredi jusqu'à 21 h).

Monuments, églises et musées

Se visitent en général de 10 h à 17 h. Les musées sont habituellement fermés le lundi.

Pharmacies

Généralement ouvertes de 8 h 30 à 18 h 30. Service de garde assuré la nuit, les dimanches et jours fériés. La liste des établissements de garde est affichée en vitrine des pharmacies.

Principales compagnies de taxis

Taxis verts : ☎ 02 349 49 49
Taxi orange : ☎ 02 349 43 43

Téléphone

Des cartes de téléphone, pour appeler à partir des cabines publiques un abonné dans le pays ou à l'étranger, sont disponibles dans les bureaux de poste, les gares et souvent chez les marchands de journaux. Certaines cabines téléphoniques fonctionnent encore avec des pièces.
Le bureau de Belgacom au boulevard de l'Impératrice 17 (près de la gare centrale) est ouvert en semaine de 8 h 30 à 18 h (le mardi de 10 h à 18 h).
Pour appeler la France depuis la Belgique, composer le 00 + 33 + l'indicatif téléphonique de la région sans le 0 et le numéro de l'abonné ; pour appeler le Luxembourg : 00 + 352, la Suisse 00 + 41.
Les communications sont moins chères entre 19 h et 8 h, pendant le week-end et les jours fériés.

Visites guidées

ARAU (Atelier de Recherche et d'Action Urbaines) : boulevard Adolphe Max 55, 1000 Bruxelles, ☎ 02 219 33 45, www.arau.org.
Cet organisme est avant tout un comité d'habitants qui lutte depuis la fin des années 1960 contre la bruxellisation ou destruction de la capitale. Il propose plusieurs tours de ville à thème dont Bruxelles 1900 (Art nouveau), Bruxelles 1930 (Art déco), Bruxelles autrement...

Arcadia : rue du Métal 58, 1060 Bruxelles, ☎ 02 534 38 19. Cette association organise des circuits à thème.

De Boeck Citytours : rue de la Colline 8, 1000 Bruxelles, ☎ 02 513 77 44, www.brussels-city-tours.com. La « Visite Brussels Line » propose de découvrir de nombreux sites et monuments de la capitale en autocar. Les arrêts sont : gare centrale, Botanique, place Rogier, Heysel (Atomium), Tour japonaise, Grand-Place, rue du Lombard (Manneken Pis), Sablon, place Louise, avenue Louise, gare du Luxembourg (quartier de l'Europe), avenue des Gaulois (Cinquantenaire), rond-point Schuman (quartier de l'Europe), place Royale. Le billet s'achète dans le car et reste valable 24 h. Commentaires en français (écouteurs).

Brussels by water : quai des Péniches 2 bis, 1000 Bruxelles, ☎ 02 203 64 06. Promenades en bateau.

Bus Bavard : rue des Thuyas 12, 1170 Bruxelles, ☎ 02 673 18 35, www.busbavard.be. Visites guidées à thème ou circuits de découverte.

La Fonderie : rue Ransfort 27, 1080 Bruxelles, ☎ 02 410 99 50. Les visites, axées sur le patrimoine industriel, se font à pied, en autocar ou en bateau. Possibilité de visiter le port de Bruxelles et des entreprises en activité.

Heli Service Belgium : Gaasbeeksesteenweg 140, 1500 Halle, ☎ 02 361 21 21. Survol de la capitale en hélicoptère.

Itinéraires : rue de l'Hôtel des Monnaies 157, 1060 Bruxelles, ☎ 02 539 30 00, www.itineraires.be. Visites guidées à thème.

Open Tours – Gossetlaan 15, 1702 Groot-Bijgaarden, ☎ 02 466 11 11 ou 02 466 16 25, www.open-tours.com. Les bus rouges de cette compagnie proposent un trajet de 1 h 30 depuis la gare centrale.

Pro vélo : rue de Londres 15, 1050 Bruxelles, ☎ 02 502 73 55, www.provelo.org. Organise des tours guidés à vélo (en saison).

Bruxelles International : hôtel de ville, Grand-Place, 1000 Bruxelles, ☎ 02 513 89 40, www.brusselsinternational.be. Visites guidées en été pour individuels.

Principales manifestations

FESTIVALS

Janvier

Festival international du Film de Bruxelles... Porte de Namur

Mars-avril

Ars Musica (musique contemporaine) .... Différents endroits de la capitale

Printemps Baroque du Sablon.................... Sablon

Mai-juin

Brussels Jazz Marathon............................ Différents endroits de la capitale

KunstenFestivalDesArts............................ Différents endroits de la capitale
(théâtre, danse, opéra)

Couleur Café (musiques du monde) .... Tour et Taxis, rue Picard

Juillet

Klinkende Munt (concerts d'été) .... Place de la Monnaie et BSBbis,
rue de la Caserne

Brosella Folk & Jazz (2e week-end) .... Théâtre de verdure, Heysel

Les Dimanches du Bois de la Cambre
(musique classique et jazz) .... Bois de la Cambre, Ixelles

Festival d'été de Bruxelles (concerts) .... Grand-Place

Festival des Midis-Minimes
(concerts de midi) .... Église des Minimes et Conservatoire

Août

Boterhammen in de stad (concerts d'été) ... Place d'Espagne

Festival d'été de Bruxelles (concerts) .... Grand-Place

Festival des Midis-Minimes
(concerts de midi) .... Église des Minimes et Conservatoire

Festival Bellone-Brigitinnes .... Chapelle des Brigittines et Maison
(danse contemporaine) .... du Spectacle La Bellone

Septembre

Festival Bellone-Brigitinnes .... Chapelle des Brigittines et Maison
(danse contemporaine) .... du Spectacle La Bellone

Les Nuits Botanique
(concerts rock, pop, etc.) .... Le Botanique et Cirque royal

Octobre-novembre

Audi Jazz Festival .... Différents endroits de la capitale

FOIRES ET SALONS

Janvier

Foire des antiquaires .... Palais des Beaux-Arts

Salon de l'automobile (années paires) .... Parc des expositions, Heysel

Mars

Eurantica (antiquités) .... Parc des expositions, Heysel

Foire internationale du livre .... Palais des congrès

**Salon des vacances, du tourisme
et des loisirs** .... Parc des expositions, Heysel

Décembre

Cocoon (Salon national de la maison
et de la décoration) .... Parc des expositions, Heysel

RENCONTRES SPORTIVES, COMPÉTITIONS

Mai

20 km de Bruxelles .... Parc du Cinquantenaire

Août

Mémorial Ivo Van Damme
(athlétisme, fin du mois) .... Stade Roi Baudouin, Heysel

Septembre

Marathon de Bruxelles

L'Ommegang

ANIMATIONS, CÉLÉBRATIONS ET FÊTES

Mai
Fête de l'Iris
(spectacles et sports de rue, concerts) .... Esplanade du Cinquantenaire

Juillet
Ciné Drive-in .... Esplanade du Cinquantenaire
Ommegang (cortège historique) .... Grand-Place —

Mi-juillet-mi-août
Kermesse de Bruxelles .... Quartier du Midi

21 juillet
Défilé militaire .... Place des Palais
Feu d'artifice .... Parc de Bruxelles

Tapis de fleurs, Grand-Place

Août

Plantation du Meiboom .... Centre-ville : angle rue des Sables et rue du Marais

Ciné Drive-in .... Esplanade du Cinquantenaire

Tapis de fleurs (années paires) .... Grand-Place

Décembre

Crèche, sapin .... Grand-Place

Marché de Noël.. Alentours de la Grand-Place

P.Gajic / Michelin

- [ ] a. ✕✕ **Restaurant de bon confort**
- [ ] b. ✿ **Une très bonne table dans sa catégorie**
- [ ] c. 😊 **Repas soignés à prix modérés**

Vous ne savez pas quelle case cocher ?

Alors plongez-vous dans Le Guide Michelin !

Du nouveau bistrot à la table gastronomique, du Bib Gourmand au ✿✿✿ (3 étoiles), ce sont au total plus de 45 000 hôtels et restaurants à travers l'Europe que les inspecteurs Michelin vous recommandent et vous décrivent dans ces guides. Plus de 300 cartes et 1600 plans de villes vous permettront de les trouver facilement. Le Guide Michelin Hôtels et Restaurants, le plaisir du voyage

Hébergement

Réservations – On peut réserver une chambre par l'intermédiaire du **BI-TC** (Bruxelles International-Tourisme & Congres), *Grand-Place, 1000 Bruxelles*, ☎ *02 513 89 40 , fax 02 513 83 20, www.tib.be*. L'**OPT** (Office de Promotion du Tourisme Wallonie-Bruxelles), *rue du Marché-aux-Herbes 61, 1000 Bruxelles*, ☎ *02 504 03 90, fax 02 504 02 70, www.opt.be* ainsi que le **BTR** (Belgian Tourist Reservations), *bd Anspach 111, 1000 Bruxelles*, ☎ *02 513 74 84, fax 02 513 92 77* effectuent également des réservations d'hôtels.

AUBERGES DE JEUNESSE

Il existe 3 auberges de jeunesse à Bruxelles :

Auberge de jeunesse « Génération Europe » – *Rue de l'Éléphant 4, 1080 Molenbeek Saint-Jean*, ☎ *02 410 38 58, fax 02 410 39 05, www.laj.be. Fermé du 1ᵉʳ au 15 jan. 164 lits : 10,66/20,33 €*. Située dans un quartier manquant un peu d'attraits, au Nord-Ouest du Pentagone, cette auberge n'en remplit pas moins sa fonction comme il faut, en proposant des chambres claires, fonctionnelles et propres de 2, 4, 6 ou 8 lits. Jardin et bar avec grand choix de bières belges.

Auberge de jeunesse Jacques Brel – *Rue de la Sablonnière 30, 1000 Bruxelles*, ☎ *02 218 01 87, fax 02 217 20 05, www.laj.be. 172 lits : 12,5/22,5 €*. Assez bien située, dans le quartier Madou, près de la rue Royale. Chambres de 1 à 14 lits, bien tenues, dans un établissement moderne qui vient d'être rénové. Les chambres doubles sont toutes avec douche et toilettes privées. Une auberge de jeunesse classique et sans défaut.

Jeugdherberg Bruegel IYHF – *Rue du Saint-Esprit 2, 1000 Bruxelles*, ☎ *02 511 04 36, fax 02 512 07 11, www.vjh.be. 164 lits : 12,5/22,5 €*. Très bien situé, à mi-chemin entre la gare du Midi et la gare centrale, près du Sablon. Chambres classiques d'auberge de jeunesse, de 1 à 8 places, avec lits superposés et douche à l'intérieur. Personnel essentiellement néerlandophone.

LOGEMENT POUR LES JEUNES

Ces établissements proposent des chambres à prix modérés.

Sleepwell – Espace du Marais – *Rue du Damier 23, 1000 Bruxelles*, ☎ *02 218 50 50, fax 02 218 13 13, www.sleepwell.be. 174 lits : 12,15/23,55 €*. Si cet établissement n'est pas une auberge de jeunesse officielle, il en présente abso-lument toutes les caractéristiques. Logement en chambres de 1, 2, 3, 4 ou 6 lits, atmosphère jeune et conviviale et équipement moderne. Excellente tenue générale et bonne situation, près de la plus importante rue commerçante de Bruxelles.

Centre d'Hébergement de l'Agglomération de Bruxelles (CHAB) – *Rue Traversière 8, 1210 Saint-Josse-Ten-Noode*, ☎ *02 217 01 58, fax 02 219 79 95, www.ping.be/chab. 220 lits : 8,68/20,33 €*. Le plus grand établissement pour jeunes du pays. Pour les moins de 35 ans. Chambres de 1 à 8 lits, claires, agréables et impec-cablement tenues, certaines avec douche et toilette privée. Espaces communs propices aux rencontres et nombreux services (cuisine, machine à laver, Internet...). Un endroit fort sympathique.

BED & BREAKFAST

Ce sont des chambres d'hôte dont le prix inclut la nuit et le petit-déjeuner. Une bonne formule, moins chère que le logement en hôtel. Voici les deux principales centrales de réservation :

Taxistop – *Rue du Fossé-aux-Loups 28, 1000 Bruxelles*, ☎ *02 223 22 31, fax 02 223 22 32, www.taxistop.be*. Propose à la vente un catalogue d'adresses (une trentaine pour la région bruxelloise). Cette organisation peut aussi se charger de vous chercher une chambre, moyennant alors des frais de dossier. Nuit pour une personne seule comprise entre 25 et 37,5 €.

Bed & Brussels – *Rue Kindermans 9, 1050 Bruxelles*, ☎ *02 646 07 37, fax 02 644 01 14, www.bnb-brussels.be*. Réservation (sur place ou par télé-phone) en semaine de 9 h à 18 h. Propose environ 130 adresses. Nuit en chambre simple de 27,27 à 54,54 € et réduction à partir d'une semaine de séjour.

HÔTELS

On consultera avantageusement **Le Guide Rouge Benelux** qui offre une grande sélec-tion d'hôtels classés par quartier. Pour chaque établissement, le niveau de confort et de prix est indiqué ainsi que de nombreux renseignements pratiques.

Pour la réussite de votre séjour à Bruxelles, nous vous donnons ici notre sélection de bonnes adresses. Elles ont été choisies pour leur situation, leur caractère ou leur excellent rapport qualité-prix. Toutes les maisons ont été visitées avec le plus grand soin. Toutefois, il peut arriver que des modifications aient eu lieu depuis notre dernier passage : faites-le nous savoir. Vos remarques et suggestions seront les bienvenues !

Cette sélection a été répartie en trois catégories répondant à tous les budgets. Pour chacune, les hôtels sont classés dans l'ordre ascendant des prix.

Le pictogramme ⌑ suivi d'un montant en € indique le prix du petit-déjeuner ; lorsqu'il n'est pas indiqué, il est inclus dans le prix de la chambre.

– La catégorie « **À bon compte** » propose des chambres à partir de 37 €. Il s'agit d'hôtels modestes mais confortables.

– « **Valeur sûre** » comprend des établissements agréables où les prix des chambres varient entre 80 et 200 €.

– Dans la sélection « **Une petite folie** », vous trouverez quelques hôtels au charme particulier qui garantissent un séjour mémorable. Naturellement, ces hôtels pratiquent des prix à la hauteur de leur charme : plus de 170 € la chambre.

À BON COMPTE

Les Bluets – *Rue Berckmans 124, 1060 St-Gilles,* ☎ *02 534 39 83, fax 02 543 09 70. 10 ch. : 37,18/44,62 €.* Petit hôtel familial fort bien tenu et décoré avec goût, à proximité du quartier Louise. Chambres toutes différentes les unes des autres, avec ou sans douche et toilettes privées. Également un jardin et une véranda. Pour les non-fumeurs.

Hôtel des Éperonniers – *Rue des Éperonniers 1, 1000 Bruxelles,* ☎ *02 513 53 66, fax 02 511 32 30, eperonniers@wanadoo.be. 27 ch. : 39,54/63,21 €,* ⌑ *3,72 €.* Un hôtel bon marché, des abords de la Grand-Place, mais qui n'en propose pas moins un hébergement tout à fait décent. Si toutes les chambres ne sont pas équipées de salle de bains privée, elles sont bien arrangées, avec goût et originalité dans des tons chauds et harmonieux. L'endroit rêvé pour les budgets un peu serrés.

George V – *Rue 'T Kint 23, 1000 Bruxelles,* ☎ *02 513 50 93, fax 02 513 44 93. 17 ch. : 57/69,5 €.* Situé dans un hôtel particulier de 1859, près du quartier animé de la rue Dansaert. Chambres petites et simples, mais agréables et fort bien tenues, avec TV et téléphone. Un excellent choix dans cette catégorie.

Hôtel La Vieille Lanterne – *Rue des Grands Carmes 29, 1000 Bruxelles,* ☎ *02 512 74 94, fax 02 512 13 97. 6 ch. : 61,97 €.* Un tout petit hôtel situé juste en face du Manneken Pis, à l'étage d'une boutique de souvenirs. Peut-être un peu bruyant les nuits d'été, mais les chambres, douillettes et agréablement rustiques, sont confortables et très propres.

Van Belle – *Chaussée de Mons 39, 1070 Anderlecht,* ☎ *02 521 35 16, fax 02 527 00 02. 120 ch. : 67/95 €.* Pas tout à fait au centre, mais navette gratuite vers la Grand-Place et la gare du Midi. Accueil chaleureux, chambres convenables et jolis petits salons au rez-de-chaussée. Garage.

La Légende – *Rue du Lombard 35, 1000 Bruxelles,* ☎ *02 512 82 90, fax 02 512 34 93, www.hotellalegende.com. 26 ch. : 70,65/97,92 €.* Très bien situé, à deux pas de la Grand-Place et du Manneken Pis. Agréable cour intérieure. Un hôtel fort bien tenu, qui propose de belles chambres couvertes de parquet et garnies de boiseries claires. Légère réduction le week-end.

Lambeau – *Av. Lambeau 150, 1200 Woluwe-St-Lambert,* ☎ *02 732 51 70, fax 02 732 54 90, www.hotellambeau.com. 24 ch. : 70,65/78,10 €.* Agréable petit hôtel familial, situé dans un quartier résidentiel, à quelques kilomètres à l'Est du centre. Chambres modernes et confortables, dans un style légèrement Art déco.

À la Grande Cloche – *Place Rouppe 10, 1000 Bruxelles,* ☎ *02 512 61 40, fax 02 512 65 91, www.hotelgrandecloche.com. 37 ch. : 73 €.* Situé à proximité des grands boulevards, cet hôtel propose de bonnes chambres bien finies et fonctionnelles. Tout simplement un bon rapport qualité-prix.

Hôtel Noga – *Rue du Béguinage 38, 1000 Bruxelles,* ☎ *02 218 67 63, fax 02 218 16 03, www.nogahotel.com. 19 ch. : 75/110 €.* Un hôtel vraiment charmant, installé à proximité immédiate des anciens quais du quartier de la place Ste-Catherine. Réception et petits salons décorés sur le thème de la navigation. Chambres personnalisées, pleines de couleurs, meublées avec goût et très confortables. Une adresse résolument originale.

Hôtel Arlequin – *Rue de la Fourche 17-19, 1000 Bruxelles,* ☎ *02 514 16 15, fax 02 514 22 02, www.arlequin.be. 92 ch. : 76,85/114,03 €.* Un très bel hôtel qui vient d'être rénové. Les chambres sont bien aménagées et équipées de salle de bains avec toilettes séparées. Salle du petit-déjeuner située au dernier étage, avec vue sur l'hôtel de ville.

Hôtel aux Arcades – *Rue des Bouchers 38, 1000 Bruxelles,* ☏ *02 511 28 76, fax 02 511 26 52. 15 ch. : 79,33 €,* ⊐ *7,44 €.* Installé dans le dédale de petites rues pittoresques des abords de la Grand-Place, l'hôtel des Arcades offre des chambres bien réalisées, dans des tons vert clair, équipées de TV, téléphone, frigo et d'une belle salle de bains.

Matignon – *Rue de la Bourse 10, 1000 Bruxelles,* ☏ *02 511 08 88, fax 02 513 69 27. 37 ch. : 84,28 €.* Très bien situé, à proximité de la Grand-Place, mais un peu bruyant, surtout en été. Chambres douillettes avec téléphone et TV grand écran ! Superbe salle de bains. De plus, bon accueil.

VALEUR SÛRE

Hôtel Saint-Michel – *Grand-Place 11, 1000 Bruxelles,* ☏ *02 511 09 56, fax 02 511 46 00. 15 ch. : 81,8/109,07 €.* Un hôtel aux chambres correctes, que nous mentionnons surtout pour son emplacement, tout à fait unique, puisqu'il est sur la Grand-Place. Comme c'est là son principal attrait, veillez bien à avoir une chambre qui vous offre le spectacle de ce que Cocteau appelait « le plus riche théâtre du monde ».

Argus – *Rue Capitaine Crespel 6, 1050 Ixelles,* ☏ *02 514 07 70, fax 02 514 12 22, www.hotel-argus.be. 41 ch. : 89,24/99,16 €.* Dans le haut de la ville, à proximité du quartier Louise. Chambres luxueuses (TV, téléphone, minibar) aux tons sobres et équipées de garde-robes à glaces. Très belle salle de bains aussi. Un bon choix.

Le Dôme – *Boulevard du Jardin Botanique 12, 1000 Bruxelles,* ☏ *02 218 06 80, fax 02 218 41 12, www.benecom.com. 125 ch. : 99,16/111,15 €.* Quasiment sur la place Rogier. La belle façade de style éclectique dissimule des chambres spacieuses, claires et luxueuses. Pratique assez rarement le plein tarif.

Hôtel Agenda Louise – *Rue de Florence 6, 1000 Bruxelles,* ☏ *02 539 00 31, fax 02 539 00 63, www.hotel-agenda.com. 38 ch. : 104/117 €.* Bel hôtel bien situé, dans le quartier Louise. Chambres confortables, très bien aménagées et décorées de mobilier en bois foncé. Petit « plus », la plupart des chambres sont équipées d'une kitchenette. Intéressante réduction le week-end.

Hôtel Capital – *Chaussée de Vleurgat 191, 1050 Ixelles,* ☏ *02 646 64 20, fax 02 646 33 14, hotelcapital@skynet.be. 76 ch. : 111,55 €.* Chambres coquettes et bien tenues, aux murs rose clair et aux tentures bariolées. Très convenable pour le prix. Un peu bruyant côté rue, mais situation intéressante, à côté de l'avenue Louise et à proximité du bois de la Cambre.

Hôtel Beau-Site – *Rue de la Longue Haie 76, 1050 Ixelles,* ☏ *02 640 88 89, fax 02 640 16 11. 38 ch. : 111,55 €.* Situé dans une rue calme à un jet de pierre de l'avenue Louise, cet hôtel offre des chambres d'un bon rapport qualité-prix, agréables et bien finies. Qui plus est, accueil souriant et cocktail de bienvenue.

Citadines Toison d'Or – *Avenue de la Toison d'Or 61-63, 1060 Saint-Gilles,* ☏ *02 543 53 53, fax 02 543 53 00, www.citadines.com. 153 ch. : 122 €,* ⊐ *10 €.* Désormais implantée dans plusieurs grandes villes d'Europe, cette chaîne internationale d'apart'hotels propose des chambres et des studios fort bien conçus et équipés de tout ce dont vous pouvez avoir besoin pour un séjour de courte ou longue durée : téléphone, TV, chaîne hi-fi, cuisinette équipée... Une option tout à fait digne de votre attention.

Hôtel Villa Royale – *Rue Royale 195, 1210 Bruxelles,* ☏ *02 226 04 60, fax 02 226 04 80, www.villaroyale.be. 26 ch. : 123,82/136,22 €.* Outre un accueil chaleureux, vous trouverez dans cet hôtel de très jolies chambres, absolument tout confort (minibar, coffre-fort...) et équipées de superbes salles de bains carrelées, dont certaines ont la particularité de disposer d'une baignoire pour deux personnes ! Préférez toutefois les chambres à l'arrière, plus calmes.

Léopold – *Rue du Luxembourg 35, 1050 Ixelles,* ☏ *02 511 18 28, fax 02 514 19 39, www.hotel-leopold.be. 88 ch. : 136,34 €,* ⊐ *12,39 €.* Dans le quartier des institutions européennes. Un hôtel de classe internationale qui offre de belles et confortables chambres décorées à l'anglaise. Terrasse en été. Réduction le week-end.

Atlas – *Rue du Vieux-Marché-aux-Grains 30, 1000 Bruxelles,* ☏ *02 502 60 06, fax 02 502 69 35, www.atlas-hotel.be. 88 ch : 145/168 €.* Près du Vismet et du quartier animé des halles St-Géry, le cœur historique de Bruxelles. Retrouvez d'ailleurs dans la salle du petit-déjeuner des restes de la première enceinte de la ville. Sinon, la belle façade du 18e s. abrite des chambres modernes et confortables. Tarif avantageux sur le Web.

Ustel – *Square de l'Aviation 6, 1070 Anderlecht,* ☏ *02 520 60 53, fax 02 520 33 28, wwwgrouptorus.com. 94 ch. : 158,65 €.* À deux pas de la gare du Midi dans un quartier en plein développement. Avec jardin-terrasse. À côté, le restaurant « La Grande Écluse » mérite le détour, surtout pour son cadre original. Tarif avantageux le week-end.

R. Mattés/Michelin

☐ a. *L'île de Bréhat*
☐ b. *La Pointe de Pontusval*
☐ c. *La Pointe de Penhir*

Vous ne savez pas quelle case cocher ?
Alors plongez-vous dans Le Guide Vert Michelin !

- tout ce qu'il faut voir et faire sur place
- les meilleurs itinéraires
- de nombreux conseils pratiques
- toutes les bonnes adresses

Le Guide Vert Michelin, l'esprit de découverte

Novotel Tour Noire – *Rue de la Vierge Noire 32, 1000 Bruxelles*, ☎ *02 505 50 50, fax 02 505 50 00, www.novotel.com. 217 ch. : 159,89 €*, ☐ *14,25 €*. Nouvel hôtel près de la place Ste-Catherine. Chambres impeccables dotées de tout le confort moderne. Magnifique petite piscine au sous-sol et centre de remise en forme. Un excellent rapport qualité-prix. Tarif avantageux le week-end.

Art Hotel Siru – *Place Rogier 1, 1210 Saint-Josse-ten-Noode*, ☎ *02 203 35 80, fax 02 203 33 03, www.comforthotelsiru.com. 101 ch. : 161,13 €*. Près de la gare du Nord. Très agréables petites chambres décorées par des artistes belges. Chacune recèle au moins une œuvre originale. Tout cela dans un bel immeuble Art déco, moderne et bien équipé.

Hôtel Président Nord – *Boulevard Adolphe Max 107, 1000 Bruxelles*, ☎ *02 219 00 60, fax 02 218 12 69, www.presidenthotels.be. 63 ch. : 170/245 €*. Situé dans le bas de la ville, entre la place De Brouckère et le centre Rogier. Chambres fonctionnelles, fort bien aménagées offrant absolument tout le confort moderne. Tarif avantageux le week-end.

Aris – *Rue du Marché-aux-Herbes 78, 1000 Bruxelles*, ☎ *02 514 43 00, fax 02 514 01 19, www.arishotel.be. 55 ch. : 200/225 €*. Bel hôtel très bien situé à côté des galeries St-Hubert. Chambres modernes, confortables et joliment décorées. Tarif très avantageux sur le Web !

UNE PETITE FOLIE

Astoria – *Rue Royale 103, 1000 Bruxelles*, ☎ *02 227 05 05, fax 02 217 11 50, www.sofitel.com. 118 ch. : 170/250 €*, ☐ *23 €*. Grand hôtel de luxe ouvert à l'occasion de l'Exposition universelle de 1910. Majestueux hall d'entrée de style néovictorien. On se croirait aux heures fastes de la Belle Époque. Chaque semaine sont organisés des concerts dominicaux. Tarif « week-end » avantageux.

Le Dixseptième – *Rue de la Madeleine 25, 1000 Bruxelles*, ☎ *02 502 57 44, fax 02 502 64 24, www.ledixseptieme.be. 24 ch. : à partir de 171,05 €*. Près de la Grand-Place et de la gare centrale, cet hôtel de charme du 17e s. est installé dans l'ancienne résidence de l'ambassadeur d'Espagne. De très belles chambres spacieuses décorées avec beaucoup de goût. Confort, luxe et élégance !

Manos Stéphanie – *Chaussée de Charleroi 28, 1060 St-Gilles*, ☎ *02 539 02 50, fax 02 537 57 29, www.manoshotel.com. 50 ch. : 209,50/259 €*. À proximité du quartier commerçant de l'avenue Louise dans un magnifique hôtel particulier. Hôtel de charme où l'on se sent accueilli. Chambres spacieuses et soignées. Tarif « week-end » avantageux.

Métropole – *Place de Brouckère 31, 1000 Bruxelles*, ☎ *02 217 23 00, fax 02 218 02 20, www.metropolehotel.be. 370 ch. : 275/425 €*, ☐ *24 €*. Véritable palace de la fin du 19e s., ce qui en fait l'établissement hôtelier de cette catégorie le plus ancien de Bruxelles. Y aller, ne serait-ce que pour découvrir le spectaculaire hall d'entrée de style Renaissance française. Tarif « week-end » très avantageux.

Montgomery – *Avenue de Tervuren 134, 1150 Woluwe-St-Pierre*, ☎ *02 741 85 11, fax 02 741 85 00, www.montgomery.be. 61 ch : 320/360 €*, ☐ *20 € (le week-end)*. Élégant hôtel de luxe faisant partie de la chaîne The Leading Small Hotels of the World. Outre des chambres douillettes décorées à l'anglaise, l'établissement comporte un centre de remise en forme et un sauna. Tarif « week-end » très avantageux, comme dans la plupart des hôtels de cette catégorie.

Restauration

Les restaurants proposés ont été choisis pour leur décor particulier, leur atmosphère, leur nature insolite ou leur excellent rapport qualité/prix.

Ils sont classés par catégorie de prix.

– La catégorie « **À bon compte** » propose un repas complet (entrée, plat, dessert) pour moins de 25 € (boissons non incluses).

– Dans la catégorie « **Valeur sûre** », vous trouverez des restaurants de qualité et des tables à la mode. Le prix d'un repas varie ici globalement entre 25 et 40 € (boissons non incluses).

Vous pouvez également consulter Le Guide Rouge Benelux qui recommande des adresses bruxelloises variées. Les restaurants étoilés sont prisés des gastronomes. Le symbole « Bib Gourmand » signale des tables qui proposent une cuisine soignée à prix modérés.

Tapas Locas – *Rue du Marché-au-Charbon 74, 1000 Bruxelles,* ☎ *02 502 12 68. Fermé le midi, lun. et mar. 8,92 €.* Vaste cantine proposant un remarquable assortiment de tapas, que l'on déguste sur des banquettes en bois dans une atmosphère chaude et décontractée. L'endroit idéal pour manger varié, bien, et surtout pas cher.

Le Campus – *Avenue de la Couronne 437-439, 1050 Ixelles,* ☎ *02 648 53 80. 10,66/30,74 €.* Rendez-vous populaire du quartier de l'université, on y vient depuis des décennies pour l'ambiance, le décor chaleureux et la modicité des prix.

Yamayu Santatsu – *Chaussée d'Ixelles 141, 1050 Ixelles,* ☎ *02 513 53 12. Fermé 2 sem. en fév., 2 sem. en août, dim. midi et lun. 11,4/32,23 €.* Restaurant japonais très prisé de la communauté du même nom. L'on y prépare presque sous vos yeux, dans un décor sobre de bois, toutes sortes de sushi, sashimi et autres délices nippons. Amateurs de poisson cru, à vos marques !

Le Domaine de Lintillac – *Rue de Flandre 25, 1000 Bruxelles,* ☎ *02 511 51 23. Fermé dim. et lun. 13,36/26,38 €.* Comme son nom l'indique, c'est à une cuisine du Sud-Ouest que le lieu convie ses hôtes, une cuisine non seulement savoureuse, mais à des prix imbattables... Que demander de plus ?

Le Bovendael – *Rue des Renards 3, 1000 Bruxelles,* ☎ *02 502 96 14. Fermé lun. et mar. 16,48/33,22 €.* Mouchoir de poche installé au cœur du dernier vrai quartier populaire de Bruxelles, où l'on savoure une cuisine belgo-française au coin de la cheminée. Idéal pour une soirée intime.

Mano à Mano – *Rue Saint-Boniface 8, 1050 Ixelles,* ☎ *02 502 08 01. Fermé sam. midi et dim. midi. 16,73/28,01 €.* Une adresse toute simple mais très fréquentée, et pour cause : on y sert une succulente cuisine italienne à des prix fort raisonnables. Intérieur sobre, mais terrasse sur la place Saint-Boniface (face à l'église) aux beaux jours.

Le Shanti – *Avenue Adolphe Buyl 68, 1050 Ixelles,* ☎ *02 649 40 96. Fermé du 15 juillet au 15 août, dim. et lun. 17,23/30,49 €.* Restaurant végétarien situé au-dessus d'un magasin de produits bio, dans le quartier de l'université. Vous y ferez la découverte de plats remarquablement réalisés et magnifiquement présentés, dans une charmante salle à dominante bleu et jaune. Une adresse à connaître, que l'on soit végétarien ou non.

't Kelderke – *Grand-Place 15, 1000 Bruxelles,* ☎ *02 513 73 44, www.resto.be. Fermé le 1ᵉʳ au 15 juillet. 18/35 €.* Estaminet bruxellois situé dans une petite cave voûtée de la maison des ducs de Brabant. Cuisine belge, notamment le stoemp.

Bong Laï – *Parvis de la Trinité 9, 1050 Ixelles,* ☎ *02 537 71 13. Fermé dim. midi. 19,34/28,51 €.* Cuisine vietnamienne de grande qualité, pleine d'arômes et de saveurs, que l'on déguste dans une atmosphère tranquille et colorée. Si vous êtes amateur de produits de la mer, vous serez comblé par la marmite du pêcheur.

Le Breughel – *Boulevard du Midi 145-146, 1000 Bruxelles,* ☎ *02 534 59 76, www.brasseriebreughel.be. 19,71/33,34 €.* Longue brasserie située en bordure des Marolles, qui tire son nom de la proximité de la maison où vécut le fameux peintre belge. Intérieur assez classique, mais agréable terrasse aux beaux jours donnant sur la porte de Hal. Spécialité de moules et copieux waterzooi à la gantoise.

Raconte-moi des Salades – *Place du Châtelain 19, 1050 Ixelles,* ☎ *02 534 27 27. Fermé dim. 20,45/32,23 €.* Le lieu idéal où faire halte avant ou après la visite du musée Horta, situé non loin de là. Au menu, une trentaine de salades différentes, préparées avec inventivité et savoir-faire (laissez-vous tenter par *Le Régal d'Anne-Marie*).

In 't Spinnekopke – *Place du Jardin-aux-Fleurs 1, 1000 Bruxelles,* ☎ *02 511 86 95. Fermé sam. midi. 29,75/39,54 €.* Installée dans une petite maison de grand-mère, cette « petite araignée » serait le plus ancien estaminet de Bruxelles. Cuisine à la bière, copieuse et pleine de goût. La carte permet de s'initier au « bruxellois », mais rassurez-vous, il y a une traduction française.

La Cantina Cubana – *Rue des Grands Carmes 6, 1000 Bruxelles,* ☎ *02 502 65 40. Fermé de mi-août à mi-septembre et le midi. 21,32/25,41 €.* Envie de goûter à la cuisine créole ? Pas la peine d'aller plus loin, ce petit restaurant situé à deux pas de la Grand-Place vous fera découvrir quelques-uns des mets originaux et colorés de la mer des Caraïbes.

La Crèche des Artistes – *Rue de la Crèche 21, 1050 Ixelles,* ☎ *02 511 22 56. Fermé en août, sam. midi et dim. 21,57/33,96 €.* Non loin de l'église St-Boniface. Gastronomie italienne dans un intérieur fort chaleureux de vieux bois et de briques. Amateurs de vins, préférez la petite salle du sous-sol, garnie de bouteilles couchées dans des tonneaux !

L'Arrosoir – *Rue Haute 60, 1000 Bruxelles,* ☎ *02 502 00 68, www.arrosoir.be. Fermé dim. soir et lun. 22,19/34,83 €.* Avec ses fauteuils en osier et ses rangées d'arrosoirs au plafond, cette brasserie des Marolles saura combler d'aise, ou réveiller, le gourmand qui est en vous. Cuisine belgo-française aux accents quelquefois italiens ou orientaux.

La Grande Porte – *Rue Notre-Seigneur 9 , 1000 Bruxelles,* ☎ *02 512 89 98. Fermé sam. midi et dim. 22,30/34,75 €.* Vieil estaminet très connu des Bruxellois où l'on sert des plats typiquement belges, comme les *ballekes* à la marollienne ou les chicons au gratin.

Le Temps Délire – *Chaussée de Charleroi 175-177, 1060 Saint-Gilles,* ☎ *02 538 12 10, www.resto.be. Fermé du 1er au 15 juillet, 1 sem. en oct., 1 sem. en fév., sam. midi, dim. midi. 23,05/34,58 €.* Un établissement de quartier qui propose une excellente nourriture franco-italienne dans une atmosphère intimiste et un décor vaguement Nouvel Âge. À la carte : de nombreuses viandes grillées, mais aussi du poisson, des pâtes et diverses salades.

Stekerlapatte – *Rue des Prêtres 4, 1000 Bruxelles,* ☎ *02 512 86 81. Fermé le midi et lun. 23,67/39,04 €.* Un classique de la restauration bruxelloise, avec son mobilier en vieux bois, ses poêles en fonte, ses lambris et ses miroirs mouchetés. Tous les milieux s'y côtoient, dans une atmosphère presque endiablée. À la carte, une cuisine belgo-bruxelloise, savoureuse et roborative.

VALEUR SÛRE

Lola – *Place du Grand-Sablon 33, 1000 Bruxelles,* ☎ *02 514 24 60. 20,82/63,21 €.* Restaurant chic et design situé en plein Sablon. À la carte : rosace d'artichauts marinés, carrousel de poissons grillés, lasagne aux pleurotes et langoustines, salade de pousses d'épinards... Bon et bien présenté.

La Manufacture – *Rue Notre-Dame-du-Sommeil 12, 1000 Bruxelles,* ☎ *02 502 25 25, www.manufacture.be. Fermé sam. midi et dim. 23,30/40,20 €.* Grande brasserie branchée dans les anciens ateliers de la célèbre maroquinerie Delvaux. Découvrez, à la carte, des plats belgo-français plutôt élaborés.

Le Grill – *Rue des Trois Tilleuls 1, 1170 Watermael-Boitsfort,* ☎ *02 672 95 13, www.grillduvieuxboitsfort.be. Fermé 3 sem. en juillet, sam. midi et dim. soir. 24,05/40,41 €.* Restaurant de quartier très sympa dans un décor sobre d'inspiration scandinave. Accueil jeune et attentionné. Excellent rapport qualité/prix.

Le Vieux Pannenhuis – *Rue Léopold Ier 317, 1090 Jette,* ☎ *02 425 83 73, www.resto.be. Fermé en juillet, sam. midi et dim. 24,05/45,24 €.* Installé dans un ancien relais du 17e s., on y sert de bonnes grillades.

Saint Boniface – *Rue Saint-Boniface 9, 1050 Ixelles,* ☎ *02 511 53 66. Fermé 1 sem. à Pâques, sam. midi et dim. 24,29/37,68 €.* Un bel établissement aux tables vêtues de petites nappes à carreaux et aux murs chargés de tableaux, cadres et photos. On y sert une fameuse cuisine du Sud-Ouest de la France à des prix encore modérés.

Vincent – *Rue des Dominicains 8-10, 1000 Bruxelles,* ☎ *02 511 23 03. Fermé du 2 au 13 jan., du 1er au 15 août et les 24 et 25 déc. 25,73/66,44 €.* Ambiance conviviale dans un intérieur chaleureux, auquel on accède après avoir traversé les cuisines ! De grands tableaux de céramique évoquent la vie marine dans tous ses aspects. Cuisine bourgeoise, dont les ingrédients se trouvent en vitrine. Une institution à Bruxelles.

Aux Armes de Bruxelles – *Rue des Bouchers 13, 1000 Bruxelles,* ☎ *02 511 55 98, www.armesdebruxelles.be. Fermé du 15 juillet au 15 août et lun. 25,78/63,71 €.* Les meilleures croquettes de crevettes de Bruxelles se dégustent dans une inimitable atmosphère bruxelloise.

Orphyse Chaussette – *Rue Charles Hanssens 5, 1000 Bruxelles,* ☎ *02 502 75 81. Fermé dim. et lun. 26,03/38,67 €.* À deux pas du Sablon, le quartier chic des antiquaires, cette nouvelle brasserie, tenue par un vétéran de la restauration française, propose une cuisine de qualité, préparée avec soin et agréablement servie. Sympathique petite terrasse surélevée à la belle saison.

Le Mess – *Boulevard Louis Schmidt 1, 1040 Etterbeek,* ☎ *02 734 03 36, www.resto.be. Fermé sam. midi. 26,4/35,45 €.* Situé sur un grand boulevard, non loin du quartier de l'université, ce restaurant a tout pour contenter ses hôtes : un cadre fort attrayant, une atmosphère agréablement feutrée et une cuisine fine et généreuse, sans parler de l'accueil, vraiment charmant.

Le Corbier – *Rue des Minimes 5, 1000 Bruxelles,* ☎ *02 513 51 95. Fermé en juillet, août, le midi et dim. 27,27/34,95 €.* Spécialité de viandes grillées accompagnées de pommes de terre en chemise dans un intérieur de vieilles briques éclairé à la bougie. Amusez-vous à reconnaître sur les photos couvrant les murs les célébrités qui sont passées par là...

La Grande Écluse – *Boulevard Poincaré 77, 1070 Anderlecht,* ☎ *02 522 30 25, www.grouptorus.com. Fermé sam. midi et dim. 27,52/37,43 €.* Cette brasserie, installée dans la machinerie d'une ancienne écluse, vaut surtout pour son cadre exceptionnel.

Brasserie Toucan – *Avenue Louis Lepoutre 1, 1050 Ixelles,* ☎ *02 345 30 17, www.resto.be/toucan. 27,95/36,50 €.* Brasserie branchée du quartier Ixelles/Saint-Gilles qui regorge de jolies façades et de belles boutiques de vêtements ou de décoration. Cuisine assez classique et portions généreuses. Très animé le soir, on y viendra surtout pour la bonne ambiance qui caractérise le lieu.

Le Fruit de ma Passion – *Rue Jean-Baptiste Meunier 53A, 1050 Ixelles,* ☎ *02 347 32 94, www.resto.be. Fermé entre Noël et Nouvel An, 15 jours en août, sam. et dim. 30,99 €.* Petit restaurant gastronomique au cadre soigné et intime. Mets exquis, joliment présentés, et service irréprochable. Très belle sélection de vins. Un lieu tout simplement fort recommandable.

La Roue d'Or – *Rue des Chapeliers 26, 1000 Bruxelles,* ☎ *02 514 25 54, www.resto.be. Fermé du 20 juillet au 20 août. 31/44,25 €.* Installez-vous dans un beau décor surréaliste, qui doit beaucoup à René Magritte et à ses personnages en parapluie et chapeau melon. Cuisine belge et française.

Le Vistro – *Quai aux Briques 16, 1000 Bruxelles,* ☎ *02 512 41 81, www.resto.be. Fermé sam. midi et dim. 31,73/57,51 €.* Petit restaurant du quartier Ste-Catherine, un peu plus discret que d'autres, et surtout moins touristique. Décor soigné, accueil sans chichis et nourriture très convenable, évidemment à base des produits de la mer. Bon cabillaud et excellentes moules.

La Tour d'y voir – *Place du Grand-Sablon, 8-9, 1000 Bruxelles,* ☎ *02 511 40 43, www.tourdyvoir.com. Fermé lun. 34,58/56,89 €.* Installé au-dessus d'une galerie d'art, dans une ancienne chapelle aux murs de briques éclairée à la bougie. Bonne ambiance le soir, service amène et fameuse cuisine, créative et riche en saveurs. En plus de la carte, le restaurant propose plusieurs formules, dont des menus « surprise ».

De Ultieme Hallucinatie – *Rue Royale 316, 1210 Saint-Josse-Ten-Noode,* ☎ *02 217 06 14, www.resto.be. Fermé du 20 juillet au 20 août, sam. midi, dim. et jours fériés. 44,62/54 €.* À découvrir surtout pour l'exceptionnel décor Art nouveau.

L'Ogenblik – *Galerie des Princes 1, 1000 Bruxelles,* ☎ *02 511 61 51. Fermé dim. 45/60 €.* Ambiance décontractée (traduction du nom de l'établissement : « le moment ») dans un intérieur clair de vieux café. Un établissement trentenaire qui prend encore la peine de présenter chaque jour une carte renouvelée.

Le temps d'un verre

L'Amadeus – *Rue Veydt 13 à Ixelles.* Un bar à vins unique à Bruxelles.

L'Archiduc – *Rue Antoine Dansaert 6.* Bel exemple de décoration 1930. Concerts de jazz.

Le bar de l'hôtel Astoria – *Rue Royale 103.* Un endroit chic où l'on peut entre autres savourer un grand choix de whiskys dans un décor reconstituant un wagon-lit des années 1920.

Le Bar Dessiné – *Hôtel Radisson SAS, rue du Fossé-aux-Loups 47.* Décor inspiré des bandes dessinées belges.

Ch. Bastin-J. Evrard

Café Le Cirio

À la Bécasse – *Rue de Tabora 11*. Cet estaminet au cadre rétro se situe au fond d'un couloir étroit. Son lambic au tonneau s'accompagnera volontiers de tartines au fromage blanc.

La Brouette – *Grand-Place 3*. Touristique, mais exceptionnellement située.

Le Café Métropole – *Place de Brouckère 31*. Superbement décoré. Sa magnifique terrasse est chauffée en hiver.

La Chaloupe d'Or – *Grand-Place 24-25*. Touristique, mais exceptionnellement située.

Le Cirio – *Rue de la Bourse 18-20*. Cette belle brasserie 1900 aurait lancé une redoutable spécialité encore servie dans quelques cafés de la ville : le **half-en-half**, moitié vin mousseux, moitié vin blanc. Grande terrasse. Clientèle de tous âges.

L'Espérance – *Rue du Finistère 1-3*. Ancienne maison de passe au beau décor Art déco.

Le Falstaff – *Rue Henri Maus 17-19*. Ambiance salsa dans un joli décor Art nouveau.

La Fleur en Papier doré – *Rue des Alexiens 53-55*. Ancien café des surréalistes où se déroulent chaque mois des rencontres poétiques.

À L'Imaige Nostre-Dame – *Impasse des Cadeaux, entre les n°s 6 et 8 de la rue du Marché-aux-Herbes*. Peu fréquenté car réputé discret... mais a préservé son décor original.

Café Leffe – *Place du Grand-Sablon 46*. Offre des spécialités comme les quatre crus de Leffe ainsi qu'une petite restauration à base de bières spéciales.

Mappa Mundo – *Rue Pont-de-la-Carpe 2-6*. Un « must » dans le quartier branché des halles St-Géry. Terrasse bondée en été.

À la Mort subite – *Rue Montagne-aux-Herbes-Potagères 7*. Plus bruxellois, « tu meurs » !

La Porteuse d'Eau – *Avenue Jean Volders 48 à St-Gilles*. Magnifique décor de vitraux dans le style Art nouveau.

Rick's Café Américain – *Avenue Louise 344 à Ixelles*. Un bar-restaurant assez bruyant, toujours plein et vivant.

Le Roi d'Espagne – *Grand-Place 1-2*. Très touristique, mais les serveurs et le site sont uniques.

Au Soleil – *Rue du Marché-au-Charbon*. Dans un ancien magasin de vêtements ; clientèle jeune et branchée. Belle terrasse en été.

Sounds – *Rue de la Tulipe 28*. Concerts de jazz.

Toone VII – *Petite rue des Bouchers 21*. Estaminet qui se situe dans la tradition bruxelloise avec son décor vieillot et son petit théâtre de marionnettes qui donne des représentations tout au long de l'année.

Le Zebra – *Place St-Géry 33-35*. Bar à la clientèle jeune et branchée, fidèle au rendez-vous du soir. Belle terrasse bondée par beau temps.

Café Au Soleil

L. Banahan/A chacun son image/MICHELIN

E.Baret / Michelin

- ☐ a. **Baie de Palerme (Sicile)**
- ☐ b. **Rade de Toulon (Côte d'Azur)**
- ☐ c. **Baie de San Francisco (Californie)**

Vous ne savez pas quelle case cocher ?
Alors plongez-vous dans Le Guide Vert Michelin !

- tout ce qu'il faut voir et faire sur place
- les meilleurs itinéraires
- de nombreux conseils pratiques
- toutes les bonnes adresses

Le Guide Vert Michelin, l'esprit de découverte

Sortir à Bruxelles

Le supplément du mercredi « MAD » du quotidien *Le Soir* ainsi que les magazines mensuels *Kiosque* et *Tram 81* publient le programme complet des spectacles bruxellois. L'hebdomadaire *The Bulletin* en langue anglaise est également une bonne source d'informations.

Théâtres

La ville connaît une activité théâtrale particulièrement dense, ce qui témoigne que, malgré les idées reçues, le Bruxellois aime sortir.

Auditorium 44 – *Passage 44, boulevard du Jardin Botanique, 1000 Bruxelles,* ☎ *02 218 56 30. Ouvert de septembre à juin.* On y retrouve les plus grands noms du théâtre français. Le lieu accueille aussi le festival du film fantastique et celui du dessin animé.

Centre culturel d'Auderghem – *Boulevard du Souverain 183, 1160 Auderghem,* ☎ *02 660 03 03, www.centreculturel.auderghem.be. Ouvert de mi-septembre à mi-mai.* Accueille une semaine par mois des troupes parisiennes en tournée.

Centre culturel de la communauté française de Belgique – *Le « Botanique », rue Royale 236 ;* ☎ *02 218 37 32, www.botanique.be.* La grande rotonde centrale abrite un théâtre.

Comédie Claude Volter – *Avenue des Frères Legrain 98, 1150 Woluwe-Saint-Pierre,* ☎ *02 762 09 63, www.chez.com/claudevolter. Ouvert du mar. au dim. de fin septembre à début mai.* Le père du jeune comédien Philippe Volter qui exerce une belle carrière cinématographique en France dirige ici un théâtre au succès constant.

Rideau de Bruxelles – *Palais des Beaux-Arts, rue Ravenstein 23, 1000 Bruxelles,* ☎ *02 507 82 00, www.rideaudebruxelles.be. Ouvert de mi-septembre à fin mai.* Propose une dizaine de spectacles par saison. Théâtre contemporain et classique.

La Samaritaine – *Rue de la Samaritaine 16,* ☎ *02 511 33 95. Ouvert du mar. au sam. de mi-août à début juillet.* Une petite cave aux murs de briques nues où se jouent des spectacles à l'humour souvent ravageur.

Théâtre 140 – *Avenue E. Plasky 140, 1030 Schaerbeek,* ☎ *02 733 97 08, www.theatre140.be. Ouvert de fin septembre à fin mai.* S'y produisent de nombreuses troupes étrangères.

Théâtre de la Balsamine – *Avenue F. Marchal 1, 1030 Schaerbeek,* ☎ *02 735 64 68. Ouvert de septembre à juin. Fermé dim. et mar.* Spectacles de théâtre contemporain.

Théâtre des Galeries – *Galerie du Roi 32, 1000 Bruxelles,* ☎ *02 512 04 07, www.theatredesgaleries.be. Ouvert du mar. au dim. de fin septembre à début juin.* Comédies et boulevards y tiennent l'affiche depuis des décennies.

Théâtre de marionnettes de Toone – *Impasse Schuddeveld 6 (accessible par la petite rue des Bouchers), 1000 Bruxelles,* ☎ *02 511 71 37 ou 02 513 54 86, www.toone.be.* Dernier théâtre de marionnettes pour adultes de la capitale belge. José Géal, dit Toone VII, y perpétue avec brio la tendresse et l'humour du Bruxelles populaire. Spectacles en dialecte, en français, en néerlandais, en anglais et en allemand. Téléphoner pour connaître les soirs de spectacle.

Théâtre des Martyrs – *Place des Martyrs 22, 1000 Bruxelles,* ☎ *02 223 32 08, www.europictures.com/martyrs. Ouvert du mar. au dim. de mi-septembre à mi-juin.* Nouveau petit théâtre doté d'une salle à l'italienne. Pour les amateurs de grands classiques mais aussi de spectacles contemporains.

Théâtre national de Belgique – *Boulevard Anspach 85, 1000 Bruxelles,* ☎ *02 203 53 03, www.theatrenational.be. Ouvert du mar. au dim. de septembre à fin mai.* Le plus connu. Actuellement installé dans l'ancien cinéma Kladaradasch, ses spectacles (classiques, modernes...) se jouent surtout au théâtre Marni, aux halles de Schaerbeek et au chapiteau du quai aux Briques.

Théâtre de Poche – *Chemin du Gymnase 1a, 1000 Bruxelles,* ☎ *02 649 17 27, poche.cediti.be. Ouvert du mar. au sam. de septembre à fin juin.* Ce petit théâtre fort sympathique ne paie pas de mine. Que l'on ne s'y trompe pas, la programmation y est de très haute tenue.

Théâtre Poème – *Rue d'Écosse 30, 1060 Saint-Gilles,* ☎ *02 538 63 57. Ouvert du mar. au dim. de septembre à juin.* Mise en scène de textes littéraires.

Théâtre de Quat'Sous – *Rue de la Violette 34, 1000 Bruxelles,* ☎ *02 512 10 22.*

Théâtre du Résidence Palace – *Rue de la Loi 155, 1040 Etterbeek,* ☎ *02 231 03 05.* Quasiment en face du « Charlemagne » où siège le Conseil européen. Belle salle dans l'immeuble de l'architecte Michel Polak. Troupes et artistes du monde entier. S'informer de la programmation dans la presse.

Théâtre royal du Parc – *Rue de la Loi 3, 1000 Bruxelles,* ☎ *02 505 30 30, www.parc.belgonet.com. Ouvert de mi-septembre à mi-mai.* Presque en face du palais de la Nation où siègent la Chambre des représentants et le Sénat. Mise en scène à grand spectacle de pièces classiques.

Théâtre Varia – *Rue du Sceptre 78, 1050 Ixelles,* ☎ *02 640 82 58, www.varia.be. Ouvert du mar. au sam. de fin septembre à début avril.* Un théâtre qui s'est forgé une bonne réputation pour la qualité de ses mises en scène. Accueille en mai des spectacles du KunstenFestivalDesArts.

Théâtre Le Public – *Rue Braemt 64-70, 1030 Schaerbeek,* ☎ *0800 944 44. Ouvert du mar. au sam. de septembre à fin juin.* Installé dans l'ancienne brasserie Aerts, ce théâtre propose pas moins de 400 représentations par saison dans ses trois salles. Au programme : du classique et du moderne, en reprise ou en création belge ou mondiale.

Théâtre de la Vie – *Rue Traversière 45, 1210 Saint-Josse-Ten-Noode,* ☎ *02 219 60 06. Ouvert de septembre à fin mai.* Une bonne quinzaine de spectacles classiques et modernes par saison. Accueille aussi des troupes françaises, notamment les comédies de Béthune et de Saint-Étienne.

XL Théâtre – *Rue Goffart 7a, 1050 Ixelles,* ☎ *02 513 21 78. Ouvert du mar. au sam. de fin septembre à fin mai.* Théâtre d'auteurs contemporains et classiques.

Opéra et danse

Théâtre royal de la Monnaie – *Place de la Monnaie ;* ☎ *02 229 12 11, www.lamonnaie.be.* La Monnaie connaît une renommée européenne sinon mondiale, aujourd'hui assurée par l'organiste Bernard Foccroulle et la danseuse et chorégraphe Anne Teresa De Keersmaeker, grâce auxquels l'Opéra national demeure une valeur sûre produisant et créant des spectacles de très haute qualité.

La Monnaie – José van Dam dans *Wozzeck* d'Alban Berg

Musique classique

La notoriété de Bruxelles en matière de musique classique n'est plus à faire. Ne possède-t-elle pas avec le Concours Reine Élisabeth l'une des plus prestigieuses manifestations consacrées aux grands solistes de demain ?

Cathédrale des Saints-Michel-et-Gudule – *Parvis Ste-Gudule ;* ☎ *02 217 83 45, www.cyclone.be/stmichel.* Musique sacrée et baroque.

Conservatoire royal de musique – *Rue de la Régence 30 ;* ☎ *02 511 04 27.* Le Conservatoire accueille des petites formations et des orchestres de musique de chambre.

Église Sts-Jean-et-Étienne aux Minimes – *Rue des Minimes 62 ;* ☎ *02 513 93 84.* Concerts dominicaux et récitals, festival musical en été.

Église Notre-Dame-de-Bon-Secours – *Rue du Marché-au-Charbon.* Quelques rares récitals y sont donnés.

Église Notre-Dame-du-Sablon – *Rue de la Régence.* Œuvres pour orgue et musique sacrée.

Église Saint-Lambert – *Place du Sacré-Cœur à Woluwe-Saint-Lambert.* Concerts de musique baroque.

Flagey – *Place Eugène Flagey à Ixelles.* Le paquebot de l'ancien Institut National de Radiodiffusion a fait peau neuve et accueille désormais des concerts de musique classique.

Kaaitheater – *Square Sainctelette 20 ;* ☎ *02 201 59 59, kaaitheater.vgc.be.* Les œuvres classiques n'y sont pas fréquentes, mais de qualité.

Palais des Beaux-Arts – *Rue Ravenstein 23 ;* ☎ *02 507 82 00 ; ou 11, rue Baron Horta ; Société philharmonique de Bruxelles,* ☎ *02 511 34 33, www.sofil.be.* Le palais abrite l'Orchestre national de Belgique qui se produit dans la salle Henry Le Bœuf récemment rénovée. Durant l'année, la Société philharmonique invite des solistes confirmés à accompagner l'Orchestre national, ainsi que des orchestres et des chefs étrangers à se produire dans sa salle.
Tous les deux ans, on y organise le célèbre Concours Reine Élisabeth.

Variétés, jazz, rock, pop, folk, world music

Ancienne Belgique (AB) – *Rue des Pierres-boulevard Anspach 110 ;* ☎ *02 548 24 24, www.abconcerts.be.* Après des travaux de rénovation, la salle accueille des concerts de musique pop, rock, jazz...

Centre culturel d'Auderghem – *Boulevard du Souverain 183 ;* ☎ *02 660 03 03, www.centreculturel.auderghem.be.* Des vedettes de la chanson y font régulièrement une halte.

Centre culturel de la communauté française de Belgique – *Le « Botanique », rue Royale ;* ☎ *02 218 37 32, www.botanique.be.* Le Botanique dispose de la Rotonde et de l'Orangerie. De nombreux artistes s'y produisent.

Centre culturel de Woluwe-Saint-Pierre – *Avenue Thielemans 93 ;* ☎ *02 773 05 88.* Des vedettes de la chanson y font régulièrement une halte.

Cirque royal – *Rue de l'Enseignement 81 ;* ☎ *02 218 20 15.* Cette salle accueille des artistes de dimension internationale, mais aussi des troupes folkloriques et des ballets.

Espace Delvaux – *Place Keym à Watermael-Boitsfort ;* ☎ *02 660 49 60.* Des artistes peu connus, depuis la musique classique à la variété la plus insolite.

Flagey – *Place Eugène Flagey à Ixelles.* Concerts de jazz, world music, etc.

Forest National – *Avenue du Globe 36 à Forest ;* ☎ *0900 00 991, www.forest-national.be.* La grande salle bruxelloise. Grandes vedettes internationales et groupes de rock.

Halles de Schaerbeek – *Rue royale Ste-Marie 22b à Schaerbeek ;* ☎ *02 227 59 60 ou 02 218 21 07, www.halles.be.* Après une restauration en profondeur, cette magnifique salle accueille les spectacles les plus divers.

Kaaitheater – *Square Sainctelette 20 ;* ☎ *02 201 59 59.* Très en vogue depuis quelque temps. Toutes musiques.

La Samaritaine – *Rue de la Samaritaine 16 ;* ☎ *02 511 33 95.* La salle des découvertes où se produisent des artistes et des groupes peu connus.

La Tentation – *Rue de Laeken 28 ;* ☎ *02 223 22 75, www.latentation.org.* Installé dans un ancien magasin de textile, le Centro Galego de Bruxelas propose de nombreux concerts de musique traditionnelle.

Bruxelles des cultures

Ville de la fracture linguistique entre les Flamands et les Wallons, ville des institutions internationales (Union européenne, OTAN, UEO, etc.), Bruxelles a aussi été choisie comme plate-forme commerciale par de nombreuses sociétés d'envergure mondiale. On estime à 36 % le taux d'étrangers résidant dans la capitale. Elle a connu par ailleurs un taux d'immigration assez élevé et compte plusieurs communautés étrangères, notamment dans certains quartiers que l'on ne peut qualifier de « touristiques ».
Ville européenne par excellence, Bruxelles ne connaît pas de quartiers spécifiquement attachés à telle ou telle nationalité de l'Union européenne, sauf quelques rues d'Anderlecht, d'Ixelles ou de Saint-Gilles où sont concentrées des populations italienne, espagnole ou portugaise dont l'implantation est antérieure à la création de la CEE. Les nationalités européennes se sont fondues dans la ville et ont choisi d'habiter à proximité des institutions européennes ou dans les communes résidentielles de la périphérie. En définitive, le visiteur ne remarquera pas de prime abord qu'il est dans une ville éminemment cosmopolite, mais s'il tend l'oreille, il entendra fréquemment parler allemand, anglais, espagnol, néerlandais, ou même russe depuis peu.
Bruxelles est une ville chaleureuse, mais un peu secrète. Et cela semble plaire aux étrangers qui l'habitent. On trouve facilement des produits en provenance de tous les pays d'Europe car nombreuses sont les épiceries spécialisées.
En revanche, Bruxelles compte peu de librairies, aussi n'est-il pas aisé de trouver des livres en langue étrangère : Gutenberg, rue de Louvain 34, 1000 Bruxelles (allemand) ; WH Smith, boulevard Adolphe Max 71-75, 1000 Bruxelles ou The House of Paperbacks, chaussée de Waterloo 813, 1180 Uccle (anglais) ; Il Libro Italiano, chaussée de Wavre 354, 1040 Bruxelles (italien) ou à la FNAC à City 2 (allemand, anglais, italien).

Comme partout ailleurs, les Américains sont présents : ils ont une école à Sterrebeek (en dehors de l'agglomération) et font leurs courses dans leurs magasins. Un de leurs endroits de prédilection est le **Rick's**, bar-restaurant de l'avenue Louise.

La dernière décennie a vu le nombre d'hommes d'affaires ou d'employés d'entreprises japonais grossir sans cesse. Leur communauté s'est principalement implantée à Auderghem où ils ont même ouvert une école.

L'Afrique Noire a son quartier. Il se nomme « Matonge » et se trouve à Ixelles, à proximité et dans la galerie du même nom (entre les chaussées d'Ixelles et de Wavre). Ce périmètre attire les ressortissants d'Afrique centrale résidant en France, en Hollande et en Allemagne. Impossible de rater Matonge si l'on traverse Ixelles pour gagner la porte de Namur, car c'est un peu de Kinshasa qui s'est installé au pays de Tintin. On y trouve de tout : coiffeurs, épiceries, tissus, presse, disques, etc. Le passant peut y apprécier « la sape » qui voit les jeunes hommes entretenir une gentille rivalité vestimentaire en fin de journée. Le quartier compte plusieurs cafés et boîtes de nuit africains.

Schaerbeek abrite une forte communauté turque aux alentours de la chaussée de Haecht, animés de nombreux restaurants, cafés et boutiques aux allures sympathiques de bazars et aux senteurs méditerranéennes.

Shopping

On ne fait pas les courses, on fait « son shopping », de même qu'on ne dit pas centre commercial mais « shopping center ». Il faut peut-être attribuer la responsabilité de cet usage à la querelle linguistique poussant quelquefois au recours de l'anglais. Il ne s'agit là que d'une légère entorse, car on parle souvent plus correctement le français à Bruxelles qu'à Paris, accent mis à part. Que l'on songe que ce pays a compté en Maurice Grevisse, Joseph Hanse et Albert Doppagne des grammairiens et linguistes parmi les plus fervents défenseurs de la langue française.

LE BAS DE LA VILLE

Boulevard Anspach, place de Brouckère et boulevard Adolphe Max – Magasins (dont le Free Record Shop à l'Anspach Center), agences de voyages, cafés et restaurants se succèdent sur cet axe qui traverse le centre de la ville.

City 2 – Récemment rénové, ce centre commercial à plusieurs niveaux est situé à l'une des extrémités de la rue Neuve. Nombreux magasins (dont la FNAC qui occupe l'étage supérieur) et petits snack-bars.

Galerie Agora – Boutiques de vêtements et d'accessoires à bon marché.

Galerie Bortier – Bouquinistes.

Galeries Saint-Hubert – Regroupent les galeries du Roi, de la Reine et des Princes. Des magasins et des boutiques de luxe, quelques très belles librairies (Tropisme et la Librairie des Galeries), des salles de cinéma, des salons de thé, des restaurants et un théâtre.

Passage 44 – Galerie marchande du boulevard du Jardin-Botanique surtout fréquentée pour sa salle de théâtre, ses expositions temporaires et la médiathèque de Belgique (location de disques et de vidéos).

Marché aux puces, place du Jeu-de-Balle

Place du Grand-Sablon et alentours – Antiquaires, galeries d'art, restaurants et cafés. « Marché des antiquités et du livre » les samedis et les dimanches matin à partir de 9 h.

Rue Blaes – Intrinsèquement populaire, la rue est ouverte par la place du Jeu-de-Balle où se tient chaque matin le marché aux puces le plus traditionnel de la ville.

Rue Dansaert – La mode « branchée » en plusieurs boutiques.

Rue des Fripiers – Petite artère commerçante entre la Bourse et la Monnaie.

Rue Haute – Très populaire, elle subit petit à petit l'influence de la place du Grand-Sablon.

Rue du Marché-aux-Herbes – À ses magasins s'ajoute l'Office de tourisme belge. Marché artisanal les samedis et dimanches de 10 h à 18 h.

Rue du Midi – Spécialités de philatélie, de numismatique et d'instruments de musique.

Rue Neuve – Principale artère commerçante étoffée de grands magasins et de boutiques de prêt-à-porter. Noire de monde le samedi après-midi.

Rue Sainte-Catherine – Bourse des monnaies le samedi de 8 h à 12 h.

LE HAUT DE LA VILLE

Avenue Louise – Avenue traditionnelle des commerces chic (Bouvy, Cartier, Max Mara, Hugo Boss, etc.), du prêt-à-porter et de la haute couture (les Belges : Strelli et Watelet ; Feraud, Ferré, Rech, Valentino, Mugler, etc.).

Avenue de la Toison-d'Or – Entre la porte de Namur et la place Louise, cette avenue largement piétonne est devenue une promenade. La galerie du même nom rejoint la chaussée d'Ixelles, et la galerie Louise rejoint l'avenue Louise. L'ensemble constitue un noyau commercial très actif.

Boulevard de Waterloo – Commerces de luxe et de haute couture (entre autres Chanel, Armani, Delvaux, Versace, Gucci, et Saint-Laurent).

Galerie Louise – Entre l'avenue de la Toison-d'Or et l'avenue Louise. Récemment agrandie, cette galerie est très fréquentée. On y trouve l'une des librairies importantes de la capitale : Libris.

Porte de Namur – Repère incontournable, elle est la véritable plate-forme du haut de la ville.

Rue de Namur – Magasins de prêt-à-porter plutôt chic (Kenzo, Laura Ashley, Natan).

Rue Royale – Quelques commerces et la librairie Libris.

L'AGGLOMÉRATION

Anderlecht – La rue commerçante est la rue Wayez. Centre commercial au Westland Shopping Center. Grand marché le dimanche matin à proximité de la gare du Midi (beaucoup de produits méditerranéens).

Auderghem – La chaussée de Wavre est l'axe commercial de la commune, surtout entre le square De Greef et le boulevard du Souverain. Brocantes, le 1er dimanche du mois à la place Pinoy de 6 h à 13 h, le 2e dimanche du mois au boulevard du Souverain de 6 h à 14 h, le 3e dimanche du mois au parking du Maxi G.B. de 7 h à 13 h, et le dernier dimanche du mois sous le viaduc Hermann-Debroux (autoroute A4-E411) de 6 h à 13 h.

Etterbeek – Deux îlots commerçants : le carrefour de la Chasse et la rue des Tongres augmentée de la galerie du Cinquantenaire, non loin du parc du même nom (métro Mérode).

Ixelles – À partir de la porte de Namur se séparent deux grands axes commerciaux, les chaussées d'Ixelles et de Wavre entre lesquelles se situe l'aimable rue Saint-Boniface. La place Flagey accueille un marché le samedi matin. À proximité du cimetière d'Ixelles, le quartier Boondael concentre plusieurs rues commerçantes. Aux alentours de la place du Châtelain et dans la rue du Bailli se situent de nombreux restaurants, cafés, boutiques de décoration et magasins de prêt-à-porter.

Jette – Le quartier commercial se situe autour de la place Reine Astrid et dans la rue Léopold.

Koekelberg – Le Basilix Shopping Center se situe sur l'avenue Charles Quint.

Saint-Gilles – De part et d'autre de la barrière du même nom, la chaussée de Waterloo compte de nombreux commerces.

Schaerbeek – Chaussée de Louvain et place Dailly, qui connaît une brocante le 1er samedi du mois, de 8 h à 18 h.

Uccle – Le quartier de la Bascule (intersection des chaussées de Waterloo et de Vleurgat) est très commerçant, ainsi que la chaussée d'Alsemberg et une grande partie de la longue rue Léon Vanderkindere.

Watermael-Boitsfort – Cette commune très résidentielle connaît une petite activité commerciale aux alentours de la place Keym. Petit marché, le dimanche matin, à hauteur de la place Gilson.

Woluwe-Saint-Lambert – L'avenue George Henri est l'axe commercial le plus important de la commune. Le Shopping Center du boulevard de la Woluwe fut à son inauguration, au début des années 1970, le plus grand d'Europe (Habitat, Inno, C & A, etc.). Une bourse aux collectionneurs s'y tient le 3e dimanche du mois, de 7 h 30 à 13 h. Une brocante est organisée le 1er dimanche du mois, place Saint-Lambert, de 6 h à 13 h 30.

Woluwe-Saint-Pierre – Les commerces sont concentrés place Dumon. Foire aux livres et vieux papiers au musée du Tram bruxellois (avenue de Tervuren 364 b) le 1er samedi du mois de 9 h à 16 h.

N'ont été indiqués que les marchés et brocantes organisés toute l'année. Il est possible de chiner davantage car une multitude de foires, de marchés, de brocantes ou de braderies vivent le temps d'un week-end dans l'un ou l'autre quartier de la capitale. Pour tout renseignement supplémentaire, se procurer le magazine Kiosque.

Bruxelles et le sport

Football

Sport national comme dans les pays limitrophes. Au stade Roi-Baudouin – ancien stade du Heysel – se déroulent les matchs de l'équipe nationale. La capitale compte en Anderlecht une équipe prestigieuse, plusieurs fois vainqueur de coupes européennes (stade Vanden Stock). Ici, on ne dit pas l'équipe d'Anderlecht, on dit « les Mauve et Blanc », couleurs du club. L'équipe du RWDM (Racing White Daring Molenbeek) est plus modeste, mais compte également de nombreux supporters (stade à Molenbeek-Saint-Jean).

Cyclisme

Autre sport national, le cyclisme ne connaît pas à Bruxelles la ferveur qu'il soulève en Flandre ou en Wallonie. La capitale est toutefois le point d'aboutissement de la classique Paris-Bruxelles créée en 1893 et remportée par des champions comme Merckx (1973), Gimondi (1976), De Vlaeminck (1981) ou Sørensen (1992 et 1994).

Course à pied

Les « 20 kilomètres de Bruxelles » attirent chaque année des milliers de participants venant de la Belgique entière et emmenés par une élite internationale qui franchit la ligne d'arrivée sous les arcades du Cinquantenaire.

Patinage

Le Poséidon – *Avenue des Vaillants 4 à Woluwe-Saint-Lambert.* Sur glace.

Forest National – *Avenue du Globe 36 à Forest.* Sur glace.

Gymnase – *Bois de la Cambre.* À roulettes.

Natation

Aqualibi – *Wavre.*

Le Longchamp – *Square De Fré 1 à Uccle.* Dans un quartier chic et un cadre agréable.

Le Calypso – *Avenue Wiener 60 à Watermael-Boitsfort.* Une atmosphère familiale avec la verdure pour cadre.

Le Poséidon – *Avenue des Vaillants 4 à Woluwe-Saint-Lambert.* Avec solarium et jacuzzi, et bassin séparé pour les plus petits.

Centre sportif de Woluwe-Saint-Pierre – *Avenue Salomé 2 à Woluwe-Saint-Pierre.* Olympique, mais réduite pour réserver un bassin aux plus petits.

Neptunium – *Rue de Jérusalem 56 à Schaerbeek.* Un peu obsolète, ce qui ne manque pas de charme.

Océade – *Bruparck.*

Tennis

Ce sport est devenu très populaire. Les clubs sont nombreux. Le **Royal Léopold Club** *(avenue Dupuich 42 à Uccle)*, le **Royal Rasante Tennis Club** *(rue Sombre 56 à Woluwe-Saint-Lambert)* et le **Primrose Tennis Club** *(avenue du Gros-Tilleul 41-43 au Heysel)* sont les plus chic. Si vous êtes un mordu et que vous désirez jouer une partie lors de votre passage, renseignez-vous à la **Fédération royale belge de Tennis** : ☎ *02 675 11 40.*

La maison des ducs de Brabant

Introduction

Une longue tradition cosmopolite

Nombre d'historiens divergent sur les origines de Bruxelles. L'étymologie, « établissement dans les marais », résume le peu que l'on sait de la période antérieure au 10ᵉ s., même si la première mention de la ville qui date de 695 précise que **Brosella** relevait de l'évêché de Cambrai.

La fondation – Bruxelles appartenait à la Lotharingie qu'Otton, empereur du Saint Empire romain, divisa en 959 en Haute- et Basse-Lotharingie. En 977, son fils Otton II confia la Basse-Lotharingie (c'est-à-dire la région se situant entre Meuse, Champagne et Escaut) à Charles de France. Ce dernier établit son *castrum* à Bruxelles vers 977-979. Cette installation sur la Senne, précisément sur la plus grande des trois îles de cette rivière, l'île Saint-Géry, détermina une croissance militaire et économique, de même qu'une situation forte vis-à-vis du comté de Flandre. Mais à la mort du fils de Charles de France en 1005, le comte de Louvain Lambert Iᵉʳ hérita de Bruxelles qui fut dès lors gouvernée par cette maison durant quatre siècles.

La forteresse ducale – Lambert II exerça un rôle majeur en déplaçant la forteresse vers le Coudenberg (l'actuelle place Royale) et en décidant vraisemblablement la construction de remparts que paracheva son successeur, Henri II. En 1106, Godefroi Iᵉʳ obtint le titre de duc de Basse-Lotharingie ; à partir de 1190, les comtes de Louvain furent désignés sous le titre de ducs de Brabant. Godefroi Iᵉʳ installa la charge héréditaire de châtelain (garde militaire du château) et la fonction d'*amman*, ou maire. Ce début de 12ᵉ s. connut également une expansion économique encouragée par une industrie du drap naissante.

Après une période d'instabilité, de violence même, la ville vit sa bourgeoisie asseoir son influence et revendiquer privilèges et franchises : en 1229, Henri Iᵉʳ accorda à Bruxelles sa première charte écrite. À cette époque, la Lotharingie devint une expression historique, l'empereur ne se préoccupa plus du Brabant, et la ville reprit peu à peu le dessus sur Louvain. Bruxelles devint un centre de commerce qui bénéficia, d'une part, de l'arrêt du trafic entre la Flandre et l'Angleterre, et d'autre part, de la victoire décisive remportée en 1288 par le duc Jean Iᵉʳ sur Renaud de Gueldre. Celle-ci garantissait une liaison entre le Brabant et le Rhin, et assurait le contrôle de la voie commerciale reliant Bruges, le port le plus important de la mer du Nord, et Cologne, la ville commerciale la plus puissante d'Allemagne.

L'expansion de la ville et les métiers – Au 14ᵉ s., les métiers s'affranchirent. En effet, la célèbre bataille des Éperons d'or (1302) où le peuple flamand écrasa la chevalerie française de Philippe le Bel permit aux métiers et aux milices urbaines de prendre définitivement conscience de leur puissance politique. À Bruxelles, une révolte populaire éclata en 1303 contre les lignages ou familles patriciennes qui contrôlaient la vie économique de la cité. Mais l'événement capital eut lieu en 1356 à la suite de l'occupation de la ville par le comte de Flandre Louis de Male, contestant à la duchesse Jeanne et son époux Wenceslas le droit à la succession du duché. Aidé des Bruxellois, notamment des bouchers du quartier de la Grand-Place, le chef patricien Everard 't Serclaes chassa les troupes flamandes. Avec le retour de Jeanne, qui avait juré fidélité à la « Joyeuse Entrée », charte précisant les droits et devoirs des princes et de leurs sujets, les métiers furent reconnus et davantage mêlés à la vie politique. Malgré ces troubles, le 14ᵉ s. fut une période prospère grâce au succès européen du drap. La ville, en pleine expansion démographique, s'étendit extra-muros, particulièrement sur les voies d'accès, donnant ainsi naissance à des faubourgs. L'épisode de 1356 avait précipité la construction (de 1357 à 1379) d'une seconde enceinte qui engloba un territoire protégé désormais par huit kilomètres de remparts percés de sept portes fortifiées. Cette extension en forme de pentagone caractérise encore aujourd'hui le centre de Bruxelles.

Vers la fin du siècle, l'industrie drapière accusa une crise nourrie par la concurrence de l'Angleterre. En outre, les premières années du 15ᵉ s. baignèrent dans un climat politique malsain. La conséquence de cette double situation fut une insurrection des métiers en 1421. À partir de cette date, la commune fut gérée par sept échevins (un par lignage), six conseillers (représentant les métiers) et quatre receveurs, ainsi que deux bourgmestres.

La splendeur bourguignonne – En 1430, Philippe de Saint-Pol décéda sans laisser d'héritier. Le Brabant intégra donc les provinces bourguignonnes dont le duc était Philippe le Bon. Celui-ci, principalement établi à Dijon malgré ses nombreuses résidences, mena une politique d'ouverture qui rencontra l'hostilité des métiers, accablés de charges depuis le début du siècle. Si l'activité industrielle déclina, la ville devint néanmoins un centre administratif important au sein du vaste et complexe territoire du duc dont elle cherchait à s'attirer les faveurs en multipliant les constructions de prestige. Sous Marie de Bourgogne, la fille de Charles le Téméraire et Isabelle de Bourbon, Bruxelles devint enfin la capitale du très riche état bourguignon. Elle connut dès lors une intense activité d'artisanat de luxe (retables, tapisseries, enluminure, orfèvrerie, cuir, etc.) suscitée bien sûr par la présence de la Cour mais également par le va-et-vient des ambassadeurs, des nobles et des voyageurs. C'est donc tout naturellement que les artistes les plus brillants affluèrent, et notamment Rogier van der Weyden qui devint le peintre officiel de la ville.

La décadence sous les premiers Habsbourg – Cette politique de splendeur eut son revers : la ville s'y était ruinée alors que la guerre menée contre Louis XI coûtait cher. La monnaie dévalua, les prix grimpèrent, au point que famine et misère régnaient lorsque Maximilien d'Autriche reçut le pouvoir suite à la chute de cheval mortelle de son épouse en 1482. Les ressources manquant, la guerre civile ne tarda guère : en 1488, Bruxelles se révolta avec la Flandre contre Maximilien, inutilement car la peste ter-

Philippe le Bon

rassa la ville deux ans plus tard. Celle-ci était devenue exsangue, si bien qu'en 1503 Philippe le Beau décida de la placer sous tutelle financière et de supprimer les charges urbaines. Et, comme pour aggraver encore une situation déjà catastrophique, Marguerite d'Autriche, désignée comme gouvernante des Pays-Bas, déplaça la capitale de Bruxelles vers Malines, une ville déjà privilégiée par Charles le Téméraire.

La faveur de Charles Quint – Né avec le siècle, ce prince bourguignon fit son entrée solennelle à Bruxelles à l'âge de 15 ans. Roi d'Espagne l'année suivante, il fut élu empereur d'Allemagne en 1519 sous le nom de Charles Quint. Cet homme « sur les états duquel le soleil ne se couchait jamais » séjourna fréquemment dans la capitale du Bra-

Charles Quint

bant. Cette présence fut essentielle pour la ville puisqu'elle apparut alors comme la capitale des Pays-Bas et également de l'Empire. En effet, l'empereur n'avait de demeure fixe ni en Espagne ni en Allemagne. Mieux, son abdication en octobre 1555 au palais ducal du Coudenberg ne fut pas fatale à la ville : princes et officiers chargés du gouvernement des Pays-Bas y résidaient désormais. Ville de cour et siège administratif, Bruxelles retrouva sa splendeur en attirant à elle les familles attachées au monarque et les courtisans, ainsi que les visites des plus grands marchands, des hauts dignitaires ecclésiastiques et de personnalités des arts et des lettres, tels Holbein, Dürer ou Érasme. Les chroniqueurs de l'époque en ont parlé comme d'« une belle et grande cité ». L'arrivée de nombreux immigrants l'avait fortement agrandie, et même Anvers, métropole des échanges internationaux, n'allait bientôt plus pouvoir rivaliser avec sa consœur brabançonne. Cette évolution eut pour conséquence directe de diminuer le pouvoir des métiers et d'étouffer peu à peu les pouvoirs de la ville au profit des gouverneurs.

Le temps de la révolte contre l'Espagne – En abdiquant, Charles Quint avait cédé ses possessions autrichiennes à son frère Ferdinand Ier et ses possessions espagnoles ainsi que les Pays-Bas à son fils Philippe II. Ce fut une tragédie pour les Pays-Bas. Déjà enracinée dans la misère des classes populaires, l'hérésie se développa sous le mouvement de la Réforme qui apparut à Bruxelles sous sa forme calviniste. Parallèlement, l'opposition à la politique tyrannique de Philippe II s'organisait autour de Guillaume d'Orange, prince élevé à Bruxelles et protégé de Charles Quint. Cette opposition d'ordre à la fois politique et moral se concrétisa avec le « compromis des Nobles ». En 1566, leur résistance reçut l'appui du peuple et des troubles violents secouèrent la ville. L'année suivante, Philippe II répondit à la rébellion par l'envoi du duc d'Albe, Alvarez de Tolède, qui créa un Conseil des troubles également appelé « Conseil du sang » à cause des pillages et des nombreuses exécutions qu'il instituait. Les écoliers belges connaissent tous celle des comtes d'Egmont et de Hornes pour être une des grandes étapes de l'histoire de la nation. La violence de l'Inquisition ne put rien contre la révolte et la Réforme : en 1577, Guillaume d'Orange, surnommé le Taciturne, fit une entrée triomphale dans la capitale des États qui fut dirigée par des calvinistes jusqu'en 1585. Sur l'ordre de Philippe II, le duc de Parme Alexandre Farnèse s'empara finalement de la ville. Ce dernier sut grandir sa victoire en accordant une amnistie générale aux habitants et en promettant de respecter les privilèges de la ville. Le pouvoir de Philippe II fut rétabli, ce qui ouvrit la voie au triomphe de la Contre-Réforme au moment où les très catholiques archiducs Albert et Isabelle reçurent la souveraineté des Pays-Bas.

La ferveur religieuse – L'aube du 17e s. vit Bruxelles littéralement investie par les ordres religieux : apostolines, augustins, brigittines, capucins, carmélites, jésuites, minimes, et autres oratoriens s'y installèrent en nombre. Ce siècle fut aussi celui de la censure et du contrôle exercés par une Église toute-puissante : ne fallait-il pas être catholique pour obtenir un emploi… pendant qu'affluaient des ursulines, visitandines et autres dominicaines anglaises aux abords de l'hôtel de ville. Cette « ferveur » religieuse s'accompagna d'une période de calme relatif, les archiducs ayant su garantir la prospérité de Bruxelles. Cette période de paix fut cependant de courte durée et prit fin avec le décès de l'archiduc Albert en 1621.

Menaces et destructions françaises – Gouverneur au nom de son frère le roi Philippe IV, le cardinal-infant Ferdinand jouissait de la considération générale. Il dut s'opposer au roi de France Louis XIII qui décida d'envahir les Pays-Bas, poussé par la politique anti-espagnole menée successivement par Richelieu et Mazarin. Les attaques reprirent sous Louis XIV, venu inspecter personnellement le récent renforcement de la seconde enceinte avant d'assiéger Maastricht en 1673. Les incursions se firent plus nombreuses encore dans le dernier quart du 17e s., jusqu'à ce que le Roi-Soleil décidât de porter sur Bruxelles, dont il connaissait les faiblesses défensives, un bombardement dont l'objectif était d'attirer les troupes hollandaises et anglaises assiégeant les Français retranchés dans la citadelle namuroise. Résultat de la guerre totale préconisée par Louvois lors de la destruction du Palatinat en 1689, le bombardement ordonné le 13 août 1695 par le maréchal de Villeroy fut épouvantable *(à ce propos, voir historique de la Grand-Place).*

L'économie urbaine : du corporatisme au capitalisme – L'expansion du commerce de luxe assurée par la présence de la cour bourguignonne et le règne de Charles Quint avait subi un sérieux coup de semonce sous Philippe II avant de s'effondrer avec le désastre de 1695. Néanmoins, comme le prouvèrent ses habitants au lendemain du bombardement français en offrant au monde la fabuleuse Grand-Place que nous connaissons aujourd'hui, Bruxelles allait se relever d'une situation économique particulièrement précaire. Cette renaissance eut pour fondement le creusement du canal de Willebroek reliant la ville à la mer. Fruit d'une lutte acharnée avec Malines et Vilvorde, ce cours d'eau artificiel ouvert en 1561 entraîna une profonde transformation de la ville. En effet, en perçant des bassins au sein même de ses murs, celle-ci devint peu à peu un port servant au chargement et au déchargement des marchandises.
Devenue quelque peu protectionniste, l'organisation corporative qui avait marqué de son empreinte l'économie médiévale pâtissait d'un régime devenu obsolète. Ces forces politiques et sociales, certes encore actives, n'allaient pas résister bien longtemps à l'arrivée des manufactures nées avec le 17e s. Comment un artisanat gangrené par les charges associatives aurait-il pu s'opposer à ces industries modernes qui employaient de nombreux ouvriers et utilisaient un outillage mécanique ? Les temps n'étaient plus au marché local. Bruxelles et son port accueillirent des manufactures d'étoffes, des ateliers de cuirs, des savonneries et des industries chimiques dont le souci majeur était de fabriquer à bas prix afin d'exporter la production. Tandis que les corporations faisaient reconstruire une Grand-Place plus belle que jamais, la ville devenait une plate-forme du commerce international où transitaient les produits les plus divers, dont les nouvelles denrées coloniales.

La période autrichienne – Au décès de Charles II en 1700, on apprit qu'il avait désigné Philippe d'Anjou pour lui succéder. Ce dernier n'était autre que le petit-fils et successeur possible du roi de France Louis XIV. Le danger de la réunion de l'Espagne et de la France sous un même sceptre déclencha la guerre de Succession d'Espagne. Cette période de tension s'acheva en 1713 et 1714 par les traités d'Utrecht et de Rastadt qui stipulaient notamment que Philippe V d'Anjou renonçait à ses droits au trône de France et que les Pays-Bas passaient à l'empereur Charles VI.
La domination autrichienne fut clémente envers les Pays-Bas, dont Bruxelles était la ville la plus peuplée (57 854 habitants en 1755, 74 427 en 1783). Les gouverneurs durent cependant affronter les derniers soubresauts des métiers qui tentaient de faire rétablir leurs anciens privilèges. En 1731, sous le gouvernement de l'archiduchesse Marie-Élisabeth, le palais ducal du Coudenberg dont l'origine remontait au 11e s. brûla entièrement. Puis la mort de Charles VI fut un nouveau prétexte à une guerre de succession, et Maurice de Saxe s'empara de Bruxelles en 1746 au nom du roi de France Louis XV, qui dut la restituer à l'impératrice Marie-Thérèse par la paix d'Aix-la-Chapelle. Celle-ci plaça à Bruxelles son beau-frère Charles de Lorraine qui y installa une cour parmi les plus éclatantes de son époque.
Dans la seconde moitié du 18e s., Bruxelles était une ville industrielle forte d'un prolétariat très important. Les métiers s'éteignaient petit à petit pendant que le syndicalisme ouvrier naissait sous forme de caisses de maladie secrètes dans une économie dont les

structures annonçaient le capitalisme du 19e s. L'administration était bien entendu soumise à Vienne et regroupait des hauts fonctionnaires au service de l'État. Ce noyau attirait à la fois les gros commerçants, les intellectuels et les philosophes. Les études universitaires de l'université de Louvain étaient très réputées et le mécénat de cour s'attachait des artistes patentés. Si la ville était bilingue, la langue de la culture était le français. Les industriels du textile et du tabac croisaient de grands financiers aux fortunes colossales et orientées vers un commerce de transit. Mais la pauvreté grandissait alors que l'on traçait à la règle des perspectives néoclassiques au cœur de la ville. La Bruxelles moderne était née.

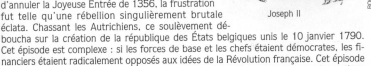

Joseph II

ROGER-VIOLLET

Révolution brabançonne et Révolution française – Lorsque Joseph II décida le 7 janvier 1789 d'annuler la Joyeuse Entrée de 1356, la frustration fut telle qu'une rébellion singulièrement brutale éclata. Chassant les Autrichiens, ce soulèvement déboucha sur la création de la république des États belgiques unis le 10 janvier 1790. Cet épisode est complexe : si les forces de base et les chefs étaient démocrates, les financiers étaient radicalement opposés aux idées de la Révolution française. Cet épisode est méconnu : il vécut 11 mois, le temps pour les Autrichiens, soutenus par les nations européennes plutôt inquiètes des événements qui agitaient la France, de revenir balayer cette révolution de trop.
Après les succès de Jemappes (1792) et de Fleurus (1794), les Pays-Bas méridionaux furent incorporés à la France en 1795 : Bruxelles chuta au rang de chef-lieu du département de la Dyle. Les guildes de métiers furent supprimées et leurs maisons furent vendues comme biens nationaux. De nombreux bâtiments bruxellois eurent à souffrir de pillages qui ne cessèrent qu'avec l'installation par Bonaparte du Consulat en 1799. C'est du reste non loin de l'ancien chef-lieu du département de la Dyle que, le 18 juin 1815, Napoléon fit à Waterloo ses adieux à ses ambitions.

Sous le gouvernement hollandais – Le royaume des Pays-Bas offrit la particularité de posséder deux capitales, La Haye et Bruxelles. Si la cour se mit à « faire la navette » entre ces deux villes, le corps diplomatique choisit de rester dans la seconde. Cet avantage préserva le lustre de la vie mondaine auquel Bruxelles était habituée, et attira le jeune prince héritier Guillaume d'Orange que l'on disait volontiers frondeur et étourdi. Cet esprit libéral ne fréquentait-il pas les milieux progressistes bruxellois ? Mais la tension entre le Sud et le Nord du royaume naquit sur des questions liées à une politique de l'enseignement mal ressentie par les catholiques, à la néerlandisation de la vie publique, et à la liberté de la presse bridée par une multitude de procès. Guillaume Ier allait bientôt échouer dans la partie méridionale de son royaume, mais au moins faut-il reconnaître en lui le promoteur de la révolution industrielle en Belgique.

L'indépendance – L'histoire de la ville rejoint ici celle du royaume, mais c'est bien à Bruxelles que se cristallisa le mouvement révolutionnaire. Déjà échauffée par les échos de la révolution parisienne de juillet, la population y accueillit froidement son roi au début du mois d'août 1830. Les rapports de police de l'époque sont éloquents quant à la situation explosive de la demi-capitale des Pays-Bas. Le 25, alors que l'on représentait *La Muette de Portici* au théâtre de la Monnaie, les spectateurs déclenchèrent une rébellion lorsque l'on entonna le fameux air « *Amour sacré de la patrie...* ». Ils quittèrent la salle pour rejoindre une foule d'ouvriers rassemblés à l'extérieur. Grossie d'éléments incontrôlés, celle-ci s'en alla mettre à sac l'immeuble du journal orangiste *Le National* puis alla briser les vitres du palais de justice où se déroulaient les procès de presse.
Le lendemain, la démission totale des forces de l'ordre accéléra le processus. Les uns criaient « Vive la France » tandis que d'autres arboraient la cocarde brabançonne. La confusion était à son comble. On pilla, on brisa, puis, peu à peu, l'émeute se radicalisa. Le roi Guillaume hésitait à intervenir. Les modérés venaient en effet de se rendre à La Haye pour dégager une solution parlementaire à laquelle croyait le souverain. Mais un concours de circonstances voulut que la province envoyât au même moment à Bruxelles des compagnies de volontaires résolument extrémistes. Cantonnée aux portes de la ville et constituée sur la base d'un recrutement régional, l'armée hollandaise se décida à entrer dans la ville le 23 septembre, persuadée de l'imminence de sa victoire. Or, voici qu'une escarmouche l'arrêta aux abords du parc de la ville. Principalement belges, les soldats s'engouffrèrent dans le parc pour y trouver refuge. Encerclée durant quatre jours (les Journées de septembre) par des volontaires vite regroupés, cette armée mal commandée parvint toutefois à s'échapper. Trop tard ! La nouvelle de sa défaite s'était répandue comme une traînée de poudre et avait provoqué le ralliement de toutes les villes de province. Profitant en quelque sorte de l'aubaine, un gouvernement provisoire ne tarda pas à se constituer. La révolution venait d'accoucher d'un État : la Belgique. Le 21 juillet 1831, le prince Léopold de Saxe-Cobourg-Gotha fit son entrée solennelle dans la ville et y prononça le serment qui faisait de lui le premier roi des Belges.

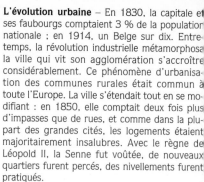

L'évolution urbaine – En 1830, la capitale et ses faubourgs comptaient 3 % de la population nationale ; en 1914, un Belge sur dix. Entre-temps, la révolution industrielle métamorphosa la ville qui vit son agglomération s'accroître considérablement. Ce phénomène d'urbanisation des communes rurales était commun à toute l'Europe. La ville s'étendait tout en se modifiant : en 1850, elle comptait deux fois plus d'impasses que de rues, et comme dans la plupart des grandes cités, les logements étaient majoritairement insalubres. Avec le règne de Léopold II, la Senne fut voûtée, de nouveaux quartiers furent percés, des nivellements furent pratiqués.

Parallèlement, sa vocation industrielle (textile, bâtiment, édition, mécanique et produits de luxe) s'affirma par l'organisation du secteur bancaire. En effet, stimulés par la Société Générale, fondée par Guillaume Ier et alors nommée « banque de Bruxelles », des banquiers privés s'aventurèrent dans la commandite industrielle.

Léopold II

Ces banques et leurs filiales furent à l'origine de ce que l'on appelle aujourd'hui le crédit industriel. Par ailleurs, la guerre franco-allemande de 1870 fit indirectement de Bruxelles un centre financier international en y attirant les hommes d'affaires et les capitaux des pays voisins.

Le 5 mai 1835, le premier train du continent démarra de Malines pour relier la station de l'allée Verte, promenade jadis à la mode située au Nord de la porte d'Anvers. La voie était ouverte, si l'on peut dire, pour faire de la capitale du royaume un nœud ferroviaire au cœur d'une Belgique forte d'une industrie lourde reconnue au-delà de ses frontières (mines et métallurgie). La ville profita bien entendu de l'essor des communications : en 1870, elle comptait quatre gares.

Les idées étaient également en mouvement, stimulées par la question scolaire qui déchira longtemps des catholiques désireux de retrouver leur monopole et des libéraux soucieux d'une promotion sociale par l'instruction. Question liberté, la Belgique du 19e s. n'eut de leçon à recevoir de personne. En effet, sa capitale fut une terre d'accueil et d'exil où convergeaient les esprits les plus aiguisés de toute l'Europe. En quelques années, le café des Mille Colonnes, qui avait déjà vu Cambacérès y bomber le torse au début du siècle, reçut l'Italien Giuseppe Mazzini, l'organisateur des putschs républicains, avant Karl Marx ou Victor Hugo.

Le grand handicap de Bruxelles devint rapidement la situation administrative de ses faubourgs, constitués par des communes indépendantes. D'énormes problèmes de gestion se posèrent suite à l'expansion démographique de la seconde moitié du 19e s. La ville assurait sans contrepartie toute initiative en matière d'instruction, de travaux publics, de santé, de police, etc. Elle songea même à annexer ces communes périphériques qui profitaient de ses bienfaits. Sans surprise, celles-ci refusèrent, mais une décennie suffit à voir apparaître une intercommunale visant à résoudre les problèmes liés à la distribution de l'eau. Cette infrastructure fut sans aucun doute à l'origine de la prise de conscience qui déboucha plus tard sur le statut de l'agglomération de Bruxelles.

Les guerres et les crises avant la transformation – Au début du siècle, la capitale était une grande ville libérale et progressiste à la tête d'un pays conservateur. La vie intellectuelle y était florissante, à l'image d'une presse quotidienne concentrant plus de la moitié du tirage national. Déjà très dynamique, son commerce fut encouragé par l'organisation de plusieurs expositions internationales, depuis celle du jubilé de 1880 à l'Exposition universelle de 1910 dont l'affiche représentant la Grand-Place survolée par un dirigeable fut diffusée dans le monde entier. Après la profonde dépression qui avait vu la naissance du Parti ouvrier belge en 1885, la Belle Époque fut celle d'un « boom » industriel dont la figure de proue était sans conteste Ernest Solvay. Le centre de la ville devint un carrousel de tramways et d'omnibus, la jeune Bourse de commerce développait son tumulte, les grands magasins enrichissaient leurs étalages, l'Art nouveau développait ses sinuosités. Une foule souriante et intimidée passait devant les premières caméras des reporters du cinématographe.

Malheureusement, cette Bruxelles enthousiaste eut à souffrir de l'occupation allemande à deux reprises, de 1914 à 1918 et de 1940 à 1944. De septembre 1944 à avril 1945, la ville eut même à subir les raids des bombes volantes V1 qui heureusement ne frappèrent pas ses principaux édifices. Durant l'entre-deux-guerres, la grande question bruxelloise fut à nouveau celle de la réunion des faubourgs à la ville. Laeken se retrouva annexée en 1921 afin d'étendre les installations portuaires toujours très actives grâce au canal de Willebroek et au canal de Charleroi (construction de machines ;

centrales électriques ; industries chimiques, pharmaceutiques et textiles ; industries alimentaires dont la biscuiterie et la chocolaterie, etc.). Mais la solution au problème du « Grand-Bruxelles » fut retardée par la grande crise de 1929, le deuil national de 1934 suite au décès accidentel du bien-aimé roi Albert Ier, l'émergence de l'extrémisme en 1936, et l'agression de mai 1940.

Après la Seconde Guerre mondiale, la capitale fut le théâtre d'une « crise royale » qui vit les partis politiques se déchirer sur l'opportunité du retour de Léopold III. En mars 1950, cette impasse déboucha sur une consultation populaire qui accorda 57,5 % des suffrages au roi, ce qui signifiait la fin de la régence du prince Charles. Cependant, c'est la montée sur le trône de Baudouin Ier en août de la même année qui soulagea définitivement les esprits. Ils s'échauffèrent aussitôt sur la querelle linguistique qui empoisonna

GLOBAL PICTURES

Baudouin Ier

les années 1950, si bien qu'au début des années 1960, de nouvelles lois s'attachèrent à régler les difficultés communautaires divisant les francophones et les néerlandophones. Le cas de Bruxelles était évidemment le plus épineux. Les solutions s'orientèrent vers la régionalisation, et l'arrondissement bilingue de Bruxelles-Capitale, qui comprenait les 19 communes, fut créé en 1963.

1958 fut l'année qui fit de la ville le siège de la CEE (Communauté économique européenne) devenue depuis l'**Union européenne**, et de l'Euratom (Communauté européenne de l'énergie atomique). Depuis 1967, elle est également le siège de l'**OTAN** (Organisation du Traité de l'Atlantique Nord) et depuis 1993 celui de l'**UEO** (Union de l'Europe occidentale), confirmant, s'il le fallait, la vocation profondément internationale et cosmopolite de Bruxelles.

Aujourd'hui – Les problèmes politiques liés au statut de la ville sont aussi complexes qu'ils furent longs à résoudre. En 1970, on introduisit dans la Constitution un article 107 quater selon lequel la Belgique comprenait la Région wallonne, la Région flamande et la Région bruxelloise. L'agglomération de Bruxelles compte officiellement 19 communes sur un territoire de 161,78 km^2 : Anderlecht, Auderghem, Berchem-Sainte-Agathe, Bruxelles, Etterbeek, Evere, Forest, Ganshoren, Ixelles, Jette, Koekelberg, Molenbeek-Saint-Jean, Saint-Gilles, Saint-Josse-ten-Noode, Schaerbeek, Uccle, Watermael-Boitsfort, Woluwe-Saint-Lambert, Woluwe-Saint-Pierre. Depuis 1989, ces communes forment enfin une région à part entière sous le nom de Bruxelles-Capitale et disposent d'un gouvernement et d'un Conseil. Ce dernier est composé de 75 membres élus directement tous les 5 ans, constituant un groupe linguistique français et un groupe linguistique néerlandais. Par ailleurs, depuis la réforme de l'État belge en 1980, la ville abrite les institutions de la Région flamande, la Région wallonne ayant choisi Namur comme siège. La Communauté flamande et la Communauté française se trouvent, elles, à Bruxelles...

Enfin, il faut savoir que Bruxelles est toujours un centre industriel important. Sa caractéristique est l'extrême diversité des secteurs d'activité (fabrication métallique, montage automobile, chimie, imprimerie, édition, confection, maroquinerie, orfèvrerie, recherches technologiques, etc.). Si le secteur secondaire est en régression, le secteur tertiaire continue à se développer. Cet aspect s'explique évidemment par la fonction de capitale nationale et européenne de la ville. Les conséquences économiques de son internationalisation sont considérables. Il suffit pour s'en convaincre de songer que de nombreuses entreprises ont choisi Bruxelles pour siège commercial ou administratif. Cette vocation a eu pour effet pervers la baisse de la population, passée sous le chiffre symbolique du million depuis 1982, dû à l'exode de nombreux habitants vers la périphérie.

En 2001, la Région de Bruxelles-Capitale comptait 964 405 habitants.

Bruxelles, ville des institutions européennes

Depuis le 1er janvier 1958, la capitale belge est le siège de la Communauté économique européenne (CEE) et de la Communauté européenne de l'énergie atomique (Euratom) créées le 25 mars 1957 par le traité de Rome. Les membres fondateurs de ces communautés étaient l'Allemagne fédérale, la Belgique, la France, l'Italie, le Luxembourg et les Pays-Bas. L'« Europe des Six » s'est ensuite élargie aux pays suivants : le Danemark, l'Irlande et la Grande-Bretagne en 1973, la Grèce en 1981, l'Espagne et le Portugal en 1986. Cette « Europe des Douze » s'est ouverte à trois autres nations : l'Autriche, la Finlande et la Suède en 1995. L'« Europe des Quinze » que nous connaissons actuellement s'étendra encore en 2004.

LES GRANDES DATES

1851	Victor Hugo évoque l'idée des États-Unis d'Europe.
1920	Création de la SDN (Société des Nations).
1929	Aristide Briand dépose à la SDN un projet pour les États-Unis d'Europe.
1944	Création du FMI (Fonds monétaire international).
1945	Création de l'ONU (Organisation des Nations unies).
1946	Winston Churchill lance l'idée des États-Unis de l'Europe.
1949	Création du Conseil de l'Europe et de l'OTAN (Organisation du traité de l'Atlantique Nord).
1950	Union européenne des paiements.
1951	Traité de Paris instituant la CECA (Communauté européenne du charbon et de l'acier).
1954	Le Benelux propose un Marché commun. Création de l'UEO (Union de l'Europe occidentale).
1957	Traité de Rome instituant la CEE et l'Euratom.
1958	Installation de la CEE et de l'Euratom à Bruxelles. Accord monétaire européen.
1960	Création de l'AELE (Association européenne de libre-échange) entre l'Autriche, le Danemark, la Grande-Bretagne, la Norvège, le Portugal, la Suède et la Suisse.
1961	La Grande-Bretagne est candidate à la CEE.
1962	Accord sur la PAC (politique agricole commune).
1963	Convention d'association de 18 pays africains avec la CEE.
1965	Fusion de la CEE, de l'Euratom et de la CECA.
1967	Le Danemark et l'Irlande sont candidats à la CEE, la Grande-Bretagne est à nouveau candidate.
1968	Union douanière entre les États membres.
1972	Mise en place du « serpent monétaire ».
1973	Le Danemark, la Grande-Bretagne et l'Irlande entrent dans la CEE.
1979	Création de l'ECU (European Currency Unit) et première élection du Parlement européen. Création du SME (Système monétaire européen).
1981	La Grèce entre dans la CEE.
1984	Projet d'Union européenne à l'initiative du député italien Altiero Spinelli.
1985	Le Groenland (terre danoise) quitte la CEE.
1986	L'Espagne et le Portugal entrent dans la CEE. Signature de l'Acte unique européen.
1990	Signature des accords instituant la BERD (Banque européenne pour la reconstruction et le développement).
1991	Création de l'EEE (Espace économique européen) entre la CEE et l'AELE.
1992	Signature du traité de Maastricht instituant l'Union européenne.
1993	Création du Marché unique à l'intérieur de la CEE.
1995	L'Autriche, la Finlande et la Suède entrent dans l'Union européenne.
2002	Mise en circulation de l'euro par les pays de la zone euro (l'Allemagne, l'Autriche, la Belgique, l'Espagne, la Finlande, la France, l'Irlande, l'Italie, le Luxembourg, la Grèce, les Pays-Bas et le Portugal).

DES COMMUNAUTÉS A L'UNION EUROPÉENNE

Depuis 1958, les Communautés européennes comprenaient la CECA, la CEE et l'Euratom. Un traité signé le 8 avril 1965 décida de la fusion de ces trois instances, fusion qui devint effective le 1er juillet 1967 tout en laissant subsister les trois traités qui avaient donné naissance à chacune d'elles.

La **CECA** (Communauté européenne du charbon et de l'acier) a pour but le rapprochement politique grâce à un marché commun du charbon et de l'acier et en supprimant les obstacles à la circulation des marchandises. Le traité qui la créa viendra à expiration en 2002.

La **CEE** (Communauté économique européenne), autrement nommée « Marché commun », a pour objectif l'expansion continue et équilibrée du niveau de vie par la libre circulation des marchandises, le libre établissement des personnes et des capitaux, et la mise en place de politiques communes dans les domaines de l'agriculture, du commerce, de la concurrence, de l'énergie et des transports.

L'**Euratom** (Communauté européenne de l'énergie atomique) a été créée afin de promouvoir le développement de l'énergie nucléaire des États membres.

Le **traité de Maastricht** signé le 7 février 1992 et entré en vigueur le 1er novembre 1993 a institué l'**Union européenne**. Celle-ci est chargée de la coopération politique européenne et de la coopération dans les domaines de la justice et des affaires intérieures.

LES CINQ INSTITUTIONS

Cinq institutions assurent le fonctionnement de l'Union européenne.

Le Parlement européen – *Siège à Strasbourg, mais de très nombreuses réunions de commissions ou de groupes politiques se tiennent à Bruxelles, tandis que le plus gros de l'effectif (Secrétariat général) se trouve à Luxembourg.* Depuis 1979, il est élu directement pour 5 ans au suffrage universel, sauf en Grande-Bretagne où est utilisé le scrutin uninominal à un tour. Le Parlement fonctionne par le biais de commissions qui ont pour rôle de contrôler l'activité de l'exécutif. D'une part, elles invitent les représentants de l'exécutif à leur expliquer les propositions et les décisions de la Commission européenne, d'autre part, elles sont en quelque sorte les porte-parole du Parlement en ce qui concerne son avis sur les propositions que soumet la Commission au Conseil. Le Parlement est avant tout un instrument de contrôle démocratique. Il intervient sur les dépenses de fonctionnement des institutions et émet des observations sur l'exécution du budget. Il intervient aussi dans l'activité législative de la Communauté et bénéficie même de procédures de codécision dans certains domaines. Il intervient enfin sur certaines questions d'actualité, grâce à des débats d'urgence ou à la constitution de commissions temporaires. C'est à ce titre que le traité de Maastricht a chargé cette haute institution de nommer un médiateur habilité à recevoir les plaintes de tout citoyen ou de tout résident de l'Union.

Le Conseil – *Siège à Bruxelles ; quelques sessions ont lieu à Luxembourg.* Le Conseil réunit les représentants des gouvernements (1 par pays) et sa présidence est exercée à tour de rôle pour une période de 6 mois (afin d'éviter tout risque d'hégémonie). Lors des sessions, ses décisions sont prises à la majorité simple, à la majorité qualifiée ou à l'unanimité selon le thème ; par exemple, il ne peut amender les propositions de la Commission qu'à l'unanimité. Sa composition varie donc en fonction du sujet abordé : affaires sociales, agriculture, économie et finances, environnement, industrie, pêche, transport, etc. Mais ce sont les ministres des Relations extérieures qui sont de fait considérés comme les principaux représentants de leur pays. Ils sont secondés dans leur tâche par un Comité des représentants permanents ayant rang d'ambassadeurs. Ceux-ci sont eux-mêmes assistés par une centaine de groupes de travail composés de diplomates et de hauts fonctionnaires provenant des ministères des États membres.

La Commission – *La majorité des fonctionnaires statutaires (auxquels il faut*

Le Caprice des Dieux

Ch. Bastin et J. Evrard

ajouter quantité de contrats d'experts à durée déterminée) travaille à Bruxelles. La nature de cette instance est triple. Premièrement, elle est la gardienne des traités, c'est-à-dire qu'elle doit veiller à leur bonne application ; cette mission en fait un organisme d'enquête et de contrôle. Deuxièmement, elle est l'organe exécutif de l'Union : elle rédige les textes d'application, elle ordonne les règles et gère les fonds communautaires. Troisièmement, elle est l'initiatrice de la politique communautaire afin d'en garantir la cohérence ; cela signifie qu'elle élabore et propose au Conseil les lois européennes à décider. Elle est composée de 20 membres nommés par les gouvernements pour un mandat de 4 ans. Ces membres sont indépendants, que ce soit vis-à-vis des gouvernements ou vis-à-vis du Conseil ; seul le Parlement a le pouvoir de provoquer leur démission automatique en votant une motion de censure.

La Cour de justice – *Siège à Luxembourg.* Elle est composée de 15 juges et 8 avocats généraux nommés par les gouvernements pour 6 ans. Elle contrôle la légalité des actes communautaires et se prononce sur l'interprétation et la validité des dispositions du droit communautaire. Les procédures qu'elle applique sont globalement similaires à celles des hautes instances judiciaires des États membres. Elle a le pouvoir d'infliger une amende ou une astreinte à l'un d'eux s'il ne se conforme pas à ses arrêts. Un Tribunal de première instance a été créé en 1989. Celui-ci est notamment compétent dans le domaine du traité CECA, dans les règles de concurrence et dans les recours introduits par des particuliers contre les institutions et les organismes créés par l'Union européenne ; il est incompétent en matière de défense commerciale.

La Cour des comptes – *Siège à Luxembourg.* Créée en 1975, son rôle consiste en un contrôle budgétaire portant sur la légalité, la régularité et la gestion financière des ressources prélevées sur les contribuables européens et gérées par l'Union européenne. Ses 15 membres sont nommés pour 6 ans par le Conseil de l'Union. Elle établit un rapport annuel à la fin de chaque exercice, rapport publié au Journal officiel et accompagné des réponses des institutions à ses observations.

À ces cinq institutions, il faut ajouter le **Comité économique et social** et le **Comité des régions**. Composé de 222 conseillers, le premier assure la représentation des diverses catégories de la vie économique et sociale (employeurs, travailleurs, professions libérales, agriculteurs, etc.). Également formé de 222 membres, le second est davantage politique puisqu'il est le reflet des autorités régionales et locales des États membres. Il peut se saisir de toute proposition transmise au Comité économique et social et émettre un avis.

L'EUROPE EN QUESTION

Quels sont les symboles de l'Union européenne ? Premièrement, un drapeau azur à 12 étoiles d'or (nombre invariable) disposées en cercle ; il a été adopté en 1955. Deuxièmement, l'hymne européen qui est le prélude de l'*Ode à la joie* de la 9e symphonie de Ludwig van Beethoven dans un arrangement d'Herbert von Karajan ; il a été adopté en 1972.

Les citoyens de l'Union sont-ils favorables à l'unification de l'Europe occidentale ? Oui, et très largement. Selon une étude réalisée en 1993, c'est-à-dire dans l'Europe des Douze, 73 % d'entre eux y étaient favorables, 9 % ne se prononçant pas. Les moins « chauds » à l'unification étaient – et ce n'est guère une surprise – les Britanniques (59 % pour) et les Danois (62 % pour).

Qu'implique le traité de Maastricht ? Le traité de Maastricht signé le 7 février 1992 et entré en vigueur le 1er novembre 1993 a institué l'Union européenne. Ses innovations principales sont : 1°) le renforcement du pouvoir de l'Union ; 2°) l'élaboration d'une politique de défense commune ; 3°) une politique sociale régie par des principes communs ; 4°) une politique étrangère commune ; 5°) des règles communes en matière d'asile politique et d'immigration ; 6°) la responsabilité de l'Union limitée aux affaires ne pouvant être réglées au niveau national ; 7°) la monnaie européenne unique ; 8°) la participation des régions aux décisions ; 9°) une coopération plus étroite dans la lutte contre la drogue et le crime organisé ; 10°) la possibilité de voter aux élections municipales pour les citoyens résidant dans un autre État membre ; 11°) le pouvoir législatif accordé au Parlement européen ; 12°) une politique de stabilité monétaire luttant contre l'inflation.

Qu'est-ce que le Marché unique à l'intérieur de l'Union ? La disparition des contrôles de marchandises aux frontières et l'assurance de ne pas payer deux fois la même taxe lors d'un achat personnel ; la sécurité commune pour les citoyens et leur libre établissement dans un autre État membre ; la reconnaissance des qualifications professionnelles par tous les États membres ; l'élargissement de la concurrence.

Comment l'Union européenne est-elle financée ? Les États membres lui versent le produit des droits de douane et des prélèvements agricoles. Ils lui versent également un pourcentage des recettes de TVA. Le complément de la participation d'un État est fonction de sa capacité de paiement.

Qu'est-ce que la convention de Schengen ? Signée le 19 juin 1990, elle vise à supprimer progressivement les contrôles aux frontières communes des pays qui s'y sont engagés : Allemagne, Belgique, France, Luxembourg et Pays-Bas en 1985 ; Italie en 1990 ; Espagne et Portugal en 1991... En vigueur depuis 1995, l'« espace Schengen » connaît quelques problèmes d'application (surtout de la part de la France) dus principalement à la lutte contre le trafic des stupéfiants (rendue difficile par la politique distinctive des Pays-Bas) et à certaines situations particulières comme, par exemple, la facilité de naturalisation ou l'attraction des prestations sociales dans certains pays. Les citoyens de l'Union bénéficient d'une totale liberté de circulation à l'intérieur de l'« espace Schengen ». Toute demande d'asile est étudiée par un seul État signataire de la Convention, celui où résident déjà en qualité de réfugiés des parents du demandeur, celui qui lui aura délivré un visa ou le premier dont le sol aura été foulé par le demandeur, même irrégulièrement.

Quel est le poids de l'Union européenne dans le commerce mondial ? En 1992, et sans tenir compte des échanges des pays communautaires entre eux, l'Europe des 12 a réalisé 20,7 % des exportations, devant les États-Unis (16,4 %), le Japon (12,4 %), le Canada (4,9 %) et le reste du monde (45,7 %).

Le Conseil de l'Europe dépend-il de l'Union européenne ? Non (à ne pas confondre avec le Conseil européen). Créé en 1949, cet organisme siège à Strasbourg et a ses bureaux à Paris et à Bruxelles. En 1993, il comptait 28 membres. Il a pour but de resserrer les liens de ses membres afin de promouvoir les idéaux et les principes qui sont leur patrimoine commun. C'est à ce titre qu'il a récemment développé le programme « Démosthène » visant à aider les pays de l'Europe centrale et orientale à mettre en œuvre leurs réformes constitutionnelles, législatives et administratives.

Que signifie la citoyenneté européenne ? Elle signifie qu'un ressortissant européen peut bénéficier de la protection de toute autorité diplomatique et consulaire d'un autre État membre si son pays n'est pas représenté dans le pays où il se trouve. Elle signifie en outre que le citoyen peut voter et être élu aux élections municipales dans l'État membre où il réside.

Quelles sont les conditions exigées pour une candidature ? Les pays candidats sont tenus d'accepter sans aucune réserve les termes du traité de Rome et les modifications que le traité de Maastricht y a apportées. Une période transitoire d'adaptation est néanmoins prévue. Celle-ci peut aussi servir à la révision des normes de l'Union au cas où un pays aurait des normes plus élevées dans un domaine précis. Des dispositions particulières différentes d'un pays à l'autre sont arrêtées au cours des négociations d'adhésion.

Les Européens sont-ils favorables à une défense commune ? Oui, à 77 % selon une étude réalisée en 1993. Ce sont les Italiens qui y seraient le plus favorables (83 %), les Danois étant les moins enthousiastes (45 %).

Quels ont été les présidents de la Commission ? L'Allemand Walter Hallstein (1958-1967), le Belge Jean Rey (1967-1970), l'Italien Franco Malfatti (1971-1972), le Français François-Xavier Ortoli (1973-1976), l'Anglais Roy Harris Jenkins (1977-1980), le Luxembourgeois Gaston Thorn (1981-1984), le Français Jacques Delors (1985-1994), le Luxembourgeois Jacques Santer (1995-1999), l'Italien Romano Prodi (depuis 1999).

Wysocki/EXPLORER

Chronologie
des familles régnantes

Carolingiens

977-991	Charles de France, duc de Basse-Lotharingie
991-1005	Otton Iᵉʳ, duc de Basse-Lotharingie

Maison de Louvain

1005-1015	Lambert Iᵉʳ, comte de Louvain, dit le Vieux
1015-1038	Henri Iᵉʳ, comte de Louvain
1038-1041	Othon de Louvain
1041-1063	Lambert II, comte de Louvain, dit Balderic
1063-1079	Henri II, comte de Louvain
1079-1095	Henri III, comte de Louvain
1095-1140	Godefroi Iᵉʳ, dit le Barbu
1140-1142	Godefroi II, dit le Jeune
1142-1190	Godefroi III, dit le Valeureux
1190-1235	Henri Iᵉʳ, dit le Guerroyeur
1235-1248	Henri II, dit le Magnanime
1248-1261	Henri III, dit le Miséricordieux
1261-1294	Jean Iᵉʳ, dit le Victorieux
1294-1312	Jean II, dit le Pacifique
1312-1355	Jean III, dit le Triomphant
1355-1406	Jeanne
1406-1415	Antoine (Valois de Bourgogne)
1415-1427	Jean IV
1427-1430	Philippe Iᵉʳ de Saint-Pol

Maison de Bourgogne

1430-1467	Philippe le Bon
1467-1477	Charles le Téméraire
1477-1482	Marie de Bourgogne

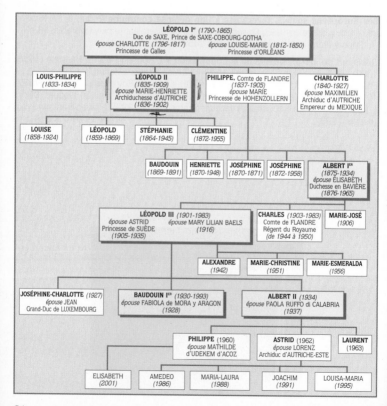

1482-1493	Maximilien d'Autriche
1493-1506	Philippe Iᵉʳ, dit le Beau (Habsbourg des Pays-Bas)
1506-1515	Marguerite d'Autriche

Gouvernement espagnol

1515-1555	Charles Quint
1555-1598	Philippe II (Habsbourg d'Espagne)
1598-1621	Isabelle d'Autriche et Albert
1621-1633	Isabelle d'Autriche
1633-1665	Philippe IV
1665-1700	Charles II
1700-1706	Philippe V d'Anjou (Bourbon)

Gouvernement autrichien

1713-1740	Charles VI (Habsbourg d'Autriche)
1740-1780	Marie-Thérèse
1780-1790	Joseph II (Lorraine)
1790-1792	Léopold II
1792-1795	François II

Gouvernement français

1795-1799	Directoire : commissaire Bouteville
1799-1804	Consulat : Napoléon Bonaparte, Premier consul
1804-1815	Empire : Napoléon Iᵉʳ

Gouvernement hollandais

| 1815-1830 | Guillaume Iᵉʳ d'Orange-Nassau |

Indépendance

1830-1831	Régence du baron Surlet de Chokier
1831-1865	Léopold Iᵉʳ de Saxe-Cobourg-Gotha
1865-1909	Léopold II
1909-1934	Albert Iᵉʳ
1934-1951	Léopold III
1944-1950	Régence du prince Charles
1951-1993	Baudouin Iᵉʳ
1993-	Albert II

Albert II et Paola

Les arts à Bruxelles

Certains s'étonneront peut-être de ne pas rencontrer dans ce chapitre les noms de plusieurs grands artistes belges. Plusieurs grands maîtres furent actifs à Bruges, Anvers ou Liège et ne peuvent donc pas être intégrés à la production artistique bruxelloise. En outre, si après la révolution de 1830 l'art abandonne ses limites régionales, inclure ici toutes les tendances qui se sont manifestées en Belgique ne serait cependant pas représentatif de l'activité artistique de la capitale.

L'ARCHITECTURE

Le style roman (début 11ᵉ s.-début 13ᵉ s.) – L'architecture romane ne connaît pas à proprement parler d'école belge. Il faut attendre le 11ᵉ s. pour en trouver trace dans le Brabant à travers des exemples influencés par l'école rhénane, le Brabant étant terre d'Empire depuis le traité de Verdun de 843. Bruxelles compte quatre édifices ainsi que de rares vestiges subsistant dans quelques églises de la capitale : la crypte Saint-Guidon à Anderlecht, l'église Saint-Lambert à Woluwe, la chapelle Sainte-Anne à Auderghem et l'église Saint-Clément à Watermael-Boitsfort. Elles appartiennent à l'école dite mosane et sont bâties en grès lédien, sauf à Auderghem où l'on note une combinaison décorative de matériaux. Il s'agit d'édifices de plan basilical, avec entrée latérale et tour-clocher massive, hormis Saint-Clément qui présente une croix latine.

L'architecture romano-ogivale (début 13ᵉ s.-milieu 13ᵉ s.) – Traduction de l'économie politique de l'époque, ce style de transition a subi l'influence du Nord de la France via la Flandre. Ses caractéristiques sont le plein cintre, l'arc brisé et la colonne. Deux édifices importants : Notre-Dame-de-la-Chapelle (chœur et transept) et la cathédrale des Saints-Michel-et-Gudule (chevet).

Le gothique primaire (milieu 13ᵉ s.-début 14ᵉ s.) **ou lancéolé** – S'il porte encore des traces de style roman dans le décor des chapiteaux, le gothique primaire voit surtout l'apparition des lignes verticales, ce dont témoigne la tour qui s'élève. L'ogive s'empare des arcades, des portes et des fenêtres. Les balustrades et les pinacles enrichissent l'édifice. La décoration se renouvelle, notamment par des guirlandes à hauteur de la corniche, et des crochets et des fleurons au pignon. Le gothique lancéolé se manifeste dans la cathédrale des Saints-Michel-et-Gudule (chœur) ainsi que dans l'église St-Denis à Forest et dans l'ancienne église de Laeken (chœur).

Le gothique rayonnant (14ᵉ s.) – Assez peu présente à Bruxelles, cette étape se caractérise par la richesse et le réalisme du décor : les chapiteaux sont ornés du fameux chou frisé brabançon et des colonnes engagées montent vers des voûtes aux nervures elliptiques. La fenêtre s'élargit et son remplage est décoré de dessins géométriques.

Le gothique flamboyant (début 15ᵉ s.-début 16ᵉ s.) – Les plus beaux monuments de la capitale appartiennent à cet âge du gothique : la collégiale des Saints-Pierre-et-Guidon à Anderlecht, la cathédrale des Saints-Michel-et-Gudule (tours, collatéral gauche, nef et transept), Notre-Dame-de-la-Chapelle (nefs, bas-côtés et tour) et Notre-Dame-du-Sablon. La voûte en réseau, dite également voûte à compartiment, apparaît à Bruxelles grâce à Mathieu Keldermans (chapelle Saint-Guidon à la collégiale d'Anderlecht) et Pierre van Wyenhove (chapelle du Saint-Sacrement à la cathédrale des Saints-Michel-et-Gudule). Le chapiteau s'abaisse avant de disparaître, le décor se complique et de-

---

Le gothique brabançon

L'art gothique est né pour répondre à un besoin primordial chez les maîtres d'œuvre : construire des églises à la fois vastes, hautes et claires. Il est caractérisé par la voûte sur croisée d'ogives et le soutènement extérieur par des contreforts qui, en s'évidant, deviennent des arcs-boutants. Dans le Brabant, les architectes se sont inspirés des grandes cathédrales françaises tout en bâtissant moins haut, mais les modifications qu'ils ont apportées ont créé un style particulier qui s'est répandu au-delà de la province.

Large édifice à trois nefs et déambulatoire à chapelles rayonnantes, l'église brabançonne se distingue par la présence d'une tour massive formant porche à l'Ouest, et par ses chapelles latérales surmontées de pignons triangulaires dont l'alignement rappelle celui des maisons. Le transept fait souvent défaut ainsi que les rosaces qui sont remplacées par de grandes baies. L'intérieur est très caractéristique. La nef est portée par de robustes piliers cylindriques dont les chapiteaux sont ornés, à l'origine, d'une double rangée de feuilles de chou frisé. À ces piliers s'adosseront par la suite de grandes statues d'apôtres. Les chapelles des collatéraux communiquent souvent entre elles, formant ainsi de nouvelles nefs. Enfin, le triforium est parfois remplacé par une balustrade très ouvragée.

vient même exubérant. La fenêtre devient obtuse (dessin en forme de flammes), la rose se complique, les pinacles se multiplient, l'arc-boutant devient moins important. L'influence de la France décline car l'école brabançonne est à son apogée.

L'architecture civile – L'architecture brabançonne se caractérise également par ses hôtels de ville tandis que la Flandre impose ses puissances communales par des beffrois. Magnifique édifice public, l'hôtel de ville de Bruxelles (commencé en 1401) se distingue par sa forme de grande maison ornée comme une châsse avec ses niches à dais. Il est également caractérisé par les galeries ouvertes du rez-de-chaussée et les tourelles d'angle rappelant les anciennes demeures fortifiées. À ses alentours, l'architecture domestique mêle harmonieusement la brique et la pierre qu'elle réserve à l'encadrement des baies, aux croisillons et aux cordons soulignant

N.-D.-de-la-Chapelle

l'emplacement des étages. La façade s'orne d'un pignon aigu combinant les gradins que l'on trouve en Flandre et les gradins à créneaux régnant en Allemagne (aucun pignon ne remonte au-delà de la fin du 15ᵉ s.).

Le 16ᵉ s. – La Renaissance n'est que superficiellement ressentie en Belgique, et elle est très peu présente à Bruxelles où les édifices religieux sont encore flamboyants. On achève la cathédrale des Saints-Michel-et-Gudule (chapelle septentrionale) et l'on construit le seul édifice évoquant les palazzi romains : le palais Granvelle (vers 1550, qui n'existe plus) de Sébastien van Noye qui s'inspire du palais Farnèse de Sangallo.

L'architecture italo-flamande (17ᵉ s.-milieu 18ᵉ s.) – C'est Wenceslas Cobergher qui introduit le baroque italien aux Pays-Bas. Deux ans après son retour de Rome, il construit en 1607 l'église des Carmélites thérésiennes (détruite en 1785), inspirée de Giacomo della Porta. Mais il faut attendre Jacques Francart pour obtenir la synthèse entre la création italienne et la tradition gothique. Ce style italo-flamand exprime le renouveau de l'Église catholique à travers les églises Saint-Jean-Baptiste-au-Béguinage, Notre-Dame-des-Riches-Claires, Notre-Dame-de-Bon-Secours, ainsi que la façade de l'église de la Ste-Trinité et l'église des Brigittines. Les caractéristiques de ce style sont le retour du plein cintre, la superposition des ordres (dorique, ionique, corinthien, ainsi que toscan et composite), le plan basilical ou central, ainsi qu'une ornementation exubérante faite principalement de volutes, de bossages, de cartouches et de statues. L'architecture civile produit des façades d'une richesse incontestable dont l'apogée est représentée par la Maison de la Bellone et les maisons de la Grand-Place. Réalisées au lendemain de la reconstruction de la célèbrissime place, l'église Notre-Dame-du-Finistère et celle des Minimes sont des édifices de transition qui annoncent déjà l'âge classique.

L'architecture néoclassique (fin 18ᵉ s.-milieu 19ᵉ s.) – En réaction contre les exagérations ornementales du style italo-flamand, l'architecture néoclassique triomphe à Bruxelles sous le gouverneur Charles de Lorraine. La place Royale et l'église Saint-Jacques-sur-Coudenberg (Nicolas Barré et Barnabé Guimard), le palais de la Nation et ses alentours, le palais des Académies (C. van der Straeten et T.F. Suys), le Théâtre royal de la Monnaie, les galeries Saint-Hubert (J.-P. Cluysenaar), l'hospice Pacheco, la place des Barricades et les pavillons du Jardin botanique en sont des exemples remarquables. L'architecture de cette période est certes influencée par le style Louis XIV, mais elle est mâtinée d'un caractère autrichien, sensible notamment à la place des Martyrs (C.-A. Fisco). Le décor est sobre, les façades affichent l'ordre unique en lieu et place de la superposition, et la voûte en berceau connaît un nouvel âge d'or.

L'éclectisme (2ᵈᵉ moitié 19ᵉ s.) – Quelques architectes s'adonnent au néogothique (maison du Roi par Pierre-Victor Jamaer et l'église Notre-Dame à Laeken par Joseph Poelaert) ou au romano-byzantin (l'église Sainte-Marie par L. van Overstraeten), mais, progressivement, les édifices deviennent de véritables pièces montées, telles la Banque nationale (F. Beyaert) et la Bourse de commerce (L.P. Suys). Cette période est couronnée par deux tendances presque opposées, le monumentalisme démesuré de Joseph Poelaert (palais de justice) et le classicisme sobre d'Alphonse Balat (musée d'Art ancien et serres de Laeken). Elle est également celle où l'on perce les boulevards du centre de la ville, où Gédéon Bordiau construit le gigantesque complexe du Cinquantenaire, où Charles Girault réalise le musée de Tervuren. Bref, c'est l'ère du grand roi Léopold II qui imprime sa personnalité à tout ce qui touche l'architecture et l'urbanisme de la capitale.

En marge de l'architecture éclectique, la fin du 19ᵉ siècle voit également naître le **style néo-Renaissance flamande** dont le plus bel exemple est le Théâtre flamand (K.V.S) de J. Baes.

20ᵉ s. – À la suite de Victor Horta, plusieurs architectes belges se lancent dans le modernisme et s'essayent à résoudre le problème de l'habitation collective. C'est l'éclosion des cités-jardins dans les années 1920. Citons **Le Logis** et **Floréal** de J.-J. Eggerickx et L.-M. van der Swaelmen à Watermael-Boitsfort et la cité-jardin du **Kapelleveld** à Woluwe-Saint-Lambert par les architectes Pompe, Hoste, Van der Swaelmen, Rubbers et Hoeben. À la même époque, **Louis-Herman De Koninck** réalise plusieurs maisons aux formes géométriques à Uccle ; il innove l'habitat privé par l'introduction des voiles de béton armé. C'est également l'apogée de l'**Art déco** dont on retiendra le Résidence

---

Bruxelles, capitale de l'Art nouveau (1893-1910)

La Belgique est l'un des premiers pays à participer au mouvement de l'Art nouveau. À Bruxelles, **Victor Horta** (1861-1947) construit l'hôtel Tassel en 1893. Cette même année, **Paul Hankar** (1859-1901), appartenant à la tendance plus géométrique de l'Art nouveau, réalise sa maison personnelle à St-Gilles. En 1895, Henry van de Velde (1863-1957), fondateur de la Kunstgewerbeschule à Weimar, précurseur du fameux Bauhaus, bâtit sa propre villa « Bloemenwerf » à Uccle dans un style qui rappelle les cottages anglais.

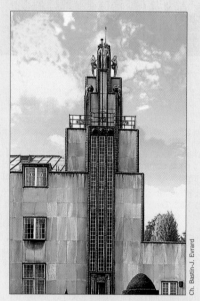

Palais Stoclet

Ch. Bastin-J. Evrard

L'Art nouveau est incontestablement lié à un petit groupe progressiste et laïc de jeunes intellectuels qui s'enthousiasment pour cette architecture radicalement nouvelle. Souvent associés au mouvement socialiste, ils chargent en 1896 l'architecte Horta de la construction de la célèbre Maison du Peuple, démolie dans les années 1960 malgré un concert de protestations international.

Des matériaux traditionnels (pierre, verre, bois) ou nouveaux (acier, béton) sont mis au service de compositions rationnellement étudiées, dont la structure se lie harmonieusement au décor jusqu'à devenir un élément décoratif. Les intérieurs de la maison de Horta (musée Horta à St-Gilles), des **magasins Waucquez** abritant le Centre de la bande dessinée font apparaître le goût du détail, des formes, et l'originalité dont fit preuve ce fécond novateur. Horta innove résolument le plan de la maison particulière en créant un puits de lumière autour duquel les espaces sont organisés. Les intérieurs de sa maison personnelle (aujourd'hui le **musée Horta**), de l'hôtel Van Eetvelde, de l'hôtel Solvay, etc., sont tour à tour de remarquables exemples d'une œuvre d'art total où domine la ligne sinueuse.

Parmi les réalisations importantes, citons également l'**Old England** de Paul Saintenoy, qui abrite le musée des Instruments de Musique, la **maison de St-Cyr** par Gustave Strauven, bâtiment remarquable par son étroitesse, les maisons de la rue Vanderschrick par Ernest Blérot, la « façade-affiche » de la **maison Cauchie** et l'**hôtel Hannon** par Jules Brunfaut.

Le très célèbre **palais Stoclet** par l'Autrichien Josef Hoffmann et la clinique orthopédique du docteur Van Neck par Antoine Pompe annoncent le modernisme.

Palace (1923-1926), le palais des Beaux-Arts (1920-1928), le superbe intérieur du musée Van Buuren (1928) à Uccle, l'église St-Augustin (1936) à Forest ainsi que l'immeuble « Palais de la Folle Chanson » (1928) à Ixelles.

Après la Seconde Guerre mondiale, on décide de rénover le centre urbain après le percement de la « jonction Nord-Midi ». Cette voie ferroviaire en partie souterraine, inaugurée en 1952, est ouverte afin de relier la gare du Midi et la gare du Nord. Cette entreprise de vaste envergure entraîne la transformation du quartier intermédiaire entre le **bas de la ville** (les boulevards du centre et la Grand-Place) et le **haut de la ville** (les collines autour du parc de la ville). En 1958, année du percement des tunnels de la **petite ceinture**, Bruxelles accueille sa seconde Exposition universelle (41 millions et demi de visiteurs) dont le symbole est l'**Atomium** et la devise : « bâtir le monde pour l'homme ». Bâtir, tel est bien le maître mot, au point qu'aujourd'hui les séminaires d'architecture évoquent l'exemple de la « bruxellisation » d'une ville. Dix années de travaux intensifs ont en effet métamorphosé la physionomie de la capitale, et une pléthore d'édifices publics ou privés continuent à pousser sur l'ensemble de son territoire au lendemain de l'Expo. Il faut signaler en particulier : la Cité administrative (1958-1984), le bâtiment de la Banque Bruxelles-Lambert (1959), la tour du Midi (1962-1967), le centre Berlaymont (1967), la Bibliothèque royale (1969), l'immeuble de la poste centrale et les services administratifs de la ville de Bruxelles (1971), le musée d'Art moderne (1978-1984) et la rénovation du théâtre de la Monnaie (1985-1986). En périphérie bruxelloise, il faut évoquer le bâtiment remarquable de Glaverbel (1963), la Royale belge (1966-1967 et 1985) et le siège de la société CBR (1968) à Watermael-Boitsfort, ainsi que la Maison médicale (1975) au campus de l'Université catholique à Woluwe-Saint-Lambert.

LA PEINTURE

15ᵉ s. – Les primitifs jouent un rôle primordial dans l'histoire de la peinture des Pays-Bas méridionaux. L'un d'eux, Rogier de La Pasture, est cité en 1436 comme le peintre officiel de la ville de Bruxelles, où il prend le nom de **Rogier van der Weyden**. Sa présence encourage la naissance d'une véritable école bruxelloise, mais Vrancke van der Stockt, Pierre van der Weyden, Colijn de Coter et le Maître de la Vue de Sainte-Gudule n'égalent pas la renommée du grand « maître Rogier ».

16ᵉ s. – Marqué par un courant italianisant, ce siècle voit Jean Gossaert, appelé à Bruxelles par Marguerite d'Autriche, et **Bernard van Orley** faire le voyage de Rome. Loué par ses contemporains, ce dernier y rencontre Raphaël et transmet ensuite son art à Michel Coxie et Pieter Coecke dont la fille épouse le grand artiste flamand du siècle, **Pieter Bruegel l'Ancien**, qui s'installe à Bruxelles en 1563. Si celui-ci a également visité l'Italie, ses observations des mœurs des villages brabançons comptent parmi les plus beaux moments de la peinture.

17ᵉ s. – L'école bruxelloise cède le pas à Anvers où dominent Pierre Paul Rubens, Antoine van Dyck et Jacob Jordaens. Dans la capitale du Brabant, le peintre de sujets religieux Gaspar de Crayer est particulièrement productif, et David II Teniers, peintre de genre, assure avec virtuosité la transition entre le réalisme de son siècle et les scènes pastorales du 18ᵉ s.

Enfin, la ville peut s'enorgueillir de posséder une myriade de **paysagistes** dont les représentants les plus éminents sont Jacques d'Arthois, Denis van Alsloot et Lodewijk de Vadder.

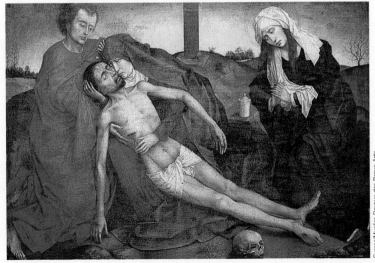

Pietà, Rogier van der Weyden

18ᵉ s. – La production augmente mais la qualité baisse, essentiellement pour des raisons de spéculation, et l'on voit quantité d'artistes exploiter un art « rubénien ». Deux artistes surnagent, Victor Janssens, auteur de compositions religieuses et mythologiques, et André-Corneille Lens, qui introduit le néoclassicisme.

19ᵉ s. – En exil à Bruxelles, le Français Jacques-Louis David joue en quelque sorte le rôle de chef de file d'une école qui va éclore avec la Révolution. C'est un Wallon qui s'impose à Bruxelles comme le successeur de David et père de l'école belge, François-Joseph Navez, auteur de nombreux portraits, scènes de genre, tableaux religieux et d'histoire. Plusieurs tendances se suivent ou se chevauchent : le romantisme avec Gustave Wappers, Louis Gallait et **Antoine Wiertz**, qui masquent un bataillon de peintres de second ordre ; la peinture de genre avec Jean-Baptiste Madou ; le portrait avec Liévin de Winne ; l'art animalier avec Joseph Stevens ; l'école de Tervuren incarnée par Hippolyte Boulenger ; le réalisme avec **Charles De Groux** et **Constantin Meunier**, qui doivent beaucoup à Jan Portaels. Très célèbre à Paris de son vivant, Alfred Stevens est le peintre de la femme pendant qu'Eugène Smits cultive un éclectisme de mode. Grand paysagiste, Guillaume Vogels annonce l'impressionnisme en Belgique, représenté par deux élèves de l'Académie de Bruxelles, Henri Evenepoel et Théo van Rysselberghe. Vers la fin du siècle, plusieurs courants et recherches cohabitent à Bruxelles : George Lemmen et Auguste Oleffe sont néoimpressionnistes, Léon Frédéric travaille à la façon des primitifs, **Fernand Khnopff**, influencé par les préraphaélites, se voue au symbolisme, Eugène Laermans peint des tableaux déjà expressionnistes, Xavier Mellery travaille des dessins au clair-obscur qui ne sont pas sans rappeler les fusains de Seurat. On le voit, Bruxelles est un haut lieu d'avant-garde, dont témoigne le **groupe des XX**, fondé à Bruxelles en 1893. Organisant des expositions où sont invités des artistes français (Rodin, Signac, Pissarro, Seurat, Toulouse-Lautrec, Gauguin, etc.) et hollandais (Toorop, Van Gogh), ce groupement artistique, qui prône l'individualisme, veut avant tout rompre avec l'académisme et instaurer un renouvellement artistique.

20ᵉ s. – La peinture de **Rik Wouters** illumine le début du siècle. Classé parmi les coloristes, il rappelle Cézanne et les premiers fauvistes. Cet éclaireur ouvre la porte au **fauvisme brabançon** où s'illustrent Fernand Schirren, Edgard Tytgat et Jean Brusselmans, ces deux derniers évoluant vers l'expressionnisme. L'abstraction a pour principaux acteurs Victor Servranckx, Felix De Boeck, Marcel-Louis Baugniet, et plus tard Jo Delahaut. Le surréalisme connaît en Belgique, et à Bruxelles en particulier, une expression très active. Apparu dès 1926, le mouvement compte en **René Magritte**, dont la technique est mise au service de l'imaginaire, un artiste de portée universelle. Les personnalités marquantes sont Paul Nougé, E.L.T. Mesens, Raoul Ubac et bien entendu **Paul Delvaux** dont les personnages errent dans des décors de théâtre. Au lendemain de la Seconde Guerre mondiale est créé par le Belge Christian Dotremont à Paris en 1948 le groupe **Cobra** (Copenhague, Bruxelles, Amsterdam) dont les chefs de file sont le Danois Asger Jorn, le Néerlandais Karel Appel et **Pierre Alechinsky** pour Bruxelles. À partir de 1960, les peintres bruxellois suivent les grands courants internationaux, tel Roger Somville pour l'expressionnisme. Il faut néanmoins citer **Marcel Broodthaers**, d'abord connu comme poète avant de concevoir un art conceptuel critiquant les mécanismes qui gravitent autour des chefs-d'œuvre. Enfin, il faut évoquer la carrière de l'illustrateur bruxellois **Jean-Michel Folon** dont le langage simple et insolite est perçu par chacun d'entre nous.

Le Flûtiste, Rik Wouters

LA SCULPTURE

13e et 14e s. – Dans le Brabant, la sculpture se signale par un goût pour le grotesque (gargouilles de Notre-Dame-de-la-Chapelle).

15e s. – À mesure que les guerres dépeuplent les villes de la Meuse se développe une école de sculpture brabançonne qui connaît à Bruxelles sa pleine apogée vers 1450 (prophètes du portail de l'hôtel de ville, aujourd'hui exposés au musée de la Ville de Bruxelles). À côté des sculptures en pierre appartenant au décor architectural, les artistes, fortement influencés par la peinture, produisent d'innombrables **retables** en bois, remarquables pour leur finesse d'exécution et leur réalisme. Véritable spécialité brabançonne, le retable est généralement rectangulaire, muni de volets peints, et richement polychromé ; à l'intérieur, dans un cadre architectural se développent des scènes en ronde bosse progressivement plus réalistes et emmêlées (voir le magnifique retable de Saint-Georges par **Jan Borreman** au musée du Cinquantenaire). La même veine pittoresque se manifeste dans la sculpture des stalles dont les accoudoirs et les miséricordes s'ornent dans les églises de figures satiriques pleines de fantaisie, illustration sans pitié des vices humains.

Retable de St-Georges

Musées Royaux d'Art et d'Histoire

16e s. – La sculpture prolonge l'art médiéval et les ateliers continuent de produire des retables dont le style verse dans le pathétique avant de retrouver le sens de la simplicité. Très influencé par l'Italie, **Jean Mone**, sculpteur de Charles Quint et originaire de Metz, s'installe à Malines, tout près de Bruxelles, où son influence se fera ressentir (retable de la Passion à la cathédrale des Saints-Michel-et-Gudule).

17e s. – La statuaire indépendante fait son apparition grâce à l'« art jésuite ». Si **Luc Fayd'herbe**, élève de Rubens, introduit et acclimate le baroque italien, la sculpture locale conserve ses caractéristiques : réalisme, vérisme et naturalisme. **Jérôme Duquesnoy l'Ancien** réalise le célèbre *Manneken Pis*. Son fils François, ami de Nicolas Poussin, est si talentueux que le pape Urbain VIII s'attache ses services pour orner le baldaquin du Bernin. Frère de François, Jérôme est un portraitiste d'exception (les saints Thomas, Paul, Matthieu et Barthélemy de la cathédrale des Saints-Michel-et-Gudule).

18e s. – Entre le baroque et le classicisme, la sculpture connaît une vague de belles œuvres en bois (stalles de Grimbergen et chaire de la cathédrale des Saints-Michel-et-Gudule). Les personnages sont en mouvement et joliment drapés, comme dans la fontaine de Minerve (place du Grand-Sablon) de Jacques Bergé, qui réalisa également un grand nombre de terres cuites. Outre Pierre-Denis Plumier (cour de l'hôtel de ville), on retient surtout l'intervention du Gantois Laurent Delvaux (palais de Lorraine) et l'œuvre de Gilles-Lambert Godecharle (fronton du palais de la Nation), artiste doué qui malheureusement pasticha trop souvent Canova ou Houdon.

19e s. – À l'aube du siècle, Mathieu Kessels engage la voie du retour à l'antique (*Le Lanceur de disques* du palais des Académies). Le siècle subit une forte influence de l'école française avec le passage de François Rude, Albert Carrier-Belleuse et Auguste Rodin. Le romantisme a sa figure marquante : Guillaume Geefs, qui produisit énormément avec ses quatre frères ; Charles Fraikin et Eugène Simonis participent de ce mouvement. À la moitié du siècle se dégagent trois tendances. Tout d'abord les italianisants, représentés par l'étonnant Paul de Vigne et Thomas Vinçotte, ainsi que par Julien Dillens et Charles van der Stappen. Ensuite, les sculpteurs se réclamant de la Renaissance flamande, tel Jef Lambeaux. Enfin, une tendance réaliste en tête de laquelle il

Fontaine de Pol Bury

faut placer l'œuvre trop méconnue de **Constantin Meunier**. Les italianisants ont été relayés par Charles Samuël, Jules Lagae ou Victor Rousseau.

20ᵉ s. – L'art du mouvement et la plastique baroque des réalisations de Rik Wouters le rattachent, bien qu'on le classe parmi les impressionnistes, à la grande tradition flamande qui a fourni tant d'œuvres à la fois robustes et audacieuses. Prolongeant l'œuvre de G. Minne, Oscar Jespers représente la veine expressionniste.

L'Ucclois **Jacques Moeschal**, inventeur des « signaux », jalonne les autoroutes et les espaces urbains de ses œuvres en acier ou en béton. **Pol Bury**, dont plusieurs œuvres décorent le paysage urbain de la capitale, s'attache depuis les années 1950 à concevoir des œuvres cinétiques, à savoir des œuvres où le mouvement est toujours présent (sculptures avec moteurs, avec boules, hydrauliques, etc.). Il faut enfin citer André Willequet, Olivier Strebelle et Jean-Pierre Ghysels parmi les sculpteurs importants des dernières décennies.

LA TAPISSERIE

Petite histoire – Destinées à la décoration murale des châteaux, des églises et des maisons bourgeoises, les tapisseries servaient parfois de décor de fête. Des « chambres » ou séries de plusieurs tapisseries illustrant le même thème suivaient les princes et les hauts dignitaires afin qu'ils retrouvent leur intimité lors de leurs haltes. En Europe, la tapisserie s'est surtout développée à partir de la dernière moitié du 14ᵉ s. ; elle prit à Bruxelles à la fin du 15ᵉ s. une importance considérable. Les premières tapisseries furent surtout des compositions religieuses, puis apparurent les tableaux historiques, les scènes de chasse, les allégories, les scènes mythologiques. En 1528, une ordonnance décréta que les liciers devaient tisser leur marque dans la bordure ainsi que la marque de la cité ; à Bruxelles, elle se composait de deux B (Brabant, Bruxelles) encadrant un petit écusson rouge.

Tapisserie Notre-Dame-du-Sablon

La technique – La tapisserie est réalisée sur un métier où des fils de trame colorés et des fils de chaîne de couleur neutre s'entrecroisent pour former des motifs. Ces derniers s'inspirent d'un modèle peint ou « carton ». Si la chaîne est horizontale, le métier est dit de basse lice ; si elle est verticale, il s'agit d'un métier de haute lice (le premier est le cas le plus courant en Belgique). La trame est constituée de fils de laine souvent mêlés de soie, d'or ou d'argent.

Bruxelles – Les plus anciennes tapisseries bruxelloises connues remontent à la seconde moitié du 15ᵉ s. Leur technique est raffinée et les compositions sont encore gothiques. En 1466, les ducs de Bourgogne passent leur première commande, annonçant la proche apogée de la tapisserie bruxelloise. À la fin du 15ᵉ s. et au début du 16ᵉ s., l'intérêt pour la Renaissance italienne développe sous l'impulsion des humanistes un style caractéristique et très décoratif. La composition devient monumentale et reproduit des effets de profondeur. Les scènes sont présentées avec une grande recherche et ne traitent qu'un seul sujet ; les nombreux personnages sont vêtus de costumes somptueux au drapé sculptural, le paysage est enrichi d'édifices Renaissance, les plantes sont minutieusement reproduites, les bordures sont chargées de fleurs, de fruits et de grotesques, d'animaux ou d'arabesques. Vers 1516, Pierre van Aelst, alias d'Enghien, exécute une commande du pape Léon X désireux d'orner la chapelle Sixtine : les *Actes des Apôtres* d'après des cartons de Raphaël. Dès lors, les grands princes d'Occident passent commande à Bruxelles et l'italianisme triomphe dans l'art flamand de la tapisserie. **Bernard van Orley** s'impose comme le grand maître de l'art. On lui doit la série des *Honneurs* exécutée vers 1520 pour Charles Quint, la *Légende de Notre-Dame-du-Sablon* (1516-1518) et les *Chasses de Maximilien*, que réalisa Guillaume De Pannemaker, membre d'une talentueuse famille de tapissiers. Le peintre de Charles Quint, Pieter Coecke, est l'auteur des cartons des *Péchés capitaux* et de l'*Histoire de saint Paul*. Au 17e s., Bruxelles perd sa suprématie mais les commandes continuent à affluer. De nombreuses tapisseries sont effectuées d'après des cartons de grands peintres comme Rubens *(Les Triomphes du Saint-Sacrement)* et Jordaens *(Proverbes, Vie à la campagne)*. Elles se distinguent par leur sens dramatique, leur effet de perspective et l'importance de leur encadrement. En 1712, Josse De Vos exécute *La Conquête de Tunis* pour Vienne et *Les Campagnes du général duc de Marlborough* pour le palais de Blenheim en Angleterre. Mais le nombre des maîtres a fortement diminué, et à la fin du 18e s. le dernier atelier bruxellois ferme ses portes.

LA DENTELLE

C'est probablement un art d'origine vénitienne, cependant la Flandre revendique la paternité de la dentelle au fuseau. Cette dernière est exécutée sur un coussin ou carreau : les fils tendus par les bobines ou fuseaux sont manipulés de façon à former soit un réseau soit un motif, l'ouvrage étant fixé par des épingles. La forme primitive de la dentelle se cantonne à la géométrie (milieu 16e s.), elle est destinée à embellir le vêtement. Les peintures flamandes nous montrent des personnages dont les costumes s'ornent de dentelles au col et sur les manches. Enseigné aux jeunes filles dans les écoles, cet art devient bientôt populaire. Une fois passée la période de troubles, il retrouve sa prospérité : la dentelle de Flandre obtient au 17e s. une réputation sans égale, et Bruxelles figure parmi les principaux centres de l'époque avec Bruges, Malines et Anvers. Ces écoles se caractérisent par des particularités techniques, mais jusqu'à la fin du 17e s. l'appellation « dentelle de Flandre » recouvre la production des Pays-Bas méridionaux, c'est-à-dire Anvers, Gand, Liège, Malines, Valenciennes et Bruxelles où se pratique surtout la dentelle à l'aiguille. Au cours des premières années du 18e s., la dentelle de Bruxelles adopte un réseau dérivé de la maille ronde. Plus fin et composé de petites mailles hexagonales, ce réseau « drochel » s'impose vers 1760 pour s'harmoniser aux fantaisies du style Louis XV. À cette époque, le point de Bruxelles est la dentelle la plus recherchée. C'est également la plus chère car elle exige un travail long et minutieux, ce qui explique qu'elle était pratiquement réservée aux familles régnantes.

LA BANDE DESSINÉE

La Belgique connaît deux écoles : Bruxelles a **Tintin** comme Charleroi a Spirou. Cette dernière a connu des auteurs de premier plan avec, par exemple, Charlier, Franquin, Tillieux, Roba ou Leloup. Pour sa part, Bruxelles est indissociable du fameux Tintin, né le 10 janvier 1929 dans *Le Petit Vingtième*, création géniale de Georges Rémi, dit **Hergé**, qui donna également vie au fidèle Milou, à l'irascible capitaine Haddock et au lunatique Tournesol pour accompagner le jeune reporter dans ses multiples aventures autour de la planète.
Tout auteur de la légendaire bande dessinée bruxelloise a été édité par le journal *Tintin*, dont la première parution remonte au 26 septembre 1946. Hergé n'était pas seul, il avait notamment à ses côtés E.P. Jacobs, qui allait se rendre célèbre avec ses héros Blake et Mortimer. Le journal, malheureusement disparu il y a peu, défendait ce qu'il est convenu d'appeler la « ligne claire », c'est-à-dire un dessin au graphisme particulièrement soigné, école qui évoluera, surtout à partir du milieu des années 1960, vers une bande dessinée réaliste, plus adulte et même parfois violente. Le journal s'est internationalisé au fil du succès, et ses héros se comptent par dizaines. En voici un petit panorama avec des dates précisant la première apparition : « Alix l'Intrépide » de Martin (1948), « Lefranc reporter » de Martin (1952), « Dan Cooper » de Weinberg (1954), « Chick Bill » de Tibet (1955), « Michel Vaillant » de Graton (1957), « Oumpah-Pah le peau-rouge » d'Uderzo et Goscinny (1958), « Ric Hochet » de Tibet (1959), « Zig et Puce » de Greg (1963), « Iznogoud le Vizir » de Tabary (966), « Bruno Brazil » de Vance (1968), « Cubitus » de Dupa (1969), « Jonathan » de Cosey (1975), etc.
Cet aperçu serait incomplet s'il ne précisait le rôle de la presse dans le développement de la bande dessinée à Bruxelles. C'est en effet une tradition belge d'inclure des suppléments hebdomadaires dans les quotidiens de la grande presse nationale. Généralement imprimés en noir et blanc, ces suppléments sont parfois réalisés avec une couleur d'appoint. C'est sous cette forme que naquirent, entre autres, Quick et Flupke gamins de Bruxelles de Hergé *(Le Petit Vingtième)*, Jehan et Pistolet d'Uderzo et Goscinny *(La Libre junior)*, Poussy de Peyo *(Le Soir jeunesse)*.

ROBA
Bill est baboul

MORRIS ET GOSCINNY
Lucky Luke
Les Collines noires

PEYO
Le Cosmoschtroumpf

WILLY VANDERSTEEN
Tokapua Toraja

...L'IRRUPTION DE NOTRE AMI DANS LE LABORATOIRE FAIT L'EFFET D'UNE BOMBE!..

HANDS UP!...

MORTIMER!?!

VIVANT!?!

HEIN!?!

SCHUITEN-PEETERS/*La route d'Armilia*

FRANQUIN/*La saga des baffes*

Ça fait trop longtemps que ça traîne. J'ai vu les chiffres des derniers jours : ils sont pires que jamais... Encore un peu et notre unité sera déclassée.

ON DIRAIT QUE ÇA AVANCE, LÀ-DEVANT? OUAIS, HÉ !!

BON! ASSEZ PERDU DE TEMPS, HOP! AU VOLANT!!

TU POURRAIS PEUT-ÊTRE M'ÔTER CETTE FLÈCHE, À PRÉSENT?

THORGAL/*La gardienne des clés*

LES LETTRES

La présence des intellectuels français à Bruxelles après le coup d'État du 2 décembre 1851 stimula la vie intellectuelle de la capitale et l'éclosion de talents autochtones : André van Hasselt (1805-1874), qui mourut peu connu, mais surtout **Charles De Coster** (1827-1879) dont le chef-d'œuvre, credo des libéraux et des francs-maçons, fut *La Légende et les aventures héroïques, joyeuses et glorieuses d'Uylenspiegel et de Lamme Goedzak au pays de Flandre et d'ailleurs* (qu'incarna Gérard Philipe à l'écran). Autre auteur proprement bruxellois, **Camille Lemonnier** (1844-1913), surnommé le « maréchal des lettres belges », écrivit notamment *Un mâle* et sa fameuse somme, *La Belgique*. Sous l'impulsion de Jules Destrée, le mouvement littéraire redémarra après la Première Guerre mondiale, mais, comme la plupart de leurs compatriotes, les écrivains bruxellois s'exprimèrent hors des frontières, tels **Fernand Crommelynck** *(Le Cocu magnifique)*, les frères Rosny ou Charles Plisnier (natif de Mons et couronné par le Goncourt pour *Faux passeports*). En revanche, **Michel de Ghelderode**, dramaturge fécond et audacieux, habitait à Ixelles. Si la plupart étaient d'expression française, il faut noter que l'écrivain romantique flamand Hendrik Conscience et le grand poète catholique Guido Gezelle (1830-1899) s'établirent à Bruxelles. Stanislas André Steeman, père de l'humoriste Stéphane Steeman, connut le succès grâce notamment à *L'assassin habite au 21*. Aujourd'hui, **Pierre Mertens** (prix Médicis 1987), auteur des *Éblouissements*, est l'auteur bruxellois le plus connu.

La contrefaçon belge

Dans une lettre adressée à la comtesse Hanska, Honoré de Balzac écrivait : « J'ai trente ans, plus de 200 000 francs de dettes ; la Belgique a le million que j'ai gagné. » Selon la législation locale de l'époque, et jusqu'à la convention franco-belge de 1852, la contrefaçon était une industrie licite. Cela explique le nombre incroyable de livres d'auteurs français édités à Bruxelles. François-René de Chateaubriand, passant par Bruxelles, estima le procédé indélicat et se plaignit à Louis XVIII. Ce dernier protesta vainement auprès du roi Guillaume Ier. En effet, le roi des Pays-Bas souhaitait encourager les idées libérales que refusaient les Bourbons restaurés, et il offrit même des primes aux contrefacteurs. Mal lui en prit, puisque cette industrie popularisa ce français dont il avait interdit l'usage dans les actes publics...

Bruxelles et les personnalités étrangères

De tout temps, Bruxelles a attiré les hommes de lettres, les savants ou les artistes, tout comme elle a longtemps accueilli des personnalités que leurs opinions politiques avaient forcé à quitter leur terre natale.

Ce fut notamment le cas après le coup d'État du 2 décembre 1851 de Louis Napoléon, qui exila une soixantaine de députés républicains, dont Victor Hugo, poussant quelque 200 proscrits à gagner la capitale brabançonne (Marcel Duprat, Edgar Quinet, Jules Vallès, François Raspail, etc.).

Si les exilés choisissaient la Belgique et plus particulièrement Bruxelles, c'est que la constitution libérale de cette monarchie parlementaire leur assurait des garanties qu'ils ne pouvaient trouver ailleurs.

Voici une liste non exhaustive de ceux qui ont laissé un peu d'eux-mêmes dans cette ville.

Charles Baudelaire (1821-1867) – Fuyant ses créanciers parisiens avec l'espoir d'être édité à Bruxelles, il y arriva le 24 avril 1864. Déçu par l'échec d'un cycle de conférences, le poète et critique d'art, fortement aigri, rédigea des épigrammes blessantes publiées sous le titre de *Amoenitates Belgicae*. Malade, il quitta l'hôtel du Grand Miroir pour Paris en juillet 1866.

Hector Berlioz (1803-1869) – En 1842, le grand musicien romantique y dirigea personnellement sa *Symphonie fantastique* sous les voûtes de l'église des Augustins (alors place de Brouckère).

Général Georges Boulanger (1837-1891) – Ministre de la Guerre que ses réformes avaient rendu populaire, il visa la présidence à vie avant de fuir Paris dans des conditions rocambolesques. Condamné par contumace à la détention perpétuelle, il s'installa rue Montoyer. Ne supportant pas la mort de sa maîtresse, Marguerite de Bonnemain, il se suicida sur sa tombe au cimetière d'Ixelles où il est enterré au côté de celle qu'il aimait.

Charlotte Brontë (1816-1855) — En 1842, elle vint enseigner l'anglais aux pensionnaires de l'institut Héger. Son ouvrage *Villette* décrit la Bruxelles de l'époque. Elle trouva au front du roi Léopold Ier « un pli particulier et douloureux » dû à la « mélancolie constitutionnelle ».

Lord George Gordon Byron (1788-1824) — Au printemps 1816, entre l'Angleterre et la Suisse, le poète s'arrêta 10 jours à Bruxelles et écrivit, dit-on, les strophes du 3e chant du fameux *Childe Harold* au n° 51 de la rue Ducale qui longe le parc de la ville.

Albert Carrier-Belleuse (1824-1887) — En 1871, au lendemain de la guerre civile de la Commune, il prit en adjudication les travaux de sculpture de la Bourse. Il travailla en outre à quelques réalisations plus personnelles.

Edith Cavell (1865-1915) — Infirmière anglaise, victime de son patriotisme au cours de la Première Guerre mondiale.

François-René de Chateaubriand (1768-1848) — Revêtu de son uniforme du régiment de Navarre pour servir dans l'armée des princes, l'écrivain rejoignit la capitale de la haute émigration, où les comtes de Provence et d'Artois, frères de Louis XVI, arboraient à la fois la cocarde blanche et une certaine arrogance malgré l'accueil belge, à l'image du prince de Ligne qui leur avait ouvert le château de Belœil. Son nom fut évoqué lors de la candidature au trône de Belgique.

Paul Claudel (1868-1955) — De 1932 à 1935, l'auteur du *Soulier de satin* fut ambassadeur de France en Belgique. Le pays lui offrit son épée d'académicien lors de sa réception sous la Coupole.

Jacques-Louis David (1748-1825) — Régicide que la seconde Restauration contraignit à l'exil, il fut invité par Guillaume Ier, roi des Pays-Bas, et se fixa à Bruxelles en 1816. S'abstenant de toute activité politique, il résidait rue Léopold derrière la Monnaie et avait son atelier rue de l'Évêque. En 1821, une salle de l'hôtel de ville fut mise à sa disposition pour qu'il puisse réaliser une copie du *Sacre de Napoléon Ier*. Il est inhumé au cimetière de la ville.

Alexandre Dumas (1802-1870) — Proscrit après le coup d'État de Louis Napoléon, il fuyait surtout ses créanciers. Il s'installa boulevard de Waterloo où il rédigea ses *Mémoires*, termina *Ange Pitou*, boucla *Le Collier de la reine* et écrivit une pièce, *La Tour Saint-Jacques*. Après avoir tenu table ouverte et organisé de fastes réceptions, il laissa à Bruxelles un sillage de luxe et d'argent.

Érasme (1469-1536) — En 1521, l'universel auteur de *L'Éloge de la folie* séjourna quelques mois dans la commune d'Anderlecht avant de gagner définitivement Bâle. La très belle maison qui hébergea cet humaniste hollandais porte aujourd'hui son nom.

Victor Hugo (1802-1885) — Proscrit, il s'installe dès son arrivée, en décembre 1851, à la maison Le Pigeon (26-27, Grand-Place). Exilé, il s'installe au n° 4 de la place des Barricades où il habitait lorsqu'il fut expulsé de Belgique pour avoir mis au défi le gouvernement belge de ne pas accueillir les nouveaux proscrits, ceux de la Commune, qui réclamaient la qualité d'exilés politiques. En juin 1871, il partit pour Vianden, au grand-duché de Luxembourg, non sans déclarer : « Le gouvernement belge m'a expulsé, mais il m'a obéi. L'asile auquel ont droit en Belgique les vaincus politiques, je l'ai perdu pour moi, mais je l'ai gagné pour eux. Cela me satisfait. »

La Malibran (1808-1836) — Ayant débuté à Londres à 16 ans, la soprano espagnole Maria de la Felicidad Garcia, qui avait épousé à New York un certain Malibran, vint à Bruxelles pour épouser en secondes noces le violoniste belge Charles de Bériot. Décédée à Londres en 1836 des suites d'un accident de cheval, elle fut inhumée au cimetière de Laeken.

Karl Marx (1818-1883) — Chassé de France avec Michel Bakounine à la requête de la Prusse, il arrive le 1er février 1844 et s'inscrit à l'hôtel de Saxe, rue Neuve, sous le nom de « Charles Marx, docteur en philosophie, âgé de 26 ans, de Trèves ». Il s'engage sur l'honneur à ne publier aucun ouvrage sur la politique du jour et réside successivement rue du Bois-Sauvage, place du Petit-Sablon, puis à Ixelles, 42, rue d'Orléans où naît sa seconde fille. Il publie *Misère de la philosophie* (1847) et le *Manifeste du parti communiste* (1848) rédigé avec Engels.

Wolfgang Amadeus Mozart (1756-1791) — Invité à la cour de Charles de Lorraine à l'âge de 7 ans, le grand génie précoce donna un concert de clavecin dans les salons du palais de Lorraine le 7 novembre 1763.

Félix Tournachon, dit Nadar (1820-1910) — Après ses exhibitions de Paris et de Londres, le célèbre photographe qui avait fait breveter un procédé de photo aérienne fit une ascension en ballon au-dessus de Bruxelles en 1864. Afin de contenir la foule qui se pressait autour de l'aéronef, on plaça des barrières qui, depuis, portent son nom.

Napoléon (1769-1821) — Le futur empereur séjourna épisodiquement à Bruxelles, la première fois en février 1798 où il logea à l'hôtel d'Angleterre, rue de la Madeleine, la deuxième en juillet 1803, à l'hôtel de la Préfecture, rue de Belle-Vue. Sous le Premier Empire, Napoléon Ier développa quelques projets d'urbanisme dont le plus important

Verlaine et Rimbaud

Juillet 1873 : Paul Verlaine gagne Bruxelles et écrit à Arthur Rimbaud qu'il va s'engager dans l'armée espagnole. L'auteur du *Bateau ivre* accourt. Les deux poètes se disputent tout en traînant d'un café à l'autre. Verlaine, qui menace de se suicider, achète un revolver dans une armurerie des galeries Saint-Hubert. Au n° 1 de la rue des Brasseurs, il tire deux balles sur Rimbaud qu'il blesse au poignet. Celui-ci le dénonce et retourne à Paris pendant que son impétueux camarade est incarcéré aux Petits-Carmes. Jugé en correctionnelle, ce dernier sera condamné à 2 ans de prison.

fut le boulevard périphérique à l'emplacement des anciennes fortifications.

Gérard de Nerval (1808-1855) – Le poète fit trois séjours en Belgique. En 1840, il vint à Bruxelles pour assister à la création de son *Piquillo* et voir Jenny Colon, la jeune comédienne dont il s'était épris en 1834 et qui débutait à la Monnaie le 14 septembre (elle inspira le personnage d'*Aurélia*). D'aucuns ont assuré qu'il était venu pour enquêter sur la contrefaçon des livres français par les éditeurs belges.

Auguste Piccard (1884-1962) – Le physicien suisse qui réalisa le bathyscaphe enseignait de 1922 à 1954 à l'Université Libre de Bruxelles.

Pierre-Joseph Proudhon (1809-1865) – Exilé volontaire en 1858 (déjà en 1849) après une condamnation à 3 ans de prison pour *De la justice dans la révolution et dans l'Église*, il loge rue du Méridien puis à Saint-Josse. Il se fait appeler M. Durfort, professeur de mathématiques. Il regagne Paris dès l'amnistie de 1860.

Giacomo Puccini (1858-1924) – Le créateur de *La Tosca* et de *Madame Butterfly* est décédé dans une clinique au n° 1 de l'avenue de la Couronne à Ixelles où il fut hospitalisé suite à un malaise survenu alors qu'il assistait à la représentation de l'une de ses œuvres.

Arthur Rimbaud (1854-1891) – *Voir ci-dessus.*

Auguste Rodin

HARLINGUE-VIOLLET

Auguste Rodin (1840-1917) – L'illustre sculpteur passa six années à Bruxelles (1871-1877) alors qu'il était jeune et inconnu, notamment au 36, rue du Pont-Neuf et au 111, rue Sans-Souci. Il y conçut *L'Âge d'airain* et collabora aux sculptures de la Bourse. « C'était le temps où je dînais de dix centimes de moules par jour et de dix centimes de frites. »

Jean-Baptiste Rousseau (1671-1741) – Ses vers diffamatoires lui valurent en 1712 un exil qui dura près de 30 ans. Il vécut rue aux Laines et rue de l'Arbre-Bénit avant de résider aux châteaux d'Enghien et d'Héverlee (Brabant). Inhumé dans l'église des Carmes déchaussés, ses restes ont été transférés en 1813 dans l'église du Sablon.

François Rude (1784-1855) – Installé à Bruxelles au lendemain de la chute de l'Empire, le célèbre auteur du *Départ des volontaires* de l'Arc de Triomphe parisien quitta Bruxelles en 1827. La plupart de ses réalisations bruxelloises, notamment ses bas-reliefs du pavillon du prince d'Orange à Tervuren, ont hélas disparu.

Paul Verlaine (1844-1896) – *Voir ci-dessus.*

François-Marie Arouet, dit Voltaire (1694-1778) – Si ses passages furent nombreux, ses commentaires furent injustes. En l'honneur de ses amis, dont le duc d'Arenberg, il donna une fête mémorable placée sous le signe de l'utopie, rue de la Grosse-Tour, où il résidait et où il acheva sa pièce *Mahomet*.

Les Bruxellois illustres

L'italique indique si la personnalité est née ou décédée à Bruxelles. Bien entendu, cette liste n'est pas exhaustive.

Philosophie – Siger de Brabant (vers *1235*-entre 1281 et 1284), adversaire de Thomas d'Aquin et maître à la Sorbonne, que Dante considérait comme la « plus grande lumière » de son époque.

Peinture – Rogier de La Pasture, traduit en Van der Weyden (vers 1400-*1464*) ; Bernard van Orley (vers *1490-1542*) ; Pierre Bruegel l'Ancien (vers 1527-*1569*) et ses fils, Pieter Bruegel le Jeune (*1564*-1638) et Jan Bruegel (*1568*-1625) surnommé « de Velours » ; mais aussi le « peintre de Port-Royal », Philippe de Champaigne (*1602*-1674) ; Adam van der Meulen (*1632*-1690), peintre ordinaire du roi Louis XIV ; François-Joseph Navez (1787-*1869*), membre de l'Institut de France ; Alfred Stevens (1823-1906) ; Rik Wouters (1882-1916) qui pratiqua son art à Watermael-Boitsfort ; René Magritte (1898-*1967*) ; Pierre Alechinsky (*1927*).

Sculpture – François Duquesnoy (*1597*-1643), appelé Francesco Fiammingo par les Italiens ; Constantin Meunier (*1831-1905*).

Architecture – Jacques Francart (*1577*-1652) ; Jean-Pierre Cluysenaar (1811-*1880*) Joseph Poelaert (*1831-1879*) ; Victor Horta (1861-*1947*) ; Paul Hankar (1861-*1901*) ; le Français Auguste Perret (*1874*-1954).

Lettres – Charles De Coster (1827-*1879*) ; Camille Lemonnier (*1844-1913*) ; les frères Rosny, Joseph Henri (*1856*-1940) et Séraphin Justin (*1859*-1948) ; l'auteur de comédies Francis de Croisset (*1877*-1937) ; Franz Hellens (*1881-1972*) ; Michel de Ghelderode (*1898-1962*) ; Marguerite Yourcenar (*1903*-1987), de l'Académie française et dont le nom est l'anagramme de Crayencour ; Françoise Mallet-Joris (1930), membre de l'Académie Goncourt, installée à Ixelles.

Musique – Le célèbre violoniste Eugène Ysaïe (1858-*1931*) ; le compositeur, interprète et musicien de jazz Toots Tielemans (*1922*) ; le baryton José van Dam (*1940*).

Médecine – L'anatomiste André Vésale (*1514*-1564), médecin de Charles Quint ; Jan Baptist van Helmont (*1577-1644*), qui découvrit le gaz carbonique ; Jules Bordet (1870-*1961*), prix Nobel en 1919.

Cinéma et théâtre – Jacques Feyder (*1885*-1948), l'auteur de la *Kermesse héroïque*, est né à Ixelles ; Raymond Rouleau (*1904*-1981) ; Raymond Gérome (*1920*).

Chanson – Annie Cordy (*1928*), née Cooreman ; Jacques Brel (*1929*-1978).

Mais aussi – Marie de Bourgogne (*1457*-1482), fille de Charles le Téméraire et épouse de Maximilien d'Autriche ; Charles Joseph prince de Ligne (*1735*-1814), feld-maréchal autrichien, ami de Catherine II de Russie ; le prince d'Arenberg (*1753-1833*), comte Auguste de La Marck, qui servit d'intermédiaire entre Mirabeau et la cour ; le maréchal Jean-Baptiste Dumonceau de Bergendael (*1760-1821*), dont le nom figure sur l'Arc de Triomphe à Paris ; le général français Augustin-Daniel Belliard (1769-*1832*) ; le président de la IIIᵉ République, Paul Deschanel (*1855*-1922) ; le général Weygand (*1867*-1965), dont il faudrait rechercher la paternité dans la famille royale ; l'égyptologue Jean Capart (*1877*-1947) ; les dessinateurs Georges Rémi (*1907-1983*), alias Hergé, et Pierre Culliford (1928-*1992*), alias Peyo, créateur des Schtroumpfs ; l'ethnologue Claude Lévi-Strauss (*1908*), membre de l'Académie française ; le chimiste et prix Nobel 1977, Ilya Prigogine (1917), né à Moscou mais Bruxellois d'adoption ; l'artiste Jean-Michel Folon (*1934*), etc.

Vivre à Bruxelles

Très appréciée pour son calme et son art de vivre par les étrangers, Bruxelles dévoilera volontiers ses charmes aux visiteurs qui chercheront à la comprendre. En effet, cette ville est tout en contrastes, en paradoxes, voire en contradictions. Bruxelles proprement dite est peu étendue, or son agglomération est vaste.
Elle est par ailleurs peut-être la seule grande ville européenne qui ne soit pas traversée par un fleuve. Mais ses atouts sont nombreux. À vous de les découvrir, à nous de vous y aider.

PROMENADES BRUXELLOISES

La ville – Le centre de la ville correspond au pentagone historique. L'essentiel de ses curiosités se cantonne entre, d'une part, les boulevards Lemonnier et Anspach, et, d'autre part, les boulevards de la « petite ceinture », depuis la porte de Hal jusqu'à la place Madou. Quelques sites constituent des points forts autour desquels on articulera favorablement ses promenades : la **place de Brouckère**, chantée par Brel, la **Grand-Place**, célébrée par Hugo, la **place du Grand-Sablon**, rendez-vous de la jeunesse aisée, et la **place Royale**, aux beaux pavillons néoclassiques. Si Bruxelles ne connaît pas l'intensité des embouteillages des autres métropoles européennes, le parking y est toutefois malaisé durant la journée. Il est donc fortement conseillé de découvrir la ville à pied, même si elle est tout en déclivités par endroits. Si la fatigue se fait sentir, les lignes de bus, de tram et de métro permettent de se rendre rapidement dans n'importe quel quartier de la capitale commenté dans ce guide. Déambuler dans les rues et ruelles du centre est l'unique manière de s'imprégner de l'atmosphère particulière de la vieille ville. Le **Manneken Pis** n'est pas très éloigné de la **cathédrale**, et le magnifique **musée d'Art ancien** est tout proche des larges perspectives qui s'ouvrent aux abords du **parc de Bruxelles**. À Bruxelles, on n'est jamais loin de la prochaine curiosité à découvrir. Le centre est installé dans une cuvette. On la nomme le « bas de la ville », bordé par le « haut de la ville » qui s'étire du palais de justice au Botanique. Cette particularité topographique saute aux yeux dès que l'on arrive au cœur de la cité. Les meilleurs **panoramas** sont ceux dont on bénéficie depuis :
– La **place Poelaert**, au pied de l'énorme palais de justice qui domine les quartiers des Marolles et du Sablon.
– La **basilique du Sacré-Cœur**, à Koekelberg, dont le dôme offre une vue imprenable.
– L'**Atomium**, au Heysel, avec une sphère culminant à 102 m.
– Les **Arcades**, au musée royal de l'Armée et d'Histoire militaire, inaugurées en 1905 par le roi Léopold II.
L'escalier du Mont-des-Arts, la place Royale, la place du Congrès, la cité administrative, le haut du boulevard du Jardin Botanique et la terrasse d'Old England offrent de beaux **points de vue** sur l'une ou l'autre partie de la ville.

Basilique du Sacré-Cœur – Panorama de Bruxelles

L'agglomération – Plusieurs lignes de bus, de tramway et de métro desservent les communes constituant l'agglomération de Bruxelles-Capitale. On peut toutefois s'y rendre facilement en voiture, car hormis quelques grands axes très encombrés aux heures de pointe, il est facile de circuler. En revanche, plus on s'éloigne du centre de la ville, plus il est recommandé de se déplacer en voiture. En outre, le réseau des moyens de transport en commun étant fortement centralisé, les communes sont mal desservies entre elles.

Bruxelles étend quelques tentacules en dehors de ses limites historiques. Laeken, le Heysel, l'**avenue Louise**, le **bois de la Cambre**, les **Institutions européennes** et le **Cinquantenaire** sont territorialement siennes. Elle est entourée d'un chapelet de communes constituant avec elle l'agglomération, dont le statut a été si long à déterminer, et dont la population s'élève à près d'un million d'habitants. L'Ouest offre peu d'intérêt touristique, sinon **Anderlecht**, qui n'est pas qu'industrielle, et **Koekelberg**, pour sa basilique. Le Nord s'est développé autour des activités portuaires, mais compte le domaine royal de **Laeken**, quartier riche en curiosités, et le plateau du **Heysel**, consacré aux grandes foires commerciales. Le Sud est globalement résidentiel, ce qui n'apparaît que progressivement si l'on passe par **Saint-Gilles**, **Forest** et **Ixelles**, communes aux quartiers Art nouveau, avant d'arriver à **Uccle**, à l'habitat très sélect. L'Est est étendu : **Woluwe-Saint-Lambert**, **Woluwe-Saint-Pierre**, **Auderghem**, **Watermael-Boitsfort** sont des communes résidentielles rehaussées par la proximité de l'immense forêt de Soignes.

Les environs – Il existe bien quelques lignes de bus (rares et lents) permettant de joindre les localités décrites dans ce guide, mais nous vous conseillons fortement d'emprunter un véhicule pour vous y rendre. La circulation ne pose aucune difficulté en dehors des heures de pointe. Les environs de Bruxelles sont très agréables et résidentiels. La verdure y est abondante et une certaine douceur de vivre y règne. Lors de ses déplacements, le touriste étranger sera peut-être surpris de remarquer des panneaux lui signaler ici et là qu'il entre en territoire flamand ou en territoire wallon, de même qu'il sera surpris de voir des traits de peinture rapidement tracés masquer des indications sur des panneaux de signalisation rédigés en français et en néerlandais. Il s'agit de la partie visible du problème communautaire. Cet aspect est le seul inconvénient qui touchera le visiteur, car, quoi qu'en disent les partisans de l'une ou l'autre communauté linguistique, le touriste y est également accueilli, et fort sympathiquement.

Vers l'Ouest, **Beersel** et **Gaasbeek** rappellent le passé médiéval du Brabant et ouvrent les portes du doux Pajottenland si cher à Bruegel l'Ancien. Au Nord, **Meise** offre en son domaine de Bouchout un but d'excursion très séduisant, et **Grimbergen** possède une église abbatiale norbertine bien intéressante. Au Sud, **Waterloo** tremble encore du fracas des armées de Napoléon et Wellington. À l'Est, la **forêt de Soignes** étend ses superbes hêtraies jusqu'aux campagnes du Brabant wallon et flamand, **Tervuren** brille de son musée-palais et de son joli parc, et le château de **Rixensart** baigne dans une région fort agréable et parsemée de propriétés immenses.

BRUXELLES CAPITALE VERTE

La capitale de la Belgique est jonchée de verdure. Pour s'en convaincre si besoin est, il y a les chiffres : à Paris, les espaces verts publics consacrent 1 m² par habitant, 9 m² à Londres, 13 m² à Berlin, 25 m² à Vienne, Bruxelles approche les 40 m². Pour en profiter, il y a la marche. Nous parlions de contrastes en introduction à ce chapitre, cela s'applique notamment aux parcs de la ville. Le touriste en trouvera très peu au cœur de la ville. Plus il s'en éloignera, plus il en rencontrera : le **parc de Bruxelles**, le **jardin du Mont-des-Arts**, le **square du Petit-Sablon**, le **parc d'Egmont**. En revanche, les communes de l'agglomération en regorgent, sans parler de l'immense **forêt de Soignes** (4 386 ha) qui s'étend vers

Forêt de Soignes

le Sud-Est. Sans être exhaustive, la liste qui suit recense les principaux espaces verts accessibles. Anderlecht : **parc de la Pede, parc Astrid, parc de Scherdemael, parc forestier.** Auderghem : **étangs du Rouge-Cloître.** Bruxelles-Extension : **square Ambiorix, parc du Cinquantenaire, parc Léopold.** Forest : **parc de Forest, parc Duden.** Ixelles : **étangs d'Ixelles et jardin de l'abbaye de la Cambre, jardin du Roi, parc Tenbosch, bois de la Cambre.** Jette : **bois de Dieleghem, bois du Laerbeek.** Koekelberg : **parc Élisabeth.** Saint-Josse-ten-Noode : **jardin du Botanique.** Schaerbeek : **parc Josaphat.** Uccle : **parc Brugmann, parc de Wolvendael, parc Raspail, jardin du musée Van Buuren.** Watermael-Boitsfort : **parc Tercoigne, parc Tournay-Solvay.** Woluwe : **parc communal Roodebeek, parc Meudon, parc Malou, parc des Sources, étangs Mellaerts, parc de Woluwe.**

BRUXELLES TYPIQUE

Devenue peu à peu une ville de bureaux, centralisation nationale et européenne oblige, Bruxelles a perdu du cachet qu'elle devait offrir au début du siècle. Le fonctionnalisme s'est emparé de la ville, des quartiers populaires ont été expropriés, quantité de Bruxellois sont partis s'installer dans les communes de l'agglomération ou en périphérie, du côté du Brabant flamand ou du Brabant wallon. Mais le cœur de la capitale bat encore – n'est-ce pas du reste la forme que dessine son pentagone historique... Une foule de détails plaide en faveur de cette ville attachante dont le passé si riche et si méconnu continue de résonner au sein de ses murs. Ce n'est pas toujours au pied des musées ou aux endroits les plus courus que survit l'âme de la ville, mais peut-être davantage auprès d'un vendeur de *caricoles* (bigorneaux) ou dans quelque estaminet des Marolles ou des environs de la place de Brouckère. Le vrai Bruxellois, l'authentique *Brusseleer*, véhicule dans son langage très accentué cet esprit tout en truculence et en jovialité qui préserve fort heureusement la véritable personnalité de la ville.

La Grand-Place, Jacques Brel, l'Art nouveau, René Magritte, le Manneken Pis, l'Atomium, voire l'Europe sont autant de mots qui évoquent Bruxelles aux yeux de nombreux non-Bruxellois. Et c'est on ne peut plus justifié. Il serait néanmoins dommage de s'y limiter et de ne pas développer ces prémisses, car Bruxelles recèle bien d'autres ressources.

Parmi les spécialités typiques, il y a ces **caricoles** que nous évoquions à l'instant. Certains marchands ambulants continuent de les vendre sous la toile verte et rouge (couleurs de la ville) de leur charrette à bras. Ce sont des escargots de mer (bigorneaux) que l'on mange encore fumants dans un petit ravier. Ces vendeurs se font de plus en plus rares et on les rencontre plutôt dans les quartiers populaires (Marolles, Sainte-Catherine, marché de la gare du Midi). Plusieurs boutiques minuscules vendent des **gaufres** chaudes (notamment près de la place de Brouckère et la porte de Namur). Biscuit au sucre candi que tout cafetier sert en accompagnement du café (malheureusement sous cellophane), le **spéculoos** a son temple au n° 31 de la rue au Beurre, près de

Ch. Bastin-J. Evrard

Vendeuse de caricoles

la Grand-Place. La biscuiterie *Dandoy* y tient boutique et en possède les recettes originales ainsi que des moules vieux de plusieurs siècles. Puisque nous en sommes aux friandises, comment ne pas évoquer la fameuse **praline** belge qui connaît à Bruxelles son expression la plus noble. Les comptoirs *Léonidas* sont les plus nombreux et les moins chers, mais les marques *Godiva*, *Neuhaus*, *Mary*, *Corné*, *Marcolini* et *Wittamer* sont sans aucun doute les plus raffinées. Sachez que la plupart des boulangers-pâtissiers sont également des artisans chocolatiers qui vendent des pralines de leur propre fabrication. On y perd rarement au change. Ils vendent également des **pistolets**, qui sont des petits pains ronds aussi populaires à Bruxelles que l'est le croissant à Paris, ainsi que du **cramique** (pain au lait et aux raisins) et du **craquelin** (une variété du cramique mais garni de sucre en grains). On l'aura compris, toutes ces spécialités se mangent. Oui, le Bruxellois est bon vivant et aime la table. Plusieurs restaurants vous serviront un **américain** (un steak tartare) accompagné de frites, plat éminemment bruxellois, ou le traditionnel **moules-frites** servi par brassées du côté de la rue des Bouchers et de la place Sainte-Catherine *(voir le chapitre Gastronomie)*. Si vous avez une petite faim, contentez-vous d'une **tartine de fromage blanc** que vous accompagnerez d'une bière. Attention, pas n'importe laquelle ! À Bruxelles, on boit de la **gueuze**, du **lambic**, du **faro**, de la **kriek** qui sont dé-

Spéculoos

licieuses autant que surprenantes, à moins que vous ne préfériez une **blanche**, ou une **pils** à la pression.

L'ART DANS LA RUE

Les sgraffites

À la fin du 19e s., les autorités encourageaient le développement de l'art en organisant des concours de façades. La technique utilisée par excellence étant donné sa grande lisibilité à distance était le sgraffito. Ce procédé proche de la technique de la fresque consiste à recouvrir la surface d'un enduit clair ; puis, on gratte en partie cet enduit encore humide pour faire apparaître le fond sous-jacent et réaliser un dessin. De ces sgraffites très en vogue à l'époque de l'Art nouveau, il subsiste encore quelques beaux exemples à Bruxelles. Pour n'en citer que quelques-uns :
– la maison personnelle de l'architecte Paul Hankar, rue Defacqz 71, à St-Gilles *(voir ce nom)* ; sgraffites réalisés par A. Crespin.
– l'hôtel particulier du peintre Albert Ciamberlani, rue Defacqz 48, à St-Gilles *(voir ce nom)* ; sgraffites réalisés par le peintre même.
– la maison personnelle de l'architecte Édouard Ramaekers, rue Le Corrège 35, à Bruxelles-Extensions *(voir Quartier des Institutions européennes)* ; on ignore le nom du réalisateur des sgraffites.
– une maison particulière, rue Faider 83, à Ixelles *(voir St-Gilles)* ; sgraffites attribués à Privat Livemont.
– les maisons de la rue Vanderschrick à St-Gilles *(voir ce nom)* ; le nom du réalisateur des sgraffites est inconnu.
– la maison personnelle du spécialiste des sgraffites Paul Cauchie, rue des Francs 5, à Etterbeek *(voir Cinquantenaire)*.

Maison Cauchie, sgraffites sous la corniche

La bande dessinée

Les amateurs de BD seront ravis de découvrir un parcours consacré au neuvième art. Depuis quelque temps, des héros de la BD décorent plusieurs pignons de la capitale. Citons :
– « Boule et Bill » de Roba, rue du Chevreuil ;
– « Broussaille » de Frank Pé, Plattesteen ;
– « Le Chat » de Philippe Geluck, boulevard du Midi ;
– « Néron » de Marc Sleen, place St-Géry ;
– « Ric Hochet » de Tibet et Duchâteau, rue des Bons-Secours ;
– « Bob et Bobette » de Willy Vandersteen, rue de Laeken ;
– « Quick et Flupke » de Hergé, rue Haute ;
– « La Marque jaune » d'Edgar P. Jacobs, rue du Petit Rempart.
Il est possible de se procurer une brochure indiquant l'emplacement des murs peints au BI-TC, Grand-Place, 1000 Bruxelles, ☎ 02 513 89 40.

Notre temps, Roger Somville à la station Hankar

L'art dans le métro

Bruxelles compte 58 stations réparties sur 3 lignes de métro et de prémétro (tramways souterrains). Ces stations ont été décorées par 54 artistes belges. Les plus intéressés et les plus patients des touristes auront bien sûr la possibilité de couvrir l'ensemble du réseau pour apprécier toutes les interventions réalisées sous les trottoirs de la ville. Pour ceux qui, plus probablement, emprunteront le métro pour se rendre d'un point à un autre de la ville, nous attirons leur attention sur les œuvres les plus marquantes :

– **Station Anneessens** : Christian Dotremont et Pierre Alechinsky, tous deux membres du groupe Cobra.

– **Station Botanique** : Jean-Pierre Ghysels, qui a travaillé auprès de Zadkine à Paris, pour *The Last Migration* (1977).

– **Station Bourse** : Paul Delvaux pour *Nos vieux trams bruxellois* (1978) et Pol Bury pour *Moving Ceiling*, une œuvre cinétique de 75 cylindres sensibles au courant d'air.

– **Station Gare du Midi** : Jacques Moeschal, architecte et sculpteur, pour son travail sur la structure de la station.

– **Station Gare de l'Ouest** : Guy Vandenbranden pour son vitrail luminescent *Compositie* (1982).

– **Station Hankar** : Roger Somville, chef de file de l'expressionnisme belge, pour une fresque intitulée *Notre temps* (1976).

– **Station Horta** : Des ferronneries provenant de la Maison du Peuple, détruite en 1965, et des vitraux aux tons chauds de l'ancien hôtel Aubecq rendent hommage à l'architecte Horta.

– **Station Montgomery** : Jo Delahaut pour le géométrisme de son *Rythme bruxellois* (1975), et Jean-Michel Folon pour une fresque nommée *Magic City* (1979).

– **Station Porte de Hal** : *Le Passage inconnu* (1993) de François Schuiten évoque l'atmosphère de son album *Brüsel*.

– **Station Stockel** : pour son évocation de l'univers d'Hergé.

Gastronomie

Bon vivant, le Bruxellois aime bien manger. Ne l'appelle-t-on pas « keekefretter » ou mangeur de poulet ? Nombreuses sont les délicieuses spécialités bruxelloises *(voir également Introduction, Vivre à Bruxelles)*. Qui ne connaît pas le stoemp ou hochepot, les choesels ou abats de bœuf ou de veau, le bloedpans ou boudin contenant des dés de lard et du sang, le lapin à la gueuze, les choux de Bruxelles, les chicons ou endives, les smoutebollen ou beignets, le pain à la grecque, etc. ?

DEUX RECETTES TRADITIONNELLES

« Kassuul mossele » ou les incontournables moules à la casserole – Hacher un petit céleri et un oignon. Mettre dans une casserole avec un bon morceau de beurre. Faire cuire à couvert pendant une dizaine de minutes sans laisser rissoler les légumes. Ajouter un litre de moules bien nettoyées et lavées

L. Banahan/A. chacun son image /MICHELIN

en plusieurs eaux. Saler légèrement, ajouter une pincée de poivre moulu et le jus d'un demi-citron. Couvrir et laisser cuire une dizaine de minutes. Lorsque toutes les moules sont bien ouvertes, les dresser dans un grand saladier, ajouter du persil haché au jus et verser sur les moules. Servir avec une assiette de pommes frites.

Gaufres de Bruxelles – Mettre dans une terrine 250 g de farine, une cuillerée de sucre en poudre, une forte pincée de vanille pulvérisée, un peu de sel et huit jaunes d'œufs.

L. Banahan/A. chacun son image /MICHELIN

Mêler et délayer le tout avec un demi-litre de crème douce ou de lait frais.
Faire fondre à feu doux dans un poêlon 250 g de beurre.
Fouetter en neige très ferme huit blancs d'œufs. Ajouter à la pâte le beurre fondu, puis les blancs fouettés. Faire chauffer le fer à gaufre légèrement graissé. Emplir ensuite avec une forte cuillerée de pâte l'un des côtés, fermer le fer et cuire la gaufre de belle couleur blonde. Pour servir, saupoudrer les gaufres de sucre impalpable.

LES BIÈRES

Boisson typique de la région bruxelloise, le **lambic** est fabriqué à partir de froment (30 à 35 %) et d'orge malté. Le moût résultant du brassage de ce mélange est houblonné et cuit avant d'être refroidi dans une cuve ouverte au grenier de la brasserie. Cette étape de plein air a pour but de favoriser un ensemencement micro-organique naturel tout à fait propre à la vallée de la Senne. Le lambic, tout comme les autres bières de la région, a en effet pour particularité d'être une bière de fermentation spontanée, c'est-à-dire qu'elle ne contient aucune levure. Cette bière vieillie en fût, appelé

foudre, est non moussante et titre environ 5 degrés. Fin juillet-début août, les brasseries transforment une partie de leur lambic avec des cerises et des framboises de la région : la **kriek** et la **framboise**.

La **gueuze** est le résultat d'un mélange de plusieurs lambics d'années différentes, créant ainsi une seconde fermentation grâce au sucre du lambic le plus jeune. La champagnisation naturelle obtenue donne une bière légèrement plus moussante, mais conserve ce goût aigrelet si caractéristique.

Quelques livres et films

Ouvrages généraux

Abeels Gustave, *La Senne*, Bruxelles, 1983.

Boulanger-Français J., *Parcs et jardins de Bruxelles*, Bruxelles, 1989.

Culot M., Hennaut E., Demanet M., *Bombardement de Bruxelles par Louis XIV et la reconstruction qui s'ensuivit 1695-1700*, Bruxelles, 1992.

De Decker Jacques, *Bruxelles, un guide intime*, Paris, 1987.

De Ridder Paul, *Bruxelles, histoire d'une ville brabançonne*, Gand, 1989.

Demey Thierry, *Bruxelles, chronique d'une capitale en chantier*, Bruxelles, 1990-1992.

D'Osta Jean, *Les Rues disparues de Bruxelles*, Bruxelles, 1979.

D'Osta Jean, *Dictionnaire historique et anecdotique des rues de Bruxelles*, 1995.

D'Osta Jean, *Dictionnaire historique des faubourgs de Bruxelles*, Bruxelles, 1989.

Duquenne Xavier, *Le Bois de la Cambre*, Bruxelles, 1989.

Gérard Jo, *Bruxelles 979-1979*, Bruxelles, 1978.

Goedleven Edgar, *Les Serres royales de Laeken*, Bruxelles, 1988.

Goedleven Edgar, *La Grand-Place de Bruxelles : au cœur de 5 siècles d'histoire*, Bruxelles, 1993.

Goffin Joël, *Sur les pas des écrivains à Bruxelles*, Bruxelles, 1997.

Henne et Wauters, *Histoire des environs de Bruxelles*, Bruxelles, 1968.

Henne et Wauters, *Histoire de la ville de Bruxelles*, Bruxelles, 1979.

Jacobs Roel, *Bruxelles*, Bruges, 1994.

Martens Mina et autres, *Histoire de Bruxelles*, Toulouse, 1979.

Martigny V.-G., *Bruxelles, architecture civile et militaire avant 1900*, Bruxelles, 1992.

Pierron Sander, *Histoire illustrée de la forêt de Soignes*, Bruxelles, 1979.

Ranieri Liliane, *Léopold II urbaniste*, Bruxelles, 1973.

Ranieri Liliane, *Bruxelles, témoins immobiles*, Bruxelles, 1979.

Smolar-Meynart A. et Stengers J. (sous la direction de), *La Région de Bruxelles, Des villages d'autrefois à la ville d'aujourd'hui*, Bruxelles, 1989.

Stengers J., *Bruxelles, croissance d'une capitale*, Anvers, 1988.

Van der Ben Dick, *La Forêt de Soignes*, Bruxelles, 1997.

Architecture

Aron J., Burniat P. et Puttemans P., *Le Guide de l'architecture moderne à Bruxelles*, Bruxelles, 1993.

Borsi F. et Wiener H., *Bruxelles, capitale de l'Art nouveau*, Bruxelles, 1992.

Bruxelles, Art nouveau, Archives d'Architecture moderne, Bruxelles, 1993.

Coekelberghs Denis (sous la dir. de), *L'Église Saint-Jean-Baptiste-au-Béguinage*, s.l., s.d.

Coekelberghs Denis (sous la dir. de), *Un ensemble néo-classique à Bruxelles : le Grand-Hospice et le quartier du Béguinage*, s.l., 1983.

Des Marez G., *Guide illustré de Bruxelles : monuments civils et religieux*, Bruxelles, 1979.

Dierkens-Aubry F., Vandenbreeden J., *Art nouveau en Belgique. Architectures et intérieurs*, Bruxelles, 1994.

Hennaut Éric et coll., *Les Sgraffites à Bruxelles*, Bruxelles, 1994.

Dierkens-Aubry F., Vandenbreeden J., *Art nouveau en Belgique. Architectures et intérieurs*, Bruxelles, 1994.

Lelarge Astrid, *Bruxelles, l'émergence de la ville contemporaine, la démolition du rempart et des fortifications aux XVIIIᵉ et XIXᵉ siècles*, Bruxelles, 2001.

Loze Pierre et coll., *Bruxelles, ville nouvelle*, Bruxelles, 1995.

Rion Pierre, *La Basilique de Koekelberg. Architecture et mentalités religieuses*, Louvain-la-Neuve, 1986.

Musées

Adriaens-Pannier Anne et coll., *Musée d'Art moderne*, Gand, 1996.

Balty J.-Ch. et coll., *Musées royaux d'Art et d'Histoire (Antiquité)*, Bruxelles, 1988.

Cahen-Delhaye A. et coll., *Musées royaux d'Art et d'Histoire (Europe)*, Bruxelles, 1989.

Culot Paul et coll., *Bibliotheca Wittockiana*, Gand, 1996.

Dierkens-Aubry Fr., *Musée Horta*, Bruxelles, 1990.

Forment F. et coll., *Musées royaux d'Art et d'Histoire (Amérique, Asie, Océanie)*, Bruxelles, 1992.

Huart d' N. et Fornari B., *Musée communal d'Ixelles*, Bruxelles, 1994.

Robert-Jones F. et coll., *Musée d'Art ancien*, Bruxelles, 1988.

Van den Audenaerde T., *Musée royal de l'Afrique centrale*, Bruxelles, 1994.

Vandormael Herman, *Château de Gaasbeek*, Bruxelles, 1988.

Romans et bande dessinée

Harpman Jacqueline, *Le Bonheur dans le crime*, Paris, 1993.

Lévy Bernard-Henry, *Les Derniers Jours de Charles Baudelaire*, Paris, 1988.

Mertens Pierre, *Les Éblouissements*, Paris, 1987.

Schuiten François et Peeters Benoît, *Brüsel*, Tournai, 1992.

Films

Bruxelles Transit (1970) par J. Selingerbaum.

23, quai du Commerce, 1080 Bruxelles (1975) par Ch. Akerman.

Brussels by night (1983) par M. Didden.

Benvenuta (1983) par A. Delvaux.

Manneken Pis (1994) par Frank Van Passel.

Avant de quitter la capitale de la Belgique, les amoureux de Bruxelles doivent absolument visiter le monument d'Evrard 't Serclaes, situé sous les arcades de la maison l'Étoile à la Grand-Place. Poser la main sur le bras fortement poli de ce célèbre bruxellois porte non seulement bonheur, mais signifie également que le visiteur reviendra un jour à Bruxelles.

U. Brion/GLOBAL PICTURES

Galeries St-Hubert

Ch. Bastin et J. Evrard

Bruxelles-centre

Quartier des Musées royaux
des BEAUX-ARTS de Belgique★★★

Plan, voir p. 20

Le site – Après la construction de la place Royale par Charles de Lorraine, la ville décida vers 1820 d'ouvrir une artère vers l'église Notre-Dame-du-Sablon. Elle l'appela rue de la Régence. Ce nom ne commémore pas la fonction qu'exerça le baron Surlet de Chokier entre 1830 et 1831 en attendant le couronnement de Léopold Ier, mais évoque l'administration de la ville connue à l'époque sous le nom de « Conseil de la Régence ». L'artère fut prolongée lorsqu'on construisit le palais de justice, qui clôt la perspective. Face au musée d'Art ancien se trouve le palais de la Cour des comptes, ancienne résidence du comte de Flandre, frère du roi Léopold II et père du roi Albert Ier qui y naquit en 1875 *(plaque du côté de la place Royale)*. Le musée d'Art ancien *(voir ci-dessous)* appartient au gigantesque ensemble des Musées royaux des Beaux-Arts de Belgique dont les collections recèlent des richesses permettant, avec le musée d'Art moderne, de suivre l'évolution de la peinture et de la sculpture sur près de six siècles.

Les bâtiments des deux musées sont mitoyens et communiquent par l'intérieur, le « forum » ou grand hall constituant le trait d'union entre ces deux divisions.

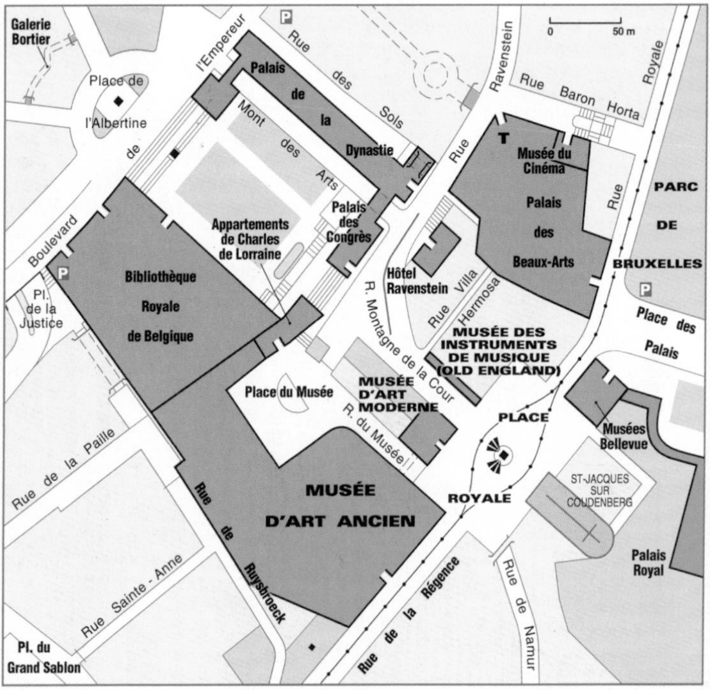

★★★**Musée d'Art ancien** ⏱ **(KZ)** – *Rue de la Régence 3.*

Cette institution vit le jour à la fin du 18e s. lorsque l'on exposa, dans les bâtiments de l'ancienne cour du palais de Charles de Lorraine, des œuvres que l'occupant français, les considérant médiocres, avait abandonnées derrière lui. Du reste, c'est Bonaparte qui officialisa cette initiative, en 1801, en instaurant le musée du Département de la Dyle qu'il dota d'œuvres de grande qualité afin de désencombrer le musée du Louvre.

Essentiellement constituées par mécénat durant la première moitié du 19e s., les collections bénéficièrent ensuite d'une politique d'acquisition, au point que le musée emménagea, en 1887, au palais des Beaux-Arts de style néoclassique élevé par Alphonse Balat entre 1874 et 1880, et prolongé d'une nouvelle aile en 1974. La façade aux colonnes corinthiennes est ornée de statues personnifiant la Musique, l'Architecture, la Sculpture et la Peinture (de gauche à droite) ; les portes sont surmontées des bustes de Pierre Paul Rubens, Jean de Bologne et Jan van Ruysbroeck. Universellement connu pour l'admirable collection de primitifs flamands qu'il conserve, le musée propose de véritables trésors des écoles flamande, hollandaise, française, allemande, italienne et espagnole s'étalant de Rogier van der Weyden à Hubert Robert.

15e et 16e s. (circuit bleu) – *Les numéros entre parenthèses renvoient à la numérotation des salles.*

Les primitifs flamands

Primitifs, car étymologiquement cet adjectif signifie « les premiers », et flamands, car pendant le 15ᵉ s. la Flandre attira les meilleurs peintres des
anciens Pays-Bas.

Né du gothique international, l'art des primitifs flamands, qui s'appuie sur
le perfectionnement de la peinture à l'huile, délaisse le cadre restreint de la
miniature pour s'attaquer à de nouveaux supports et formats. Guidés par
l'esprit du siècle, ces artistes, qui occupaient une place de choix dans la
société de leur époque, vont observer le réel avec un souci d'objectivité qui
révolutionnera la composition.

Simplicité, pudeur des sentiments, lumière et coloris caractérisent ces
artistes de la spiritualité qui privilégiaient la forme au dessin.

Avant d'aborder réellement l'art du 15ᵉ s., il n'est pas inutile de considérer ce frag-
ment des *Scènes de la vie de la Vierge* (salle 10) exécuté sur panneau de bois et
illustrant la phase ultime de l'évolution du Gothique international dans les Pays-
Bas méridionaux. Cette halte permettra de prendre pleinement conscience du
renouveau pictural qui s'opère peu après.

Si la quête du réalisme pousse les primitifs italiens à représenter le corps avec une
exactitude quasi scientifique, il en va autrement dans les Pays-Bas méridionaux où
le réalisme concerne davantage la conception de l'œuvre.

Une élégance encore un peu lourde caractérise la *Pietà* (11) de **Petrus Christus**
(?-vers 1472) dont les réalisations si rares sont teintées de l'influence de J. van
Eyck. *L'Annonciation* (11) du **Maître de Flémalle**, que certains identifient avec Robert
Campin, est une variante du panneau central du célèbre *Triptyque de Mérode*
exposé dans les cloîtres (Metropolitan Museum) de New York. R. Campin est le
maître de R. van der Weyden (de La Pasture) dont l'atelier réalise le *Triptyque
Sforza* (12) qui témoigne de l'intérêt italien envers l'art des Pays-Bas. Représentant
Saint François d'Assise (14), le panneau tout ciselé et rehaussé d'or dû au peintre
italien Carlo Crivelli faisait partie du polyptyque de Montefiori dell'Aso qui comportait à l'origine 23 tableaux.

Vers la fin du siècle, plusieurs maîtres anonymes sont influencés par Memling,
comme le **Maître de la légende de sainte Ursule**, *Sainte-Anne, La Vierge et l'Enfant* (12),
ou par Van der Weyden, tels le **Maître de la vie de Joseph**, *Triptyque de l'abbaye
d'Affligem* (16), ou **Jean Hey** (?-vers 1505), actif dans le val de Loire, qui produit
un magnifique *Ecce Homo* (12) daté de 1494.

Rogier van der Weyden (vers 1400-1464). Après
la mort de J. van Eyck, Roger de La Pasture
fut le chef incontesté de la peinture flamande
bien que né à Tournai, terre française à
l'époque. Son art aux formes sculpturales possède une grande puissance d'humilité et
d'émotion. Il fut le peintre officiel de la ville de
Bruxelles, d'où la traduction de son nom en
néerlandais.

Pietà (11)
Laurent Froimont (11) et *Antoine, grand bâtard de Bourgogne* (11) montrent l'extraordinaire talent de portraitiste de Van
der Weyden.

Dirk Bouts (vers 1420-1475) a fourni une peinture davantage nordique, ascétique même,
mais d'une belle luminosité. Ses personnages
aux formes allongées semblent se résigner à
leur sort.

Le Calvaire (12)
La Justice d'Othon (13), qui comprend deux tableaux dont
l'*Épreuve du feu*, fut entièrement
réalisée par Dirk Bouts. Les tableaux destinés à la salle d'audience de l'hôtel de ville de Louvain illustrent une erreur judiciaire
et rappellent que l'art avait aussi
valeur d'enseignement.

Hugo van der Goes (vers 1440-1482). Cet artiste
au tempérament mélancolique fut très influencé par J. van Eyck. Il sut plus que tout
autre traduire la personnalité de ses sujets.

La Vierge et l'Enfant (12)

Hans Memling (vers 1435-1494). Actif à Bruges,
cet Allemand donna son dernier éclat à une
ville où l'art déclinait déjà. Très appréciées au
19ᵉ s., ses compositions ont ce mysticisme délicat des œuvres rhénanes.

La Vierge et l'Enfant (14)
Portraits de *Willem Moreel* et de
Barbara van Vlaenderbergh (14)
Le Martyre de saint Sébastien
(14) fut probablement réalisé
pour une guilde d'archers.

Jérôme Bosch (vers 1450-1516), génial inventeur d'images, s'adresse davantage à More et Machiavel qu'à la peinture religieuse de son temps.	*La Tentation de saint Antoine* (17), original à Lisbonne *Calvaire avec donateur* (17) dont le sujet est encore traité de façon traditionnelle. Étonnante miniature que cette *Tentation de saint Antoine* (17) due à la main anonyme d'un artiste appartenant à l'école des Pays-Bas méridionaux.
Lucas Cranach l'Ancien (1472-1553). Allemand et ami de Luther, son œuvre a été jugée tantôt pathétique, tantôt sophistiquée.	*Vénus et l'Amour* (18) *Le portrait du Dr J. Scheyring* (18). *Adam et Ève* (18), aux formes maniérées et sensuelles.
Gérard David (vers 1460-1523), dernier des grands primitifs, réalisa d'excellentes compositions aux coloris finement saturés et aux ombres parfois profondes.	*L'Adoration des Mages* (21) *La Vierge à la soupe au lait* (21) où l'intimité de la vie quotidienne se mêle à l'esprit religieux.
Quentin Metsys (vers 1465-1530), ami d'Érasme, présente un style teinté d'influence italienne qui annonce le maniérisme anversois.	*La Vierge et l'Enfant* (22) évoque l'héritage du maître de Flémalle. *Triptyque du calvaire* (22)

Les innovations propres à la Renaissance n'apparaissent pas brutalement, et la production du 16e s., encore médiévale et pourtant déjà humaniste, développe et diversifie ses recherches tant dans la peinture religieuse que dans le portrait ou le paysage, qu'il s'agisse d'**Ambrosius Benson** (vers 1499-1550) et d'**Adriaen Isenbrant** (vers 1500-1551), prolongateurs du style de leur maître G. David, ou de **Joos van Cleve** (vers 1464-vers 1540) dont les paysages sont influencés par **Joachim Patenier** (?-1524). Si Anvers supplante Bruges, le Brabant a en **Colijn De Coter** (vers 1455-vers 1540), *Saint Michel* (23), et **Albrecht Bouts** (vers 1460-1549) deux peintres de renom dont l'art ne relève pas encore totalement du maniérisme (déformation formelle, finesse des décors et des coloris). À ce style appartiennent, entre autres, le **Maître de 1518** et **Jan Mostaert** (vers 1475-vers 1556) qui fut au service de Marguerite d'Autriche.

La Fillette à l'oiseau mort (25), attribuée à l'école des Pays-Bas méridionaux, interpelle par son charme troublant et émouvant.

Le *Vénus et l'Amour* (25) de **Jan Gossart** (vers 1478-1532), dit **Mabuse** (du nom de Maubeuge où il est né), indique un esprit nouveau et l'apparition de sujets mythologiques. En 1508, cet artiste a accompagné Philippe de Bourgogne à Rome. Les portraits et triptyques de **Bernard van Orley** (vers 1490-1542) symbolisent l'épanouissement de la Renaissance à Bruxelles.

La fillette à l'oiseau mort, école des Pays-Bas méridionaux

Les Bruegel

Sans doute originaire d'un village dénommé Brueghel, situé dans le Brabant hollandais ou dans la Campine limbourgeoise, Peeter Brueghels (vers 1527-1569) signe vite Bruegel, orthographe qu'il adoptera jusqu'à sa fin. *Bruegel de Oudere*, c'est-à-dire l'Ancien, fait son apprentissage à Anvers, puis voyage jusqu'à Messine avant de rentrer en Flandre en 1554, alors pays le plus riche d'Europe. Il s'installe à Bruxelles en 1563 et épouse Marie Coecke, la fille de Pieter Coecke, peintre de Charles Quint. La famille qu'il fonde accouchera de 26 peintres. Son fils aîné, Pieter Bruegel le Jeune (1564-1638), fut essentiellement un copiste. Son fils cadet, Jan Bruegel (1568-1625), qui alla se fixer à Anvers, fut surnommé « de Velours » au 18ᵉ s. Il reçut, également au 18ᵉ s., le deuxième surnom « d'Enfer », *den Helschen Brueghel*, en raison des diableries qu'il avait représentées dans sa jeunesse. Un quiproquo fit dériver ce surnom sur son frère Pieter.

Cependant, il faut remarquer que la très maniériste *Mise au tombeau* (28) de **Maerten van Heemskerck** (1498-1574) est contemporaine du *Jugement dernier* (28) de **Pieter Huys** (vers 1515-vers 1581), qui reprend ici une iconographie chère à J. Bosch. En effet, le milieu du 16ᵉ s. offre une grande diversité de maîtres mêlant le sacré et le profane : l'humanisme tente alors d'unifier réel et imaginaire dans un courant réaliste transcendé par P. Bruegel l'Ancien.

Pieter Bruegel l'Ancien (vers 1527-1569), qui appartient à cette classe de grands artistes des temps nouveaux, a métamorphosé tout ce dont il s'est inspiré. Son art à la fois archaïque et moderne est magistral, original et varié. Le paysage n'est plus décor, et les personnages s'animent sous le regard philosophe de ce maître incontesté.

L'Adoration des Mages (31) évoque l'art de la tapisserie : il s'agit d'une détrempe sur toile.
La Chute des anges rebelles (31) est une saisissante évocation de l'Apocalypse avec au milieu l'archange saint Michel.
La Chute d'Icare (31) illustre la fable d'Ovide et un vieux proverbe flamand : « Nulle charrue ne s'arrête pour un homme qui meurt. »

Pieter Bruegel le Jeune (1564-1638), son fils et disciple, prolongera fidèlement cette œuvre.

Le Massacre des Innocents (31)
Retour de pèlerinage (34)

La fin de ce 16ᵉ s. où cohabitent la tradition flamande et l'influence italienne découvre un maniérisme assez dépouillé avec **Pierre Pourbus** (vers 1523-1584) et voit le paysage devenir un genre en soi, monumental dans certains cas. En témoignent **Jacob Grimmer** (vers 1526-vers 1590), *Paysage avec château* (32), **Paul Bril** (1554-1626) qui travailla à Rome et notamment au Vatican, ainsi que deux paysages anthropomorphes (34) dus à un maître anonyme des Pays-Bas méridionaux.

Une collection intéressante de peintures et de sculptures des écoles bruxelloise et française occupe les salles 37 à 44 (legs Delporte), dont le charmant groupe *Les Quatre Saisons* (39) d'**Abel Grimmer** (vers 1570-vers 1619), le superbe *Paysage d'hiver avec patineurs et trappe aux oiseaux* (44) de P. Bruegel l'Ancien, et la *Danse de noce en plein air* (44) que P. Bruegel le Jeune exécuta en 1607.

17ᵉ et 18ᵉ s. (circuit brun)

Dominée par l'immense personnalité de Rubens, cette collection remarquable propose un large éventail des genres pratiqués au 17ᵉ s.
S'inspirant des maîtres italiens, les peintres de sujets religieux travaillent sur grand format et créent des compositions équilibrées, presque statiques. Parallèlement, d'autres artistes perpétuent la tradition flamande en exaltant l'éclat du coloris et le souci du détail.

Maître du baroque, l'Anversois **Pierre Paul Rubens** (1577-1640), très en vue de son vivant – il était diplomate –, a produit une œuvre étonnamment vaste. Son style puissant et son dessin aux couleurs chaudes, aussi précis que monumental, lui ont assuré un prestige qui n'a pas cessé de rayonner.

Têtes de nègre (52)
Hélène Fourment (52), sa seconde femme, qui avait 37 ans de moins que lui.
L'Assomption de la Vierge (62)
Le Martyre de saint Liévin (62)
L'Adoration des Mages (62)

Le paysage et la nature morte répondent à l'esprit décoratif de l'époque : la *Nature morte avec guirlande de fleurs* (53) de **Jan Bruegel** (1568-1625), surnommé Bruegel de Velours, est une toile de premier ordre. Ce genre se développe avec ce que l'on peut appeler les « scènes de cuisine » où excelle **Frans Snijders** (1579-1657), notamment dans *Le Garde-manger* (54). De remarquables exemples d'intérieurs, particulièrement de collectionneurs, montrent jusqu'à quel point les contemporains de Rubens furent contraints de se spécialiser. Enfin, si le portrait connaît avec **Cornelis De Vos** (vers 1584-1651) un artiste subtil, le maître incontesté est A. van Dyck.

Antoine van Dyck (1599-1641). Ce peintre prodige fut formé par Rubens, mais il sut asseoir une personnalité originale dont le style pictural connut de nombreuses et riches périodes. Son œuvre de portraitiste influencera profondément Reynolds, dont le délicieux portrait de Lady Mary Douglas (53), Gainsborough et Hogarth.	*Une dame génoise et sa fille* (53) *Portrait d'un homme âgé* (55) *Jean-Charles della Faille* (55)
Jacob Jordaens (1593-1678), véritable figure symbolique de l'art flamand, a développé un art naturaliste dans un style dense et robuste.	*Allégorie de la Fécondité* (57) où Pomone est une nymphe plus terrestre que chez Rubens. *Le roi boit* (57)

Dans les Provinces-Unies, la prospérité économique fournit les conditions nécessaires à l'épanouissement de la peinture. Démocratie et capitalisme y cohabitent sans heurts. Les commerçants, soucieux d'orner leurs demeures et les bâtiments publics, deviennent de nouveaux clients pour les artistes. Par ailleurs, le calvinisme, qui condamne l'exposition d'images saintes, encourage les scènes de genre (écoles de Delft et de Leyde) où excelle **Adriaan van Ostade** (1610-1685), ou le paysage dont **Jacob van Ruisdael** (vers 1629-1682) est le représentant le plus illustre.

Avant d'achever le parcours, il est intéressant de s'attarder un instant aux différences qui séparent deux artistes contemporains traitant le même art du portrait : *Trois enfants avec une voiture tirée par un bouc* (60) de **Frans Hals** (vers 1582-1666) est d'un dynamisme presque fugitif, quand *Nicolaas van Bambeeck* (60) de **Rembrandt** (1606-1669) dévoile une psychologie d'une rigueur impressionnante. Les salles 50, 51 et 61 contiennent quelques œuvres italiennes et françaises (le Baroche, le Tintoret, Tiepolo, le Carache ; Champaigne, Greuze, Vouet, Le Lorrain).

Cabinet des dessins : *accessible sur demande.* Les réserves comptent 10 000 dessins dont la consultation est réservée aux chercheurs.

Au niveau inférieur, une **galerie de sculpture**, introduite par une vitrine didactique sur les procédés de moulage, résume l'évolution de la sculpture en Belgique du 18e s. au début du 20e s. et présente notamment plusieurs réalisations de **Gilles-Lambert Godecharle** (1750-1835) qui fut consécutivement le sculpteur de Napoléon et de Guillaume Ier.

Par le grand hall ou « forum », un passage mène au musée d'Art moderne.

★★ Musée d'Art moderne ☉ (KZ M²) – *Place Royale.*

Inauguré en 1984, il comprend deux parties. Le bâtiment néoclassique de la place Royale abrite l'importante collection consacrée aux mouvements artistiques du 19e s. Le nouveau musée est un bâtiment souterrain, conçu par les architectes R. Bastin et L. Beek, qui s'enfonce sur 8 niveaux autour d'un puits de lumière dégagé depuis le toit du Musée. Il abrite les collections permanentes de sculptures, peintures et dessins du 20e s. (du fauvisme à l'art contemporain) selon un ordre plus ou moins chronologique. L'art national est confronté à de nombreux artistes étrangers.

La muséologie étant ici fondamentalement exemplaire, le texte ci-dessous offre, tout en respectant le sens de la visite, une sélection des principaux artistes belges et des œuvres étrangères les plus intéressantes.

19e s. (circuit jaune)

Niveau -2

Le circuit débute par un accrochage de réalisations néoclassiques et romantiques. Le Belge **François-Joseph Navez** (1787-1869) et Jean Auguste Dominique Ingres (1780-1867) représentent avec J.-L. David le néoclassicisme. L'école romantique, remarquablement illustrée à Paris par Eugène Delacroix (1798-1863) et Théodore Géricault (1791-1824), correspond à merveille au vent révolutionnaire qui souffle sur Bruxelles : voir à ce propos *L'Épisode des journées de septembre 1830* (à

Jacques-Louis David (1748-1825). Son art quelque peu sévère célébra les idéologies de la République comme de l'Empire. Exilé (1815-1825) au royaume des Pays-Bas car reconnu régicide par la seconde Restauration, le peintre fut inhumé au cimetière de Bruxelles.	*Marat assassiné*, œuvre la plus admirée des visiteurs, constitue un hommage au héros de la Révolution. *Mars désarmé par Vénus* (hall d'entrée), son œuvre ultime, fut réalisé à Bruxelles en 1824.

Marat assassiné, J.-L. David

gauche du grand hall d'entrée) de **Gustave Wappers** (1803-1874), mais aussi des œuvres d'Henri Leys, Louis Gallait et Antoine Wiertz, dont on retiendra l'insolite *Belle Rosine*. Remarquer également des toiles de Constable, Fromentin, Gros et Raeburn ainsi que de belles sculptures de Guillaume et Joseph Geefs, Charles-Auguste Fraikin et Mathieu Kessels.

Niveau -1

Cet étage présente pour l'essentiel des œuvres réalistes de la seconde moitié du siècle et d'où se démarquent celles de **Gustave Courbet** (1819-1877) et **Louis Artan de Saint-Martin** (1837-1890). Les toiles d'**Henri De Braekeleer** (1840-1888) aux tons chauds frappent par leur caractère intimiste. S'adonnant à la peinture de plein air, le chef de file de l'école de Tervuren, Hippolyte Boulenger, annonce déjà une interprétation préimpressionniste de la nature. Certains peintres, dont Alfred Stevens, illustrent à merveille la vie élégante de la Belle Époque.

Niveau 1

En Belgique, le réalisme témoigne également de ses sympathies pour le monde des ouvriers. L'impressionnisme belge est représenté par le captivant **Henri Evenepoel** (1872-1899) dont le superbe portrait d'*Henriette au grand chapeau* retiendra toute notre attention.

Constantin Meunier (1831-1905). Selon Rodin, ce peintre et sculpteur du réalisme social, au talent expressif et grave, était « un des grands artistes du siècle ». Les amateurs visiteront avec intérêt le musée qu'abrite sa dernière demeure *(voir Ixelles, Musée Meunier)*.

Le Puddleur
Vieux cheval de mine
Le Grisou (grand hall d'entrée) fait écho au *Germinal* que Zola venait de publier en 1885.

Niveau 2

Le musée renferme d'excellentes œuvres néoimpressionnistes et luministes (expression belge de ces mouvements) que l'on découvrira au gré d'un parcours proposant de nombreuses toiles d'artistes nationaux. Mais, s'il s'intéressera aux peintures d'**Anna Boch** (1848-1936), **Théo van Rysselberghe** (1862-1926) et **Guillaume Vogels** (1836-1896), le visiteur admirera plus particulièrement le *Portrait de Jenny Montigny* d'**Émile Claus** (1849-1924) et *Faits du village VII. La fille qui remaille* d'**Henry van de Velde** (1863-1957).

Vers 1880 apparaissent et se succèdent diverses tendances artistiques qu'illustre le mouvement belge des XX (1883). En effet, ce groupe veut un renouvellement de l'art et invite maints artistes étrangers (Seurat, Toulouse-Lautrec, Van Gogh, Gauguin, etc.) à venir exposer leurs créations. Pendant une quinzaine d'années, Bruxelles est un haut lieu d'une avant-garde qui ne cesse de scandaliser par ses innovations.

Portrait de Marguerite, Fernand Khnopff

Fernand Khnopff (1858-1921), chef de file du symbolisme belge et cofondateur du cercle des XX, influença incontestablement la Sécession viennoise et plus particulièrement Klimt. L'artiste créa un type de femme ambivalent, ange et femme fatale à la fois. Sa sœur Marguerite, de six ans sa cadette, lui servit maintes fois de modèle : *Memories* et le *Portrait de Marguerite*. Remarquer également l'énigmatique *Des caresses* ou *L'Art*.

Niveau 3

Né d'une mère flamande et d'un père anglais, **James Ensor** (1860-1949) fut un de ces peintres d'exception dont l'œuvre visionnaire, qu'elle fût naturaliste ou expressionniste, déconcerta ses contemporains.

Une coloriste appartient à la période réaliste dite « sombre ».
Les Masques scandalisés
Le Lampiste
Squelettes se disputant un hareng saur ou... l'art Ensor.

Outre de très belles œuvres de Rik Wouters (1882-1916), ce niveau présente quelques chefs-d'œuvre français : *Conversation dans les prés* de **Paul Gauguin** (1848-1903), *Nu à contre-jour* de **Pierre Bonnard** (1867-1947), *Les Deux Écoliers* d'**Édouard Vuillard** (1868-1940), *La Seine à la Grande-Jatte* de **Georges Seurat** (1859-1891) et *La Calanque* de **Paul Signac** (1863-1935).
Toujours au même étage, on admirera le *Watteau* de **Jean-Baptiste Carpeaux** (1827-1875), le *Penseur* d'**Auguste Rodin** (1840-1917), ainsi que la vitrine contenant d'intéressantes sculptures de Bourdelle, Degas, Renoir et Bugatti.
Le premier groupe de Laethem-St-Martin est représenté par **Gustave van de Woestijne** (1881-1947), dont *Dimanche après-midi* et le magnifique *Petit porteur de reliques* de **George Minne** (1866-1941).

20ᵉ s. (circuit vert)

Niveau -3

Cet étage précédant la plongée vers le puits de lumière réunit des œuvres d'artistes très différents, ainsi qu'une partie du legs Goldschmidt. À apprécier, parmi cet ensemble éminemment disparate : une *Diane* en bois (1937) d'Ossip Zadkine (F) ; les réalisations cinétiques de **Pol Bury** (1922), dont *Ponctuation molle* (1960) ; *Red Poles* (1973) de Sam Francis (USA) ; *Le Pape aux hiboux* (1958) de Francis Bacon (GB) ; *Draped women on steps* (1958) d'Henry Moore (GB) ; une toile pop art d'Andy Warhol (USA) ; une composition étonnante de Robert Rauschenberg (USA) ; et une installation nommée *Capella* (1990) de Nam June Paik (USA) ; *Potato chips in bags* (1963) de Claes Oldenburg (USA) ; des sculptures en plâtre moulées sur le modèle de Georges Segal (USA).
Le tour de la galerie n'est pas moins étonnant par la diversité des œuvres présentées : on remarque des dessins de Jules Lismonde ; des sculptures de Reinhoud, de Roel d'Haese et d'Eugène Dodeigne ; des abstractions de René Guiette ; *La généreuse* d'Olivier Strebelle ; une étonnante huile de Jean van den Eeckhoudt *Les*

citrons (1913). Une partie de la galerie est consacrée au fauvisme brabançon : *Le portemanteau* (1917) de Thévenet ; *Autoportrait à la palette* (vers 1916) de Paerels et *Expression de jeune fille* (1932) d'Hippolyte Daeye.

Niveau -4

Sont rassemblées ici des œuvres fauvistes, cubistes, abstraites et expressionnistes. Tout d'abord, le « fauvisme brabançon », influencé par Cézanne et en réaction contre le symbolisme : Auguste Oleffe ; Ferdinand Schirren ; et le talentueux chef de file **Rik Wouters** (1882-1916), disparu trop jeune, *Au soleil* (1911), *Dame en bleu devant une glace* (1912), *Le Flûtiste* (1914) *(voir Introduction, Les arts à Bruxelles)*, *Les Soucis domestiques* (1913).

Baigneuse, Léon Spilliaert

Speltdoorn/Musées Royaux des Beaux-Arts © ADAGP 2002

Le langage pictural de **Léon Spilliaert** (1881-1971), parfois proche de l'expressionnisme, annonce déjà le surréalisme et l'art abstrait. Parmi les dessins de l'artist, remarquer : *La Digue* (1909), *Baigneuse* (1910).

Gentil Bernard de Georges Rouault (F) ; *Le Compotier* de Maurice de Vlaminck (F) ; *Vue de Marseille* de Raoul Dufy (F) ; *Portrait de Louis Barthou* (1931) de Kees Van Dongen (NL) ; *Jardin de fleurs* (1926) d'Emil Nolde (A) ; *Guitare et compotier* (1920) de Pablo Picasso (E) ; *Le Compotier* (1919) de Georges Braque (F) ; *Femme lisant* d'Henri Matisse (F) ; *Femme vue de dos* (1930) de Jacques Villon (F).

L'abstraction en Belgique s'est surtout développée à Bruxelles et à Anvers. On ne parle plus de style, mais plutôt d'une nouvelle vision de l'art où se rangent le cubisme et le constructivisme, mais aussi l'expressionnisme et le surréalisme. La « plastique pure » belge est représentée par : **Victor Servranckx** (1897-1965), *Exaltation du machinisme* (1923), *Opus 47* (1923) ; Marcel-Louis Baugniet, *Le Joueur de tennis* (1926) ; Pierre-Louis Flouquet ; Felix De Boeck, *Mer abstraite* (1923) ; Jozef Peeters.

Le futurisme est évoqué par : Jules Schmalzigaug (1882-1917), *Le Baron Francis Delbeke* (1917), l'une de ses dernières œuvres.

Autoportrait au « Tefillin » (1928) de Marc Chagall (F) ; *Le joueur en transe* (1908) d'Oskar Kokoschka ; *Les hélices* (1918) de Fernand Léger (F) ; *Mirr* (1936) de Hans Arp.

Mouvement flamand, le deuxième groupe de Laethem-St-Martin (petit village près de Gand) concentre plusieurs artistes au tempérament expressionniste dont les œuvres parfois rudes sont caractérisées par des tons terre : **Constant Permeke** (1886-1952), *Les fiancés* (1923), *Niobé* (1951) ; le sculpteur Joseph Cantré ; Frits Van den Berghe, *Dimanche* (1924) ; Gustave De Smet, *La famille* (1933). Il faut leur rattacher Edgard Tytgat dont la plastique affirme une volonté de simplification atteinte par le sculpteur **Oscar Jespers** (1887-1970), *Jeune femme* (1930).

Deux enfants (1921) d'Otto Dix (A) et la sculpture *La ville détruite* (1947) d'Ossip Zadkine.

Niveau -5

Point fort de la collection, le surréalisme, mouvement éminemment international, connut en Belgique un développement particulièrement fécond avec des artistes comme Magritte, bien sûr, mais aussi Paul Colinet, Marcel Mariën, E.L.T. Mesens, Paul Nougé, Raoul Ubac, Jean Scutenaire.

Musées Royaux des Beaux-Arts © ADAGP 2002

Jeune femme, Oscar Jespers

Le groupe apparut en 1926, soit à peine deux ans après la fondation du mouvement par André Breton, avec lequel il rompit en 1947. Même s'il ne fit jamais partie du mouvement, il faut leur associer **Paul Delvaux** (1897-1994) dont l'univers s'est souvent figé dans une sensualité un peu froide ; des toiles exposées, *Le Couple* (1929) appartient encore à la période expressionniste. Remarquer également *La Voix publique* (1948), *Pygmalion* (1939) et *Train du soir* (1957).

Des vitrines contiennent des photographies, diverses éditions originales ainsi que des documents imprimés ou autographes relatifs au surréalisme belge, d'expression plus optimiste qu'il ne le fut à Paris.

Niveau -6

La salle Georgette et **René Magritte** (1898-1967) constitue un ensemble remarquable regroupant une vingtaine d'œuvres parmi les plus importantes que réalisa cet artiste d'exception. D'abord influencé par le cubisme et le futurisme, Magritte rencontre Servranckx puis se place à la lumière du travail de De Chirico avant d'affirmer pleinement sa vocation.

La salle expose deux sculptures, *Les Grâces naturelles* (1967) et *La Race blanche* (1967), des gouaches et des peintures, dont *Le Joueur secret* (1927), *Le Démon de la perversité* (1928), *Le Retour* (1940), *La Magie noire* (1945) appartenant à la période « Plein Soleil », *L'Empire des lumières* (1954), *Le Domaine d'Arnheim* (1962).

La Mélancolie d'une belle journée (1913) de Giorgio De Chirico (I) ; *L'Avion* (1929) d'Yves Tanguy (F) ; *La Tentation de saint Antoine* (1946) de Salvador Dali (E) ; *L'Armée céleste* (vers 1925) de Max Ernst (A) ; *Danseuse espagnole* (1924) de Joan Miró (E) ; *Onze formes du doute* (1957) de Roberto Matta (Chili) ; *L'Éclipse* de Francis Picabia (F).

L'Empire des lumières, René Magritte

Au lendemain de la Seconde Guerre mondiale, une nouvelle vague d'abstraction nommée La Jeune Peinture belge prône « la couleur et un retour à l'humain » : Gaston Bertrand ; Marc Mendelson, *Toccata et fugue* ; Louis Van Lint ; Jean Milo ; Anne Bonnet. Ce groupement éclate dès 1948 et laisse place à quelques individualités comme Antoine Mortier, proche de l'action painting.

Les mouvements se créent aussi vite qu'ils se défont. En 1948 naît COBRA (COpenhague – BRuxelles – Amsterdam, bien que fondé à Paris), ouvert à toute expérience fondée sur la spontanéité et la liberté formelle. Les personnalités majeures sont : le Hollandais Karel Appel, *Nu couché* (1957) ; le Danois Asger Jorn, *Les Trois Sages* (1955) ; et le Bruxellois **Pierre Alechinsky** (1927), *Parfois c'est l'inverse* (1970) ; auxquels il faut associer Christian Dotremont et Henri Michaux. Le mouvement Phases, orienté vers l'imaginaire, apparaît en 1952 ; en Belgique, Jacques Lacomblez, *Prélude* (1955), et Marie Carlier sont les artisans principaux.

Le Burg dévasté (1952) de Jean Dubuffet (F) ; *Composition T 1969-R 40* (1963) de Hans Hartung (A) ; *Seigneur, frapperons-nous de l'épée ?* (1954) d'Alfred Manessier (F) ; *Sans titre* (1952) de Jean-Paul Riopelle (Canada) ; *Toile grise* (1953) de Serge Poliakoff (F).

Niveau -7

Diverses tendances sont ici réunies : l'abstraction géométrique du Français Auguste Herbin et de Jo Delahaut ; le groupe d'origine allemande Zéro d'où se démarque l'Italien Lucio Fontana, *Concetto spaziale* (1965) ; *Peinture* (1962) d'Otto Piene ; l'op'art de Vasarely (F), prolongé par Walter Leblanc, *Twisting strings* (1975) ; le cinétisme avec Heinz Mack (A), *Silberdynamo (actionner l'interrupteur)* ; l'« assemblage-matière » du Franco-Américain Arman, *Le Harem du croisé* (1963), et de Vic Gentils, *Relief musical* (1963).

Niveau -8

Mobile (1953-1954) d'Alexandre Calder (USA) ; *Progression* (1974) de Donald Judd (USA) ; une installation de néons, sans titre (1964), de Dan Flavin (USA) ; Art and Language (GB) ; *Fragmente* (1987) de Tony Cragg (USA) ; *Paupière* (1989) de Giuseppe Penone (I) ; Christian Boltanski (F) ; Bertrand Lavier (F) ; *Wandskulpturen* (1981) de Bernd Lohaus (A).

Après 1960, l'internationalisation croissante de l'art gomme toute classification traditionnelle entre peinture et sculpture. Par ailleurs, certains estiment que la figuration est abolie, d'autres restent des inconditionnels de l'image, alors que subsistent des étiquettes : minimalisme, hyperréalisme, nouvelle subjectivité, etc. Mais pour ces œuvres qui expriment notre époque et que nous regardons sans le recul du temps, le mieux serait peut-être d'essayer de les comprendre plutôt que de les rejeter sous prétexte qu'elles ne sont pas « belles ».

Plusieurs artistes belges contemporains sont représentés : Marthe Wery, Didier Vermeiren, Jacques Charlier, Jan Vercruysse, Jacques Lizène, Jef Geys, Wim Delvoye, Paul Gees, Jan Fabre, Panamarenko, Michel Mouffe, Denmark, Dan van Severen, Mark Luyten, Marie-Jo Lafontaine. Le plus déconcertant est sans aucun doute le poète **Marcel Broodthaers** (1924-1976) dont les assemblages *(Moules rouges casserole)* (1965) à partir de matériaux élémentaires et les manifestations conceptuelles *(Musée d'Art moderne, dpt. des Aigles)* (1971) prennent leurs sources dans le surréalisme national.

Speltdoorn/Musées Royaux des Beaux-Arts

Moules rouges casserole, Marcel Broodthaers

En sortant du musée, place Royale, prendre à droite et passer sous le portique séparant les bâtiments des deux musées.

Place du Musée (**KZ 179**) – Son harmonieuse ordonnance néoclassique est le résultat de trois constructions successives : le palais de Lorraine *(voir ci-dessous)* entre 1756 et 1766, l'aile centrale en 1825 et enfin l'aile gauche en 1877 ; ces deux dernières appartiennent aujourd'hui aux Musées royaux des Beaux-Arts de Belgique après avoir abrité la Bibliothèque royale.

Au centre de la place se trouve le puits de lumière du musée d'Art moderne conçu par R. Bastin et L. Beek, à l'emplacement de la statue de Charles de Lorraine (L. Jehotte, 1848) qui a été déplacée à proximité de l'entrée en hémicycle du palais de Lorraine.

Appartements de Charles de Lorraine (**KZ B**) – *Place du Musée 1.*

En 1756, Charles de Lorraine achète à la princesse d'Orange le palais de Nassau, devenu la résidence des gouverneurs généraux autrichiens depuis l'incendie du palais des ducs de Brabant en 1731. Il fait reconstruire en grande partie ce palais gothique en style Louis XVI par un architecte brugeois, Jean Faulte (1726-1766), qui meurt avant la fin des travaux et auquel succède Laurent-Benoît Dewez (1731-1812). En 1780, l'héritier du gouverneur, Joseph II, vend la presque totalité du contenu pour payer les dettes de son oncle. Inhabité, le palais accueille ensuite diverses institutions avant d'abriter provisoirement l'Université Libre de Bruxelles *(voir Ixelles)* créée en 1834. Composé de plusieurs appartements, de chancelleries, de salons, de bibliothèques et de cabinets, il n'en reste que l'aile visible depuis la place du Musée, le reste ayant été remplacé par les bâtiments de la Bibliothèque royale de Belgique situés à l'arrière sur le Mont des Arts.

À l'origine, cette aile donnait sur des jardins à la française dessinés à l'emplacement d'un étang au bord duquel avait été élevée une chapelle dédiée à saint Georges *(voir Mont des Arts, chapelle de Nassau)*. Du reste, le palais bénéficia également d'un jardin des plantes *(voir quartier du Botanique)*, qui ne fut pas recréé après l'incendie d'une grande partie des bâtiments en 1826. La façade a été intégrée à l'ensemble de l'actuelle place du Musée. Outre les appartements de Charles de Lorraine, ce bâtiment qui appartient à la Bibliothèque royale abrite le cabinet des Estampes et la section de chalcographie de cette institution.

Place du Musée

Charles de Lorraine

Beau-frère de l'impératrice Marie-Thérèse de Habsbourg, Charles-Alexandre, duc de Lorraine et de Bar (Lunéville 1712-Tervuren 1780) s'installe à Bruxelles en mars 1744. Il repart en mai de la même année pour conduire l'armée impériale du Rhin. De retour en avril 1749, il gagne immédiatement la sympathie du peuple, car après tant de gouverneurs espagnols, italiens et allemands, il apparaît comme un compatriote parlant la même langue.

Entretenant une cour brillante et encourageant le mécénat, il était très attentif au prestige tout en cultivant un certain libertinage et une fascination pour l'alchimie. Son gouvernement assura une période de paix durant laquelle les arts et l'industrie furent à l'honneur. Charles de Lorraine était grand maître de l'ordre Teutonique.

La façade – Constitué de guirlandes, de trophées, de corniches et de statues, le décor est dû à **Laurent Delvaux** (1695-1778), artiste de cour né à Gand et ayant séjourné en Angleterre puis à Rome. Son intervention séduit par sa synthèse du baroque et du classicisme, ainsi que par sa portée symbolique. De part et d'autre de l'entrée en hémicycle, les balcons sont flanqués de quatre statues allégoriques : de gauche à droite, la Guerre et son bouclier, la Paix et sa ruche, la Prudence et son serpent, la Religion et sa bible ouverte. Au deuxième niveau, quatre enfants représentent la Justice, la Tempérance, la Force et la Prudence. Au sommet, le lion de la Renommée incarnerait la Belgique.

Sur la droite se trouve l'ancienne chapelle royale de type halle édifiée en 1760 et cédée au culte protestant en 1803, alors que Bruxelles appartenait au département français de la Dyle. Protestant, le roi Léopold Ier y assistait au culte.

Intérieur – Fortement restaurés en 1976, les appartements suggèrent le goût du faste et l'attrait du symbole que cultivait Charles de Lorraine, personnage ambitieux et passionné d'alchimie *(voir ci-dessus)*.

Les deux doubles portes de l'entrée permettaient aux carrosses de déposer les visiteurs dans la rotonde, à l'abri des intempéries. À gauche, au pied de l'escalier, une belle statue de marbre blanc exécutée par L. Delvaux (1770) représente **Hercule**, mais sous les traits du gouverneur ; la massue porte son monogramme C, deux croix de Lorraine et celle de l'ordre Teutonique. Onze des douze travaux du demi-dieu de la mythologie grecque sont d'ailleurs illustrés dans la rampe d'escalier en bronze, œuvre du Nivellois Adrien Anrion (il s'agit d'une copie datant de 1888). Solennelle, la cage d'escalier est coiffée d'une coupole peinte en 1883 par Joseph Stallaert (1825-1903) ; on y reconnaît les quatre saisons. Sur le palier, l'intérêt de Charles pour le symbolisme se retrouve à nouveau dans les stucs réalisés en 1764 par Cramillon, en particulier au-dessus de la porte où un angelot chevauchant un sphinx impose le silence à ceux qui le regardent : il faut y voir une application de l'esprit ésotérique avec lequel le duc menait ses diverses re-

Appartements de Charles de Lorraine – Détail

Ch. Bastin-J. Evrard

cherches. Chaque détail porte ici une signification précise et élaborée. On peut toutefois repérer dans les quatre panneaux rectangulaires les quatre éléments surmontés par une divinité tutélaire : l'Eau avec Neptune (coquille, dauphin...) ; l'Air avec Junon (oiseaux, trompette...) ; la Terre avec Cybèle (lion, gerbes de blé...) ; le Feu avec Vulcain (enclume, cuirasse...).

La rotonde était l'un des salons de réception que comptait le bâtiment : les stucs y rappellent la carrière militaire du gouverneur, immortalisé par B. Verschoot dans la coupole. Les splendides rideaux en soie de Lyon qui décorent cette pièce et les suivantes ont été réalisés en 1980 d'après des cartons originaux. Le **pavement** en damier noir et blanc est un travail remarquable par son motif en spirale. L'étoile est d'époque : ses 28 branches constituent un échantillonnage des carrières de marbre nationales indiquées dans la rosette centrale.

Suit une enfilade de cinq pièces dont l'ensemble constituait les appartements d'été. Chacune est dotée d'une couleur différente (or, vert, jaune, bleu, rouge) et leurs murs sont ornés soit de boiseries, soit de toiles de soie. Deux artistes ont été chargés d'en assurer les reliefs décoratifs : les trois premières par le Marseillais Jean-Augustin Olivier (1739-1788), les deux dernières par le Namurois Antonio Moretti, stucateur dont le talent s'impose dans les scènes de chasse animées de la quatrième pièce. Détail amusant : le lambris de la première pièce est découpé d'une fenêtre secrète (4e travée) qui offrait une vue sur l'entrée et permettait au duc de savoir immédiatement qui se présentait à sa porte.

Les appartements abritent depuis peu un **musée** ⊘ présentant plusieurs aspects de la vie au 18e s. dans les Pays-Bas et la principauté de Liège.

En sortant, prendre immédiatement à gauche et descendre le petit escalier pour gagner la rue Montagne de la Cour.

Alentours

Sur le versant du Coudenberg, en contrebas de la place Royale, la rue Montagne de la Cour reliait jadis le Bruxelles populaire du bas de la ville au Bruxelles seigneurial des comtes de Bruxelles. Le flanc Nord qu'elle délimite avec la rue Ravenstein était habité par le ghetto juif aux 12e, 13e et 14e s. Rue très animée au cours des siècles, elle fut fortement réduite et largement modifiée par l'installation des Musées royaux des Beaux-Arts et la construction de la Bibliothèque royale de Belgique.

De cette rue en forte pente, on bénéficie d'une très belle **vue** sur les jardins du Mont des Arts et sur l'élégante tour de l'hôtel de ville.

Gagner le haut de la rue que l'on redescendra ensuite en tournant à droite dans la rue Ravenstein.

...nents de Musique (MIM) ⊙ **(KZ M²¹)** – *Rue Montagne de la ...nts se partagent le MIM : le splendide bâtiment Art nouveau ...-1899) de l'architecte Saintenoy et le bâtiment de style néo-...mard. Le premier fut une commande de la société britannique ...i s'implanta à Bruxelles en 1886. L'importante restauration a ...iens magasins toute la splendeur qu'une malheureuse peinture ...ôtée en 1938 afin de mieux intégrer cette architecture « nouille » a l'e... ...lassique de la place Royale. L'abondante ferronnerie ainsi que les carreaux de grès cérame témoignent de l'exubérance des formes de la fin du 19e s. La séduisante tourelle d'angle, qui avait été supprimée en 1947, a été reconstituée, ce qui permet au salon de thé en terrasse de redevenir ce lieu de détente qui fut si cher aux Bruxellois du début du siècle dernier.

Le **musée des Instruments de Musique** possède une collection prestigieuse d'environ 7 000 instruments représentatifs de nombreux pays. Un système de casques à infrarouges *(compris dans le billet d'entrée, s'adresser à la caisse)* permet au visiteur d'entendre la plupart des instruments exposés.

Le niveau –1 présente les différents **instruments mécaniques** ; l'espace Son explique la façon dont le son est produit par les différents types d'instruments.

Le niveau 0 est consacré aux **instruments populaires** belges et (non) européens : vielles à roue, accordéons, tambours, instruments de l'opéra chinois, orchestre « gamelan » provenant de Java (Indonésie). Remarquer parmi les instruments à cordes du sous-continent indien la superbe dilruba au pied de paon.

Le niveau 1 propose un **historique de la musique occidentale**, de l'Antiquité au 20e s. L'instrument le plus ancien de la collection est une harpe d'épaule (Égypte, vers 1500 avant J.-C.). Dans son *Theatrum Instrumentorum* de 1620, le théoricien de la musique et compositeur Michael Praetorius donne un aperçu de tous les instruments connus à l'époque. Au 17e s., Anvers devient un centre réputé de facture de clavecins avec la célèbre famille Ruckers. Un espace est consacré au Dinantais **Adolphe Sax** (1814-1894), qui s'installe à Paris en 1843 et révolutionne la facture des instruments à vent en cuivre en créant les saxhorns, saxotrombas, saxtubas, et surtout les saxophones, diffusés par la vogue des harmonies et des fanfares avant de séduire aussi bien Berlioz que les ensembles de jazz. Aux 19e et 20e s., plusieurs innovations sont apportées aux instruments à cordes et aux instruments à vent.

Les **cordes et claviers** occupent le niveau 2. Le pianoforte est inventé en Italie à la fin du 17e s., et perfectionné en Allemagne, en Angleterre, puis en France où il est notamment diffusé par Pleyel et Érard au 19e s. après avoir été introduit au 18e s. À l'époque, les pianos connaissaient des formes plus variées qu'aujourd'hui : piano-table, piano à queue, piano-lyre, piano droit, ou encore ce surprenant piano-cabinet bruxellois daté de 1830 qui se présente comme une armoire dont les rideaux cachent la mécanique. Ensuite sont exposés les instruments à cordes, dont quelques très belles harpes aux détails sculptés. La guitare connaît une large diffusion au cours de l'époque baroque (exemplaire vénitien de la première moitié du 17e s.), de même que le sistre et la mandoline, très populaire au 18e s. L'atelier des luthiers liégeois Bernard a été reconstitué, permettant de suivre toutes les étapes de cet artisanat. La magnifique **salle aux miroirs** abrite les plus belles pièces de la collection.

Le Musée des Instruments de Musique

Ch. Bastin & J. Evrard/MICHELIN

Le clavecin vertical ou clavicytherium (Tournai, 1751) se distingue par sa caisse verticale qui présentait le double avantage d'un gain de place et d'envoyer le son directement vers le public ; le personnage féminin de la rosace en plomb porte une harpe et est entouré des initiales du facteur de l'instrument, Albert Delin. Orné de scènes représentant des villes conquises par Louis XIV, le clavecin Ruckers-Taskin date de la fin du 17e s. La régale-bible (vers 1700) est un petit orgue à jeu d'anche. Repliée et rangée, elle présente l'apparence d'une bible. Remarquer la forme sinueuse de la clarinette basse de Nicola Papalini (début du 19e s.) ainsi que l'étonnant lustre de serpents. La très belle viole du Hambourgeois Joachim Tielke (1701) est merveilleusement incrustée d'ivoire. Les tambours à fente africains aux très belles têtes sculptées complètent la collection.

Au niveau 3 est aménagée une petite exposition consacrée à Old England et aux autres réalisations de l'architecte Saintenoy.

Le niveau 5 abrite une salle de concert où sont organisés des concerts le jeudi soir. Pratiquement en face de l'hôtel Ravenstein se dresse *The Whirling Ear* (L'Oreille tourbillonnante), sculpture réalisée par l'Américain Alexander Calder (1898-1976) à l'occasion de l'Expo 58 au Heysel *(voir ce nom)*.

Hôtel Ravenstein (**KZ I³**) – *Rue Ravenstein 3*. Situé en contrebas de l'étonnant immeuble néogothique de la pharmacie Delacre construit par Paul Saintenoy en 1898-1900, ce bel hôtel (fin du 15e s.-début du 16e s.) a donné son nom à la rue au milieu du 19e s. Il fut bâti par les Clèves, seigneurs de Ravenstein, dont le château se trouvait à Tervuren. Il s'agit du dernier hôtel seigneurial de l'époque bourguignonne subsistant dans la capitale. Après des transformations engagées par P. Saintenoy *(voir ci-dessus)* en 1893-1894 et par F. Malfait en 1934-1937, il présente encore une façade flanquée d'une tourelle, une charmante cour intérieure ainsi qu'une bretèche visible depuis l'étroite rue Terarken *(descendre l'escalier extérieur)*. Les écuries et les jardins se situaient à l'emplacement de l'actuel palais des Beaux-Arts. Aujourd'hui, l'hôtel abrite plusieurs institutions scientifiques.

Palais des Beaux-Arts (**KZ Q¹**) – *Rue Ravenstein 23*. Commencé en 1923 et inauguré en 1928, ce palais conçu par Victor Horta vaut surtout pour son intérieur. Le célèbre architecte avait pour consigne que le volume ne coupât pas la vue que l'on découvre depuis la rue Royale, ce que n'a malheureusement pas respecté l'immeuble voisin de la Fortis Banque. Il lui a donc fallu creuser pour pouvoir mener à bien l'ampleur du programme qu'on lui avait fixé. La façade au décor géométrique est de style Art déco. Devenu un temple de la musique de notoriété internationale grâce au prestigieux Concours Reine Élisabeth (piano, violon, art lyrique, composition), ses trois niveaux proposent d'importantes manifestations culturelles (expositions, concerts, théâtre). Il comprend la salle Henry-Le-Bœuf, banquier à l'initiative du palais, grande de 2 200 places, la salle de musique de chambre réputée pour son acoustique, le studio et les diverses salles d'exposition. Le hall accueille une animation constante (films, documentaires, conférences, réunions) ; une boutique spécialisée dans l'art vend livres et affiches.

Théoriquement, tous les deux ans, le palais des Beaux-Arts est au centre des remarquables manifestations « Europalia » présentant un pays ou une ville à travers tous les aspects de sa culture.

Musée du Cinéma ⊘ (**KZ M¹⁰**) – *Rue Baron Horta*. La cinémathèque de Belgique est davantage une salle de projection pour cinéphiles qu'un lieu d'exposition consacré à l'histoire du 7e art. Outre quelques mutoscopes de Dickson-Casler ou un kinétoscope d'Edison de la fin du siècle dernier (en état de marche), on peut y découvrir une série de vitrines expliquant diverses tentatives de représentation du mouvement, l'histoire de la lanterne magique, les expériences chronographiques de Marey, ou les mécaniques mises au point par les frères Lumière.

Un escalier en pierre bleue à deux volées en fer à cheval mène à la rue Royale et recouvre l'un des rares vestiges de la première enceinte.

Plus bas, à la hauteur de la rue des Douze-Apôtres, se trouve une sculpture en marbre blanc, la *Maturité* (1922) par Victor Rousseau.

Depuis la rue Montagne-de-la-Cour, on peut :

▶▶ Gagner le quartier du Mont des Arts par le grand escalier situé en contrebas.
Gagner la cathédrale en prenant la rue Ravenstein jusqu'au carrefour ; là, s'engager dans la rue des Paroissiens (3e à droite).
Gagner le quartier du Sablon en remontant la rue, puis en s'engageant à droite de la place dans la rue de la Régence.

Le quartier du BÉGUINAGE

Plans, voir p. 18 et p. 20

Des trois béguinages que connut Bruxelles au Moyen Âge, celui de Notre-Dame-de-la-Vigne, fondé vers 1250, était le plus important. Il compta jusqu'à 1 200 béguines. Ces institutions, mi-religieuses, mi-laïques, connurent un véritable succès au cours du 13e s., par piété bien entendu, mais également à cause de l'insécurité d'une époque rendant véritablement instable la vie des femmes seules, qu'elles fussent célibataires ou veuves. À l'instar de l'ordre masculin des bégards, les béguines travaillaient la laine, puis la dentelle à partir du 16e s. Ce béguinage, qui offrait jadis une physionomie analogue à ceux des villes flamandes, à savoir un enclos desservi par deux portes, fut saccagé sous la Révolution française, puis supprimé en 1797, bien que l'institution survécût quelque temps sous une forme totalement laïque. La création du Grand Hospice et les transformations urbanistiques qui s'ensuivirent effacèrent la communauté du territoire de la ville. Seule reste l'église.

Les rues environnant l'église Saint-Jean-Baptiste sont paisibles et forment un îlot de constructions néoclassiques dont l'homogénéité est quelque peu compromise par des constructions ultérieures plutôt médiocres. Davantage animées, celles qui entourent l'église Sainte-Catherine ont préservé une architecture plus ancienne et témoignent encore de cette atmosphère typique des quais où l'on débarquait jadis toutes les marchandises qui alimentaient la ville. La place et les quais côté bordés de restaurants généralement spécialisés en poissons et fruits de mer.

Tour Noire (**JY** V³) – *Angle rue de la Vierge Noire et place Sainte-Catherine.* Rare vestige de la première enceinte, la tour est malheureusement peu mise en valeur par son environnement immédiat. Sauvée de la démolition par le bourgmestre Charles Buls, elle a été restaurée par l'architecte Jamaer en 1888 dans l'esprit de Viollet-le-Duc ; le toit semi-conique est une addition coiffant l'ancienne plate-forme à créneaux. On la distingue sur un volet du triptyque de Philippe le Beau et Jeanne la Folle conservé au musée d'Art ancien. La tour abrite un petit **musée** consacré à l'ancien port de Bruxelles.

Place Sainte-Catherine (**JY** 221) – Le site est dédié à sainte Catherine depuis le début du 13e s., mais contrairement à ce que pensent de nombreux Bruxellois, cette place n'a été tracée qu'en 1870, peu après le comblement du grand bassin du même nom creusé en 1565. Formée sur les anciens quais au Sel et aux Semences, elle présente plusieurs façades aux pignons Renaissance flamande entre la rue de Flandre et le quai aux Briques.

Le côté pair de la **rue Sainte-Catherine** s'enorgueillit de quelques maisons des 16e et 17e s. permettant de suivre l'évolution du pignon. Le côté impair conserve de belles façades de style éclectique (fin 19e s.-début 20e s.).

Ch. Bastin-J. Evrard

Cour intérieure de la Maison du Spectacle – La Bellone

Église Sainte-Catherine (**JY**) – De l'ancienne église construite aux 14e et 15e s. et agrandie à partir de 1629 ne subsiste que la tour de style baroque au n° 45 de la place. Élevée par Joseph Poelaert *(voir quartier Louise, palais de justice)* de 1854 à 1859, l'église actuelle mêle plusieurs styles et s'inspire de l'église Saint-Eustache à Paris. Le chevet témoigne du caractère relativement fantaisiste avec lequel l'architecte a conçu l'édifice. À l'intérieur, voir une *Sainte Catherine reçue au ciel* par De Crayer. La chaire de vérité proviendrait de la cathédrale de Malines ; les deux monuments funéraires sont de Gilles-Lambert Godecharle.

Plus loin se dresse la **tour baroque** (**JY** V⁴) de l'ancienne église Sainte-Catherine, démolie à la fin du 19e s.

Côté Est de la place, prendre la rue à droite.

Maison de la Bellone ⊘ (**ER L**) – *Rue de Flandre 46*. Cette « maison de derrière », comme on disait à Bruxelles, n'est pas visible de la rue. La façade de cette belle demeure patricienne date de la fin du 17ᵉ s. et serait une réalisation du sculpteur Cosyn. Au centre, la statue de Bellone, la déesse de la guerre, surplombe le cintre de la porte d'entrée. À l'arrière-plan, un trophée commémore la victoire obtenue à Zenta par les Autrichiens contre les Turcs (1697). Les allèges des fenêtres sont décorées de quatre médaillons représentant des empereurs romains. La Maison du Spectacle abrite aujourd'hui entre autres un centre d'information et de documentation sur le théâtre et une bibliothèque consacrée aux arts du spectacle.

Regagner la place Sainte-Catherine afin de gagner les quais par le côté Nord.

Les quais – Entre l'église Sainte-Catherine et la place de l'Yser, les quais, comblés en deux étapes (1878 et 1911), évoquent le port primitif de la ville. Le **quai aux Briques** (**JY 29**) rappelle par son nom qu'à partir du 16ᵉ s., c'est-à-dire après la construction du canal de Willebroek, les bateaux y débarquaient les briques de Boom, près d'Anvers, avec lesquelles on a construit la plupart des maisons de la capitale. En 1982 furent aménagés deux bassins ponctués par la **fontaine-obélisque** du quai aux Briques, créée par Janlet (1897) en l'honneur du bourgmestre Anspach *(voir quartier de Brouckère)*. À l'angle du quai et de la rue du Marché-aux-Porcs, la belle **maison du « Cheval Marin »** bâtie en 1680 (reconstruite en 1898-1899) séduit l'œil du passant par ses pignons à redents coiffés de frontons cintrés qu'ornent de petites volutes.

Par leurs dénominations, les quais permettent encore de deviner les diverses activités qui les animaient : quais au Bois-à-Brûler, à la Houille, à la Chaux, aux Barques, au Foin. Certains ont gardé quelques vieilles maisons, notamment le quai du Bois-de-Construction qui possède une maison « hanséatique » (1711), bien que Bruxelles ne fût pas directement liée à la Hanse – une appellation du reste abusive puisqu'elle fut édifiée deux siècles après le déclin de la fameuse ligue. Cette maison est un des rares exemples bruxellois de reconstruction « en style français » suite aux bombardements français de 1695. Malheureusement fort délabrée, elle fait l'objet d'une campagne de restauration.

Après le quai à la Houille, s'engager à droite dans le quai aux Pierres-de-Taille.

Théâtre flamand (K.V.S.) (**EQ T¹**) – *Rue de Laeken 146. Travaux en cours.* En 1883, l'architecte Jean Baes fut chargé de transformer et agrandir l'ancien entrepôt des quais avec l'obligation de conserver la façade (1780), qu'il réserva à l'arrière du nouveau bâtiment. La sécurité des spectateurs détermina l'architecture du Théâtre flamand, ce qui explique les quatre terrasses métalliques extérieures et leur escalier aboutissant au rez-de-chaussée. Remarquer l'utilisation éclectique et décorative des procédés et matériaux de construction.

Prendre à droite la rue de Laeken et tourner à droite dans la rue du Grand-Hospice.

Hospice Pacheco (**EQ**) – L'état de délabrement des maisons de l'ancien béguinage qui abritaient les Hospices Réunis depuis le début du 19ᵉ s. incita l'administration à demander à l'architecte Henri Louis François Partoes (1790-1873) d'édifier un bâtiment pour, d'une part, secourir la vieillesse démunie, et, d'autre part, embellir la ville. La construction de ce complexe néoclassique commença en 1824 pour s'achever en 1827. Il fut rebaptisé institut Pacheco en 1889.

Les bâtiments s'organisent autour de deux cours et présentent une ordonnance presque spartiate. L'austérité de cette architecture répondait à sa destination : la vie quotidienne n'y était guère réjouissante, toute infraction au règlement étant punie d'enfermement, et toute récidive menant à un dépôt de mendicité. Fort heureusement, les temps ont changé ; aujourd'hui, l'institut comprend un service de revalidation et une maison de repos, et seuls les murs extérieurs ont été conservés après la restauration engagée entre 1976 et 1982.

La **chapelle de l'hospice** ⊘ aux tons chauds est ornée de quatre tableaux de François-Joseph Navez (1787-1869). L'établissement abrite des sculptures dues à Pierre Puyenbroeck (1804-1884), *Charles Quint* ; Charles Fraikin (1817-1893), *Le Duc de Brabant Henri Iᵉʳ* ; et Guillaume Geefs (1805-1883), *Jean Iᵉʳ, Marie-Thérèse, Joseph II et Léopold Iᵉʳ*.

Face à l'hospice, prendre la rue de l'Infirmerie.

Église Saint-Jean-Baptiste-au-Béguinage ⊘ (**JY F⁵**) – *Place du Béguinage*. Connu sous le nom d'église du béguinage, cet édifice baroque a été construit à partir de 1657 et consacré en 1676. L'architecte est inconnu, même si le 19ᵉ s. y a vu une œuvre de Coberger ou de Fayd'herbe.

Extérieur – Entièrement revêtue d'un parement de pierre, la façade se fonde sur les canons jésuites énoncés au Gesù à Rome en 1575. Elle s'en éloigne pourtant, car si l'on prend un peu de recul – ce qui était impossible à l'époque, la place n'ayant été tracée qu'au 19ᵉ s. –, on comprend que l'architecte a animé l'axe de sa façade d'un vif élan ascensionnel : aucune travée rythmique (les colonnes engagées du 1ᵉʳ étage définissent trois travées équivalentes) et des volutes latérales remplacées par des pignons à boule, évocation des maisons bourgeoises du 17ᵉ s. On ne peut

St-Jean-Baptiste

dès lors parler de style jésuite même si les proportions rappellent l'église des Jésuites de Bruxelles (Francart, 1621) et les ornements sculpturaux l'église des Jésuites de Louvain (Hésius, 1671). Tout ici respire le mouvement : pilastres jumelés, chapiteaux d'ordres différents, colonnes engagées, bandeaux, volutes, torchères, têtes d'angelots, fronton brisé qui sont autant de volumes en saillie accrochant le regard.

Le pourtour de l'église apporte d'autres éléments baroques, comme le lanterneau à bulbe des chapelles latérales, les murs du transept généreusement ornés, et la tour hexagonale, d'ossature encore gothique, percée d'oculi et dotée de cartouches décoratifs. La partie supérieure de cette tour présente d'étonnants pinacles qui sont, selon Fierens, « une sorte de transcription en style baroque de la tour de l'hôtel de ville ». La totalité de l'enveloppe a été traitée avec soin, une rareté que les églises baroques, même italiennes, n'offrent pas puisque le reste de l'édifice est généralement caché par d'autres bâtiments du tissu urbain.

Intérieur – Le plan combine la croix latine gothique et celui des églises dont la nef et les bas-côtés sont terminés par une abside. Répondant à la tendance de plan central, l'architecte a élargi les bas-côtés et ouvert des chapelles à l'angle du transept, obtenant un espace aéré malgré l'absence de coupole à la croisée.

La décoration de la nef est nettement baroque. Pour s'en convaincre, il suffit de considérer la série d'angelots ailés placés aux écoinçons entre les colonnes et l'entablement, les saillies des corniches ou les arcs doubleaux ornés de caissons séparant les travées. Cette abondance se développe avec les anges et les cartouches du transept, puis au sommet de l'abside du chœur où l'architrave est très travaillée, et où une niche est occupée par saint Jean, le patron de l'édifice. Cette profusion de détails et de sculptures figuratives caractérise l'église, créant un ensemble très audacieux, un peu trop peut-être, car on a aussi l'impression d'une composition trop complexe, notamment à hauteur du transept.

Parmi le mobilier, on remarque surtout la **chaire de vérité** (1757) provenant d'une église malinoise et attribuée à Lambert-Joseph Parant ; au pied de cette œuvre témoignant du renouveau de la prédication, on reconnaît saint Dominique terrassant l'hérésie. Les six confessionnaux (18e s.) présentent des bustes d'allégories et de saints. Le chemin de croix en plâtre dû au sculpteur néoclassique Joseph-Germain Geefs fut placé en 1862. Une série de toiles de Théodore van Loon (1629-1678) retient l'attention : *Sainte Trinité* (bras gauche du transept), *Annonciation* (bras droit du transept), *Saint Pierre aux liens* (chapelle gauche). Remarquer également un *Christ en croix* par Gaspar De Crayer.

Parvenu place du Béguinage, on peut :

▶▶ Gagner le quartier de la place de Brouckère en prenant la rue du Cyprès, puis la rue des Augustins qui aboutit à la place de Brouckère.

Gagner le quartier de la Monnaie en rejoignant la place de Brouckère, puis la place de la Monnaie par la rue du Fossé-aux-Loups.

Gagner le quartier de la ville ancienne en retournant place Sainte-Catherine, puis en gagnant la rue Antoine Dansaert par le Marché-aux-Grains.

Gagner le quartier de la Bourse en rejoignant la rue Antoine Dansaert qu'il suffit de remonter jusqu'à la Bourse.

Le quartier du BOTANIQUE

Plan, voir p. 18

Pour le touriste, le « Botanique » et son environnement immédiat constituent une sorte de limite Nord qu'il n'est pas très intéressant de dépasser, sinon pour gagner le quartier de Laeken. Avec les travaux de la jonction Nord-Midi concrétisés à proximité par une nouvelle gare en 1956, l'isolement du Nord de la capitale, jadis très vivant, lui a été pratiquement fatal. Depuis quelque temps, le tracé royal reliant le château de Laeken au palais du centre de la ville (avenue du Parc Royal, avenue de la Reine, rue des Palais, rue Royale) fait l'objet d'un réaménagement en profondeur.

★**Le Botanique** ⓥ **(FQ)** – *Rue Royale 236.* Ce bâtiment tire son nom de sa fonction première. S'il abrite aujourd'hui le **Centre culturel de la communauté française Wallonie-Bruxelles**, il fut construit pour accueillir un jardin des plantes. En effet, suite à d'importants travaux, on décida en 1826 de supprimer le Jardin botanique qui se trouvait depuis 1797 au palais de Lorraine (l'actuelle place du Musée). Ce premier jardin des plantes fut créé dans le cadre des décrets du régime français dotant chacune de ses Écoles centrales d'un jardin botanique. On opta pour un bâtiment combinant le fer et le verre selon les nouvelles techniques. Aussitôt, on attribua au projet un terrain de plus de 6 ha situé entre la porte de Schaerbeek et l'actuelle place Rogier. L'attribution du bâtiment déjà fit couler beaucoup d'encre. En 1826, l'architecte de la cour, Tilman-François Suys, présenta un premier plan, jugé trop coûteux. Ce sera toutefois l'architecte français Gineste qui retravaillera le projet initial de Suys, tout en conservant la plupart des éléments fondamentaux. Le bâtiment d'apparence néoclassique fut doté de grandes serres et de pavillons latéraux servant d'orangerie. Après la Seconde Guerre mondiale, le Jardin national de Belgique, trop à l'étroit, fut déplacé à Meise *(voir ce nom)*.

Dans un cadre particulièrement agréable, le Botanique accueille et organise de nombreuses manifestations : théâtre (dans la grande rotonde centrale), chanson, danse, cinéma et expositions temporaires. Au mois de septembre est organisé le festival Les Nuits Botanique avec de nombreux concerts (pop, rock, soul, etc.).

Le Botanique

E. Baret

À l'origine, les **jardins** tracés en partie par Charles-Henri Petersen étaient composés de trois terrasses dominant un étang, chacune traitée dans un style différent. Ils ont été quelque peu modifiés au gré des vicissitudes engendrées par la construction de la gare du Nord, le transfert des plantes à Meise, les dégâts causés par la guerre et le percement d'un tunnel routier qui les amputa de la moitié de leur superficie. Des 52 sculptures qui composaient la décoration confiée à Constantin Meunier et Charles van der Stappen, deux brillants artistes de la fin du 19e s., il en reste peu. Certaines subsistent devant la façade Sud du bâtiment, dont *L'Hiver* (Pierre Braecke), *L'Automne* (C. Meunier), *L'Été* (C. Meunier) et *Le Printemps* (Hippolyte Le Roy) encadrant la serre centrale. Plusieurs sculptures animalières témoignent en outre du goût durant les années 1980 pour ce genre naissant. À l'occasion de l'Exposition universelle de 1958, René Pechère fut chargé de réaménager les anciens jardins en parc public de pleine ville. On y recense quelques arbres remarquables qui raviront les amateurs. L'iris, symbole de la Région de Bruxelles-Capitale – région, car la Belgique est un État fédéral depuis le 17 février 1994 –, fait ici l'objet d'un traitement de faveur : d'avril à juin, on peut en admirer près de 40 variétés.

Face à l'entrée du Botanique se trouve l'**église du Gesù** (1860-1865) qui présente une façade moderne d'Antoine Courtens de 1939. Un peu en retrait, l'**immeuble de la Prévoyance Sociale** (1954) est constitué de façades-rideaux en verre et aluminium. L'ancien **immeuble de la compagnie d'assurance R.V.S.** *(rue Royale 284)* a été construit dans le style fonctionnaliste typique des années 1930. Au n° 294 séjourna le célèbre compositeur italien Giacomo Puccini, décédé à Bruxelles en 1924. Après les funérailles célébrées à l'église Sainte-Marie, la dépouille partit en Italie. À deux pas, le café-restaurant **De Ultieme Hallucinatie** *(n° 316)* conserve un magnifique décor Art nouveau.

Poursuivre la rue Royale.

Église Sainte-Marie ⊘ (**FQ**) – *Place de la Reine.* La silhouette de cette église clôture la perspective de la rue Royale. Édifiée à partir de 1845 par l'architecte louvaniste Louis van Overstraeten (1818-1849), alors seulement âgé de 26 ans, elle est caractérisée par un style romano-byzantin mâtiné d'ogival. S'inspirant de Saint-Vital à Ravenne, l'auteur a doté l'édifice d'un plan central octogonal à chapelles rayonnantes. Pour l'entrée, il a conçu un avant-corps constitué d'un triple porche (voir le tympan du porche central orné d'une mosaïque représentant la Vierge) et d'un narthex donnant accès à la rotonde qu'entourent six chapelles absidiales. Cette partie centrale est coiffée d'une coupole dont le dôme imposant est parsemé d'étoiles dorées. Outre l'ordonnance, le plein cintre et la décoration sculpturale sont romano-byzantins. Le couronnement polygonal des tourelles antérieures et le chœur adossé d'une tour sont orientalisants. Les arcs-boutants et les clochetons-pinacles sont ogivaux. Très original, ce curieux mélange a une certaine allure, malheureusement peu rehaussée par les alentours.

Face au chevet de l'église se trouve la rue Royale Sainte-Marie.

Halles de Schaerbeek (**FQ**) – *Rue Royale Sainte-Marie 22 a.* Situé à deux pas de l'église Sainte-Marie, cet ancien marché couvert, restauré en 1985, est l'un des rares témoignages existant encore de l'architecture industrielle de la ville. Sauvées de la destruction par leur rachat par la Commission française de la Culture, les halles sont bien connues des habitants de la capitale pour les diverses créations artistiques qu'elles proposent.

Retourner vers le Botanique puis tourner à droite dans l'avenue Victoria Regina que prolonge le boulevard du Jardin Botanique.

Place Rogier (**FQ 213**) – Au débouché du boulevard Adolphe Max et de la rue Neuve, cette place se signale par la présence de plusieurs hôtels. L'immeuble-tour du Centre Rogier, abritant antérieurement le Théâtre National de Belgique, sera entièrement reconstruit dans les années à venir.

L'arrière de la place, familièrement nommé quartier Nord, compte quelques rues formant un périmètre que l'on peut qualifier de « chaud ».

Au-delà et face à la gare du Nord s'ouvre la nouvelle cité des affaires de Bruxelles. Après de nombreux bouleversements, ce petit « Manhattan » bruxellois, appelé également **Espace Nord**, vit aujourd'hui au rythme des heures de bureau. Ses immeubles-tours accueillant ministères et entreprises sont baptisés World Trade Center, North Gate, Phoenix. Le quartier expose également en plein air quelques sculptures résolument contemporaines dont *La Fontaine* (illustration, voir Introduction, La sculpture) de Pol Bury, *Esprit ouvert* de Tapta ou encore *Ciel et Terre* de Liliane Vertessen.

Depuis la place Rogier, on peut :

▶▶ Gagner le quartier de la place de Brouckère par le boulevard Adolphe Max.
Gagner le quartier du Parlement par le boulevard du Jardin Botanique puis en tournant à droite dans la rue Royale.
Se rendre à Koekelberg par les boulevards d'Anvers et Léopold II.
Se rendre à Laeken en retournant à l'église Sainte-Marie, puis en prenant la rue des Palais, puis légèrement sur la gauche l'avenue de la Reine qui passe sous le pont de chemin de fer.

Le quartier de la BOURSE

Plan, voir p. 20

À l'instar des proches quartiers de la place de Brouckère et de la ville ancienne, il a été l'objet de profonds remaniements lors et à la suite du voûtement de la Senne entre 1867 et 1871 *(voir Ville ancienne)*. Située en léger retrait du boulevard Anspach, la Bourse, édifice le plus imposant du « bas » de la ville, adosse les vieilles rues du Bruxelles médiéval menant à la Grand-Place. Créée le 8 juillet 1801, la Bourse de commerce et des fonds publics de Bruxelles a connu de multiples installations avant de s'implanter au centre du pentagone bruxellois.

Continuellement animées par le va-et-vient des citadins et des touristes, la place de la Bourse et les rues adjacentes ne s'endorment qu'aux petites heures de la nuit. Les alentours de la rue au Beurre sont réputés pour les magasins de bijoux.

La Bourse de commerce (JY) – *Place de la Bourse*. À l'emplacement de l'ancien couvent des franciscains qui remontait au 13ᵉ s., cet édifice majestueux a été construit entre 1868 et 1873 par Léon Suys. Si elle fait songer à l'Opéra de Paris de Charles Garnier, l'architecture de L. Suys a repris ici le thème palladien de la coupole centrale aplatie précédée d'un péristyle. L'inspiration est classique bien que sa simplicité soit vaincue par une abondance décorative que certains ont qualifiée de surcharge baroque.

Extérieur – Ce monument est sans doute le plus orné de tous les bâtiments bruxellois du 19ᵉ s. Du reste, nombreux furent les collaborateurs qui sous la direction du Français Albert Carrier-Belleuse et d'Antoine van Rasbourg collaborèrent au programme sculpté.

Avec un peu de recul, on distingue nettement les sculptures du couronnement. Au sommet de l'attique de la façade, *La Belgique enseignant le développement commercial et industriel* est due au ciseau de Jacques Jacquet. C'est à lui que l'on doit également le bas-relief du tympan, *La Belgique* entre l'Industrie et la Navigation, ainsi que les deux lions flanquant l'escalier, symbolisant *La Force maîtrisée par l'intelligence*. Les deux autres lions situés de part et d'autre du fronton sont du sculpteur Elias. L'ensemble formé avec le massif portique à six colonnes corinthiennes exprime un certain triomphalisme que tempèrent avec peine les deux groupes d'enfants de Sterckx (à gauche) et de Leemans (à droite). En se rapprochant, on découvre la profusion ornementale des décrochements, des génies, des guirlandes de fleurs et de fruits, des cortèges d'angelots et des figures allégoriques. Sous le péristyle, on découvre encore deux figures ailées représentant le *Bien* et le *Mal*. Elles sont l'œuvre de De Haen *(voir quartier de la place de Brouckère, hôtel Métropole)*.

En contournant l'édifice, on peut apprécier les groupes, les figures et les niches qui se succèdent au pourtour de l'édifice. Les figures allégoriques règnent ici en maître. Elles présentent parfois un caractère quelque peu nonchalant, surtout les deux figures sculptées par Samain au-dessus du fronton de la première fenêtre du côté Nord (rue de la Bourse). D'un réalisme équivoque, celles-ci semblent personnifier une métaphore associant les plaisirs et le pouvoir de l'argent dans un esprit très fin de siècle. On accordera cependant une attention plus soutenue à la frise de putti que A. Carrier-Belleuse a placée entre les deux étages : côté Est *(rue Henri Maus)*, tout d'abord, puis côté Sud *(rue du Midi)*, où elle fut réalisée avec l'aide de Julien Dillens et d'Auguste Rodin auquel on attribue les groupes l'*Asie* et l'*Afrique (rue Henri Maus)* surmontant l'attique.

Intérieur – *Entrée par la rue du Midi*. Une vitre sépare le visiteur des agitations de la corbeille dont un mur est décoré de 4 cariatides également dues au ciseau de Rodin.

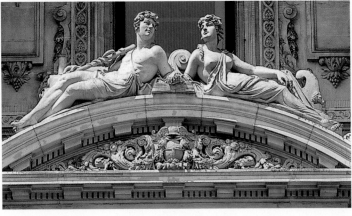

Bourse de commerce – Détail

Ch. Bastin et J. Evrard

Musée Bruxella 1238 ⊘ (JY **M⁵**) – *Rue de la Bourse.*
Ce petit musée archéologique « in situ » se trouve à l'emplacement d'un ancien couvent franciscain fondé en 1238. Les bâtiments de cet ordre religieux, comprenant une église, un cloître, une brasserie, une bibliothèque, un jardin potager et une infirmerie, s'étendaient entre l'actuelle rue de Tabora et la totalité de la place de la Bourse. Supprimé pendant les guerres de Religion au 16ᵉ s. et endommagé lors du bombardement de 1695, le couvent disparaît définitivement à la fin du 18ᵉ s. pour faire place à un marché au beurre subsistant jusqu'à la construction de la Bourse. Lors des fouilles qui ont débuté en 1988, on a trouvé des vestiges de l'ancienne église et du couvent, de nombreux caveaux dont celui de Jean Iᵉʳ, duc de Brabant, mort en 1294, ainsi que des ossements et des fragments de céramique.
De part et d'autre de la Bourse s'alignent des cafés. Le *Falstaff* (rue H. Maus 17-19) bénéficie d'une belle décoration début de siècle due à E. Houbion. *Le Cirio* (rue de la Bourse 18-20) est un café traditionnel et typique de Bruxelles.
S'engager dans la rue de Tabora à l'arrière de la Bourse.

Au n° 11, le café *À la Bécasse*, où l'on boit du lambic au tonneau, nous rappelle que les brasseurs ont toujours apprécié les noms d'oiseaux. L'entrée de cette impasse est signalée par un très beau pavement reproduisant l'élégant volatile. Jadis, son couloir se nommait lugubrement l'« allée des morts » parce qu'il menait au cimetière des Franciscains.

Revenir sur ses pas pour s'engager à gauche dans la rue au Beurre.

Église Saint-Nicolas ⊘ (JY) – *Rue au Beurre.* Sa fondation se confond avec les origines mêmes de la ville. Elle est en tout cas citée dès la seconde moitié du 12ᵉ s. parmi les chapelles dépendantes de l'église des Sts-Michel-et-Gudule *(voir ce nom)*. Sa dédicace à saint Nicolas, le patron des bateliers, en faisait une église de marché, ce qui n'a rien de surprenant étant donné la proximité de la Grand-Place *(voir ce nom)*. L'église fut presque entièrement détruite lors du bombardement de 1695. La tour, qui s'écroula en 1714, s'élevait devant l'édifice ; un nouveau projet de reconstruction, dont une maquette au Musée communal *(voir quartier de la Grand-Place, maison du Roi)* donne une excellente idée, restera sans suite. En 1956, on la dota d'une nouvelle façade de style gothique.
L'intérieur se compose de trois vaisseaux sans transept ouvrant sur un chœur et une chapelle disposés en oblique (à cause d'un ancien ruisseau, dit-on). Dès l'entrée, on distingue à droite les vestiges d'un narthex roman remontant à l'église primitive. Un mobilier de style Louis XIV a remplacé le mobilier original disparu dans les ruines du bombardement de 1695 dont un boulet s'est encastré dans le 3ᵉ pilier à gauche. Les stalles portent des médaillons taillés par J.-B. van der Haegen et relatant la légende de Saint-Nicolas ; le maître-autel à hautes colonnes corinthiennes, baldaquin et manteau impérial est une œuvre de Corneille van Nerven, architecte de la façade arrière de l'hôtel de ville. Le chœur est protégé par une superbe **grille** en fer forgé et repoussé, partiellement doré, provenant de l'abbaye de Ninove (18ᵉ s.).
Parmi les œuvres décorant l'église : châsse en cuivre doré des martyrs de Gorcum, décédés aux Pays-Bas en 1572 (travail allemand datant de 1868) ; une *Descente de Croix* attribuée à l'école des Carrache (vers 1600) ; *Jésus et le centurion*, copie d'un tableau de Paolo Veronese ; *Jésus et les docteurs* de Jean van Orley ; *La Vierge et l'Enfant endormi*, petite toile attribuée à Rubens ; *Saint Antoine* et *Saint François*, deux statues (début du 18ᵉ s.) dues au ciseau de Guillaume Kerrickx et provenant de l'ancienne église des Franciscains.
La rue au Beurre est probablement le plus bel accès à la Grand-Place. Au n° 31, la biscuiterie *Dandoy*, grand spécialiste du « spéculoos » et autres macarons, occupe la maison « De Peerle » reconstruite vers 1700.

Depuis la Bourse, on peut :

▶▶ Gagner le quartier de la place de Brouckère en longeant à droite le boulevard Anspach.
Gagner le quartier de la ville ancienne en longeant à gauche le boulevard Anspach. Tourner à gauche dans la rue de Bon-Secours, puis à droite dans la rue du Marché-au-Charbon.
Gagner le quartier du Béguinage en s'engageant en face dans la rue Auguste Orts, puis la rue Antoine Dansaert pour tourner à droite dans la rue Marché-aux-Grains.
Gagner le quartier de la Monnaie par l'arrière de la Bourse en s'engageant à gauche dans la rue de Tabora que prolonge la rue des Fripiers.
Gagner la Grand-Place.

Le quartier de la place de BROUCKÈRE

Plan, voir p. 20

Si pour le touriste, le centre historique de Bruxelles est incontestablement symbolisé par la Grand-Place et ses alentours si pittoresques, le centre nerveux de la ville est aux yeux de ses habitants la place de Brouckère et l'axe des boulevards permettant de traverser la capitale du Nord au Sud.

Ce secteur concentre une suite de magasins s'étendant jusqu'à la place Rogier, ainsi qu'un grand nombre d'administrations, drainant quotidiennement une multitude de fonctionnaires résidant souvent dans les provinces francophones ou néerlandophones du pays. Soudainement calme la nuit venue, le quartier préserve néanmoins un peu de son animation dans la place qui lui donne ici son nom et où plane encore l'air de la Belle Époque.

Une allure parisienne – En 1871, après le voûtement de la Senne par Léon Suys *(voir Ville ancienne)*, le bourgmestre Jules Anspach décida que les nouvelles constructions des boulevards centraux devaient présenter un intérêt architectural digne d'une capitale. Le concours organisé en 1872 prima 20 bâtiments, et la construction des boulevards fut accordée à un entrepreneur parisien du nom de Jean-Baptiste Mosnier. Ayant engagé des architectes parisiens, ce dernier réalisa 62 immeubles avant sa faillite en 1878, ce qui explique que les façades des prestigieux immeubles de rapport des trois boulevards convergeant sur la place de Brouckère s'inspirent du modèle haussmannien et soient en pierre de France. Cet aspect est important car il constituait une nouveauté pour Bruxelles, habituée à la brique. On peut reconnaître les immeubles primés par le concours des façades à l'utilisation de la pierre bleue, matériau éminemment national. En outre, entre 1872 et 1880, de nombreux communards trouvèrent facilement de l'embauche chez les entrepreneurs français travaillant à ce chantier, d'où ces façades ornées de sculptures dues au ciseau d'artistes en mal de cieux plus cléments.

★La place chantée par Jacques Brel (JY) – Elle porte le nom de Charles de Brouckère, un des pères de la Constitution de 1831, qui fut bourgmestre de Bruxelles de 1848 à 1860. Depuis le dernier tiers du siècle dernier, elle articule les trois boulevards principaux du centre, à l'emplacement de l'église des Augustins dont la façade a été déplacée *(voir St-Gilles, église de la Ste-Trinité)*. Son harmonie architecturale a été modifiée à la fin des années 1960 par la construction de deux immeubles de verre et le retrait de la fontaine-obélisque d'Émile Janlet (partiellement replacée au quai aux Briques). Elle demeure l'un des lieux les plus animés de la capitale.

Quelques belles façades subsistent. Côté Nord, à la confluence des boulevards Émile Jacqmain et Adolphe Max, l'ancien hôtel Continental construit par Eugène Carpentier en 1874 présente une façade monumentale. Côté Ouest, un bâtiment de style néoclassique abrite le cinéma UGC de Brouckère dont la plus grande salle, le Grand Eldorado, bénéficie toujours des bas-reliefs Art déco placés par Marcel Chabot en 1933 (la salle a été divisée en deux dans le sens de la hauteur). Côté Est voisinent l'hôtel Métropole *(voir ci-dessous)* et, à gauche, l'immeuble dessiné par É. Janlet dont les pilastres monumentaux semblant porter sur le vide soulignent à l'envi leur fonction uniquement décorative.

Le café de l'hôtel Métropole

B. Régent/PHOTONONSTOP

Hôtel Métropole (**JY** I²) – *Place de Brouckère 31.* En 1891, les brasseurs Wielemans achetèrent l'actuel hôtel Métropole à proximité du passage du Nord et le firent transformer par l'architecte Alban Chambon. Inauguré en 1894, il accueillit traditionnellement des personnalités et des artistes de renom (S. Bernhardt, A. Rubinstein, I. Duncan et plusieurs hommes d'État célèbres). En 1911, le Conseil physique Solvay, auquel participèrent Marie Curie et Einstein, y fut organisé. Nombreux sont également les films qui furent tournés au Métropole (*Le Sang des autres* de Claude Chabrol, *Benvenuta* d'André Delvaux, etc.). Le bâtiment adjacent aux n°ˢ 33-35 de l'architecte du Cinquantenaire *(voir ce nom)*, Gédéon Bordiau, fut acheté à la même époque par les Wielemans et annexé à l'hôtel Métropole. Sculptées par Jacques de Haen, les figures qui couronnent sa toiture symbolisent le Progrès entre l'Abondance et la Paix. En été comme en hiver, le Métropole est réputé pour sa belle terrasse.

Passage du Nord (**JY** 182) – Reliant le boulevard Adolphe Max à la rue Neuve, cette galerie commerçante au charme rétro fut construite en 1881-1882 sur les plans de l'architecte Henri Rieck peu après le percement du boulevard. Entre la charmante « Maison des chats » d'Henri Beyaert, d'inspiration flamande (premier prix du concours organisé par J. Anspach, *voir ci-dessus*), et l'hôtel Métropole, sa belle façade amputée de son couronnement est ornée de groupes d'enfants dus à Albert Desenfans et symbolisant le Jour et la Nuit.
À l'intérieur, sous la verrière, 32 **cariatides** sculptées par Joseph Bertheux constituent une véritable ode à la mythologie moderne : l'Architecture, la Sculpture, la Peinture, l'Industrie métallurgique, le Commerce, l'Industrie textile, la Marine et l'Astronomie (répétées quatre fois). Le passage s'élève sur trois niveaux. À l'origine, il comportait une série de salles dont le musée du Nord (voir inscription sur la façade) qui proposait entre autres un musée de personnages en cire, à l'instar du passage Jouffroy à Paris et son illustre musée Grévin. Ces salles ont été vendues et incorporées à l'hôtel Métropole en 1910.

Rue Neuve (**JKY**) – Assurément la plus connue des habitants de la capitale, cette voie piétonne est la plus commerçante de la capitale depuis le milieu du 19ᵉ s. ; elle est bondée de monde le samedi après-midi. Une vocation qui a connu sa consécration en 1978 avec la création du complexe City 2 à l'angle du boulevard du Jardin Botanique.
Vers le milieu de la rue, sur la gauche, se trouve la façade de l'église Notre-Dame-du-Finistère, face au grand magasin *L'Innovation*, édifié à l'origine par Victor Horta, puis rebâti suite au dramatique incendie du 22 mai 1967 qui fit 323 morts.

Église Notre-Dame-du-Finistère (**KY** F³) – Jadis, une chapelle était dédiée à Notre-Dame *in finis terrae* parce qu'elle se situait à l'extrême limite de la ville. Fréquentée par les blanchisseuses dont c'était le quartier, elle fut remplacée par l'actuelle église paroissiale (1708-1730) dont l'architecte n'est pas connu. Entièrement restauré dans les années 1990, l'intérieur renferme la statue de Notre-Dame-du-Finistère. La nef, les bas-côtés et l'abside sont ornés de stucs et de boiseries fort raffinés ; les trois autels de marbre blanc sont dus à A. Leclercq. La chaire de vérité fut réalisée en 1758 par I. Duray.

Aux n°ˢ 1-3 de la rue du Finistère, le café *L'Espérance* possède une devanture et un bel intérieur Art déco fréquemment utilisé au cinéma, notamment dans le film *L'Orchestre rouge*.

Juste avant l'Innovation, la rue Saint-Michel permet de gagner la place des Martyrs.

★**Place des Martyrs** (**JY**) – *En cours de restauration.* Tranquille, cette belle place rectangulaire à l'ordonnance classique fut bâtie par l'architecte Claude Antoine Fisco (1736-1825) en 1774-1775 à l'emplacement de la prairie où les drapiers venaient étendre leurs draps.
À l'instar de la place Royale, elle est un précieux témoin de la fin du régime autrichien à qui l'on doit cette manifestation d'art que certains ont appelée la troisième Renaissance *(voir quartier du Palais royal)*.La statue centrale (1838) due au ciseau de Guillaume Geefs figure la Patrie couronnée. Elle surplombe une crypte entourée d'une galerie où sont inscrits les noms de 445 patriotes « morts en martyrs dans les journées de septembre 1830 ». Au Sud se trouve le monument (Dubois, 1898) du comte Frédéric de Merode, tué en 1830 ; la grande stèle aux lignes sinueuses a été faite d'après les plans d'Henry van de Velde. Au Nord, un autre monument (Crick, 1897) commémore le souvenir de Jenneval, auteur des paroles de l'hymne national la « Brabançonne », également tué en 1830.

Par le côté Est de la place, prendre la rue du Persil puis à gauche dans la rue du Marais et immédiatement à droite dans la rue des Sables.

★★**Centre belge de la bande dessinée** ⊙ (**KY** M⁸) – *Rue des Sables 20.* Le magnifique bâtiment Art nouveau de la rue des Sables fut construit de 1903 à 1906 par Victor Horta pour recevoir les magasins de Charles Waucquez (textile en gros). Il est le seul exemple subsistant de la série de grands magasins conçus par le célèbre architecte.

Ch. Bastin–J. Evrard

Place des Martyrs

Agréablement rythmée, la façade est en pierre blanche d'Euville. Autour du vaste hall d'entrée éclairé par un réverbère en granit et fer lui conférant une allure de place publique ont été aménagés un restaurant, une librairie, une bibliothèque et une petite évocation consacrée à V. Horta ; la bibliothèque constitue à la fois une salle de lecture ouverte à tous *(gratuit sur présentation du billet)* et un centre d'étude doté d'un catalogue informatisé. L'escalier de pierre, monumental et aux balustrades en ferronnerie dont on remarquera les adorables motifs en palmettes, mène vers les collections que conserve le Centre qui, régulièrement, accueille des expositions temporaires. La verrière diffusant une lumière nuancée et l'ossature métallique apparente sont typiques de l'Art nouveau.

À l'entresol, une première exposition développe les différentes étapes de l'élaboration d'une bande dessinée (scénario, dessin, coloriage, impression, diffusion). Un petit auditorium de cinquante places projette en permanence divers montages audiovisuels consacrés à l'Art nouveau, au neuvième art et à ses plus illustres représentants. « Le Trésor » abrite plus de 3 000 planches originales des plus grands de la BD présentées par roulement de 200. Par ailleurs, le dessin animé et ses techniques sont évoqués à travers des documents authentiques.

Au 1er étage, un astucieux **musée de l'Imaginaire** nous invite à redécouvrir l'univers des grands héros de la bande dessinée belge et leurs créateurs grâce à de petits dioramas et des décors très bien conçus : tout d'abord le célébrissime Tintin (Hergé) et ses fidèles compagnons, suivi de Spirou (Rob-Vel), Gaston Lagaffe (André Franquin), Bob et Bobette (Willy Vandersteen), Blake et Mortimer (Edgar Pierre Jacobs), Lucky Luke (Morris), Boule et Bill (Roba), les Schtroumpfs (Peyo), Gil Jourdan (Tillieux), etc. Magazines, planches, croquis, outils de travail et photographies participent à cette magie qui captive petits et grands depuis qu'Hergé a donné vie à son héros dans les pages du *Petit Vingtième*, le supplément pour enfants du journal *Le Vingtième Siècle*.

Le dernier étage du centre abrite le **musée de la BD moderne**. Il retrace l'évolution du neuvième art belge de 1960 à 1990 ; la réalité quotidienne, l'érotisme et l'engagement social y prennent de l'importance. Un espace est consacré aux scénaristes.

L'arbre de mai

La plantation du *Meiboom*, ou arbre de mai, se déroule chaque année à l'angle de la rue des Sables et de la rue du Marais. Cette tradition a pour origine la victoire de Bruxelles sur Louvain, que la plantation célèbre depuis 1213. Assurée par le serment des Arbalétriers au 14e s. puis par les compagnons de Saint-Laurent, l'érection de l'arbre est désormais à la charge des habitants du quartier. C'est ainsi que l'on peut assister à cette cérémonie bon enfant tous les 9 août (veille de la Saint-Laurent), et voir un compagnon grimper à l'arbre afin d'y faire flotter le drapeau rouge et vert de la ville avant la dix-huitième heure. Pourquoi avant 17 h ? Parce que tout doit être achevé avant les vêpres.

Cependant, que l'on ne s'étonne pas de voir un arbuste, un mât, voire une simple plante perpétuer symboliquement la tradition à la place de l'arbre.

Parvenu rue des Sables, on peut :

▶▶ Gagner la cathédrale des Saints-Michel-et-Gudule en montant les escaliers de la rue, puis en tournant à droite dans le boulevard de Berlaimont qui aboutit pratiquement au pied de l'édifice.

Gagner le quartier du Botanique en descendant la rue et tournant à droite dans la rue du Marais jusqu'au boulevard du Jardin Botanique que l'on remontera jusqu'à la rue Royale ou que l'on descendra jusqu'à la place Rogier.

Gagner le quartier du Béguinage en retournant à la place de Brouckère, puis en s'engageant dans la rue des Augustins et en tournant à gauche vers la tour Noire.

Gagner le quartier de la Monnaie en retournant jusqu'à la rue Neuve : la place de la Monnaie se situe dans son prolongement.

Le CINQUANTENAIRE★★★

Plan, voir p. 19

UN JUBILÉ SOUS LÉOPOLD II

Site et bâtiments

Pour le cinquantième anniversaire du royaume, Léopold II et Victor Besme décident d'investir un champ de manœuvre militaire qui obstrue le développement des nouveaux quartiers du Nord-Est de la capitale et d'y élever un bâtiment de prestige pour commémorer l'événement. Ce projet s'inscrit dans un vaste programme urbanistique confié à Gédéon Bordiau *(voir Institutions européennes : promenade des squares)* qui, en 1875, propose la création d'une esplanade (parc et musées) servant de jalon entre le parc royal et le château de Tervuren. S'inspirant du Victoria and Albert Museum à Londres et du palais de Longchamp à Marseille, il dessine un complexe de deux ailes reliées par une colonnade semi-circulaire.

Le 20 juin 1880, seules les deux ailes sont prêtes à accueillir l'Exposition nationale du Jubilé de la nation belge ; des deux rosaces de façade, une seule subsiste, le feu ayant ravagé en 1946 le pavillon de l'Antiquité, reconstruit dix ans plus tard dans un style différent qui respecte du moins la symétrie de l'ensemble. La colonnade est achevée en 1888 et reçoit ses mosaïques à partir de 1920. En 1897, le site sert de cadre à l'Exposition universelle ; on ajoute les halles arrière, dont la structure métallique se veut le reflet de la technologie de l'époque. À elles seules, les **arcades** ne demandent que 8 mois de travaux (1904-1905) : elles sont l'œuvre du Français Charles Girault (1851-1932), que le souverain a rencontré à l'Exposition internationale de Paris en 1900. Pour ce monument particulièrement symbolique, l'architecte propose une triple arcade de 30 m de large en style Louis XVI, qui se distingue de l'arc de triomphe antique par les dimensions égales de ses trois baies. Le programme décoratif a pour but d'attirer le regard. Du reste, aux yeux des Bruxellois, le quadrige *Le Brabant élevant le drapeau national*, de Jules Lagae (1862-1931) et Thomas Vinçotte (1850-1925), incarne le Cinquantenaire à lui seul. Huit allégories de provinces occupent les pieds de l'arc monumental (la neuvième occupe le quadrige). Les Renommées (femmes ailées embouchant une trompette) en plâtre bronzé qui ornaient les quatre angles de l'attique ont été retirées en 1910 et n'ont pas été remplacées par les bronzes prévus à l'origine.

Dès 1888, Gédéon Bordiau projette l'idée d'un musée total. Une idée qui séduit, on s'en doute, les vues ambitieuses d'un Léopold II soucieux de donner à son pays l'image d'une puissance européenne qu'elle est devenue sous son règne. Le Cinquantenaire sera donc un lieu d'éducation et d'édification, qui se construira peu à peu, au gré des vicissitudes de l'histoire. Actuellement, les bâtiments abritent : le musée du Cinquantenaire (aile Sud, divisée en aile des Nerviens et aile Kennedy ajoutée en 1966), le musée de l'Armée (aile et halle Nord), l'Autoworld (halle Sud), un atelier de moulages (halle Sud), les laboratoires et la bibliothèque de l'Institut royal du patrimoine artistique (IRPA ; immeuble construit en 1962, côté avenue de la Renaissance).

Le Cinquantenaire

Le parc

Conçu dans ses grandes lignes par Gédéon Bordiau, c'est le pendant extra-muros du parc de Bruxelles. Il se compose d'un jardin français (dans l'axe du palais) et de jardins anglais (sur les côtés), mais ne s'élabore que progressivement. Certaines parties remontent aux expositions de 1880 et 1897, les plantations datent de 1888 (ormes, lauriers, érables, acacias, marronniers), tandis que le terrain reste à la disposition des foires commerciales jusqu'en 1930, année de l'ouverture du Heysel, au Nord de la ville. Depuis 1974, le parc est traversé par une voie d'accès rapide.

Le parc accueille divers monuments. En 1889, Victor Horta y élève un temple, le **pavillon des passions humaines**, petite construction ouverte assez éloignée de l'Art nouveau, mais où s'affirme déjà la maîtrise de cet architecte qui connaîtra une renommée universelle. Le pavillon est créé pour l'œuvre du même nom du sculpteur Jef Lambeaux. Mais il est bientôt muré, d'une part à la demande des autorités qui voient dans le marbre une œuvre immorale, d'autre part sur la requête de Lambeaux estimant que son travail est desservi par l'éclairage zénithal conçu par Horta. Fermé après trois jours, le pavillon n'a jamais été terminé. Au gré de sa promenade, on croisera quelques sculptures, dont *Le Faucheur* de Constantin Meunier, *Les Bâtisseurs de villes* de Charles van der Stappen, et les allégories des saisons de l'entrée Ouest. La petite tour de Tournai, un pastiche médiéval de la fin du 19ᵉ s., a été réalisée pour magnifier les qualités architectoniques de la pierre de Tournai. Enfin, l'ancien « Panorama du Caire », construit en 1880 par Ernest van Humbeek dans un style arabisant, a été restauré et réaffecté en 1978 en grande mosquée par l'architecte tunisien Boubaker.

★★★MUSÉE DU CINQUANTENAIRE ⊘ (HS M¹¹)

Créé à l'origine en 1835 à la porte de Hal, il compte parmi les plus grands du continent, offrant un panorama de l'histoire humaine de la préhistoire à nos jours. Les collections sont extrêmement riches, surtout en ce qui concerne l'Antiquité, les civilisations européennes et les arts décoratifs, notamment les retables et les tapisseries qui témoignent avec éclat de l'art national. Aux quelque 140 salles d'exposition s'ajoutent une bibliothèque riche de plus de 100 000 volumes, un service éducatif et culturel, des ateliers créatifs pour enfants et adultes, un musée pour aveugles et une diathèque. Régulièrement, des expositions temporaires attirent un public nombreux.

Une partie des salles peut être fermée pour des raisons de personnel. S'adresser à l'accueil.

Tourner à gauche à la rotonde d'entrée, puis encore à gauche à la salle 44 (véhicules 18ᵉ s.), et descendre au niveau 0 pour commencer la visite salle 14.

Les numéros entre crochets se rapportent à la numérotation du musée.

Niveau 0

Les collections du Proche-Orient couvrent une vaste étendue où, selon les textes bibliques, se situe le Paradis terrestre. Des déserts aux montagnes en passant par le Croissant fertile, ces régions ont donné naissance à des civilisations variées initiées ici par Chypre qui, par sa position géographique et ses relations commerciales, présente un art mêlé d'empreintes égyptiennes, grecques et phéniciennes.

Musées Royaux d'Art et d'Histoire

Étendard
du Luristan

Épingle votive du Luristan

SALLES		CONTENU	SÉLECTION
Proche Orient	14	Chypre et Palestine : céramique, sculpture.	Femme à la colombe (5ᵉ s. avant J.-C.) [I].
Proche Orient	15	Chypre, Palestine, Anatolie : céramique et figurines de la période historique.	Ossuaire chrétien provenant de Jérusalem [V] ; idoles [VI].
Méso- potamie	16	Céramique ; figurines ; tablettes ; bijoux ; poids ; sceaux-cylindres ; ornements de meuble ; reconstitution de la ziggourat d'Ur.	**Terre cuite votive de Gilgamesh** (vers 2250-1900 avant J.-C.) [XIII] ; évolution de l'écriture [XV], relief du palais de Khorsabad (721-705 avant J.-C.) [mur à droite] ; ivoires de Nimrud [XXVI].

Région de grandes civilisations, la Mésopotamie se situe entre le Tigre et l'Euphrate. On lui doit la naissance de la civilisation urbaine et l'invention de l'écriture, mais aussi des palais grandioses décorés de reliefs expressifs. L'Iran regroupe diverses cultures, telles celle du Luristan, caractérisée par des figures fantastiques et naturalistes, ou celle du royaume des Achéménides (550-330 avant J.-C.) dont la capitale était Persépolis, mais également les périodes séleucide, parthe et sassanide.

Iran	17	Céramique ; sceaux ; cruches à long bec ; bijoux ; armes ; argenterie.	**Bronzes du Luristan** (13ᵉ-7ᵉ s. avant J.-C.) [XXXIV, XXXV et XXXVI].
Proche Orient	18	Mésopotamie : parcours en braille (épopée de Gilgamesh). Syrie : céramique. Péninsule arabique : reliefs.	Stèle sabéenne en albâtre [LVII].
Syrie, Phénicie Pétra, (Jordanie)	19	Syrie : Palmyre, figurines, têtes sculptées, idoles. Phénicie : divinités, vases. Pétra : site et céramique.	Relief palmyrénien 1ᵉʳ-3ᵉ s. [LXIX].
Rome	20	Reconstitution au 1/400 *présentation audiovisuelle (F-NL) : demander au surveillant*.	Maquette de l'architecte P. Bigot, pensionnaire de la Villa Médicis de 1903 à 1908.
Islam	21	*En cours d'aménagement*.	

Niveau I

Rome	22	Figurines en terre cuite.	
Rome	23	Sculptures.	
Rome	24	Vitrines consacrées à la vie quotidienne ; verres syro-phéniciens.	

Niveau II

Grèce	116	Salle didactique : fabrication et restauration des vases.	
Italie préromaine	117	Céramique ; lampes ; bronzes ; casques.	Bijoux.
Étrurie	118	Ex-voto ; urnes cinéraires ; canopes ; balsamaires ; vases de *bucchero* (céramique noire).	Collection de **miroirs** ; terre cuite d'Hercule juvénile (3ᵉ s. avant J.-C.).
Rome	119	Galerie des bustes (chronologique) ; mosaïques (4ᵉ s.).	Rhéteurs (3ᵉ s.) ; **haut fonctionnaire impérial** (vers 400) ; mosaïque « des Thérapénides » (au sol).
Rome	120	Salle des reliefs : sarcophages et stèles.	
Rome	121	Salle d'Apamée : grande colonnade (vers 168) ; mosaïques.	
Rome	122		Statue de Septime Sévère (tête moderne) ;
Rome	25		**Mosaïque de la « grande chasse »** (5ᵉ-6ᵉ s.) [niveau I].

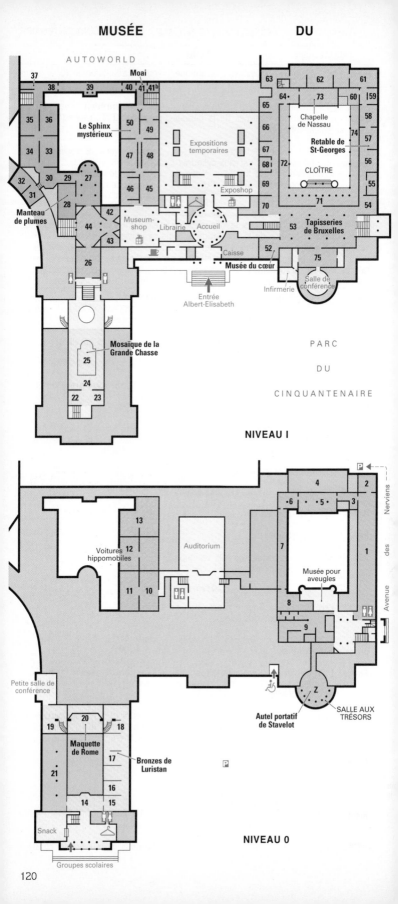

MUSÉE DU

AUTOWORLD

Moai

37
38
39
40   41 41b

35 36   Le Sphinx
          mystérieux   50
                             49
34 33   47   48

32 30 29 27
31   28
Manteau   46   45
de plumes
          42
          44   Museum-
                shop
          43   Librairie   Accueil

26

                                         Caisse

                    Entrée
                    Albert-Elisabeth

Mosaïque de la
Grande Chasse
25
24
22   23

63
64   62   61
      73   60   59
65
66   Chapelle
      de Nassau   58
67   Retable de   74 57
      St-Georges
68
72   CLOÎTRE   56
69   55
      71
70   54

53   Tapisseries
      de Bruxelles

52
      Musée du cœur   75
Infirmerie   Salle de
              conférence

Expositions
temporaires

Exposhop

PARC

DU

CINQUANTENAIRE

NIVEAU I

P   Nerviens

4   2
•6 •5   3
13
          Auditorium   7
12
Voitures
hippomobiles   Musée pour   1
                          aveugles
11 10
                          8
                          9   Avenue

Petite salle de
conférence   Z   des
                          Autel portatif   SALLE AUX
                          de Stavelot   TRÉSORS
19   20   18
Maquette
de Rome
          17   Bronzes
21   de Luristan   P
          16
14   15
Snack

Groupes scolaires

NIVEAU 0

120

CINQUANTENAIRE

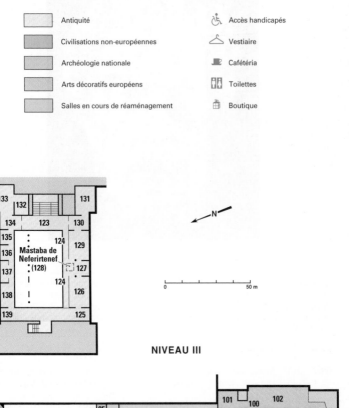

- Antiquité
- Civilisations non-européennes
- Archéologie nationale
- Arts décoratifs européens
- Salles en cours de réaménagement

♿ Accès handicapés
💼 Vestiaire
Cafétéria
Toilettes
Boutique

133 132 131
134 123 130
135 124 129
136 Mastaba de Neferirtenef (128) 127
137 124
138 126
139 125

N

0   50 m

NIVEAU III

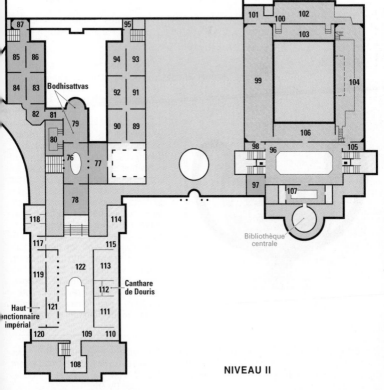

87 95
85 86 94 93
84 83 Bodhisattvas 92 91
82 81 90 89
80 79
76 77
78
118 114
117 115
119 122 113
121 112 Canthare de Douris
Haut fonctionnaire impérial 111
120 109 110
108

101 100 102
103
99 104
106
98 96 105
97 107
Bibliothèque centrale

NIVEAU II

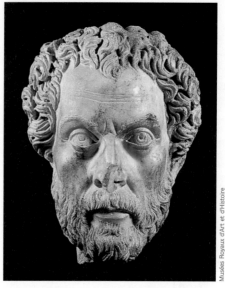

Musées Royaux d'Art et d'Histoire

Haut fonctionnaire impérial

La grande colonnade reconstituée d'Apamée (35 m de longueur) témoigne des missions archéologiques belges menées en Syrie depuis 1930. Elle bordait la rue principale d'Apamée. Au 5ᵉ s., Apamée devint la capitale romaine de Syrie Seconde : la grande mosaïque en tessères de marbre fut probablement commandée à un atelier de Constantinople.

Grèce	108	Statues.	Satyre à la panthère [4].
Grèce	109	Monde égéen, âge du bronze : céramique, idoles cycladiques.	Coupe mycénienne en or (vers 1550-1450 avant J.-C.).
Grèce	110	Céramique, style géométrique et 8ᵉ-7ᵉ s. avant J.-C. : Corinthe et Chypre.	Alabastres corinthiens orientalisants (7ᵉ s. avant J.-C.) [II 4].
Grèce	111	Céramique des 7ᵉ-5ᵉ s. avant J.-C. : Corinthe, Béotie, Rhodes, Attique.	Figurines béotiennes [III 2] ; cruches attiques [III 3] ; amphores panathénaïques [III 8] ; amphores attiques [III 13].

Musées Royaux d'Art et d'Histoire

Canthare de Douris

Le style narratif entraîne la disparition du style géométrique. Au 7ᵉ s., Corinthe développe le style dit « à figures noires » où les détails sont incisés ; iconographie mythologique avec des motifs rendant compte des contacts économiques avec l'Orient. Au 6ᵉ s., les potiers signent leurs œuvres aux formes élégantes, et Athènes développe le style dit « à figures rouges » où les détails sont peints ; scènes mythologiques, épiques, ou illustrant la vie quotidienne. Le 5ᵉ s. représente l'apogée, avec les styles dits « sévère », « libre » et « fleuri » : ce dernier style privilégie le monde féminin et mythologique.

Grèce	112	Céramique du 5ᵉ s. avant J.-C. : Attique. Bronzes archaïques, verrerie, terres cuites.	Lécythes à fond blanc [IV 5] ; **canthare de Douris** (vers 490-480 avant J.-C.) [IV 8] ; coupe à figures rouges [IV 9].

Grèce	113	Céramique du 4e s. avant J.-C. : Attique, Béotie, Italie méridionale. Sculptures, miroirs.	Cratère à volutes [VI 5] ; rhytons [VI 3] ; figurines de Tanagra [VI 4].
Grèce	114	Sculptures.	Nymphe assise (réplique romaine).
Grèce	115	Céramique hellénistique des 3e-1er s. avant J.-C. Figurines de Myrine. Bijoux.	Table de Louxor en bois.

Niveau III

Égypte	123	Statuaire.	Déesse-lionne Sekhmet (vers 1300 avant J.-C.).
Égypte	124	Écriture : stèles, sceaux-cylindres, papyrus.	Fragment d'un des plus anciens livres des morts (vers 1700 ? avant J.-C.).
Égypte	125	Vitrines didactiques.	
Égypte	126	Époques préhistorique et archaïque : poterie, sculpture, reliefs, objets.	**Dame de Bruxelles** (vers 2600 avant J.-C.) ; vases en terre cuite rouge (vers 3700 avant J.-C.).

Ancien Empire (± 2600-2130 avant J.-C.) : État fortement administré, pyramides et mastabas, statues majestueuses. Moyen Empire (± 2040-1650 avant J.-C.) : État puissant, tombes en briques crues et hypogées, sculpture habile. Nouvel Empire (± 1550-945 avant J.-C.) : âge d'or avec la 18e dynastie, politique d'expansion, temples gigantesques, art expressif et raffiné, développement de la peinture.

Égypte	127	Ancien Empire : reliefs et statuaire.	Tête du roi Mykérinos (vers 2500 avant J.-C.).
Égypte	128	Mastaba de Neferirtenef (vers 2400 avant J.-C.) provenant de Saqqarah.	**Bas-reliefs** (calcaire peint).
Égypte	129	Moyen Empire : reliefs, stèles et mobilier funéraires ; figurines ; statuaire ; vases ; canopes ; parures.	Maquettes de bateaux (vers 1900 avant J.-C.) ; scènes de la vie quotidienne (vers 1900 avant J.-C.) ; couteaux magiques en ivoire ; relief du dieu Min ; statue d'un dignitaire.
Égypte	130	Nouvel Empire : statuaire ; reliefs ; industrie d'art.	Relief du dieu Osiris (vers 1550 avant J.-C.).
Égypte	131	Nouvel Empire : statuaire ; reliefs ; parures ; objets ; ouchebtis (statuettes funéraires) ; masques de momies.	**Relief thébain de la reine Tiy** (vers 1400 avant J.-C.) ; ouchebti de Neferrenpet.
Égypte	132	Reconstitution de la tombe de Nakht (18e dynastie ; *fermée*).	
Égypte	133	Culte funéraire : cercueils et momies.	Cercueils d'une dame thébaine (vers 850 avant J.-C.), momie de la « brodeuse » (époque romaine).
Égypte	134	Nouvel Empire : albâtres ; terres cuites. Mobilier funéraire. Momies d'animaux.	Ouchebtis et scarabées de cœur ; cercueil d'Horkaoui (vers 200 avant J.-C.).

Acquis en 1905 par le célèbre archéologue belge Jean Capart, le délicat relief thébain représente la reine Tiy, l'épouse d'Aménophis III. Bel exemplaire du livre des morts, celui de Neferrenpet raconte les péripéties du voyage de l'âme vers le séjour des bienheureux.

Relief de la reine Tiy

Musées Royaux d'Art et d'Histoire

Égypte 135 Nouvel Empire : reliefs ; ostraca ; fragments peints.

Papyrus de Neferrenpet (vers 1200 avant J.-C.) ; relief de Neferhotep.

Égypte 136 Art ramesside : reliefs ; statuaire.

Dignitaire memphite (vers 1250 avant J.-C.).

Égypte 137 Nubie (Soudan actuel) : céramique ; ouchebtis ; industrie d'art.

Ornements en mica et ivoire (Moyen Empire) ; céramique méroïtique.

Égypte 138 Basse Époque (715 avant J.-C.-332 avant J.-C.) : statuaire et reliefs ; animaux sacrés en bronze.

Statuettes-cubes ; portrait du prêtre Pétaménope ; situle (vase à libations) en bronze ; divinité à tête de spatule.

Égypte 139 Époque tardive : statuaire ; reliefs ; terres cuites ; os sculptés ; chapiteaux coptes ; verrerie.

Portraits de momies du Fayoum (2e s.) ; tête d'un roi Ptolémée.

Niveau IV *(hors plan)*

Égypte Salle de Saqqarah. Moulages et reproductions.

Maquette en plâtre du complexe funéraire de Djeser à Saqqarah comprenant la célèbre pyramide à degrés ; le dieu Amon sous les traits de Toutankhamon.

Descendre au niveau I.

Détail du papyrus de Neferrenpet

Musées Royaux d'Art et d'Histoire

Niveau I

Instruments de précision et horlogerie	26	Géométrie, mesure du temps et de la matière.	Globes de Coronelli (fin 17ᵉ s.) : collection d'horloges.
Véhicules du 18ᵉ s.	44	Traîneaux, garniture de cheval, attelage de traîneau.	Coupé de gala (milieu 18ᵉ s.) ; traîneau orné d'un buste d'Africain (fin 18ᵉ s.).
Amérique	27	Nord : ivoires et terres cuites. Mésoamérique : figurines, masques ; urnes figuratives.	Divinité assise (Mexique, 600-900) représentant probablement Xochiquetzal, déesse des arts textiles et de l'amour ; figurines funéraires, tête en terre cuite et bitume (Mexique, 600-900).
Amérique	28	Textiles (Pérou), plumes, bois, masques, sculpture.	**Manteau de plumes** (Brésil, ± 16ᵉ s.) ; statuette chimú (1100-1450).
Amérique	29	Mayas : terre cuite, panneaux sculptés, stèles.	Panneau orné d'un guerrier (vers 600) ; vases tétrapodes (300-600).

L'aire maya couvre des milliers de sites, au Mexique (Yucatan, Tabasco, Chiapas), au Guatemala, au Belize, au Salvador (Est), au Honduras (Est). L'apogée de cette culture se situe vers l'an 700, suivie de l'apogée des Toltèques, de 950 à 1150. Conquérants, les Aztèques réunissent les arts du Mexique entre 1350 et 1521, avec la religion comme source principale d'inspiration.

Amérique	30	Matières précieuses : silex, coquillage, pierre, alliage.	Bijoux en or ; ornement en forme de double volute (Colombie, 500-1550).
Amérique	31	*Momentanément fermé.* Ornements de plumes ; têtes réduites.	Vases shipibos (Amazonie, 20ᵉ s.).
Amérique	32	*Momentanément fermé.* Cabinet d'études.	Momie de Rascar Capac (Pérou).
Amérique	33	Costa Rica et Panama : sculpture sur pierre, céramique polychrome.	« Dieux-haches », métate à quatre personnages.
Amérique	34	Mexique postclassique : terre cuite, sculpture sur pierre, céramique.	Vases-effigies (900-1200) ; tête d'aigle (vers 1400).

En Amérique du Sud, les pays du bassin Pacifique ont connu un développement supérieur à ceux de la côte Atlantique. Parmi les civilisations préhispaniques, le Pérou a dominé la Colombie, l'Équateur et la Bolivie. Si son or a frappé les esprits européens, le Pérou a connu diverses formes d'expression, avec au Nord, les Mochicas, au Sud, les Nazcas, et à partir de 1480, les Incas.

Amérique	35	Sud : terre cuite, céramique, figurines, galets.	Coqueros (mâcheurs de coca, Colombie 700-1550), figures humaines (Colombie, 900-1200).
Amérique	36	*Momentanément fermé.* Pérou : terre cuite, figurines.	Vase-portrait mochica (100 avant J.-C.-600) ; aryballe inca (Équateur 1450-1533).
Polynésie	37	Tapas (étoffes en écorce battue) des îles Fidji, Hawaii et Samoa.	Réplique d'une statue colossale (île de Pâques).
Polynésie	38	Navigation et migrations.	
Polynésie	39	Tapas ; habitat ; pêche ; parures ; cérémonies.	Armes et pagaies (19ᵉ s.) ; coiffure d'apparat en éventail (île Raïvavae).
Polynésie	40	Musique, danse, jeu.	

Musées Royaux d'Art et d'Histoire

Le Sphinx mystérieux,
Charles van der Stappen

Polynésie	41	Évocation de l'île de Pâques.	**Statue colossale** (île de Pâques, entre 1100 et 1680).
Polynésie	41b	Évocation de la mission franco-belge à l'île de Pâques (1934-1935).	
Art nouveau et Art déco	50	Arts décoratifs. Reconstitution des vitrines du magasin de l'orfèvre-joaillier Wolfers.	*Le Sphinx mystérieux* (1897, Van der Stappen) ; céramique.

Le mobilier de la salle 50 est une reconstitution des vitrines que Victor Horta a conçues en 1912 pour la joaillerie bruxelloise Wolfers. Exécutées en acajou du Honduras par la firme londonienne Sage, elles abritent notamment des sculptures en ivoire provenant de l'Exposition universelle de 1897.

18ᵉ-19ᵉ s.	49	Mobilier Louis XVI, Directoire et Empire, peintures sur toile.	
Baroque et rococo	48	Mobilier liégeois.	Cuirs dorés (probablement Malines, 17ᵉ et 18ᵉ s.).
17ᵉ-18ᵉ s.	47	Tapisseries bruxelloises d'après cartons de J. van Orley ; mobilier Louis XV et XVI, argenterie, éventails.	*Don Quichotte suspendu à la fenêtre* (1ʳᵉ moitié 18ᵉ s.).
Régence	46	Lambris en chêne d'un salon de musique parisien (vers 1720) ; porcelaine de Tournai ; tapisseries des Gobelins.	Service « aux oiseaux de Buffon » (vers 1787-1792) ; tabatières.
16ᵉ-18ᵉ s.	45	Mobilier ; tapisserie ; sculpture ; argenterie.	Pietà de M. van Beveren ; cabinets anversois ; bureau « Mazarin » marqueté Boulle.

Niveau II

Cette section évoque plusieurs civilisations, la diversité culturelle de l'Inde et du Sud-Est asiatique (hindouisme, bouddhisme et jaïnisme) ou l'étonnante continuité de la Chine (dynasties Shang, Zhou, Han, Tang, Song, Ming, Qing). Un ensemble qui fournira au visiteur européen quelques repères chronologiques et géographiques bien utiles.

Tibet et Népal	77	Figurines de divinités ; reliquaires ; manuscrit (Népal, fin 16ᵉ-début 17ᵉ s.).	Collection de thang-ka (peintures sur toile à enrouler).
Inde, Pakistan, Afghanistan, Sri Lanka	78	Figurines de l'Indus ; art du Gandhara ; statues de divinités ; piliers de bois.	Bronze du dieu Siva Nataraja (Inde du Sud, 13ᵉ s.), dieu de la construction et de la destruction, représenté en roi de la danse cosmique.
Chine	79	Néolithique ; âge du jade ; âge du bronze ; archéologie Han ; sculpture religieuse Tang (618-906), Song (960-1279), Ming (1368-1644).	Jades antiques (10ᵉ-3ᵉ s. avant J.-C.) ; 2 **bodhisattvas** (le bodhisattva est une divinité qui a volontairement renoncé au nirvana afin d'aider l'humanité) en bois (vers 1200).

Statue de bodhisattva

Musées Royaux d'Art et d'Histoire

Expressions de l'art bouddhique, ces bodhisattvas présentent un visage idéalisé magnifiquement modelé. Très intense, leur regard répond à une fonction religieuse dont le rite a pour but « d'ouvrir à la lumière ».

Chine	80	Vêtements en soie ; peinture et calligraphie ; métier à tisser.	
Chine	81	Céramique monochrome et « trois couleurs ».	Figurines funéraires Tang (618-906).
Chine, Corée	82	Grand lit alcôve (19ᵉ s.).	Appuie-tête en porcelaine Song (12ᵉ s.).
Viêt-nam	83	Collection de tambours en bronze.	Évolution de la **céramique** antérieure au 14ᵉ s.
Cambodge et Thaïlande	84	Art khmer. Peintures sur toile ; statues de divinités.	Sculptures khmères (8ᵉ-12ᵉ s.) ; linteau de fenêtre (11ᵉ s.).
Indonésie	85	Armes ; bois sculpté ; bijoux, vannerie ; masques.	Textiles.
Indonésie	86	Artisanat ; statues, bijoux, maquettes de maisons.	Statues en pierre grise ; échelle en bois incrusté dayak.

Indonésie	87	Orchestre gamelan et marionnettes wayang (théâtre de marionnettes de l'ombre) ; masques.	
	88 à 95	*Extension des collections Art nouveau : ouverture prévue pour l'an 2002 (sous réserve de modifications).*	

Niveau 0

Gagner la rotonde d'entrée puis la salle 53 (tapisseries) et descendre les escaliers vers le niveau 0. Au passage, remarquer entre la rotonde et la salle 53 des pièces byzantines et des faïences de Bruxelles.

Préhistoire nationale	1	Un siècle de recherches archéologiques, depuis le paléolithique (500 000 avant J.-C.) jusqu'à la fin de l'âge du fer : silex, outils, chasse, armes, artisanat, sépultures.	Lunule (parure pour le cou) de Fauvillers [31] ; **mobilier de la sépulture d'Eigenbilzen** (vers 400 avant J.-C.) [46] ; monnaies des Nerviens.
Préhistoire nationale	2	Montage audiovisuel : les grandes étapes de la préhistoire vues à travers les sites *(30 mn).*	
Belgique gallo-romaine	3	Numismatique.	Trésor de Thuin (1er s. avant J.-C.)
Belgique gallo-romaine	5	Mobilier et art funéraires.	Enseigne votive (couronnement d'un étendard, 1er ou 2e s.) ; fiole en grappe de raisin (2e s.) ; œnochoé en verre incolore (3e s.) ; masque funéraire en pierre.
Belgique gallo-romaine	6	Reconstruction d'une partie de nécropole, mobilier et art funéraires.	Jouets d'enfants (2e s.); statuette de Matrone.
Belgique gallo-romaine	7	Harnachements de chevaux, vaisselle en verre et en métal, figurines en bronze de divinités, céramique, outillage.	Poêlon en argent dont le manche est décoré d'un haut-relief (1er s.), coupe de Corroy-le-Grand à décor de millefiori (1er-3e s.).
Belgique gallo-romaine	8	Reconstitution d'une habitation romaine, hypocauste, clés, lampes.	Figurines de divinités.
Mérovingiens	9	Mobilier et art funéraires ; fragments architecturaux.	8 tombes reconstituées à même le sol (Harmignies, Hainaut) ; bagues ; fibules ; reconstitution d'un coffret en lamelles d'os [17].
Salle aux Trésors ⊘ **: art mosan**	Z	Arts du métal : reliquaires en forme de pignon de chasse, châsses, croix, pyxides, émaux de Limoges. Sculpture sur ivoire, statuaire.	**Autel portatif de Stavelot** (vers 1150-1160) en laiton et émaux champlevés, représentant des scènes de l'Ancien et du Nouveau Testament ; chef-reliquaire du pape Alexandre Ier (1145); **Ivoires de Genoels-Elderen** (8e s.) ; sedes sapientiae (vers 1070) en bois polychromé.
Voitures hippomobiles	10-13	Carrosses, traîneaux, chaises à porteurs, selles, éperons, étriers, uniformes, maquettes.	

Autel portatif de Stavelot

Véritable fleuron de la collection d'art mosan, l'autel portatif de l'abbaye de Stavelot s'inspire des enluminures byzantines. La qualité de l'exécution n'a d'égale que la conception iconographique où l'on relève les quatre évangélistes assis devant leurs pupitres, les martyrs des douze apôtres (pourtour), et des scènes extraites de l'Évangile et de la Bible.

Niveau I

Art byzantin	51	*Fermée.*	
Musée du Cœur	52	Étonnante collection de cœurs, léguée par le cardiologue Boyadjian : objets religieux, ex-voto, etc.	Vierge aux sept douleurs, Italie, 18ᵉ s. ; boîte à lettres d'amoureux, Allemagne (18ᵉ s.).
Tapisseries	53		
Appareils de cinéma	75	Projecteurs et caméras.	Plaques animées (1890).
Moyen Âge	54	Sculptures 13ᵉ-15ᵉ s. ; ivoires français ; albâtres anglais.	Vierge à l'Enfant (France, 14ᵉ s.), albâtres de Nottingham (14ᵉ s.).
Moyen Âge	55	Évocation d'un intérieur fin 15ᵉ-début 16ᵉ s. ; argenterie ; vitraux ; mobilier.	
Moyen Âge	56	Tapisseries de Tournai (fin 15ᵉ-début 16ᵉ s.) ; textiles ; armures.	*(tapisseries exposées à tour de rôle).*
Moyen Âge	57	Sculpture.	**Retable de la Passion** (Bruxelles, 1470-1480), retable de Claudio Villa (Bruxelles, vers 1470) et **retable de Saint-Georges** (Jan Borreman, Bruxelles, 1493).
Moyen Âge	58	Sculpture ; fragments de retables ; tapisseries de Bruxelles.	Retable de la Parenté de sainte Anne (Bruxelles, vers 1500-1510).

Absolument remarquables, tant par la quantité que la qualité, les collections de retables et de tapisseries motivent à elles seules une visite au musée. Le retable bruxellois de la Passion retrace la Passion du Christ. Cette œuvre de premier ordre – dont les volets (disparus) n'étaient ouverts qu'aux jours de fête – porte l'empreinte de l'art de Van der Weyden.

Musées Royaux d'Art et d'Histoire

Retable de la Passion – Détail

Musées Royaux d'Art et d'Histoire

Moyen Âge	59	Salle didactique : le retable.	Borne interactive.
Moyen Âge	60	*Momentanément fermé.*	
Transition gothique-renaissance	61	Sculpture (retables) et mobilier liturgique.	**Retable de la Passion** (Anvers, vers 1530) et **antependium de Middel-bourg** (Pays-Bas méridionaux, vers 1518).
Transition gothique-renaissance	62	Mobilier religieux ; sculpture ; retables ; tapisseries ; métier à tisser et cellule didactique sur les tapisseries.	**Tapisserie L'Histoire de Jacob** (Bruxelles, vers 1530).
Renaissance	63	Mobilier italien ; sculpture en majolique ; pavement ; bronzes italiens.	Tapisserie *L'Histoire d'Hercule* (Bruxelles, vers 1570) ; émaux de Limoges (16e s.).
Renaissance	64	*Momentanément fermé.*	
Renaissance	65	Mobilier ; majolique.	Pavement (Anvers, 1532).
Renaissance et baroque	66	Mobilier et sculpture ; argenterie ; céramique ; tapisseries ; vitraux.	**Albâtres malinois** (fin 16e s.) ; cruche en majolique (Anvers, 1562).
Baroque	67	Mobilier ; tapisseries de Bruxelles.	Armoire (1620) ; argenterie.
Baroque	68	Évocation d'un intérieur du 17e s. (mobilier ; vitraux ; poêle).	Christ de voyage (vers 1700) ; sculpture en ivoire et en buis ; armoire (1680).
Baroque	69	Sculptures ; tapisserie ; mobilier.	
Baroque	70	Tapisseries de Bruxelles (vers 1650).	Cabinets anversois (17e s.).
Cloître	71	Dalles funéraires ; fragments et mobilier d'église ; vitraux.	

Le cloître, dont le jardin est accessible en été, est une copie partielle de celui de l'abbaye de la Cambre ; quant à la chapelle Saint-Georges, dite de Nassau, il s'agit d'une réplique de celle que l'on peut voir intégrée aux bâtiments de la Bibliothèque royale.

Cloître	72	Étains et vitraux.	Plat de la Tempérance (fin 16e s.) ; vitrail de B. van Orley (1540).
Chapelle de Nassau	73	Dinanderie.	Mobilier liturgique ; cuve baptismale (laiton coulé, 1149).
Cloître	74	Verrerie : des origines au 18e s.	Gourde (Venise, début 16e s.) ; verres gravés à la roue (Nuremberg, Hesse, Saxe).

Niveau II

Verrerie et vitraux	96	20e s.	101 pièces de M. Marinot ainsi que des outils de verrier et des esquisses.
Textiles coptes	97	Étoffes d'ameublement et vêtements (lin et laine).	Chausson d'enfant (4e-5e s.).
Appareils de cinéma	107	Projecteurs et caméras.	
Dentelle	106	16e s.-19e s. : Italie, France et Belgique.	**Couvre-lit d'Albert et Isabelle** (1599) ; voiles de bénédiction.

Pièce exceptionnelle (la dentelle n'existe que depuis le 16e s.), le couvre-lit des archiducs Albert et Isabelle fut réalisé à l'occasion de leur mariage. L'iconographie de cette dentelle au fuseau comporte 120 scènes, avec en bordure les rois et les empereurs de Rome ainsi que les sibylles. La collection des faïences de Delft, une des plus prestigieuses du monde, offre un panorama unique de cette industrie : depuis le célèbre camaïeu bleu aux pièces noires ou vert olive insoupçonnées.

Costumes et textiles	105

Costumes et textiles (collection Errera)	104	Les collections permanentes sont présentées par thèmes régulièrement renouvelés.

L'Histoire de Jacob – Détail

Céramique	102	Delft : évolution ; faïence d'Arnhem (1759-1773).	**Violon** (début 18ᵉ s.) ; paysages attribués à F. van Frijtom ; tulipières ; cage aux oiseaux (1ʳᵉ moitié 18ᵉ s.).
	100	Escalier de l'hôtel de Hornes.	
Céramique	101	Carreaux hollandais : Delft, Gouda, Rotterdam, Frise.	Vitrine didactique.
Céramique	103	Production contemporaine.	Étonnante statue en terre cuite de José Vermeersch ; 2 têtes en grès porcelaineux de Carmen Dionyse.
Objets précieux	98	Montres, bijoux, éventails, miniatures, accessoires de toilette.	
Céramiques européennes	99	Faïences et porcelaines de grandes manufactures européennes, mobilier.	Buste de vieillard en faïence blanche (Bruxelles, 1743).

★★**Autoworld** ⊘ (**HS M³**) – Depuis 1986, on peut admirer sous la haute verrière de la halle Sud du palais du Cinquantenaire quelque 450 véhicules, principalement des automobiles. Si l'exposition comprend des voitures des membres du Royal Veteran Car Club, la majeure partie des véhicules présentés provient de la prestigieuse **collection Ghislain Mahy.**

Né à Gand en 1901, Mahy a réussi à rassembler en quarante ans plus de 800 véhicules automobiles, à vapeur, électriques ou à essence. Souvent en piteux état lors de l'achat, le collectionneur s'est attaché à leur rendre vie dans son atelier de réparation ; ainsi, près de 300 voitures sont actuellement en parfait état de marche. Chronologique, le circuit du rez-de-chaussée restitue l'évolution des conquêtes techniques et esthétiques des constructeurs européens et américains. Le parcours, dont on trouvera une sélection assez détaillée ci-dessous, s'ouvre par le premier véhicule à moteur – autrement dit la voiture sans cheval – mis au point en 1886 par l'Allemand Carl Benz.

Allemagne – Hansa (1911) de carrosserie très moderne ; Opel (1911), la plus grosse production allemande de l'époque ; Wanderer (1915), voiture très populaire à deux places, l'une derrière l'autre ; Mercedes (1922), au moteur dérivé d'un moteur d'aviation ; Hanomag (1925), un des premiers exemples de la carrosserie « ponton » ; Dixi (1928), ancêtre de la BMW ; Brennabor (1931) ; Horch (1936), haut de gamme du groupe Auto-Union – le modèle 930V fut souvent utilisé comme voiture d'état-major durant la Seconde Guerre mondiale ; BMW (1940) ; Volkswagen type II (1950), le plus grand succès mondial automobile, connue sous le nom de « coccinelle » ; Mercedes-Benz C111, véhicule expérimental qui atteignit 403 km/h ; etc.

Belgique – Les firmes Belga Rise, FN, Fondu, Hermes, Imperia, Miesse, Nagant et Vivinus sont représentées, mais la plus célèbre reste **Minerva**. Au départ constructeur de cycles, puis de motocyclettes, l'Anversois Sylvain De Jong présente son premier prototype

Ph. Cajic/MICHELIN

Emblème de la Minerva

Minerva en 1902. Si la gamme comprend au départ 3 modèles (2, 3 et 4 cylindres), celle-ci ne cessera de croître jusque dans les années 1930. L'usine compte 1 600 ouvriers en 1911 ; elle propose l'éclairage électrique en option en 1912 suivi, en 1914, par le démarrage électrique, et, en 1922, les quatre roues sont équipées de freins. La firme acquiert une excellente réputation pour le grand confort qu'offrent ses superbes automobiles dont le moteur est très silencieux. En 1930, Minerva dispose d'une gamme allant de 12 à 40 CV. Mais la belle époque de la voiture de luxe s'achève ; la clientèle se tourne vers des marques moins coûteuses et 1934 voit la faillite de Minerva.

Le musée possède une quinzaine de Minerva. La plus ancienne date de 1910 et appartenait à la cour de Belgique. Le modèle 30 CV de 1921, carrossé par Vanden Plas, a appartenu au roi Albert. La plus luxueuse est la 40 CV de 1930, dont la carrosserie américaine est en aluminium ; elle pouvait atteindre 140 km/h. On pourra également voir : une FN (1901) ; une Nagant (1910 – salle D'Ieteren), véhicule à 6 places de fabrication liégeoise ; deux FN sport (1925 et 1930), construites pour participer aux 24 h de Francorchamps, et une étonnante FN 1400 (1930) carrossée pour le shah de Perse ; une Belga Rise (1934), parfois appelée la « Rolls belge » ; Imperia (1948), la dernière voiture belge.

États-Unis – Oldsmobile (1904) ; Ford T (1911), modèle construit à plus de 15 000 000 d'exemplaires entre 1908 à 1927 – la Ford T de 1921 qui lui fait face est la première voiture que Mahy acheta, en 1944 ; Detroit (1916), voiture électrique ; Cadillac (1917), marque pionnière dans le domaine de l'éclairage et du démarrage électriques ; Hudson (1917), modèle utilisé en France par l'état-major du général Pershing pour se déplacer sur le front ; Ford TT (1924), un des premiers mobile-homes du monde, ici dans une carrosserie belge ; Chrysler (1925) atteignant 110 km/h ; roadster De Soto (1930) ; Pierce-Arrow (1931), marque très luxueuse de l'entre-deux-guerres ; Cord (1937), aux 4 phares rétractables ; Cadillac (1938), voiture officielle de la Maison-Blanche, qui n'existe qu'en deux exemplaires ; Cadillac (1956), utilisée par J.F. Kennedy lors de sa visite à Berlin en 1963 ; Studebaker (1961), version du célèbre coupé tracé par le designer franco-américain Raymond Lœwy ; coupé Lincoln Continental (1957), la plus chère voiture américaine de l'époque ; etc.

France – Tricycle Aster (1899) ; « vis-à-vis » De Dion-Bouton (1901) ayant appartenu à Albert De Dion ; Populaire (1906) célèbre pour son capot « crocodile » souvent copié ; double phaéton Clément-Bayard (1905) ; Lacroix-De Laville (1906) à conduite en « queue de vache » ; Renault (1908), voiture de maître à capot en « chapeau de gendarme » ; Sizaire-Naudin (1910) à roues avant indépendantes ; Darracq (1911), marque qui devint Talbot au début des années 1920 ; Le Zèbre (1911), petite voiture à deux places qui coûtait 3 000 francs-or ; voiturette Peugeot (1913) conçue d'après les plans d'E. Bugatti ; « coupé-docteur » Alva (1913) et Panhard-Levassor (1914) ; Grégoire (1914) possédant une porte avant-gauche et une à l'arrière-droite ; Bellanger (1920), fabriquée à Paris avec des pièces américaines, ce dont témoigne la conduite à gauche, comme outre-Atlantique ; Delage (1920), voiture de luxe des Années folles ; Renault (1924) carrossée à Liège par Gamette ; Citroën 5 CV (1925), dite « trèfle » ; Ravel (1925), une voiture sportive en bois de style bateau ; Darmont (1927), voiture sportive à 3 roues ; Bugatti type 44 (1928) ; Omega-Six (1929), voiture de course surbaissée ; Voisin (1929) et sa fameuse « cocotte » de radiateur ; Citroën 7A (1934), dite « traction avant », la favorite des gangsters ; 30 CV Hispano-Suiza (1935) carrossée par Chapron en « coupé-chauffeur » ; Delahaye (1938) ; Peugeot (1941), à moteur électrique ; Renault 4 CV (1951), dessinée par Ferdinand Porsche ; etc.

Grande-Bretagne – Rolls-Royce Silver Ghost (1921) ; Daimler (1922), dont la sellerie est en peau de serpent ; Rolls-Royce (1926) et sa mascotte de radiateur, le célèbre Spirit of Ecstasy ; Bentley (1928) ; Daimmler (1936), véhicule d'apparat dont la hauteur permet le port du haut-de-forme ; Rolls-Royce Phantom (1938) dans un modèle carrossé en Belgique.

Italie – Fiat (1931) ; Lancia Astura (1933) carrossée par Farina ; Alfa-Romeo (1948), une des automobiles les plus chères de l'époque.

Salle D'Ieteren – Exposition de véhicules hippomobiles, du traîneau à la berline de gala (1852) carrossée par Ehrler à Paris et utilisée à l'occasion du mariage de Napoléon III avec Eugénie de Montijo. Remarquer le « spider » (fin 19e s.), modèle très léger monté sur de hautes roues, dont la silhouette lui valut le surnom d'araignée, *spider* en anglais.
Ici et là sont disposées des motocyclettes et des voiturettes (c'est-à-dire de faible cylindrée) à mi-chemin entre le jouet et l'automobile classique : Rovin (F-1950) ; Vespa (I-1959) ; Messerschmidt (1955) ; BMW Isetta (1962) ; tricycle Porquerolle (F-1973).

Auto Design Story – Une partie du 1er étage est consacrée à l'évolution du design de l'auto depuis ses origines à nos jours. Les premières voitures sont encore fortement inspirées des hippomobiles. Le lancement de la première Mercedes au début du siècle dernier contribue à modifier l'esthétique de l'automobile. Les véhicules ont désormais un radiateur à nid d'abeille, un moteur à l'avant et quatre places dans le sens de la route. Les constructeurs d'automobiles des années 1930 s'intéressent davantage aux voitures aérodynamiques avec la Peugeot 402 (1937) et une Delage D 8-120 (1939), carrossée par d'Ieteren à Bruxelles. La fabrication s'industrialise de plus en plus dans les années 1950 et les grandes voitures américaines aux ornements en chrome font leur apparition en Europe. Puis suivent des modèles plus récents dont une Ferrari Dino de 1968 et une Porsche 911 T2.

Musée royal de l'Armée et d'Histoire militaire ○ (**HS M**25) – *Travaux en cours*. Créée en 1910 à l'abbaye de la Cambre à l'initiative de l'officier carabinier Louis Leconte, son premier et dynamique conservateur, cette institution a emménagé au Cinquantenaire en 1923. Virtuellement, ce musée est le plus riche du monde puisqu'en effet il déborde largement l'histoire militaire nationale et se compose de collections extrêmement diversifiées grâce à la politique d'acquisition très fructueuse menée par L. Leconte. Malheureusement, un grand nombre de pièces demeurent dans les réserves. En outre, le musée est actuellement en totale réorganisation, le visiteur doit donc s'attendre à quelques surprises ou modifications par rapport au texte rédigé ci-dessous.

Une bibliothèque riche de 450 000 volumes est accessible au public.

★ **Salle d'armes et d'armures** – Splendide exposition d'armes du 11ᵉ au 18ᵉ s. et d'armures de la fin du 15ᵉ s. au 17ᵉ s. provenant d'arsenaux anciens. Une vitrine protège l'armure de l'archiduc Albert, portée à l'occasion de sa « Joyeuse Entrée » en juillet 1599 ; étonnante armure d'enfant (fin 16ᵉ s.) ayant appartenu à Joseph-Ferdinand de Bavière, fils du gouverneur des Pays-Bas.

★ **Collection Titeca et Ribaucourt** – Logée sous le quadrige des arcades dans une longue salle ressemblant à une cave voûtée, cette collection variée se compose d'environ 300 **coiffures militaires** (Ancien Régime français, Angleterre, Allemagne, Russie, Belgique, Premier Empire, Restauration et Second Empire français), de 600 sabres et épées, ainsi que d'uniformes et d'instruments de musique du Premier Empire. Depuis les deux terrasses, magnifique **vue panoramique** sur la capitale et l'axe créé par Léopold II, l'avenue de Tervuren.

Salle de la révolution brabançonne et de l'Empire (1750-1815) – Deux sections – plus exactement deux petites évocations – sont consacrées à deux périodes mouvementées qui ont précédé l'indépendance. De nombreuses peintures (milieu 19ᵉ s.) de Jules van Imschoot remémorent l'épisode de l'armée des « États-Unis belgiques ». En face, divers souvenirs évoquent la période française, en particulier la bataille de Waterloo. Un portrait de l'Empereur est attribué à David.

Salle technique – *Réouverture prévue.* Les pièces proviennent de la Fabrique Nationale (FN) de Herstal et présentent essentiellement des armes à feu portatives. La salle est très intéressante du point de vue de la muséologie (la plus ancienne à ce propos en Belgique, avec la salle historique).

Salle historique (1831-1914) – Noyau des collections, cette salle dont les vitrines exposent un contenu hétéroclite présente, à droite : l'évolution du costume de l'armée belge ; à gauche : la garde civique, la marine royale belge, les expéditions au long cours, le volontariat belge à l'étranger, du Congo à Pékin via le Mexique ; au fond : les coiffures et le matériel de la guerre de 1870. Particularité : la salle conserve les pièces personnelles (habits et décorations) des deux premiers rois, Léopold Iᵉʳ et Léopold II.

Salle 1914-1918 – Cette nouvelle salle présente des uniformes, armes, casques et objets de la vie quotidienne de toutes les forces armées ayant participé à la Grande Guerre. Une présentation audiovisuelle sur la plaine de l'Yser illustre l'inondation des polders.

Musée de l'Armée, section Air et Espace

Halle Bordiau (1914-1918 et 1940-1945) – Située dans l'immense halle Bordiau, la collection présente des uniformes, armes et casques des quatre coins du monde.

Section navale – Cette petite section abrite l'Avila, navire ayant appartenu au roi Baudouin, et le Meuse, une vedette fluviale.

★ **Section Air et Espace** – Installée dans une grande halle, cette section née d'un système d'échanges comprend environ 150 avions (70 visibles), principalement de combat, dominés par une Caravelle de la Sabena reposant sur des piliers.

Au rez-de-chaussée se trouvent des avions de chasse, à hélices ou supersoniques, parmi lesquels : anglais, Spitfire (1943 – le plus célèbre), De Havilland Mosquito (1945), Meteor (1951) ; américains, Douglas DC3 « Dakota » (1935 – construit à plus de 13 000 exemplaires), Fairchild C119 (1950 – employé en Corée et au Viêt-nam), Sabre (1950), Phantom (1958) ; belge, Stampe (1945 – biplan mondialement connu) ; soviétiques, Mig (1958 et 1975) ; français, Dassault Ouragan (1949 – premier avion à réaction français construit en série), Fouga Magister (1951 – premier avion d'entraînement à réaction au monde). Trois sous-sections présentent des moteurs de 1898 à aujourd'hui, l'aviation militaire belge en Afrique, des expéditions belges en Antarctique.

Outre une petite section réservée à l'aérostation, la galerie abrite plus particulièrement une belle **série** d'avions de la Première Guerre mondiale : réplique du Fokker allemand du baron Manfred von Richthofen ; Bristol anglais ; Caudron, Maurane-Saulnier, Schreck, Spad et Voisin français, etc.

Section des blindés – En plein air, elle rassemble aussi bien des véhicules belges (à partir de 1935) que des modèles d'autres pays (États-Unis, France, Grande-Bretagne, l'ancienne Tchécoslovaquie, l'ancienne URSS). La pièce la plus historique est un tank Mark IV (1917) avec sa peinture d'origine.

Prendre l'avenue des Gaulois longeant le petit parc situé côté faubourg.

★ **Maison Cauchie** ⊘ (**HS K¹**) – *Au n° 5 de la rue des Francs* se situe la maison personnelle (1905) de l'architecte et décorateur Paul Cauchie. L'étonnante façade est presque entièrement décorée de sgraffites *(voir Vivre à Bruxelles, Les sgraffites)*. Les gracieuses figures aux tons délicats autour de la fenêtre circulaire révèlent l'influence des pré-raphaélites. Elles représentent les huit disciplines artistiques. On peut également visiter l'entresol et le bel étage de la maison : magnifiques sgraffites, ameublement s'inspirant de Charles R. Mackintosh et espace consacré à l'œuvre de Paul et Lina Cauchie (tableaux, documents, etc.).

Maison Cauchie

L. Banahan/A chacun son image/MICHELIN

L'avenue de tous les rêves (**DMN**) – L'**avenue de Tervuren** fut percée pour relier l'Exposition universelle organisée en 1897 sur le site du Cinquantenaire à l'exposition coloniale présentée à Tervuren. Cet axe d'une grande modernité pour l'époque démarre pratiquement au pied des arcades, coupe les faubourgs Est, traverse la forêt de Soignes et aboutit face à l'actuel château de Tervuren construit en 1896. Un projet de « Cité mondiale » étudié par P. Otlet fut envisagé sans jamais être réalisé. La largeur qu'adopte l'avenue en abordant Tervuren laisse deviner l'ampleur du rêve de Léopold II, qui fut le souverain bâtisseur.

À partir de la porte de Tervuren qui fait face aux arcades, on peut :

▶▶ Prendre le métro pour gagner le centre de la ville (quartiers du Palais royal, de la Bourse, du Parlement).

Gagner le quartier des Institutions européennes en contournant le site du Cinquantenaire par l'avenue de l'Yser et l'avenue de la Renaissance, puis en s'engageant à gauche dans l'avenue de Cortenberg jusqu'au rond-point Schuman.

Se rendre à Woluwe-Saint-Pierre et Woluwe-Saint-Lambert par l'avenue de Tervuren.

La GRAND-PLACE★★★
(JY)

Plan, voir p. 20

La « merveille » qu'admira Victor Hugo, le « riche théâtre » que célébra Jean Cocteau est unique au monde. En perpétuelle effervescence par la foule des visiteurs qui ne cesse d'y converger, il en émane une atmosphère incomparable. Si toute heure sied à sa beauté, il est toutefois préférable de la découvrir le matin lors du marché aux fleurs en été, ou la nuit lorsque les illuminations, soulignant ses dorures, lui donnent un relief étonnant. Tous les deux ans, un tapis de fleurs couvre pendant quelques jours du mois d'août les pavés d'une Grand-Place bordée de terrasses *(voir Renseignements pratiques)*. Pendant la période de fin d'année, la Grand-Place est ornée d'un énorme sapin de Noël et d'une crèche aux animaux vivants. Depuis 1998, la Grand-Place est classée au Patrimoine mondial de l'Unesco.

Les origines – Il suffit de songer au rôle de l'*agora* à Athènes ou du *forum* à Rome pour comprendre que sans marché il n'est pas de ville. Vers 977, l'installation par Charles de France de son *castrum* sur la Senne détermina bientôt une croissance économique qui se traduisit par l'assèchement d'un marécage proche de l'île Saint-Géry pour établir un *Nedermerckt*, ou marché bas. De formation spontanée, le premier marché était le fruit de constructions élevées au gré des besoins le long de rues au tracé irrégulier. Aujourd'hui encore, les noms de la plupart des rues situées dans la cuvette du bas de la ville traduisent la diversité des métiers qui s'installaient autour de ce foyer urbain (rues au Beurre, des Harengs, des Brasseurs, du Marché-au-Charbon, du Marché-aux-Fromages, du Marché-aux-Herbes, du Marché-aux-Peaux, etc.). Séparées afin de prévenir tout danger d'incendie, les maisons étaient en bois, rarement en pierre. Puis apparurent avec le 13ᵉ s. et le 14ᵉ s. les premières halles, expressions de la prospérité de l'industrie textile qui assurait alors la renommée de Bruxelles.

Du marché à la Grand-Place – Centre de la vie économique de la cité, le marché était également le lieu des assemblées politiques, des ordonnances de police, des révoltes, des privilèges, de la justice et des réjouissances publiques. Peu à peu, la ville prescrivit un certain recul aux maisons afin de dégager une place, en expropria même certaines afin d'aligner les bâtiments, si bien qu'après la construction de l'hôtel de ville au 15ᵉ s., un carré était ouvert dans le dédale. En 1421, Philippe de Saint-Pol, nommé régent par les États de Brabant, provoqua l'insurrection des métiers et, après avoir fait décapiter l'amman, les associa étroitement au gouvernement de la ville. Ce privilège ayant été reconnu par le duc Jean IV, les corporations, fortes des séjours de plus en plus fréquents de la cour de Bourgogne, installèrent leurs maisons autour du prestigieux hôtel de ville dont le comte de Charolais, futur Charles le Téméraire, vint poser la première pierre de l'aile droite en 1444. Selon le siècle au cours duquel elles furent bâties, ces maisons, maintenant presque toutes en pierre, reflétaient l'architecture domestique de leur temps. La physionomie de la place était donc composite. On y voyait des pignons à redents côtoyer des fenêtres trilobées ou des gâbles à pinacles (16ᵉ s.), et la superposition des ordres répondre aux pignons triangulaires ou aux bossages du style italo-flamand (17ᵉ s.). Les Flamands l'ont toujours appelée *Grote Markt*, c'est-à-dire « Grand Marché », cependant, aux yeux du monde, la Grand-Place était née.

Le bombardement de 1695 – La ligue d'Augsbourg qui scellait l'alliance des Provinces-Unies, de la Grande-Bretagne, de l'Allemagne et de l'Espagne contre Louis XIV avait fait bombarder les villes côtières du Nord de la France. En représailles, le Roi-Soleil chargea le maréchal de Villeroy de bombarder Bruxelles, affaiblie par l'absence des troupes hollandaises et anglaises concentrées autour de la citadelle namuroise.

C'est ainsi que le soir du 13 août, forte de 70 000 hommes, l'armée française installée sur les hauteurs de Molenbeek pointa ses canons et ses mortiers sur la ville qu'elle affligea d'une pluie de bombes et d'obus incandescents. Cet assaut impitoyable provoqua un incendie terrible. Après deux jours et deux nuits de flammes qui ravagèrent la Grand-Place et ses alentours, seuls restaient debout la tour de l'hôtel de ville, les murs de la maison du Roi et trois façades de maisons.

La Grand-Place

136

Aux nombreuses pertes humaines s'ajoutait la disparition de trésors inestimables, dont on ne citera pour l'exemple que les tableaux de justice de Rogier van der Weyden, chefs-d'œuvre dont s'enorgueillissait l'hôtel de ville. Maître de l'artillerie française, M. De Vigny put déclarer le 15 août : « Je n'ai point encore vu un si grand feu, ni tant de désolation qu'il en paraît dans cette ville. »

Sous les cendres, un joyau – Au lendemain du bombardement, la ville bénéficia de l'aide de plusieurs consœurs (Anvers, Malines, Louvain, Nivelles), du Brabant, de la Hollande et même de la Bavière dont le prince-électeur, Maximilien-Emmanuel, était gouverneur de Bruxelles au nom du roi d'Espagne. L'administration de la ville décida immédiatement d'imposer l'obligation de soumettre le dessin des nouvelles façades de la Grand-Place à l'accord des autorités. À ce règlement, inédit à l'époque et qui menaçait d'amende tout contrevenant, s'ajoutèrent les ambitions urbanistiques du gouverneur, soucieux d'imprimer au cœur de la ville bourgeoise la marque du pouvoir princier. Face au rejet des corporations de métiers, très indépendantes par tradition, seul le bâtiment des ducs de Brabant put témoigner des ambitions du gouverneur. Mais l'aspect le plus étonnant de cette reconstruction n'est-il pas sa cohérence architecturale malgré ce mélange de gothique, de baroque italo-flamand et de style Louis XIV ? C'est qu'en effet l'extraordinaire force de cet amalgame est d'avoir respecté, sous un même élan vertical, l'esprit si individualiste de chacune des corporations. Telle est l'âme de ce joyau qui fit dire à Victor Hugo en 1837 : « je suis tout ébloui de Bruxelles ».

HÔTEL DE VILLE (JY H)

Avec Henri III (1248-1261) à sa tête, Bruxelles s'était émancipée de Louvain ; avec Jean Iᵉʳ (1261-1294), la ville connut un grand élan de commerce international. Il était temps pour elle de se doter d'une maison communale qui allait exprimer sa puissance. La première pierre fut posée en 1401, puis l'aile gauche et son beffroi, terminés vers 1421, furent agrandis d'une aile droite commencée en 1444 et achevée vers 1459. L'édifice s'inspirait, d'une part, des demeures fortifiées qui étaient rectangulaires et équipées de tourelles d'angle, d'autre part, des halles pourvues d'un escalier extérieur sous portique.

Par ses proportions et sa tour, n'en déplaise à Audenarde et Louvain, l'hôtel de ville de Bruxelles est le plus beau du pays. « Édifice miraculeux » selon Théophile Gautier, « bijou comparable à la flèche de Chartres » selon Victor Hugo, le bâtiment doit son salut au fait qu'en 1695 les Français prirent sa tour comme point de mire ! Ses façades furent relevées des ruines. Après de longues années de restauration, l'hôtel de ville a retrouvé toute sa splendeur.

La tour – En 1449, la ville chargea **Jan van Ruysbroeck** (début du 15ᵉ s.-1485) de substituer une tour coiffée d'une flèche au beffroi ne correspondant plus à l'ampleur des agrandissements engagés. De section carrée, la première partie compte 4 étages de 2 fenêtres, ajourées à partir de la corniche. Octogonale et à trois

E. Baret

étages, la deuxième partie est cantonnée de clochetons puis de pinacles qui propulsent le regard vers la flèche pyramidale. Merveille de hardiesse, cette élégante dentelle de pierre culmine à près de 96 m. Le célèbre saint Michel archange en plaques de cuivre de Martin van Rode coiffe la tour depuis 1455. Enfin, si la porte de l'hôtel de ville n'est pas parfaitement dans l'axe, ce n'est guère à cause d'une erreur de calcul de l'architecte – qui s'en serait tué de désespoir selon une légende tenace –, mais au contraire parce qu'il conserva le porche du beffroi et qu'il le renforça pour asseoir l'élévation de sa géniale maçonnerie.

Les ailes – Si l'aile primitive fut conçue par **Jacques van Thienen**, nul ne sait en revanche quel est l'auteur de l'aile droite. Quarante années les séparent. Or, les quelques différences de style que l'on observe ne rompent en aucun cas l'harmonie de l'ensemble. Le rez-de-chaussée est formé de deux galeries bordées d'arcades retombant sur des piédroits à gauche, sur une alternance de piédroits et de colonnes à droite. Elle abrite à gauche l'escalier des Lions (placés en 1770), entrée principale du premier hôtel de ville. Couronnant deux étages, une balustrade à créneaux évoque les maisons fortifiées du Moyen Âge ; cette ligne horizontale a été judicieusement intégrée à la verticalité de la composition grâce à l'artifice de panneaux pleins placés dans l'axe des trumeaux. Immense et pentu, le toit présente quatre rangées de lucarnes.

Les sculptures – Les sculptures d'origine sont conservées au musée de la Ville (voir maison du Roi). Au 19e s., la façade principale, les façades latérales, la tour et les galeries furent dotées de plus de 150 statues. Les statues de la frise séparant les deux étages de l'aile gauche et celles placées sous les dais de l'aile droite évoquent les ducs et duchesses du Brabant. Le programme des galeries est un très bel exemple de l'école bruxelloise, qui connut sa pleine apogée vers 1450. À gauche, on s'intéressera aux culs-de-lampe qui offrent une variété étonnante de thèmes sacrés et profanes. À droite, l'iconographie, tout bonnement exceptionnelle, évoque le nom des trois maisons expropriées pour construire la nouvelle aile. Chapiteaux, corbeaux, culs-de-lampe et clefs de voûte y déclinent un répertoire qui aiguise la curiosité. Par exemple, on voit aux chapiteaux : des personnages empilant des chaises signaler la maison *Scupstoel* (pelle et chaise en flamand) ; des moines buvant et mangeant rappeler la *Papenkelder* (cave aux moines) ; des scènes de harem ranimer *de Moor* (le Maure). Les voussures du portail de la tour sont ornées de 8 prophètes. Les plis souples de leurs vêtements permettent de les dater de la fin du 14e s. À nouveau, il faut découvrir le singulier réalisme de ces représentations qui ont longtemps été attribuées à Claus Sluter, auteur du tombeau de Philippe de Bourgogne à Dijon. Actuellement, on les accorde au Maître du Retable d'Hakendover.

Visite ⊘ – L'hôtel de ville renferme une belle collection de tapisseries, de peintures, de sculptures et de mobilier. Deux fontaines, l'Escaut (Pierre-Denis Plumier) et la Meuse (Jean De Kinder), décorent la cour intérieure. Dans la salle du conseil communal, où siégeaient autrefois les États de Brabant, ont lieu les réunions du bourgmestre, des échevins et des conseillers communaux. Le plafond peint par V. Janssens représente une assemblée des dieux. Les tapisseries de la salle Maximilienne, réalisées dans l'atelier bruxellois de Van der Borght, illustrent la vie de Clovis. Les tableaux aux tons chauds du peintre bruxellois Van Moer (antichambre du cabinet du bourgmestre) immortalisent la capitale avant le voûtement de la Senne. Les peintures de l'escalier d'honneur évoquent la glorification du pouvoir communal.

La salle gothique destinée aux grandes réceptions présente des boiseries de style néogothique. Les tapisseries d'après des cartons de Guillaume Geets représentent les différentes corporations bruxelloises. La salle des mariages, anciennement appelée salle du tribunal, servait autrefois de salle de réunion pour les délégués des métiers. Remarquer les blasons des corporations et des sept lignages de Bruxelles décorant les boiseries.

LES MAISONS DES CORPORATIONS

Pour les caractéristiques générales du style italo-flamand, voir Introduction, Architecture.

1-2 Le Roi d'Espagne – Maison des Boulangers (1696-1697, reconstruite en 1902). Davantage classique que ses voisines, elle est attribuée à l'architecte et sculpteur Jean Cosyn. Son ordonnance générale, sa balustrade et son dôme octogonal la dotent d'un style italien dynamisé par les consoles, le trophée et les torchères décorant le dôme. Encadrant les balustres du premier étage, des médaillons représentent les empereurs Marc Aurèle et Nerva (Alphonse de Tombay), Dèce et Trajan (Albert Desenfans).

À l'étage supérieur, au centre du trophée sculpté par J. Lagae, on distingue le buste du roi d'Espagne Charles II qui régnait lorsque fut bâtie la maison. Les six statues dominant la balustrade ne sont pas d'origine ; elles symbolisent la Force, le Blé, le Vent, le Feu, l'Eau et la Prévoyance. Au sommet, une girouette dorée représente la Renommée (P. Dubois). *Le Roi d'Espagne* est aujourd'hui un café.

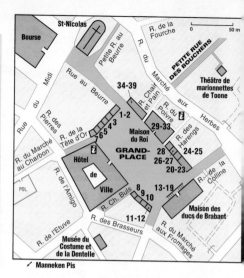

Maisons des corporations

1-2	Le Roi d'Espagne
3	La Brouette
4	Le Sac
5	La Louve
6	Le Cornet
7	Le Renard
8	L'Étoile
9	Le Cygne
10	L'Arbre d'Or
11-12	La Rose et le Mont Thabor
13-19	Maison des Ducs de Brabant
20-23	Le Cerf, Joseph et Anne, l'Ange
24-25	La Chaloupe d'Or
26-27	Le Pigeon
28	La Chambrette de l'Amman
29-33	Maison du Roi
34-39	Le Heaume, le Paon, le Petit Renard et le Chêne, Sainte Barbe, l'Âne

3 La Brouette – Maison des Graissiers (1644-1645 et 1697). Ayant en grande partie survécu au bombardement, la façade de style italo-flamand fut complétée par le même Jean Cosyn qui en façonna le pignon. Les multiples reliefs accompagnant la superposition des ordres séduisent l'œil. Deux cartouches sont ornés d'une brouette, et la statue (J. van Hamme) de saint Gilles, patron des graissiers, occupe une niche du pignon. *La Brouette* abrite aujourd'hui un café.

4 Le Sac – Maison des Ébénistes et des Tonneliers (1645-1646 et 1697). De style italo-flamand, elle fut partiellement reconstruite par Antoine Pastorana dont l'intervention se caractérise par la surcharge décorative des niveaux supérieurs. Au-dessus de la porte d'entrée, une enseigne étrange a donné son nom à la maison : un personnage plonge les mains dans un sac tenu par un autre homme. Le troisième étage et le pignon sont très ouvragés : frise composée de cartouches, cariatides, balustres torses, lucarnes ovales, guirlandes, torchères et vases. Couronnant la composition, un globe porte un compas, instrument des ébénistes.

5 La Louve – Maison des Archers (1690 et 1696). Mentionnée dès le 14ᵉ s., elle fut remplacée par une maison en pierre après un incendie survenu en 1690. De nouveau détruite lors de l'effroyable bombardement de 1695, ces deux sinistres motivèrent le placement d'un Phénix renaissant de ses cendres. L'architecte et peintre Pierre Herbosch dessina une façade bien équilibrée relevant de la première période du style italo-flamand. Au rez-de-chaussée, l'entrée est surmontée d'un groupe représentant Romulus et Rémus allaités par une louve (M. de Vos). Avec ses quatre pilastres cannelés soutenant une corniche, le premier étage est fortement Renaissance ; entre les triglyphes de la frise, des métopes historiées portent les attributs de la corporation. Les pilastres du deuxième étage sont masqués par des statues symbolisant la Vérité, le Mensonge, la Paix et la Discorde. Au-dessus de quatre médaillons d'empereurs romains (Trajan, Tibère, Auguste, César), un fronton reconstitué en 1892 est orné d'un bas-relief illustrant la poursuite du serpent Python par Apollon ; c'est Apollon qui inventa la lyre, que l'on retrouve au balcon du premier étage.

6 Le Cornet – Maison des Bateliers (1697). Superbe par l'aboutissement du style italo-flamand qu'elle sanctionne, cette façade est l'œuvre d'Antoine Pastorana. Ici, l'imagination s'est résolument affranchie de la traditionnelle superposition des ordres. Très attachante, cette composition est coiffée d'un gâble où l'on reconnaît sans difficulté la poupe d'une frégate du 17ᵉ s., hommage au métier qui finança la construction. Juste en dessous, deux chevaux marins montés par des cavaliers sont séparés par un triton capturant un poisson (G. Devreese). Élégants, les oculi du deuxième étage surplombent des ornements empruntés à la batellerie. Un médaillon figurant le roi d'Espagne, Charles II, décore le fronton supérieur.

7 Le Renard – Maison des Merciers (1699). Également originale, cette façade empruntant des éléments de style Louis XIV s'avère éminemment allégorique. Aux bas-reliefs (M. de Vos, dont le nom signifie « le renard ») de l'entresol figurant des amours qui s'adonnent à des occupations propres au métier de mercier succèdent, au premier étage, 5 statues symbolisant la Justice aux yeux voilés et les 4 parties du monde alors connues (l'Afrique, l'Europe, l'Asie et l'Amérique), et au deuxième étage, des cariatides portant des attributs (Toison d'or, épis, raisins, fleurs). Le pignon est coiffé d'une statue de saint Nicolas, patron de la corporation des merciers.

8 L'Étoile – Maison de l'amman, le représentant du souverain. Déjà mentionnée au 13e s., la plus petite maison de la place fut démolie en 1853 pour élargir la rue du même nom (actuelle rue Charles Buls, bourgmestre de Bruxelles à l'initiative de la reconstruction de l'Étoile en 1897). Le rez-de-chaussée a été remplacé par une galerie.

Dans le passage, une sculpture de Julien Dillens entretient le souvenir d'**Everard 't Serclaes**. En 1356, ce chef patricien avait chassé les troupes flamandes du comte Louis de Male avant d'être mortellement blessé en 1388 par des hommes du seigneur de Gaasbeek auquel il s'était opposé pour défendre les droits de sa ville contre des exigences injustes. Poser la main sur le bras en bronze fortement poli de l'illustre citoyen martyr porte bonheur. Un cul-de-lampe de l'escalier des Lions de l'aile gauche de l'hôtel de ville dépeint cet assassinat.

9 Le Cygne – Maison des Bouchers (1698). Avant de devenir une maison corporative en 1720, le bâtiment fut reconstruit pour un particulier, Pierre Fariseau (monogramme visible au centre de la façade), probablement par Corneille van Nerven, l'architecte de la façade arrière de l'hôtel de ville. Sa grande caractéristique est de s'écarter franchement de l'exubérance décorative du style italo-flamand pour se rattacher au style Louis XIV. Karl Marx et Friedrich Engels, qui rédigèrent *Le Manifeste du parti communiste* à Bruxelles en 1848, y tenaient deux réunions hebdomadaires lorsqu'ils habitaient la ville. *Le Cygne* est aujourd'hui un restaurant.

10 L'Arbre d'Or – Maison des Brasseurs après avoir été celle des Tanneurs et des Tapissiers (1698). L'architecte Guillaume de Bruyn a eu recours à l'ordre colossal pour asseoir une façade qui se veut fastueuse. Épaulé de dauphins et de volutes, le couronnement est ponctué d'une statue équestre de Charles de Lorraine (J. Lagae, 1901). Cet anachronisme s'explique par le fait que la statue initiale représentant le gouverneur Maximilien-Emmanuel de Bavière tomba en morceaux et fut remplacée par une effigie (1752) d'un gouverneur actif quelque 40 ans plus tard ; celle-ci fut à son tour remplacée par celle que nous voyons aujourd'hui. Actuellement occupé par la Confédération des brasseries de Belgique, le sous-sol de l'Arbre d'Or abrite le **musée de la Brasserie** ⓥ. Des instruments anciens relatifs à la fabrication de la bière sont exposés dans une reconstitution d'une brasserie du 18e s. Une autre salle évoque les techniques ultramodernes du brassage (cuves cylindro-coniques pour la fermentation et la maturation de la bière, centrifugeuse pour la clarification de la bière, etc.). Une présentation audiovisuelle et des bornes interactives renseignent sur les origines de la bière, les brasseries en Belgique... À la fin de la visite, le touriste peut déguster une bonne bière belge.

11-12 La Rose et le Mont Thabor – Maisons particulières (1702 et 1699).

13-19 Maison des ducs de Brabant – Cette dénomination provient des 19 bustes ornant le socle des pilastres du premier étage. Son imposante façade (1698) est surmontée d'un beau fronton arrondi dont le tympan a été attribué à P. Ollivier. Il représente une allégorie de l'Abondance (1770). Comme à l'Arbre d'Or, Guillaume De Bruyn a appliqué l'ordre colossal qui dégage deux niveaux de pilastres. Trois perrons donnent accès aux maisons que cet ensemble dissimule. De droite à gauche : au numéro **13**, **La Renommée**, facilement repérable à l'élégante statue-enseigne surmontant l'entrée, abrite le **musée du Cacao et du Chocolat** ⓥ.

Musée de la Brasserie

Typiquement belge, cette initiative à la fois sympathique et didactique retrace les origines et l'histoire du chocolat. Panneaux explicatifs, photos, ustensiles, ainsi qu'une présentation vidéo renseignent le visiteur sur la fabrication de cette délicieuse friandise. La dégustation en fin de visite ravira les plus gourmands. **14 L'Ermitage** (enseigne au-dessus de la porte) ; **15 La Fortune** (maison des Tanneurs, enseigne au-dessus de la porte) ; **16 Le Moulin à Vent** (maison des Meuniers, enseigne au centre de la façade) ; **17 Le Pot d'Étain** (maison des Charpentiers et des Charrons, enseigne au-dessus de la porte) ; **18 La Colline** (maison des Sculpteurs, des Maçons et des Tailleurs de pierres, enseigne au-dessus de la porte) ; **19 La Bourse** (enseigne au centre de la façade).

20-21-22-23 Le Cerf, Joseph et Anne, l'Ange – Maisons particulières (1710, vers 1700, 1697).

24-25 La Chaloupe d'Or – Maison des Tailleurs (1697). S'inspirant à nouveau de l'Arbre d'Or, Guillaume De Bruyn superposa deux ordres sous un fronton, triangulaire cette fois. On y décèle clairement les influences du baroque italien et de la décoration à la flamande, dont la combinaison caractérise la plupart des maisons de la Grand-Place. Les fenêtres de l'entresol, sous lesquelles s'animent de beaux mascarons, sont séparées par le buste de sainte Barbe, patronne des tailleurs. Le gâble de la maison est surmonté d'une statue de saint Boniface, évêque de Lausanne réfugié à l'abbaye de la Cambre. *La Chaloupe d'Or* est aujourd'hui un café.

26-27 Le Pigeon – Maison des Peintres (1697). Victor Hugo y séjourna dès son arrivée en Belgique, en décembre 1851, après avoir franchi la frontière déguisé en ouvrier et nanti d'un faux passeport – pour nourrir son goût de la mise en scène à en croire certains. Il y écrivit l'*Histoire d'un crime* et *Napoléon-le-Petit*. Sa logeuse, qui devait l'admirer jusqu'au culte, aurait porté le deuil tant que Napoléon III demeura empereur. Sobre, la façade de Pierre Simon, l'architecte de la maison, superpose les ordres (dorique, ionique et corinthien). Deux éléments sont intéressants : l'arc en anse de panier de la fenêtre du premier étage ainsi que les mascarons pittoresques du même niveau, qui dotent le Pigeon d'un cachet particulier.

28 La Chambrette de l'Amman – Également appelée « Le Marchand d'Or » ou « Aux Armes de Brabant » en raison des armoiries visibles sur la façade (1709). Celles-ci indiqueraient le local de l'amman, magistrat qui représentait le duc de Brabant et était chargé de l'administration de la ville. Mais c'est du haut de l'Étoile (n° 8) qui lui fait presque face que le justicier assistait aux exécutions.

29-33 Maison du Roi – Ce grand bâtiment se situe à l'emplacement de l'ancienne halle au pain remplacée au 15e s. par la maison du Duc qui abritait les services chargés de percevoir les taxes et les tribunaux. Cette maison passa ensuite aux ducs de Bourgogne, et notamment à Charles Quint, roi d'Espagne. Elle changea de nom comme elle avait changé de propriétaire. En 1515, celui-ci décida d'en construire une nouvelle, et il en confia la réalisation au Malinois **Antoine Keldermans le Jeune**. Après la mort de ce dernier, Louis van Bodeghem, Rombaud Keldermans, Dominique de Wagemaker et Henri van Pede, qui édifia le splendide hôtel de ville d'Audenarde, prirent le relais de travaux qui s'achevèrent vers 1536. Trois siècles plus tard, le bourgmestre Charles Buls chargea **Pierre-Victor Jamaer**, admirateur de Viollet-le-Duc, de reconstruire l'édifice devenu vétuste. Entre 1875 et 1895, ce dernier réédifia le bâtiment précédent en respectant son style gothique tardif, mais en y ajoutant une tour et des galeries au rez-de-chaussée et à l'étage.
L'intérieur est occupé par le musée de la Ville de Bruxelles.

Musée de la Ville de Bruxelles ⊘ – Ce musée abrite des œuvres d'art et des collections retraçant l'histoire de la ville ainsi que des témoignages de nombreuses industries d'art locales.

La faïence à Bruxelles

À l'ombre de la tapisserie et des retables, la faïence bruxelloise connut un franc succès au cours du 18e s., c'est-à-dire un siècle après l'éclosion de la célèbre production de Delft. Rarement signées et datées, les pièces fabriquées à Bruxelles n'en sont pas moins remarquables.
Associé au Hollandais Witsemburg, Corneille Mombaers réalisa des décors en camaïeu bleu. Stagiaire à Rouen et Sinceny, son successeur Philippe Mombaers apporta à la faïence bruxelloise ce qui allait faire son originalité : les « pièces de forme », qui représentent des animaux ou des légumes, et les « jacquelines », pichets en forme de personnages assis. La production de Jacques Artoisenet est plus généralement associée au décor vert de cuivre. Enfin, plusieurs manufactures ont coexisté jusqu'au milieu du 19e s. (Ghobert de Saint-Martin, Bertholeyns, Van Bellinghen, etc.), mais la porcelaine avait alors déjà supplanté la faïence...

Le rez-de-chaussée est indéniablement le niveau le plus riche. La salle « Sculpture gothique » conserve des pièces uniques, notamment des fragments provenant de l'église Notre-Dame-de-la-Chapelle *(voir quartier des Marolles)* et de la maison du Roi elle-même, mais également les 8 prophètes du portail de l'hôtel de ville *(voir ci-dessus)* sur lesquels on distingue des traces de polychromie originale, et un dessin, dont l'original se trouve au Metropolitan Museum à New York, attribué à Rogier van der Weyden, laissant supposer qu'il participa au programme sculpté de l'hôtel de ville : voir à ce propos les trois fragments de chapiteaux. La salle « Renaissance et Baroque » est l'occasion d'apprécier deux apôtres en albâtre attribués au Messin Jean Mone (vers 1490-1549), maître sculpteur de Charles Quint, et le plus ancien exemplaire du Manneken Pis de Jérôme Duquesnoy l'Ancien (vers 1570-1641) ; voir aussi les terres cuites de Laurent Delvaux, G.L. Godecharle et Jacques Bergé. Les vitrines de la salle « Faïence et Étain » réunissent une superbe collection de céramiques bruxelloises, avec en outre une grande plaque polychrome signée Méry d'après une œuvre de Pierre de Cortone et illustrant la rencontre d'Énée et Vénus à Carthage. La salle « Peintures et Retables » contient deux chefs-d'œuvre : d'une part, **Le Cortège de noces** attribué à Pieter Bruegel l'Ancien (vers 1527-1569), où l'on remarquera la séparation entre les hommes et les femmes, et, d'autre part, le **retable de Saluces** (début 16e s.) dont les sept niches illustrent des scènes de la vie de la Vierge et de l'enfance du Christ. La salle « Tapisserie », métier qui assura le prestige de Bruxelles du 15e au 17e s., réunit quelques spécimens de très haute qualité : *La Cérémonie funèbre de Decius Mus*, d'après des cartons de Rubens, *L'Épisode de l'histoire de Tristan et Yseult*, la *Légende de Notre-Dame-du-Sablon* d'après des cartons attribués à Bernard van Orley et une *Scène de chasse à l'épieu*. Enfin, la salle « Porcelaine » témoigne de la valeur de la production bruxelloise au 19e s., assurée entres autres par les manufactures de Montplaisir et d'Etterbeek, assez semblables à cause du va-et-vient des ouvriers décorateurs. Avant de s'engager dans l'escalier, remarquer le bas-relief en plâtre de la *Chasse de Méléagre* que le réputé François Rude avait créé pour le pavillon du prince d'Orange à Tervuren. Les vitraux représentant les armoiries des États de Charles Quint méritent également notre attention.

Le premier étage relate la croissance de la ville et ses transformations au cours des siècles : nombreux plans, cartes et tableaux *(voir L'Infante Isabelle à la chasse au héron à proximité du Rouge-Cloître)*, et maquettes instructives de Bruxelles au 13e et au 17e s. (cette dernière permet de voir l'ancienne tour de l'église Saint-Nicolas). Le second étage évoque l'histoire des habitants, des origines à nos jours. Un tableau datant du milieu du 16e s. donne une idée précise de l'ancien palais ducal du Coudenberg et de l'ancien hôtel de Nassau, aujourd'hui disparus. De nombreux documents originaux illustrent la vie politique, économique, sociale et artistique. La dernière salle est réservée à la garde-robe du Manneken Pis : le plus ancien costume exposé est celui offert par Louis XV en 1747 ; la plupart datent du 20e s.

34-35-36-37-38-39 Le Heaume, Le Paon, Le Petit Renard et Le Chêne, Sainte-Barbe, L'Âne – On retrouve la caractéristique des trois ordres dans ce groupe de six maisons, le plus simple de la Grand-Place.

ALENTOURS

Grand-Place, vous êtes au cœur de la vieille ville. Pour s'imprégner de l'atmosphère sans pareille du quartier, il ne faut pas hésiter à déambuler dans les rues environnant cette merveille renommée dans le monde entier. Lieu de rendez-vous ou point de convergence, la Grand-Place et ses terrasses de café agissent comme un aimant qui attire tout piéton passant à ses alentours. Aussi les rues qui la bordent sont-elles constamment fréquentées, le jour comme le soir. Dès la nuit venue, les jeunes envahissent ce vieux quartier dont les anciennes maisons de corporations abritent de nombreux bars et dancings où résonnent des musiques de toute nature.

En vous promenant, vous déborderez très vite des limites du quartier. C'est la raison pour laquelle nous vous conseillons de vous repérer aux deux plans détaillés du centre de la capitale afin de profiter des curiosités renseignées dans le guide *(voir quartiers de la Bourse, de la Monnaie, du Mont des Arts, des Marolles, de la Ville ancienne)*.

À l'angle Nord-Est de la Grand-Place s'ouvre la rue de la Colline.

Au n° 24, **La Balance** présente une façade magnifique dont le cartouche porte le millésime 1704. La rue comprend une des entrées de la galerie Agora *(en pointillé sur le plan)*, peuplée de boutiques de vêtements bon marché. À côté, la façade-écran baroque de la **Demi-Lune** date de 1696.

Traverser la Grand-Place en diagonale pour s'engager dans la rue de la Tête-d'Or.

Au n° 3, **Le Corbeau** est daté de 1696. À l'angle de la rue du Marché-au-Charbon et de la rue des Pierres, voir l'amusante fontaine dite « le cracheur ».

Remonter la rue de l'Amigo. Tourner à droite dans la rue de l'Étuve qu'il faut immédiatement traverser pour s'engager dans la rue de la Violette.

Musée du Costume et de la Dentelle ⊘ (**JY M¹⁴**) – *Rue de la Violette 6.* Le musée est petit, mais il possède certaines pièces remarquables qu'apprécieront les amateurs d'ouvrages délicats. Il faut rappeler que durant les 17ᵉ et 18ᵉ s., les Pays-Bas méridionaux furent extrêmement féconds dans l'art de la passementerie et de la dentelle, domaines où style et technique sont très étroitement liés.

La collection offre des exemples saisissants de la dextérité à laquelle parvenaient les dentellières.

Accueillant souvent des expositions temporaires, la salle du rez-de-chaussée comprend une section costumes (du 18ᵉ s. à nos jours) dont la présentation est régulièrement modifiée ; parmi les dentelles, voir la série de volants flamands et bruxellois de la seconde moitié du 17ᵉ s. ainsi qu'un très beau voile de bénédiction (début 18ᵉ s.) représentant la consécration du sanctuaire de Laeken. La salle du premier étage est consacrée aux costumes et aux vêtements liturgiques (belle étole datant de la fin du 18ᵉ s. ayant appartenu à lady Hamilton, la maîtresse de l'amiral Nelson vainqueur à Trafalgar) ; une section de dentelle contemporaine est également présentée.

La partie la plus intéressante occupe la salle du deuxième étage. Elle consiste en quatre meubles clos dont les tiroirs recèlent un éventail de pièces anciennes. Celles-ci se répartissent entre des écoles désignées par des noms de lieux : Italie, Brabant, Flandre, Alençon, Argentan, Chantilly, Lille, Paris, etc. Ces écoles se caractérisent par des particularités techniques, aussi n'était-il pas rare de réaliser de la dentelle de Malines à Bruxelles, ou de la dentelle de Valenciennes à Anvers. Jusqu'à la fin du 17ᵉ s., l'appellation « dentelle de Flandre » recouvre la production des Pays-Bas méridionaux, c'est-à-dire Anvers, Bruxelles *(voir Introduction, Les arts à Bruxelles)*, Gand, Liège, Malines et Valenciennes. Un panneau didactique explique avec clarté les différents procédés de fabrication. Il faut noter qu'à partir du 18ᵉ s. la décoration suit l'évolution des styles français : Louis XIV (motifs étagés et disposés autour d'un axe vertical) ; Régence (décor chargé et abondance des formes) ; Louis XV (fleurs et oiseaux parmi une décoration sinueuse). En vitrine : très beau voile en dentelle de Lierre (vers 1815) et velum de tabernacle en dentelle de Bruxelles (Régence).

Reprendre la rue de l'Étuve que l'on continue au-delà de la rue du Lombard.

★★Manneken Pis (**JZ**) – *À l'angle de la rue du Chêne et de la rue de l'Étuve.* Eh non ! Il n'est pas plus grand... le petit bonhomme *(manneken)* qui est l'objet de l'affection populaire des habitants depuis 1619. Ce symbole de la ville, dont le geste naturel s'accompagne d'une grâce charmante, symbolise la goguenardise et la verdeur brabançonnes. Pour sauvegarder sa pudeur, la décence, ou plutôt pour honorer le plus célèbre et « le plus ancien citoyen de Bruxelles », la coutume est de lui offrir un vête-

ment. Cet usage du costume remonte à Maximilien-Emmanuel de Bavière, gouverneur au nom du roi d'Espagne Charles II, qui lui fit cadeau d'une tenue en 1698. Depuis, ce cupidon un peu canaille a été doté d'une riche garde-robe qui occupe une salle du musée de la Ville *(voir maison du Roi ci-dessus)*. On vit ainsi Maurice Chevalier lui offrir un canotier, ou plusieurs chefs d'État étrangers l'habiller de la tenue la plus représentative de leur pays. Symbole par excellence de Bruxelles, le Manneken Pis a été volé à maintes reprises. La première fois au milieu du 18ᵉ s. par des soldats anglais, interceptés par les habitants de Grammont (Flandre orientale) qui reçurent une réplique de la statuette en remerciement de la restitution de l'incontinent gamin. Le comportement des soldats français ne fut guère plus correct lorsque Louis XV eut pris la ville en 1747. Le roi répara une tentative de rapt en faisant don au petit bonhomme tant aimé d'un habit de brocart brodé d'or et en le décorant de la Croix de Louis XIV. Le dernier vol date du début des années 1960, lorsque des étudiants voulurent attirer l'attention sur des problèmes liés à la politique de l'enseignement.

L. Banahan/A chacun son image/MICHELIN

Manneken Pis

Le bronze original de cette sculpture a été façonné par Jérôme Duquesnoy l'Ancien (vers 1570-1641) pour alimenter le quartier en eau. À l'époque, celle-ci était potable et la sculpture portait le nom de « petit Julien », en souvenir d'une fontaine du même type déjà présente au 15ᵉ s. En 1770, on l'encadra d'une niche de style Louis XV. Un énième vol perpétré en 1817 par un certain Antoine Licas fut fatal au bronze de Duquesnoy, que cet ancien forçat brisa peu après son ignomi-

L'Ommegang

Jadis, toute grande ville flamande ou wallonne célébrait son anniversaire par un défilé qui symbolisait sa splendeur, ses mœurs et ses passions. Aussi les autorités civiles, ecclésiastiques et militaires rivalisaient-elles d'éclat pour l'*Ommegang*, littéralement « aller tout à l'entour ». Si son inspiration était religieuse – on y portait en triomphe une statuette de la Vierge – cette procession austère inaugurée au 13e s. acquit rapidement un caractère plus profane. Au fil des ans, elle devint la fête par excellence de la capitale du Brabant, une fête tout en extravagances et bizarreries dont les souverains encourageaient la magnificence. Cette coutume connut son apogée au 16e s., notamment lorsque Charles Quint y assista en 1549. Ravivé depuis 1930, ce cortège des corporations et des magistrats de la ville est organisé chaque année *(voir Les informations pratiques en début de volume)*. Le couvre-lit d'Albert et Isabelle *(voir Cinquantenaire, musée du Cinquantenaire, salle 106)* est orné d'une série de scènes illustrant cette fête.

nieux larcin. On rassembla les fragments pour en faire un moule et le petit bonhomme put reprendre son activité la même année. C'est donc une réplique que nous voyons à l'œuvre. Ce fut la première d'une longue série de petits arroseurs que les boutiques de la rue de l'Étuve déclinent sous des formes et dans des fonctions parfois inattendues.

Depuis la Grand-Place, on peut rayonner dans tout Bruxelles.

Le quartier
des INSTITUTIONS EUROPÉENNES

Plan, voir p. 19

Jules César raconte qu'avant qu'il n'anéantisse les Nerviens, ceux-ci s'étaient rassemblés dans un lieu dont des marais défendaient l'entrée. Ce lieu était très probablement le territoire alors boisé de l'actuelle commune d'**Etterbeek**. Le village, dont la plus ancienne mention est un diplôme de 966, fut longtemps réputé pour son moulin de pierre « qui se voyait de bien loin à la ronde » et pour sa chasse royale qui constituait un domaine réservé au souverain et au gouverneur général.
L'accroissement de la ville a eu raison des beautés naturelles de ce faubourg jadis verdoyant. Le quartier est l'hôte des nombreuses infrastructures de l'Union européenne. C'est celui des diverses manifestations à caractère européen – une tous les six jours selon les statistiques de la gendarmerie – mais il est surtout l'endroit le plus cosmopolite de la ville. En perpétuel chantier, ce périmètre de bureaux est assurément le quartier en devenir de la capitale.

Le rond-point Schuman – En 1950, Robert Schuman (1886-1963), s'inspirant d'une idée du père spirituel de l'Europe, Jean Monnet, proposa de « placer l'ensemble de la production de charbon et d'acier sous une haute autorité commune, dans une organisation ouverte à la participation des autres pays d'Europe ». En 1951, le traité de Paris instituait la CECA. Entre le parc du Cinquantenaire et la rue de la Loi remontant vers le centre de la ville, le rond-point qui porte aujourd'hui son nom est au centre des premières installations européennes établies dans la capitale de la Belgique.

Juste à côté se dresse le célèbre **centre Berlaymont (GR)**, édifié à l'emplacement d'un couvent fondé en 1624 par la comtesse de Berlaymont. Construit en 1967 sous la direction de l'architecte Lucien de Vestel, cet énorme bâtiment de 169 000 m²

Pourquoi Bruxelles ?

Lorsqu'en 1951 le traité de Paris institua la Communauté européenne du charbon et de l'acier (CECA), Bruxelles aurait pu devenir d'emblée la capitale unique de la Communauté. Le ministre belge des Affaires étrangères s'y opposa car son parlement avait promis à Liège que seule sa candidature serait défendue. Malheureusement pour elle, la ville des princes-évêques n'avait aucune infrastructure à son crédit. La ville de Luxembourg fut donc choisie, un peu par défaut, faut-il l'avouer. Mais, lorsqu'il fut question d'entériner définitivement ce choix en 1954, la Cour grand-ducale y mit son veto. Le gouvernement belge saisit l'occasion qui lui était à nouveau offerte et avança le nom de sa capitale. Les Six acceptèrent et confièrent à Bruxelles le soin d'héberger à partir du 1er janvier 1958 la CEE et l'Euratom créés par le traité de Rome l'année précédente.

en forme de X repose sur quatre ailes de poutrelles métalliques préfléchies, technique inédite à l'époque. Il a été déserté fin 1991 pour des raisons de sécurité liées à l'utilisation de l'amiante dans ses structures. Cependant, il symbolise toujours l'édification de l'Europe, en témoignent les manifestations qui s'évertuent encore à défiler sous ses façades vides. Actuellement, la Commission emploie à Bruxelles quelque 10 000 fonctionnaires ; depuis l'abandon du Berlaymont, ils se répartissent dans une vingtaine d'immeubles situés aux abords immédiats du rond-point, le plus important étant le **Breydel**, avenue d'Auderghem. Pour sa part, le Conseil se rassemble au **Charlemagne**, situé en contrebas du Berlaymont, à l'angle de la rue de la Loi et du boulevard Charlemagne. Cette institution emploie un peu plus de 2 000 personnes, auxquelles il faut ajouter les délégations nationales, de plus en plus nombreuses. Depuis 1995, celles-ci sont logées en face, au **Consilium**, grand ensemble de 215 000 m² de bureaux pouvant abriter près de 2 500 fonctionnaires et comprenant une salle de presse capable d'accueillir 1 000 journalistes. Il se peut néanmoins que ces locaux se révèlent insuffisants si l'Union européenne s'élargit à d'autres pays.

Au n° 155 de la rue de la Loi (c'est-à-dire presque en face du Charlemagne), le **Résidence Palace** a été construit par l'architecte Michel Polak entre 1923 et 1926. Cet ensemble d'appartements était d'un luxe incomparable pour l'époque : un ascenseur reliant les 11 étages, une piscine Art déco singulièrement belle et un théâtre (toujours en activité). Des constructions malheureuses y ont été accolées par les fils de l'architecte. Aujourd'hui, les appartements ont été remplacés par des bureaux et par un centre de presse international.

Poursuivre la rue de la Loi et tourner à gauche dans la rue de Trèves. Celle-ci croise la rue Belliard que l'on descend par le trottoir de droite.

L'Espace Léopold – Bien que siégeant définitivement à Strasbourg, les élus du Parlement européen, ainsi que leurs collaborateurs, sont en principe présents trois semaines sur quatre à Bruxelles pour les réunions de commissions ou de groupes politiques. Les bâtiments du Parlement sont concentrés de part et d'autre de l'avenue Belliard et sont reliés par une passerelle. Ils totalisent actuellement 114 000 m², mais le proche complexe architectural de l'espace Léopold (recouvrant la gare du Luxembourg) apportera bientôt près de 400 000 m² supplémentaires : ce sera le plus grand complexe administratif jamais édifié en Belgique. De ce chantier gigantesque, véritable district européen, émerge déjà le Centre international de congrès (CIC), fruit de l'initiative d'entrepreneurs et de financiers privés qui l'ont loué en 1992 à l'Union européenne. Ce bâtiment dont la verrière cintrée perce fièrement l'horizon de la capitale du haut de ses 70 m porte depuis le nom d'**Hémicycle européen** (GS). Pour leur part, les Bruxellois, dont l'esprit de synthèse sait être cinglant, ont habilement profité de sa ressemblance avec une célèbre petite boîte de fromage pour le baptiser « Caprice des Dieux ». À l'intérieur, une structure en acier inoxydable due à Olivier Strebelle longe l'escalier monumental de l'atrium central.

Parc Léopold (GS) – *Entrée principale rue Belliard, peu après les bâtiments du Parlement.* Aux abords des nouvelles infrastructures de l'Union européenne, dans le sillon de la vallée du Maelbeek qui s'étire depuis le bois de la Cambre et les étangs d'Ixelles jusqu'au square Marie-Louise *(voir Promenade des squares ci-dessous)*, ce parc public réserve son calme aux passants lassés de l'effervescence de l'artère urbaine qu'est devenue la rue Belliard. Si le quartier est en totale transformation – ce dont témoigne la masse imposante de l'Hémicycle européen qui se dresse à proximité – le site a préservé plusieurs édifices aux charmes désuets rappelant le projet de cité scientifique imaginé par l'industriel et inventeur du procédé de fabrication de la soude Ernest Solvay et le médecin Paul Héger. À l'origine, le parc avait une destination zoologique, ce dont témoignent encore les inscriptions visibles de part et d'autre de l'entrée principale. Il fut aménagé par le paysagiste Louis Fuchs et l'architecte Alphonse Balat. Ce dernier y construisit en 1853 une serre chaude qui fut transférée au Jardin botanique à Meise *(voir ce nom)*. Le promeneur croisera la fondation George Eastman (ou Institut dentaire), réalisée entre 1933 et 1935 d'après les plans de l'architecte du Résidence Palace *(voir ci-dessus)* Michel Polak, l'ancien Institut de physiologie et actuel lycée Jacqmain (Jules-Jacques van Ysendijck, 1892-1893), l'École de commerce (Constant Bosmans et Henri Vandeveld, 1902), l'Institut de sociologie (C. Bosmans et H. Vandeveld, 1901-1902) qui renferme la merveilleuse **bibliothèque Solvay** aux lambris d'acajou, l'Institut d'anatomie (J.-J. van Ysendijck, 1893) et la tour d'Eggevoort qui serait un vestige médiéval du domaine du même nom (15ᵉ s., restaurée en 1914).

Ouvert au milieu du 19ᵉ s., le parc a reçu sa dénomination actuelle à l'occasion du cinquantenaire de l'Indépendance.

Ce havre de paix au tracé pittoresque dispose d'un étang où il n'est pas rare de voir un héron cendré, immobile au bruit environnant des klaxons, s'éloigner nonchalamment à l'approche de quelque chien fougueux.

Bibliothèque Solvay

Ch. Bastin-J. Evrard

Très pentu, le parc est dominé par les façades arrière des deux ailes du Muséum des Sciences naturelles. L'aile gauche est l'œuvre de l'architecte Émile Janlet (1839-1918) qui la conçut en collaboration avec le paléontologue Édouard Dupont ; l'aile droite correspond à l'ancien couvent des sœurs rédemptoristes aménagé par Henri Beyaert vers 1860 dans un style néoroman teinté d'éclectisme. Au flanc Ouest du parc, le n° 172 de la chaussée d'Etterbeek fut la maison natale du sculpteur Constantin Meunier (1831-1905).

★★ **Muséum des Sciences naturelles (Institut royal)** ⊙ (**GS M²⁹**) – *Rue Vautier 29.* Créé en 1842, ce musée occupe depuis 1891 les bâtiments de l'ancien couvent des sœurs rédemptoristes situé au parc Léopold *(voir ci-dessus).* Cet établissement – qui se nomme officiellement Institut royal des Sciences naturelles de Belgique depuis 1948 – s'est ensuite fortement développé pour devenir un centre de recherche consacré à l'étude du monde vivant et fossile.

La diversité des collections a rapidement imposé d'agrandir les bâtiments : en 1905 tout d'abord, puis en 1930 avec le premier immeuble tour de la capitale, qui ne fut achevé que cinquante ans plus tard. L'architecture la plus intéressante se trouve du côté du parc Léopold.

La minéralogie – Des vitrines et des panneaux didactiques expliquent les minéraux et les cristaux, illustrés par de magnifiques agrégats, de même que la composition de météorites et de roches lunaires. Une vitrine présente les minéraux de Belgique ; il s'agit d'un échantillonnage de gîtes parmi les plus fameux. Une petite salle consacrée à la fluorescence des minéraux ravira la curiosité de chacun *(actionner l'interrupteur).*

Les dinosaures – L'aile élevée en 1905 par l'architecte Émile Janlet abrite la formidable collection de squelettes d'iguanodons découverts en 1878 dans une mine de Bernissart (province de Hainaut) et éteints depuis 65 millions d'années. Les iguanodons, dont le nom signifie « dent d'iguane », étaient herbivores et vivaient en troupeaux à l'époque crétacée. Ces spécimens authentiques (5 m de haut et 10 m de long), présentés en position bipède dans la première vitrine, et dans la seconde tels qu'ils ont été découverts dans le puits naturel hainuyer, sont ici confrontés à des reconstitutions animées : tyrannosaure, tricératops, allosaure... À l'étage se

147

MUSÉUM DES SCIENCES NATURELLES

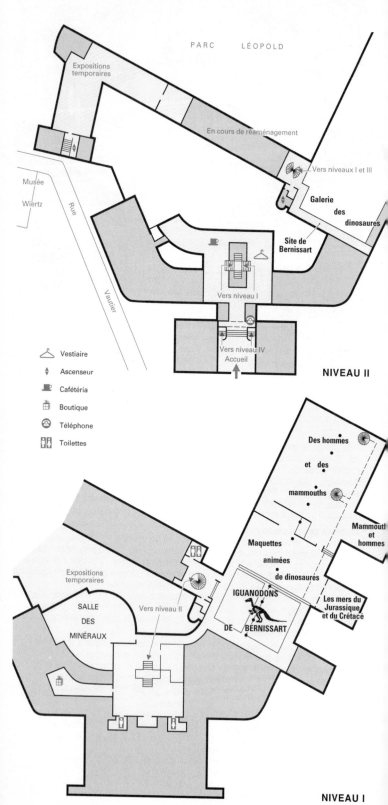

PARC   LÉOPOLD

Expositions temporaires

En cours de réaménagement

Vers niveaux I et III

Musée Wiertz

Rue

Galerie des dinosaures

Site de Bernissart

Vers niveau I

Vauter

Vers niveau IV
Accueil

NIVEAU II

⌂ Vestiaire

↕ Ascenseur

☕ Cafétéria

🏪 Boutique

☎ Téléphone

🚻 Toilettes

Des hommes

et des

mammouths

Mammouth et hommes

Expositions temporaires

Maquettes

animées

de dinosaures

SALLE DES MINÉRAUX

Vers niveau II

IGUANODONS

DE BERNISSART

Les mers du Jurassique et du Crétacé

NIVEAU I

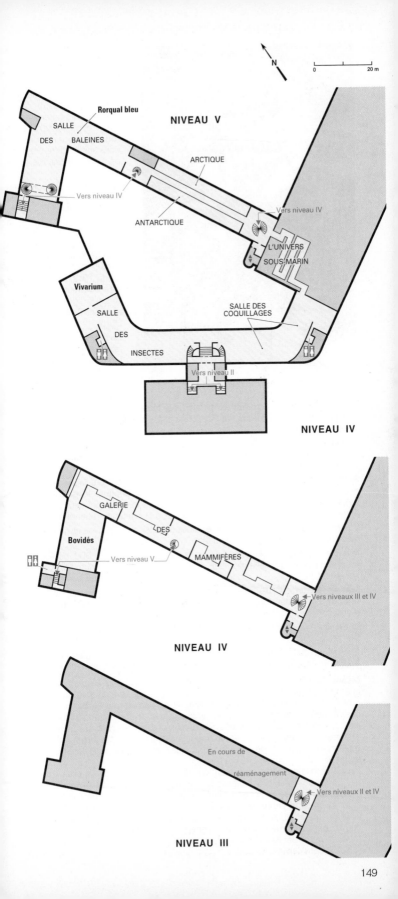

NIVEAU V

SALLE DES BALEINES

Rorqual bleu

ARCTIQUE

ANTARCTIQUE

Vers niveau IV

Vers niveau IV

L'UNIVERS SOUS-MARIN

Vivarium

SALLE DES INSECTES

SALLE DES COQUILLAGES

Vers niveau II

NIVEAU IV

GALERIE DES MAMMIFÈRES

Bovidés

Vers niveau V

Vers niveaux III et IV

NIVEAU IV

En cours de réaménagement

Vers niveaux II et IV

NIVEAU III

J.-J. Rousseau/GLOBAL PICTURES

Muséum des Sciences naturelles – Les iguanodons

trouvent des moulages d'iguanodons présentés en position dynamique ainsi que des fossiles (crocodile, tortue, poissons, plantes) et des squelettes de crocodiles trouvés à Bernissart. Des bornes interactives fournissent des informations sur les différentes espèces de dinosaures exposées.

Des hommes et des mammouths – Cette section retrace l'évolution de l'homme de l'australopithèque à l'homme moderne. Remarquer les squelettes des néandertaliens découverts dans la grotte de Spy à la fin du 19ᵉ s. La salle consacrée aux mammouths présente le squelette impressionnant du mammouth de Lierre.

Les mers du jurassique et du crétacé – Fossiles, squelettes, moulages et modèles évoquant les fonds marins de l'ère secondaire.

Galerie des mammifères – 80 des 107 familles actuelles de mammifères terrestres, exposées dans des dioramas particulièrement réussis. La galerie aboutit à une magnifique salle entièrement réservée aux bovidés.

Salle des baleines – La salle impressionne par ses nombreux squelettes de cétacés, dont spécialement celui du plus grand mammifère de tous les temps, la baleine bleue, qui peut peser jusqu'à 177 t.

Section arctique et antarctique – Les deux pôles réunis à travers leur faune : ours blanc, phoque, narval, morse pour l'Arctique ; manchot, phoque, léopard de mer et baleine à bosse pour l'Antarctique. À noter que ce dernier continent est officiellement une réserve naturelle vouée à la paix et à la recherche scientifique.

L'univers sous-marin – Des photos de grandes dimensions, dioramas et moulages évoquent la richesse de la vie sous-marine.

Salle des coquillages – Superbe collection riche de plus de 1 000 espèces. À la présentation audiovisuelle des récifs coralliens répond un aquarium tropical magnifiquement habité.

Salle des insectes – Cette salle présente une vue générale des insectes : évolution, reproduction et développement, anatomie, camouflage, mimétisme, etc. Une ruche d'observation permet de mieux comprendre l'univers des abeilles.

Le vivarium – Il abrite principalement des arachnides : mygales vivant seules dans leur terrarium, scorpions, etc.

En sortant du musée, prendre à main droite la rue Vautier. L'entrée du musée Wiertz se trouve pratiquement face au bâtiment du nouvel Hémicycle européen.

Musée Wiertz ⊘ (**GS M²⁷**) – *Rue Vautier 62*. Tout proche du Muséum des Sciences naturelles, ce musée est installé dans l'ancien atelier et maison d'Antoine Wiertz (1806-1865), précurseur du symbolisme et du surréalisme en Belgique. Pour les uns, il était un artiste visionnaire, pour d'autres, il était un ambitieux ; pour sa part, Baudelaire parle à son endroit, dans ses pages acerbes sur la Belgique, de « peinture philosophique »... Autant d'opinions qui ne sont pas incompatibles envers cet homme empreint de romantique et que l'on a appelé « le désespoir des critiques ».

Parmi les compositions monumentales de la grande salle de l'atelier, *La Révolte des Enfers contre le Ciel* s'impose par ses dimensions (plus de 11 m de haut). Les œuvres des trois salles annexes témoignent de l'esprit parfois tourmenté de Wiertz, notamment sa macabre *Inhumation précipitée* (1854). Le peintre avait inventé une peinture mate qui devait remplacer la peinture à l'huile. Malheureusement, ce nouveau procédé n'a pas résisté à l'épreuve du temps.

À noter que l'un des conservateurs du musée fut le grand romancier flamand Hendrik Conscience.

Regagner la chaussée de Wavre que l'on descend pour s'engager à gauche dans la chaussée d'Etterbeek longeant le parc Léopold. Poursuivre la chaussée d'Etterbeek que prolonge – après être passé sous la rue de la Loi – l'avenue Livingstone. Gagner le square Gutenberg situé juste après l'étang du square Marie-Louise.

Promenade des squares –
À deux pas du centre Berlaymont s'étend un quartier planifié à partir de 1875 par l'architecte Gédéon Bordiau (1832-1904), collaborateur de Joseph Poelaert, l'auteur du palais de justice *(voir quartier Louise)*. Au 19e s., l'extension de la banlieue et les projets urbanistiques de Léopold II eu raison des zones marécageuses du Nord-Est de la ville. Cette étendue malsaine consistait alors en un chapelet d'étangs dont les

Musée Wiertz

Ch. Bastin-J. Evrard

eaux débordaient souvent en période de crue. Profitant habilement des particularités de la vallée du Maelbeek, le maître d'ouvrage rétrécit l'étang de Saint-Josse où, paraît-il, se baignait jadis Philippe le Bon, et forma le square Marie-Louise, premier d'une série qui s'échelonne sur le versant du site. Néanmoins, il fallut attendre la fin du siècle pour que cette perspective se bâtît de maisons de standing, les unes éclectiques, les autres dans ce style extrêmement neuf pour l'époque – que nous appelons Art nouveau – avec l'obligation d'installer un jardinet en façade. Cet exemple d'urbanisme moderne, abandonnant le plan en quadrillé, mérite une promenade qui sera particulièrement agréable par temps ensoleillé.

Depuis le centre du **square Gutenberg**, on peut apprécier deux façades colorées (nᵒˢ 5 et 8) d'Armand van Waesberghe, dont les ouvertures sont très travaillées, et la maison personnelle de Victor Taelemans (1901) construite dans un style géométrique **(rue Philippe-le-Bon 70)**. De là, on longe le côté gauche du square Marie-Louise (**GR 171**) jusqu'à la **rue du Cardinal** dont le nᵒ 46 (1900) porte une allégorie de l'architecture et présente une belle porte d'entrée. Ces premiers exemples permettent de comprendre combien les éléments décoratifs de l'Art nouveau puisent leur inspiration dans la nature, principalement la flore.

Revenant un instant sur ses pas, on gagne l'étang, que G. Bordiau a traité dans un style pittoresque en y disposant une fausse grotte, pour rejoindre le côté droit du square après avoir dépassé *La Cigale* (1900), du sculpteur Émile Namur. Un bloc de onze maisons témoigne ici, de la variété des styles et des matériaux, de la diversité architecturale de la fin du siècle dernier ; les quatre premières (nᵒˢ 79 à 76) sont des variations néo-Renaissance, flamande pour les deux premières, française pour les deux suivantes. Au nᵒ 34 de la **rue du Taciturne** se trouve une construction éclectique (1900) de Paul Saintenoy *(voir quartier des Beaux-Arts, Old England)* située à la limite des bouleversements engendrés par l'accroissement du périmètre européen.

On revient vers le square pour atteindre l'**avenue Palmerston** (**GR 187**) dont la naissance offre un ensemble remarquable de trois hôtels particuliers élevés par Victor Horta. Au nᵒ 3, l'**hôtel Deprez-Van de Velde** (1896) présente une façade sobre où l'alternance de pierre blanche et de pierre bleue s'estompe à mesure de l'élévation ; la découpe des ouïes et les légères ondulations sculptées dans la maçonnerie, notamment sous le bow-window, donnent beaucoup de cachet à cette construction large, d'aspect presque classique. Le portail de la façade latérale (rue Boduognat) aux lignes caractéristiques de l'Art nouveau retient toute notre attention. Le nᵒ 2 (1898) est une maison d'angle aux formes raffinées, d'une typologie chère à l'architecte qui développe ici un style plus sensuel traduisant avec souplesse l'agencement des pièces intérieures. Enfin, l'**hôtel van Eetvelde**★ (1895-1898), au nᵒ 4, est une brillante réalisation où V. Horta a pour la première fois appliqué une telle structure métallique à une habitation privée. Les progrès techniques de la fin du 18e s. et du début du 19e s. avaient diminué le coût du fer et répandu son usage dans la construction bien que son usage fût encore parcimonieux et souvent limité aux

Maison de St-Cyr – Détail

Ch. Bastin-J. Evrard

ouvrages utilitaires. Horta eut le cran de l'imposer aux façades et aux intérieurs de plusieurs demeures de prestige de la capitale. Caractérisée par des montants métalliques, la façade présente deux niveaux en encorbellement reposant sur des consoles symboliques qui surmontent un rez-dechaussée en retrait. Cette rigidité est adoucie par les linteaux arqués des fenêtres du premier étage, et par les parties pleines ornées de mosaïques décorées d'arabesques d'autant plus compliquées que le regard s'élève, jusqu'à la balustrade du 3ᵉ étage où le mur retrouve l'alignement de l'avenue. Cette organisation rigoureuse ne laisse rien transparaître de la circulation intérieure déterminée par deux corps de bâtiment. Ils sont reliés par un somptueux hall octogonal situé à mi-étage ; meublé et décoré d'époque, il est couvert d'une verrière en vitrail diffusant aujourd'hui un éclairage électrique. Organisées autour de ce puits de lumière, les vastes pièces que sont la salle à manger et le salon communiquent par un passage couvert et sont décorées d'une grande variété de matériaux.

Juste avant d'arriver au **square Ambiorix** (**GR**), la villa Germaine (1897), au nᵒ 24, attire l'œil par ses faïences et ses briques de couleur, ainsi que par son petit bow-window. Au nᵒ 11 du square, insérée dans un bloc aux façades sobres, la **maison du peintre Georges de Saint-Cyr** (1900) tranche par son étroitesse et la fantaisie baroque de ses formes. Elle est l'œuvre d'un élève de Victor Horta, Gustave Strauven (dont on peut voir une autre maison au nᵒ 87 du boulevard Clovis), qui dota nombre de ses réalisations de ferronneries exubérantes, affirmant un maniérisme qui finira par étouffer ce style très novateur ; mais, à la différence de son maître qui faisait appel à l'artisanat, G. Strauven utilisait souvent des matériaux manufacturés.

Donnant dans le square Marguerite, le nᵒ 63 de la **rue Van Campenhout** présente une façade ornée de médaillons en sgraffite *(voir Introduction, L'art dans la rue)*, cette technique proche de la fresque, reprenant des emblèmes maçonniques. Au nᵒ 35 de la **rue Le Corrège** se trouve la maison en briques rouges de l'architecte E. Ramaekers (1899), dont les vitraux stylisés et le mélange d'Art nouveau et de néogothique excitent la curiosité du passant. Remarquer les sgraffites en dessous du bow-window représentant deux cygnes et un coucher de soleil.

Depuis le rond-point Schuman, on peut :

▶▶ Gagner le centre de la ville (quartiers Louise, de Brouckère, du Botanique). Se rendre au Cinquantenaire par le parc du même nom situé à l'Est du rondpoint.

Le quartier LOUISE★

Plans, voir p. 18 et p. 20

Depuis qu'il est habité, le « haut de la ville » a toujours été consacré au luxe et à la résidence ; le « bas de la ville », autrefois souvent insalubre, était lui le domaine des brasseries, meuneries et autres tanneries qui avaient besoin de l'eau de la Senne pour travailler. La place Louise et l'avenue du même nom, autrefois percées pour la promenade, sont depuis plusieurs décennies vouées au commerce.

Pour déterminer la situation de ce quartier, point besoin de carte ou de panneaux directionnels, il suffit de se repérer au gigantissime palais de justice qui se dresse audessus du populaire quartier des Marolles.

Palais de justice ⏱ (ES J) – *Place Poelaert. Travaux en cours.* Commencée en 1866 et achevée en 1883, cette architecture colossale conçue par Joseph Poelaert (1817-1879) est réellement exceptionnelle. Qu'il plaise ou non, ce mammouth affiche en effet des dimensions inouïes : 26 000 m² de superficie pour des côtés de 150 et 160 m de long, avec un porche d'entrée haut de 42 m et un dôme s'élevant à 97,5 m. C'est assurément l'un des plus grands bâtiments d'Europe que J. Poelaert a érigé sur la colline du Galgenberg où se dressait jadis la potence de la ville. L'écrivain Camille Lemonnier voyait dans cette masse imposante et sévère « un titanesque entablement surmonté de pilastres, échancré de portiques, entaillé d'escaliers, une architecture qu'on croit avoir entrevue dans les nuages d'une apothéose ».

D'inspiration antique, le palais est coiffé d'un dôme épaulé par des griffons. J. Poelaert avait prévu de placer une pyramide à la place, forme peu usitée depuis les Égyptiens. Il n'en eut pas le temps puisqu'il décéda avant l'achèvement des travaux. Le dôme a été conçu par l'architecte Benoît et a été reconstruit après son incendie par les Allemands en 1944. L'entrée principale du palais se fait par un vaste péristyle ouvrant sur la grandiose **salle des Pas perdus** couverte par une coupole impressionnante, et autour de laquelle court une galerie accessible par des escaliers monumentaux. L'édifice comptait initialement 27 salles d'audience et 245 salles secondaires.

Depuis la balustrade de la place Poelaert, on bénéficie d'une belle **vue** étendue sur le bas et l'Ouest de la ville. Au centre de la place, le monument sculpté par Vereycken en 1935 commémore les soldats de l'infanterie tombés lors de la Première Guerre mondiale. À l'angle de la place et de la rue de la Régence se trouve le monument de la Reconnaissance britannique (1923) du sculpteur anglais C.S. Jagger en hommage à la fraternité d'armes durant ce même conflit.

Prendre la rue aux Laines à gauche du palais pour gagner la place Jean Jacobs.

Ch. Bastin et J. Evrard

Palais de justice

Place Jean Jacobs (ES 135) – Le petit square de la place est orné d'un groupe d[...]
à Charles Samuel (1912) rappelant le naufrage du *De Smet de Naeyer*, premie[...]
navire-école belge, qui sombra en 1906. Mais on s'intéressera davantage à l'élégan[...]
cartouche de l'architecte Jules Brunfaut qui embellit l'angle gauche de la place. [...]
célèbre le Bruxellois Jean Jacobs (1575-1650), fondateur des bourses d'études [...]
l'université de Bologne : au sommet se trouve saint Michel, patron de la ville.
Remarquer du côté impair les belles maisons particulières de style éclectique et Ar[...]
nouveau.

Remonter le boulevard de Waterloo au-delà de la place Louise.

Parc d'Egmont (KZ) – *Plusieurs entrées : boulevard de Waterloo 31 ; un peti[...]
passage derrière l'hôtel Hilton ; rue du Grand Cerf entre les n°s 10 et 12 ; passage
Marguerite Yourcenar entre les n°s 32 et 34 de la rue aux Laines.* Ce parc intimist[...]
(1,5 ha) forme une oasis de paix au cœur d'un quartier très animé. On peut notamment y voir deux bronzes, *Le Prince de Ligne* par John Cluysenaar (1935), et une
reproduction du *Peter Pan* de sir George Frampton (1924), auteur du porche du
Victoria and Albert Museum à Londres, symbolisant l'amitié entre les enfants britanniques et les enfants de Belgique ; l'original de cette œuvre (1912) qui
représente « le petit garçon qui ne voulait pas grandir » se trouve dans les jardins
de Kensington à Londres. Le *Groote Pollepel* est le dernier des puits qui alimentait
la ville en eau. Les textes gravés dans la pierre bleue *(à l'entrée de la rue aux
Laines)* proviennent du roman *L'Œuvre au noir* (1968) de la célèbre femme de
lettres Marguerite Yourcenar (1903-1987). Née à Bruxelles, elle fut en 1980 la
première femme élue à l'Académie française.
Entre l'aile principale du palais d'Egmont *(voir quartier du Sablon)* et le manège,
la pelouse dite « du sanglier » a probablement été aménagée par le Florentin
Servandoni, qui dessina la façade de l'église St-Sulpice à Paris.

Boulevard de Waterloo (FS) et avenue de la Toison-d'Or (KZ 238) – En 1810,
alors que Bruxelles était préfecture du département de la Dyle, Napoléon décida
d'ouvrir le pentagone bruxellois en ordonnant le démantèlement de l'enceinte du
14e s. pour lui substituer un boulevard circulaire. Cette « petite ceinture » possède
une étrange particularité : ses côtés droit et gauche ne portent pas le même nom.
Le boulevard de Waterloo et l'avenue de la Toison-d'Or forment une même artère
entre la place Louise et la porte de Namur, qui est connue pour ses commerces
de luxe et ses cinémas, surtout du côté de l'avenue de la Toison-d'Or dont la contre-
allée est piétonne. Cette dernière abrite – cache presque – l'**église des Carmes
déchaussés**, construite par l'architecte Appelmans en 1861 dans un style néoby-
zantin. Version moderne des galeries Saint-Hubert, la galerie Louise (1964) relie
l'avenue de la Toison-d'Or à l'avenue Louise.

Avenue Louise (BMN) – Cette avenue fut créée en 1864 pour relier le centre de
la ville au bois de la Cambre *(voir Ixelles)*. Elle remplaçait en fait la prestigieuse
allée Verte de Laeken, promenade aristocratique par excellence du Bruxelles de
l'Ancien Régime (sans aucun intérêt aujourd'hui). Modifiée en vue de l'Exposition
universelle de 1910, l'avenue Louise abandonna peu à peu son charme d'allée
boisée au profit d'un trafic automobile sans cesse croissant ayant entraîné le percement de tunnels à la fin des années 1950. Elle doit son nom à la fille aînée de
Léopold II.
Que l'on vienne de la place Louise ou des galeries du même nom, on débouche
place Stéphanie (du nom de la deuxième fille de Léopold II). L'avenue Louise est
longue et l'on aura avantage à combiner sa visite avec celle de l'abbaye de la
Cambre *(voir Ixelles)*. Au n° 224, l'**hôtel Solvay** *(propriété privée)* fut bâti par Victor
Horta en 1894 pour Armand Solvay, fils d'Ernest Solvay qui fut à la tête d'un
empire industriel dont l'histoire est liée à l'essor de la chimie – son influence était
telle qu'en 1911 il parvint à réunir à Bruxelles des savants comme Curie, Planck,
De Broglie et Einstein pour débattre de ses propres expériences. Bel exemple d'Art
nouveau, la façade symétrique a été élevée en pierre d'Euville contrastant fortement avec la pierre bleue du rez-de-chaussée. Remarquer la belle porte d'entrée
aux formes élégantes, le balcon du premier étage, les minces colonnes métalliques
des bow-windows et le travail de la corniche.
À hauteur du croisement avec la rue du Bailli, on aperçoit à droite la façade de
l'**église de la Ste-Trinité (BN)** bâtie par Jacques Francart *(voir Saint-Gilles)*.

*Pour la suite de la promenade, voir Ixelles, promenade des étangs, hôtel Max-Hallet
et le jardin du Roi.*

Après avoir remonté l'avenue Louise pour atteindre la place Louise, on peut :

▶▶ Gagner le quartier du Sablon par la rue de la Régence qui fait face au palais
de justice.

Gagner le quartier des Marolles en descendant le boulevard de Waterloo
jusqu'à hauteur de la porte de Hal pour tourner à droite dans la rue Haute.

Se rendre à Ixelles en remontant l'avenue de la Toison-d'Or jusqu'à la porte
de Namur.

Le quartier des MAROLLES

Plans, voir p. 18 et p. 20

Entre la porte de Hal, l'église Notre-Dame-de-la-Chapelle et le palais de justice, le quartier des Marolles est traditionnellement le berceau d'une population d'ouvriers et de laissés-pour-compte. Quartier des tisserands, des foulons et des filles publiques durant le Moyen Âge, il fut plus tard le foyer turbulent de nombreuses luttes sociales. À partir des années 1960, les expropriations causées par la construction du palais de justice l'amputèrent d'une grande partie de ses habitants qui occupaient la colline du Galgenberg où se dressait autrefois la potence de la ville. Les Marolles, comme on dit ici, sont restées essentiellement populaires. Cependant, le « marollien » authentique se fait de plus en plus rare : sa gouaille si pittoresque, légendaire à Bruxelles, a malheureusement presque fini de déserter les rues et les cafés du quartier.

Appellation curieuse, le nom de Marolles provient de celui de l'ancien couvent des apostolines de la communauté de Mariam Colentes, institution charitable qui s'était établie au 17e s. avant de se déplacer en 1715 près de la rue de Laeken.

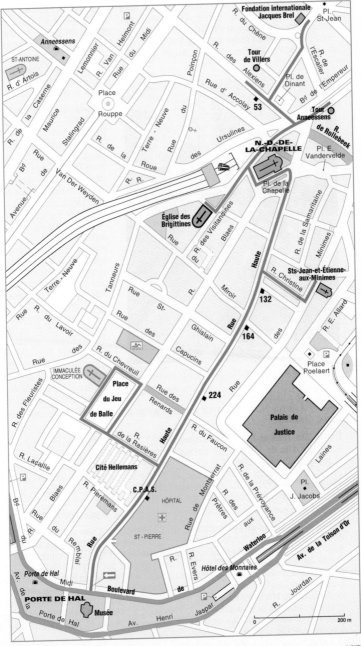

155

Le quartier des MAROLLES

Il est préférable de commencer la visite à partir de la porte de Hal (voir Saint-Gilles) pour s'engager dans la rue Haute.

Rue Haute (**ES**) – La plus longue et sans doute la plus ancienne du centre de la ville puisqu'elle suit un chemin ouvert au début de notre ère par les Romains. Elle forme avec la rue Blaes l'épine dorsale du quartier des Marolles. L'hôpital Saint-Pierre (n° 322), reconstruit en 1935 par Dewin, a été élevé à l'emplacement de la léproserie de Saint-Pierre créée au début du 13e s. Commerçante depuis le milieu du 19e s., la rue a perdu la plupart de ses estaminets. Délimitée par les rues Haute, Blaes, Pieremans et de la Rasière, la **cité ouvrière Hellemans** (**ES**) fut réalisée entre 1912 et 1915 d'après les plans de l'architecte du même nom. Comprenant 272 appartements sociaux, une buanderie et une crèche collectives, le complexe de style éclectique est séparé par six rues intérieures réservées aux piétons. Au n° 298A (3e étage) se trouve le **musée du Centre Public d'Aide Sociale (CPAS)** ⊘. Cette petite collection renferme des peintures, des sculptures, du mobilier, de l'argenterie et des tapisseries, dont un tableau de Josse Momper, un triptyque attribué à B. van Orley et une Vierge de douleur (1522) qui serait du ciseau de P. Borreman. Le n° 224 fut un temps l'atelier d'Auguste Rodin. Au n° 164, la « Maison espagnole » est une élégante construction de briques coiffée d'un pignon à redents. Enfin, **Pieter Bruegel l'Ancien** ainsi que son arrière-petit-fils David Teniers III ont habité la charmante maison aux briques rouges du n° 132.

Ch. Bastin et J. Evrard

Place du Jeu-de-Balle – Marché aux puces

Prendre la 2e rue à gauche pour descendre la place du Jeu-de-Balle.

Place du Jeu-de-Balle (**ES 139**) – La place tire son nom du jeu de la balle pelote naguère très populaire dans toute la Belgique. Un marché aux puces s'y tient tous les matins, celui du dimanche étant le plus important. Ce « vieux marché » existe depuis 1640, mais il se tenait avant 1873 à l'emplacement de l'actuelle place Anneessens. Les bâtiments des petits côtés sont plus anciens que la place elle-même, tracée au milieu du siècle dernier.
L'ancienne caserne des pompiers réalisée en 1861-1863 d'après les plans de l'architecte Poelaert *(voir quartier Louise, palais de justice)* fut aménagée à la fin des années 1980 en appartements et magasins.

Revenir à la rue Haute. On peut gagner l'église des Minimes en prenant à droite la rue Christine.

Église Sts-Jean-et-Étienne-aux-Minimes ⊘ (**JZ F⁷**) – *Rue des Minimes*. Cette église qui date de 1700-1715 marque la transition entre le style baroque flamand et le néoclassicisme. Elle est le dernier vestige de l'ancien couvent du même nom (17e s.) qui fut construit à l'emplacement de la maison du célèbre anatomiste André Vésale (1514-1564). Adossée aux fondations du palais de justice *(voir quartier Louise)*, l'église est réputée pour ses concerts de musique classique.

Revenir à la rue Haute. À son extrémité Nord s'ouvre la place de la Chapelle.

★**Église Notre-Dame-de-la-Chapelle** ⊘ (**JZ**) – *Place de la Chapelle*. En 1134, le duc de Brabant, Godefroi Ier, décida d'élever une chapelle en dehors des murs de la ville. Érigée en paroisse en 1210, elle fut très vite l'objet d'un culte marial. La statue de Notre-Dame-de-Grâce (13e-14e s.) portait sur la poitrine un reliquaire accompagné d'une inscription en néerlandais : « Ici est renfermée une relique du bras de saint Jean, du tombeau de Notre-Dame, de l'endroit où Marie est née, et de l'endroit où Marie est montée au ciel. » En 1250, le duc Henri III donna à l'église cinq morceaux de la vraie Croix, ce qui entraîna les pieuses visites de personnages puissants. C'est donc un lieu de grandes dévotions, qui vit, en 1563, Pieter Bruegel y épouser Marie Coecke.

À l'origine romane, la nef fut rebâtie en 1421 suite à un incendie en 1405 ; l'évêque de Cambrai vint la consacrer en 1434. Transition entre le roman et le gothique, le transept (après 1210) précéda de peu la construction du chœur (après 1250-1275) où s'annonça le gothique brabançon dont on trouvera plusieurs caractéristiques dans l'église.

Extérieur – L'édifice a fait l'objet d'un long et minutieux programme de restauration. S'il est gothique dans son ensemble, sa silhouette frappe d'abord par son clocher baroque un peu déconcertant. Le bombardement de 1695 en est la cause, de même qu'il est responsable de la destruction de la tour du transept. Sous le clocher, placé par l'architecte Antoine Pastorana à qui on doit la maison Le Sac sur la Grand-Place, la tour de façade date du début du 16e s. Sur les côtés, l'alignement des gâbles des chapelles latérales, rehaussés de crochets et couronnés d'un fleuron, est typiquement brabançon. À hauteur du bras Sud du transept, côté Est, on distingue un vestige roman (très rare à Bruxelles) de la chapelle primitive. La décoration sculpturale de la partie romano-ogivale (chevet et transept) se compose d'une frise à hauteur de la corniche, et d'un grand nombre de modillons et de gargouilles à têtes de monstres très réalistes, sans doute exécutés par des tailleurs de pierre étrangers puisqu'il n'y avait pas d'école d'art locale à l'époque de leur réalisation (début 13e s.). Ces représentations du Mal prenaient naturellement place à l'extérieur du sanctuaire, le Bien étant réservé à l'intérieur, auquel on accède par le portail Ouest dont le tympan, reconstruit, porte une *Sainte Trinité* due à Constantin Meunier (1892).

Intérieur – Ce qui frappe immédiatement le visiteur, c'est le contraste entre l'obscurité du transept et du chœur et la clarté de la nef. Longue de six travées et s'élevant sur deux niveaux, la nef présente de belles proportions. Elle est éclairée par des fenêtres hautes de style flamboyant (le remplage date d'une restauration du 19e s.) sous lesquelles a été aménagée une coursière dont le garde-corps ajouré (15e s.) est joliment ouvragé. Les statues d'apôtres placées aux colonnes datent du 17e s., certaines sont de Luc Fayd'herbe ou de Jérôme Duquesnoy le Jeune. Ces colonnes sont typiquement brabançonnes : socle haut, fût épais et chapiteau surbaissé à feuilles de chou frisé. Édifiés entre 1436 et 1475, les collatéraux sont bordés de chapelles dont les angles sont adossés de trois colonnes engagées : l'étonnante hauteur des socles signale que les murs font office de contreforts.

Le programme décoratif compte quelques œuvres intéressantes dont la plus célèbre est le **mémorial** de Pieter Bruegel l'Ancien (mort en 1569) et de sa femme, réalisé par son fils Jan Bruegel et rénové par son arrière-petit-fils David Teniers III (collatéral droit, 4e chapelle) ; *Le Christ remettant les clefs à saint Pierre* est une copie du tableau original de Rubens, vendu en 1765, et aujourd'hui dans un musée de Berlin. À gauche de l'entrée, le monument funéraire du peintre Lens (mort en 1822) a été réalisé par Gilles-Lambert Godecharle. Dans le collatéral gauche, on remarque : une *Adoration des Mages* réalisée par Hendrik De Clerck en 1599 et le reliquaire de saint Boniface, évêque de Lausanne réfugié à l'abbaye de la Cambre (5e chapelle) ; une belle **statue** en bois de sainte Marguerite d'Antioche exécutée vers 1520 (4e chapelle) ; une *Descente de croix* du 16e s. attribuée à l'atelier de Martin De Vos (3e chapelle) ; une statue de Notre-Dame-de-la-Solitude, habillée, selon la coutume introduite par les Espagnols, et qui aurait été offerte vers 1570 par l'infante Isabelle (2e chapelle). La chaire de vérité de P. Plumier (1721) est un travail étonnant représentant le prophète Elie dans le désert recevant d'un ange le pain du réconfort. Le chœur néogothique, tout en profondeur, est décoré de peintures de Charle-Albert, qui est aussi l'auteur des 9 vitraux. La chapelle du St-Sacrement à gauche du chœur abrite le monument funéraire en marbre des Spinola, datant de 1716.

En sortant de l'église, prendre en contrebas et légèrement sur la droite la rue de la Chapelle.

Église des Brigittines (JZ) – *Petite rue des Brigittines 3*. Cette chapelle à nef unique date de 1665. Elle était autrefois la chapelle du couvent des Brigittines dont il ne reste plus rien. La façade de style italo-flamand évoque les maisons urbaines contemporaines des Pays-Bas, ce qui est particulièrement visible dans la porte et les fenêtres. On y trouve la superposition des ordres, comme dans certaines maisons de la Grand-Place. Cet édifice qui a connu de multiples destinations, notamment une boucherie et une salle de bal au siècle dernier, n'ouvre ses portes qu'à l'occasion de concerts.

Remonter la rue de la Chapelle et dépasser l'église pour s'engager dans le boulevard de l'Empereur.

Tour Anneessens (JZ V[1]) – *Boulevard de l'Empereur*. Dégagée en 1957 et restaurée en 1967, cette tour d'angle est un vestige de la première enceinte (fin 11e s.-13e s.). On distingue nettement une tourelle d'escalier octogonale contre la tour circulaire, et, surmontant un pan de muraille qui la flanque, un chemin de ronde fragmentaire bordé de merlons. Ce reste de courtine superpose deux étages voûtés en plein cintre tandis que la tour repose sur deux niveaux voûtés en berceau brisé.

Tout près se trouvait la *Steenpoort* (démolie en 1760) où aurait été emprisonné François Anneessens (1660-1719), martyr de la ville mort sur l'échafaud de la Grand-Place pour avoir défendu les franchises communales. Une sculpture le représentant (1889, Thomas Vinçotte) orne une place portant son nom dans le centre de la ville. De l'autre côté du boulevard, aux n° 53-55 de la rue des Alexiens se trouve un café au décor hétéroclite, *La Fleur en papier doré*, où aimaient à se réunir les surréalistes belges et où se déroulent chaque mois des rencontres poétiques.

Descendre (quelques mètres) la rue des Alexiens jusqu'à l'école néerlandophone St.- Joris aux briques brunes. À cette hauteur, on peut observer grâce à un panneau visuel à ouvertures multiples la tour de Villers.

Tour de Villers (JZ V²) – Cet autre vestige (tour et murs de courtine) de la première enceinte fut mis au jour en 1947 lorsque l'on fit démolir les vieilles habitations ouvrières qui l'adossaient. On y relève des traces de meurtrières et d'escalier, ainsi que des corbeaux de pierre et des merlons.

La première enceinte

Longue de plus de 4 000 m et équipée de sept portes et d'une cinquantaine de tours de défense, la première enceinte dota Bruxelles de son caractère de ville. Probablement décidée par Lambert II (1041-1063) et parachevée par Henri II (1063-1079), cette muraille d'une hauteur moyenne de 7 m et construite en moellons équarris de grès protégeait la résidence ducale du Coudenberg (actuelle place Royale). Il en subsiste quelques rares tronçons, dont certains sont visibles : tour Anneessens, tour de Villers, tour Noire, tour de Pléban, courtine de l'hôtel Radisson SAS.

Remonter la rue des Alexiens et prendre à gauche la rue de Dinant qui donne dans la place de la Vieille Halle aux Blés.

Fondation internationale Jacques Brel ☉ (JZ F⁸) – *Place de la Vieille Halle aux Blés 11.* Consacrée à l'œuvre du célèbre chansonnier, poète et compositeur Jacques Brel (1929-1978), la fondation qui porte son nom organise très régulièrement des expositions à thème évoquant l'univers brelien. Sur rendez-vous, le visiteur peut consulter les archives de la fondation ou assister à une représentation audiovisuelle.

À partir de Notre-Dame-de-la-Chapelle, on peut :

▶▶ Gagner le quartier du Mont des Arts en remontant le boulevard de l'Empereur.
  Gagner le quartier du Sablon par la rue J. Stevens qui s'ouvre depuis la place de la Chapelle à l'angle de la rue Haute.
  Gagner le quartier de la Grand-Place, à pied, par la rue de l'Escalier qui commence face à la tour Anneessens, que l'on descend, puis que l'on prolonge par la rue du Chêne.
  Se rendre à Saint-Gilles par la rue Blaes qui débute place de la Chapelle.

Le quartier de la MONNAIE★★

Plan, voir p. 20

Entre la place de Brouckère et la Bourse, entre l'église Sainte-Catherine et la cathédrale des Saints-Michel-et-Gudule, le quartier de la Monnaie tire son nom de l'atelier de « monnayerie » où l'on frappait, dès le début du 15ᵉ s., les ducats et autres deniers du duché de Brabant.

Piétonne, la place de la Monnaie est située à la convergence de deux voies à vocation essentiellement commerçante : la rue des Fripiers et la rue Neuve. Il est fort agréable d'y faire une halte. Lorsque la chaleur étouffante de l'été bruxellois – la ville occupe la cuvette d'un ancien marais – fige jusqu'aux plus petites feuilles des arbres, les fontaines de la place apportent une fraîcheur réconfortante.

★**Théâtre royal de la Monnaie** ☉ (JY) – *Place de la Monnaie.* Édifiée à l'emplacement de l'hôtel d'Ostrevant où l'on frappait la monnaie au 15ᵉ s., la « Monnaie » fut le témoin d'un épisode historique à la veille de la révolution belge. Le 25 août 1830, on représentait *La Muette de Portici*, opéra en cinq actes composé par le Français Daniel Auber sur un livret de Scribe et Delavigne, dont le duo allait devenir célèbre :

> « Amour sacré de la Patrie,
> Rends-nous l'audace et la fierté !
> À mon pays je dois la vie,
> Il me devra la Liberté ! »

Dès que le ténor entonna cet air patriotique, les spectateurs déclenchèrent une rébellion en rejoignant à l'extérieur une foule houleuse déjà échauffée par les échos de la révolution parisienne de juillet. C'était le prélude des « Journées de septembre » *(voir Introduction, Une longue tradition cosmopolite)*.

Ch. Bastin et J. Evrard

La Monnaie – Hall d'entrée

L'architecture et la décoration – Du bâtiment néoclassique élevé par l'architecte parisien Damesme entre 1817 et 1819 subsistent le péristyle composé de huit colonnes ioniques et le fronton où l'on inaugura en 1854 *L'Harmonie des passions humaines* du sculpteur Eugène Simonis. Après un incendie en 1855, le théâtre fut reconstruit par l'architecte Poelaert. Depuis la place de la Monnaie, on voit nettement que la salle a été surélevée de 4 m lors de l'importante rénovation en 1985-1986 réalisée par les bureaux d'architectes A.2R.C. et URBAT en collaboration avec l'architecte Vandenhove, à la fois pour répondre à des impératifs de sécurité et pour adapter le théâtre aux dernières évolutions techniques en matière de scénographie. Cet ajout, cité en exemple et qualifié de postmoderne, n'a pas altéré l'harmonie de la façade et montre qu'il n'est pas impossible de marier l'ancien et l'actuel.

Dès l'entrée, le visiteur accède au vestibule et à ses grands escaliers dessinés par Joseph Poelaert. La décoration du sol et du plafond est l'œuvre de deux artistes américains contemporains de premier ordre : **Sol LeWitt** et **Sam Francis**. Transformé en salle de réception, le salon royal a été réaménagé par Charles Vandenhove, avec la collaboration de Daniel Buren et de Giulio Paolini, autres artistes de renom international. Fastueuse et totalement rénovée, la salle est celle agencée par J. Poelaert au milieu du 19e s. Elle a été conçue selon le modèle français, c'est-à-dire avec des rangées de balcons et des loges d'apparat dans un style Louis XIV. La coupole est ornée d'une allégorie de la Belgique protégeant les Arts.

L'Opéra national – Mondialement connu pour la qualité artistique de ses créations et de sa programmation, le Théâtre royal de la Monnaie est également nommé Opéra national. Son histoire est particulièrement riche. En 1860, Richard Wagner y dirigea deux concerts consacrés à ses œuvres. Des créations mondiales y ont vu le jour : *L'Africaine* de Giacomo Meyerbeer ou *L'Hérodiade* de Jules Massenet. Plusieurs adaptations françaises y furent données pour la première fois : *La Tétralogie* ou *Le Vaisseau fantôme* du même R. Wagner, *Aïda* de Giuseppe Verdi, *Salomé* de Richard Strauss, *Turandot* de Giacomo Puccini, *Le Libertin* d'Igor Stravinski, parmi les plus connues. Les plus grandes voix y ont résonné : de la Malibran à Maria Callas et Élisabeth Schwarzkopf, d'Enrico Caruso à Mario del Monaco et José van Dam, le célèbre baryton belge. Sarah Bernhardt s'y produisit, de même que Jacques Brel, lorsqu'il chanta *L'Homme de la Mancha* en 1968. On le voit, une liste exhaustive serait inutilement longue pour traduire l'immense valeur artistique de cette institution. Le célèbre chorégraphe **Maurice Béjart** et son fabuleux Ballet du 20e siècle créé en 1960 ont également contribué à la réputation de la Monnaie. Le Marseillais y a en effet connu la gloire avant de rejoindre Lausanne. Il n'a pas été simple de lui succéder, cependant **Anne Teresa De Keersmaeker** (1960), dont le style est résolument contemporain, a su affirmer une personnalité et une créativité qui assurent à la Monnaie tout le prestige qu'elle mérite. Bref, l'Opéra national est une étape obligée des amateurs de ballet et/ou d'art lyrique.

Un excellent magasin de disques et de livres, spécialisé on s'en doute, est accessible par la rue des Princes. La billetterie se situe rue de la Reine.

Rejoindre la rue de l'Écuyer que l'on traverse pour prendre, légèrement à droite, la rue de la Fourche, puis à gauche, la rue des Bouchers.

Rue des Bouchers (**JY 25**) – La plus internationale des rues d'une ville fortement cosmopolite, car elle est la plus fréquentée par les visiteurs. Cette artère piétonne de l'« îlot sacré » *(voir ci-dessous)* attire les touristes, d'une part par son cachet inégalable, d'autre part grâce à une animation continue (surtout le soir). Son nom remonte à l'époque où bouchers, charcutiers et tripiers y vendaient du mouton et du bouc. À défaut d'y trouver encore une boucherie, on y recense un grand nombre de restaurants dont les tables et les étals empiètent sur le pavé, pourtant étroit. Les maisons ont conservé de nombreux pignons à redents ainsi qu'une série de belles portes ornementées datant du 17e s. S'il est bien sûr agréable de se laisser porter par l'atmosphère chaleureuse de la rue des Bouchers, il serait néanmoins dommage de ne pas s'intéresser à ces beaux témoignages du passé.

Divisées en galerie du Roi, galerie de la Reine et galerie des Princes *(voir ci-dessous)*, les fameuses **galeries Saint-Hubert** coupent la rue en deux parties. Dans le tronçon ascendant, à hauteur du n° 58, un passage voûté permet de gagner un petit square embelli d'une fontaine charmante ; en été, le visiteur appréciera son calme et sa fraîcheur *(accès en semaine de 8 h 30 à 17 h, sinon par le n° 52 de la rue de la Montagne)*. Dans le tronçon descendant, au bout de l'impasse de la Fidélité, la petite fontaine de « Jeanneke Pis » est le pendant de son célèbre homologue masculin, Manneken Pis *(voir quartier de la Grand-Place)*. Ce bronze de Debouvrie a été inauguré en 1987 ; une piécette jetée dans la vasque assurerait de la vertu dont l'impasse porte le nom.

L'Îlot sacré

Le quartier central de l'ancienne ville fut ainsi dénommé par le journaliste Louis Quiévreux qui lutta à partir de 1958 contre certains projets immobiliers : « Il faut protéger un îlot qui soit intangible, sacré ! » En 1960, le conseil communal vota un plan d'aménagement visant à restaurer toutes les façades comprises dans un périmètre formé autour de la Grand-Place, de même qu'à y interdire toute construction qui ne serait pas en harmonie avec son architecture traditionnelle.

Plusieurs de ses rues sont piétonnes, comme la rue des Bouchers, ou presque, comme la rue des Brasseurs. Bordées de boutiques et de cafés, elles forment le quartier à la fois le plus pittoresque et le plus animé de la capitale. L'Îlot sacré est aussi surnommé le « ventre de Bruxelles » en raison de la variété des restaurants qu'il recèle.

---

*Petite rue des Bouchers (**JY 24**) – Perpendiculaire à la précédente, elle la relie à la rue du Marché-aux-Herbes, vers la Grand-Place. Cette ruelle, non moins riche en restaurants que sa grande sœur, peut s'enorgueillir de quelques belles maisons des 17e et 18e s.

À hauteur du n° 23, l'impasse Schuddeveld ne connaît qu'un seul habitant : le **théâtre de marionnettes de Toone** ⏱ (**JY T²**). Estaminet le jour, ce pilier du folklore bruxellois ouvre le soir son célèbre petit théâtre. Frondeuses par nature, les marionnettes ont trouvé ici un foyer passionné où est exprimée toute la magie de leur

Petite rue des Bouchers

présence. Il est vrai qu'elles n'ont pas frappé au hasard, puisque Toone VII, José Géal pour l'état civil, perpétue l'esprit d'une dynastie de comédiens et de saltimbanques qui avaient pris ce nom, jadis célèbre dans le populaire quartier des Marolles. Toone VII a su préserver tout l'esprit moqueur et farceur de ce quartier en le transmettant à ses figurines de bois qui ravissent depuis 1963 les adultes venus retrouver ici leur âme d'enfant. Ces *poechenellen* malicieuses interprètent avec une aisance dépaysante tout le répertoire des grands classiques, tels *Les Trois Mousquetaires* ou *Lucrèce Borgia*. Mais on ne vient pas ici pour Dumas ou Hugo, on vient pour les acteurs, pour voir *Woltje*, le « ketje » bruxellois, jouer Hamlet, *Boumpa* faire revivre Charlemagne, *Poupa* se métamorphoser en Pardaillan, ou *Schuun Mokske* ranimer les plus belles princesses de nos rêves. À l'entracte, le spectateur visite un petit musée ; *téléphoner à l'avance pour se renseigner sur les spectacles (en dialecte, en français, en néerlandais, en anglais et en allemand).*

La petite rue des Bouchers débouche dans la rue du Marché-aux-Herbes.

Entre les nᵒˢ 6 et 8 de la rue du Marché-aux-Herbes s'ouvre l'impasse des Cadeaux au fond de laquelle se cache un vieil estaminet, *À l'Imaige Nostre-Dame*.

Remonter la rue du Marché-aux-Herbes.

★★ **Galeries Saint-Hubert** (JKY) – Inaugurées en juin 1847 par le roi Léopold Iᵉʳ, elles regroupent, via un péristyle franchissant la rue des Bouchers, les galeries du Roi et de la Reine, et la galerie des Princes ayant été ajoutée ultérieurement. Elles précèdent dans le temps la fameuse galerie Victor-Emmanuel de Milan réputée pour être la plus ancienne d'Europe. Après les exemples de Paris et Londres, des villes comme Bruxelles, Hambourg, Nantes ou Trieste adoptèrent le principe de ces rues abritées que les galeries Saint-Hubert portaient à leur expression la plus aboutie. Apparus avec la révolution industrielle et généralement fruit d'initiatives privées, ces passages couverts étaient la vitrine d'une société nouvelle. Les uns en voient l'origine dans les galeries du Palais-Royal de Philippe d'Orléans ou plus simplement dans les passages piétonniers protégeant les passants de la boue projetée par les attelages, les autres y voient la traduction moderne des marchés romains et des bazars orientaux. Rue de la Montagne, l'architecte Jean-Pierre Cluysenaar (1811-1880) a dressé une élégante façade classique animée de pilastres. La partie centrale est décorée de plusieurs sculptures et de la devise *Omnibus omnia* (Tout pour tous). Longues de 213 m, les galeries sont bordées de magasins de luxe, de deux très belles librairies (Tropismes et Librairie des Galeries), d'un théâtre (Théâtre royal des Galeries), d'un cinéma (Arenberg-Galeries), de salons de thé élégants et de plusieurs restaurants dont la Taverne du Passage au décor Art déco et l'Ogenblik, à l'ambiance typiquement bruxelloise.

Elles s'élèvent sur trois niveaux et sont couvertes d'une voûte de verre en berceau (sauf dans la galerie des Princes) tendue sur une fine armature métallique. Les décorations sont l'œuvre de Joseph Jaquet.

La petite histoire retient que les galeries Saint-Hubert, étant devenues un lieu de rendez-vous très en vogue peu après leur inauguration, furent le siège du Cercle artistique et littéraire fréquenté par Victor Hugo, Alexandre Dumas et Edgar Quinet, venus y écouter les conférences de Deschanel.

La galerie du Roi débouche dans la rue de l'Écuyer. Presque en face s'amorce la rue Montagne-aux-Herbes-Potagères.

Le nᵒ 7 est occupé par une véritable institution bruxelloise, *À la mort subite*. Le nom insolite de ce café typique a même inspiré le titre d'un ballet de Maurice Béjart. Il proviendrait du nom attribué au perdant du *pitchesbak*, notre 421 actuel, auquel jouaient autrefois les nombreux journalistes que connaissait ce quartier.

Continuer la rue Montagne-aux-Herbes-Potagères et tourner à gauche dans la rue du Fossé-aux-Loups.

Au nᵒ 47 de la rue du Fossé-aux-Loups, l'atrium de l'hôtel S.A.S. renferme un tronçon du mur de la première enceinte de la ville, trop restauré pour les uns, heureusement préservé pour les autres...

Parvenu à la rue du Marché-aux-Herbes, on peut :

▶▶ Gagner la Grand-Place et son quartier par la rue Chair-et-Pain qui fait face à la petite rue des Bouchers.
Gagner le quartier de la Bourse en descendant la rue, puis en tournant à gauche dans la rue de Tabora.
Gagner le quartier du Béguinage en descendant la rue et en continuant tout droit par la rue du Marché-aux-Poulets ; tourner à droite dans la rue de la Vierge-Noire jusqu'à la tour Noire.
Gagner le quartier de la place de Brouckère en descendant la rue et en tournant à droite dans la rue des Fripiers. Après le théâtre de la Monnaie, tourner à gauche dans la rue du Fossé-aux-Loups.
Gagner la cathédrale des Sts-Michel-et-Gudule en remontant la rue, et en s'engageant à gauche dans la rue de la Montagne.
Gagner le quartier du Mont des Arts en remontant la rue, puis en longeant sur la droite la rue de la Madeleine.

Le quartier du MONT DES ARTS★

Plan, voir p. 20

Création du roi Léopold II, qu'il a lui-même baptisée parce qu'il avait l'ambition d'y concentrer une des plus riches collections d'art du monde, le Mont des Arts domine le vieux quartier de la Grand-Place. Il s'étale entre le boulevard de l'Empereur et la rue Montagne-de-la-Cour et se signale par la statue équestre du roi Albert Iᵉʳ (A. Courtens) faisant face à la statue de son épouse, la reine Élisabeth, installée place de l'Albertine. Vers 1880, Léopold II avait décidé de supprimer le quartier Saint-Roch, mal famé, afin de substituer à ses ruelles insalubres un large boulevard encadré par un temple consacré aux beaux-arts. Cependant, une fois le quartier détruit, les indécisions succédant aux hésitations, le roi prit la décision d'y faire planifier un jardin en vue de l'Exposition universelle de 1910. Il en confia la réalisation au Français Vacherot et en assuma personnellement le coût. Ce jardin étagé fut rasé en 1955 afin de construire le complexe architectural que nous connaissons aujourd'hui.

BIBLIOTHÈQUE ROYALE DE BELGIQUE ⊘ (KZ **M⁴**)

Créée par le gouvernement en 1837, cette institution porte également les noms officieux de bibliothèque Albert Iᵉʳ et plus simplement d'Albertine, car ses bâtiments actuels commémorent le souvenir du « roi-chevalier ». Elle a pour ancêtre lointain la librairie de Bourgogne (15ᵉ s.) qui comptait quelque 900 manuscrits enluminés. En 1559, Philippe II fit grouper les ouvrages du palais ducal sous le nom de Bibliothèque royale. Ses volumes échappèrent pour la plupart à l'incendie qui ravagea le Coudenberg en 1731, et elle ouvrit au public en 1772.

Inaugurés en février 1969, les bâtiments ont été conçus par M. Houyoux, R. Delers et J. Bellemans. Cette structure à plusieurs niveaux offre une superficie utile de 67 000 m² ; les 17 étages de la tour des livres comptent environ 100 km de rayonnages.

Cette bibliothèque acquiert, catalogue et conserve tout livre, manuscrit ou imprimé produit dans le royaume. Tous les éditeurs belges ainsi que les auteurs belges édités à l'étranger et résidant en Belgique sont obligés d'y déposer un exemplaire de leur livre. Elle a par ailleurs pour tâche d'acquérir les principales publications internationales, et constitue un centre de recherche scientifique.

Collections – *Réservées aux porteurs d'une carte d'accès, sauf la chalcographie.* Le département des imprimés compte 4 millions d'ouvrages que l'on peut consulter sur place.

Les sections spéciales concernent des documents considérés comme précieux. Le dépôt légal *(niveau 4)* conserve les publications belges depuis le 1ᵉʳ janvier 1966. La réserve précieuse *(niveau – 2)* détient plus de 35 000 imprimés dont 3 000 incunables – ouvrages imprimés avant 1501 – et de nombreuses reliures du 15ᵉ s. à nos jours. Les cartes et plans *(niveau – 2)* rassemblent 140 000 pièces, mais aussi des atlas, des globes terrestres et célestes, ainsi que des photographies aériennes. La section musique *(niveau 4)* conserve des partitions et des ouvrages de musicologie, des disques, des enregistrements, et dispose d'une salle de musique de chambre de 150 places. Le cabinet des estampes *(place du Musée 1, voir quartier des Musées des Beaux-Arts, Appartements de Ch. de Lorraine)* regroupe 700 000 pièces du 15ᵉ s. à nos jours et possède une collection de dessins modernes. Le cabinet des manuscrits *(niveau – 2)* détient plusieurs fonds et abrite notamment les **manuscrits des ducs de Bourgogne**. Le cabinet des médailles *(niveau 0)* conserve des séries monétaires du 7ᵉ s. avant notre ère à nos jours et plusieurs collections particulières de premier plan.

Les centres de documentation réunissent plusieurs services spécialisés ayant pour but d'assister les chercheurs dans des domaines bien précis.

Les centres de recherche comprennent entre autres : les archives et le musée de la littérature *(niveau 3)* regroupant des manuscrits, des autographes et des documents relatifs aux lettres françaises de Belgique, le pendant néerlandophone se trouvant à Anvers ; le Center for American Studies *(niveau 3)* ; le centre de documentation africaine *(niveau 3)*.

Enfin, la bibliothèque abrite la **chalcographie** *(place du Musée 1, voir quartier des Musées des Beaux-Arts, Appartements de Ch. de Lorraine)* riche de plus de 5 000 planches anciennes et modernes dont elle assure le tirage ou le retirage à la demande.

Chapelle de Nassau – *Niveau 0 ; expositions temporaires.* Cette chapelle dédiée à saint Georges se situe à l'emplacement d'un oratoire du même nom. Achevée vers 1520, elle fut édifiée par Englebert II de Nassau, gouverneur général des Pays-Bas sous Philippe le Beau (1493-1506).

Cet édifice de style gothique flamboyant se signale par quelques particularités étonnantes telles que des voûtes en palmier et des fenêtres dont la hauteur variable rappellent la pente de la rue Montagne-de-la-Cour qui descendait du Coudenberg vers la Grand-Place. La chapelle fut intégrée dans les nouveaux bâtiments, mais on peut encore distinguer les traces de la rue lorsqu'on considère la maçonnerie extérieure. Voir les ogives et le jubé très délicatement taillés, ainsi que le vitrail moderne de Sem Hartz (1969) aux armes de la famille d'Orange-Nassau et la statue de saint Georges placée dans une niche extérieure.

Cette chapelle possède sa réplique au musée du Cinquantenaire *(voir Cinquantenaire)*, réalisée alors qu'il avait été décidé d'abattre l'original. Comme tant d'autres édifices du culte, elle fut réemployée au lendemain de l'Ancien Régime : un brasseur y installa même son entrepôt. Elle fut restaurée en 1839 avant que l'on y procède au montage des iguanodons de Bernissart *(voir quartier des Institutions européennes, Muséum des Sciences Naturelles)*. Par son nom, elle évoque le palais de Nassau, représenté sur un bas-relief (1969) placé à l'extérieur, à gauche de l'entrée de la Bibliothèque, le plus riche après le palais des ducs qui occupait le Coudenberg. Ce bâtiment dont Albert Dürer parla avec admiration connut de nombreux hôtes dont Guillaume d'Orange, le duc de Marlborough ou le prince Eugène de Savoie, avant d'être reconstruit par Charles de Lorraine *(voir quartier des Musées des Beaux-Arts, Appartements de Ch. de Lorraine)*.

Musée du Livre et cabinets de Donation ⊙ – *Niveau – 2*. Six cabinets rendent tout d'abord hommage à la générosité de quelques donateurs. À gauche de la grille, le cabinet de travail d'Émile Verhaeren (1855-1916) est une reconstitution exacte de son cabinet de Saint-Cloud, près de Paris : tout y est authentique. Remarquer deux portraits (Théo van Rysselberghe et James Ensor) du grand poète natif de Saint-Nicolas en Flandre, ainsi que *La Bacchante* d'Émile-Antoine Bourdelle, *Venise* de Paul Signac et *Aux Folies-Bergère* de Kees van Dongen. Dans le couloir, les deux premiers cabinets à droite témoignent de la qualité rare de la donation de Mme Louis Solvay. En face, le cabinet de Max Elskamp (1862-1931) et Henry van de Velde (1863-1957) associe le souvenir du poète et de l'architecte qui étaient amis d'enfance. Les meubles ont été dessinés par H. van de Velde ; les œuvres sont signées Edvard Munch, Théo van Rysselberghe, Émile Claus et Auguste Rodin. Encore à gauche, le cabinet de travail du dramaturge Michel de Ghelderode (1898-1962) évoque l'atmosphère de l'appartement qu'il occupait à Schaerbeek. Enfin, à droite, la collection voltairienne du comte de Launoit contient entre autres la célèbre édition des œuvres complètes publiée à Kehl près de Strasbourg en 1781-1790 par Beaumarchais.

L'histoire du livre en Occident, du 8ᵉ s. à nos jours, est relatée dans la pièce du fond dont l'éclairage tamisé respecte la fragilité des documents exposés. Il s'agit d'un choix de manuscrits, à gauche, et d'imprimés, à droite, envisagés selon quatre critères : le support et la forme ; l'illustration ; l'évolution de l'écriture et du caractère d'imprimerie ; la reliure. La sélection est renouvelée tous les six mois ; les livres proviennent soit de la réserve précieuse, soit du cabinet des manuscrits *(voir collections)*, sauf les papyrus présentés en permanence (1000 avant J.-C.). Judicieuse, la présentation permet au visiteur de découvrir l'aventure de la diffusion de la connaissance. Il y verra, par exemple, des rouleaux précéder des codex, des parchemins aussi fins que le vélin, mais aussi la minuscule caroline en vogue sous Charlemagne succéder à l'écriture capitale des Romains, des décorations romanes, des miniatures gothiques ou encore des travaux d'imprimeurs réputés.

Musée de l'Imprimerie ⊙ – *Couloirs des niveaux – 2 et – 3 ; réserves accessibles aux visites guidées.* Attribuée à Johann Gutenberg, orfèvre à Mayence, la découverte (1440) de l'imprimerie a marqué le début d'une ère nouvelle dans l'histoire de la pensée, celle de la reproduction illimitée des textes au moyen de caractères mobiles indépendants. En réalité, ce sont les Chinois qui mirent au point cette technique (7ᵉ s.), mais les difficultés liées à l'adaptation de leur alphabet à la typographie en avaient fortement limité le développement. Plusieurs procédés ont révolutionné l'imprimerie depuis, notamment la presse métallique à contrepoids par lord Stanhope en 1795, la lithographie par Aloïs Senefelder en 1796, les presses à bras, à cylindre ou à pédale au début du 19ᵉ s.

Réunissant près de 300 machines, la collection – l'une des premières d'Europe par le nombre – attend avec impatience d'occuper des locaux plus adéquats. Les presses datent de la fin du 18ᵉ s. jusqu'au 20ᵉ s. et présentent divers spécimens illustrant l'histoire de l'imprimerie (typographie, taille-douce, lithographie, sérigraphie, offset) et de la reliure-dorure. Des presses belges dites « au lion », d'autres à platine manuelle « coup-de-poing », des exemplaires anglais de type Albion, des mécaniques à moteur, voire même automatiques... On peut également voir des casses, à texte, à algèbre et à musique, mais aussi des layettes à caractères, un marbre de composition, la presse de Félicien Rops, des rogneuses, des massicots, des encolleuses, des machines à écrire et des linotypes servant à composer des lignes-blocs, etc.

Jardin – Le jardin qui a remplacé celui tracé par Jules Vacherot à la demande de Léopold II a été aménagé par René Pechère, professeur à l'Institut supérieur d'architecture et des arts décoratifs de la Cambre de 1939 à 1978. La particularité de cette réalisation réside dans le fait qu'il s'agit d'un jardin suspendu surmontant un parking. Dans le cadre de Bruxelles, ville européenne de la culture de l'an 2000, le jardin du Mont des Arts a été complètement réaménagé. Il s'est doté d'une aire de jeux et d'un nouveau jardin latéral.

Palais des Congrès (**KZ Q²**) – S'élevant de l'autre côté du jardin du Mont des Arts, il abrite dans une aile le **palais de la Dynastie** (**KZ Q³**). Au-dessus de la façade arrière de l'arcade, une horloge à jacquemart représente des personnages historiques et folkloriques.

En contrebas du Mont des Arts, la place de l'Albertine se situe à la limite de l'Îlot sacré (voir quartier de la Monnaie), ce qui explique que les maisons assez récentes qui la bordent entre la rue Saint-Jean et la rue de la Madeleine présentent des façades en style flamand propre au 17ᵉ s.

Descendre la rue de la Madeleine.

Galerie Bortier

Ch. Bastin et J. Evrard

Galerie Bortier (**JKZ 23**) – *Entrée par le n° 55 de la rue de la Madeleine et le n° 17 de la rue Saint-Jean.* Tout comme les célèbres galeries Saint-Hubert *(voir quartier de la Monnaie)*, elle est l'œuvre de l'architecte Jean-Pierre Cluysenaar. Inaugurée en 1848, la galerie porte le nom de Pierre-Louis-Antoine Bortier, propriétaire du terrain qui fut à l'initiative de ce passage piétonnier. Long de 65 m, ce passage étroit bénéficiant d'un éclairage naturel zénithal et bordé de boutiques était autrefois intégré au marché de la Madeleine supprimé en 1958 (on peut encore en voir la façade-écran en pierre bleue à la rue Duquesnoy). Restaurée en 1977, la galerie est dotée d'une décoration inspirée de la Renaissance (rinceaux, vases, fûts torsadés, etc.).

Si la galerie est traditionnellement le royaume des bouquinistes, elle abrita aussi la boutique de Jean-Baptiste Moens, qui vendait dès le début des années 1850 des vignettes sans grande valeur qui l'ont plus tard fait considérer par la plupart des philatélistes du monde entier comme leur pionnier.

Côté rue de la Madeleine, Cluysenaar a maintenu, à la demande de Bortier, l'agréable façade (fin 17ᵉ s.-début 18ᵉ s., probablement transformée en 1763) d'une maison patricienne. Un fronton triangulaire où s'inscrivent des dieux marins surmonte des pilastres ioniques et deux colonnes à bossages ; il s'agit en réalité de l'ancienne porte cochère d'un service de diligences.

Chapelle de la Madeleine ⏱ (**JKY**) – Rebâtie deux ans après le bombardement de 1695 en style gothique, cette petite église a été restaurée en 1957-1958. La chapelle Sainte-Anne de style baroque (1661) qui l'adosse se trouvait auparavant à l'angle de la rue de la Montagne. À l'intérieur, la chapelle Sainte-Rita date de la restauration ; les fresques sont dues à A. Blanck.

Carrefour de l'Europe (**KY 90**) – C'est à la fois le nom de la place située à l'entrée de la gare centrale (V. Horta, puis M. Brunfaut, 1910-1952) et celui du large triangle délimité par le boulevard de l'Impératrice et les rues de la Madeleine et de la Montagne. Aux yeux d'un grand nombre de Bruxellois, cette zone illustre la faillite d'une certaine politique immobilière trop souvent menée dans la capitale au détriment d'un patrimoine exceptionnellement riche. Si les prescriptions liées à l'Îlot sacré *(voir quartier de la Monnaie)* en protègent les vestiges depuis 1960, le carrefour de l'Europe cristallise pourtant de nombreuses maladresses. On y voit d'anciennes maisons à pignon littéralement prises en sandwich par des immeubles plus élevés, ou les récentes constructions centrales pasticher sans trop de bonheur le style traditionnel qui fait toute la grâce de la ville ancienne.

Depuis le carrefour de l'Europe, on peut :

▶▶ Gagner la Grand-Place par la rue de la Colline.
Gagner le quartier de la Monnaie par les galeries Saint-Hubert, puis en tournant à gauche dans la rue de l'Écuyer.

Gagner la cathédrale située au bout du boulevard de l'Impératrice.

Gagner le quartier du Palais royal en remontant le Mont des Arts et la rue Montagne-de-la-Cour jusqu'à la place Royale.

Gagner le quartier des Musées royaux des Beaux-Arts de Belgique en remontant le Mont des Arts, puis en tournant à droite en haut des escaliers vers la place du Musée.

Gagner le quartier du Sablon en prenant le boulevard de l'Empereur puis en descendant l'escalier conduisant en contrebas dans la rue J. Lebeau que l'on remonte vers la place du Grand-Sablon.

Le quartier du PALAIS ROYAL★

Plan, voir p. 20

L'éminence qui domine le Mont des Arts et le quartier de la Grand-Place fut jadis nommée *Frigidus Mons* ou *Coudenberg* (le mont froid en néerlandais). Cette colline, occupée par la place Royale depuis la fin du 18e s., fut le lieu de résidence des ducs depuis le 13e s. L'implantation du palais royal au 19e s. derrière cette place a confirmé le rôle capital du Coudenberg dans l'histoire des Bruxellois et même de la nation.

La proximité des Musées royaux des Beaux-Arts *(voir ce nom)* et sa situation entre la ville ancienne et les quartiers commerçants de la porte de Namur *(voir Ixelles)* et de la place Louise *(voir quartier Louise)* font de ce quartier une plate-forme touristique, aussi inévitable qu'attrayante.

Une capitale à l'instar de Vienne – Lorsqu'au début du 18e s. l'Autriche prit possession de ce qui allait devenir plus tard la Belgique, le peuple ne put réprimer un sentiment de défiance, car il craignait d'être intégré dans les États héréditaires de la maison d'Autriche. Il n'en fut rien. Quand Marie-Thérèse épousa le duc François de Lorraine en 1736, celui-ci abandonna son duché à la France. François devint empereur et son frère cadet Charles devint gouverneur des Pays-Bas. Il y gouverna, ce dont témoignent les nombreux diplomates accrédités auprès de lui, mais pas de façon totalement autonome, car le ministre plénipotentiaire Cobenzl assurait les vues impériales.

Bruxelles connut des embellissements sous le gouvernement populaire de Charles de Lorraine *(voir quartier des Musées des Beaux-Arts, Appartements de Ch. de Lorraine)*, soucieux de faire de sa ville une capitale à l'instar de Vienne. L'objectif était de doter le nouveau quartier du Coudenberg d'« une unité générale de style » et de places devant s'intégrer à des plans arrêtés à l'avance. La place Royale, le palais de la Nation *(voir quartier du Parlement)* et les rues ceinturant le parc de Bruxelles témoignent de ce style néoclassique dont les caractéristiques principales sont le recours à l'antique (colonnes, pilastres et frontons), la symétrie et des façades souvent enduites.

★**Place Royale** (KZ) – L'harmonieuse place que nous connaissons aujourd'hui fut tracée par les architectes français Nicolas Barré et Barnabé Guimard qui s'inspirèrent de la place Stanislas à Nancy et de la place Royale à Reims. Successivement place de la Cour, place de Lorraine, place Impériale, elle régressa au rang de Royale bien qu'aucun souverain n'y ait jamais résidé (Albert Ier y est né le 8 avril 1875 ; *voir plaque Cour des comptes, côté place Royale*). Parfaitement symétrique, elle compte huit pavillons de style Louis XVI et une église remplaçant l'ancienne église gothique du couvent du Coudenberg.

La façade de l'**église St-Jacques-sur-Coudenberg** ⊙ (consacrée en 1787) est également due aux architectes Barré et Guimard. L'édifice fut construit par Louis-Joseph Montoyer, et Tilman-François Suys lui donna un nouvel attique et un nouveau campanile en 1849. À l'origine, le site était dédié à saint Jacques le Majeur, mais si l'église précédente avait échappé au feu de 1731 *(voir palais ducal ci-dessous)*, elle ne put résister aux projets de Charles de Lorraine. L'édifice fut démoli et la nouvelle église fut inscrite dans l'axe de la rue Montagne de la Cour. Elle fut transformée en temple de la Raison sous la Révolution française, qui, si elle se contenta de rebaptiser les statues bibliques du péristyle (Moïse et David) en Solon et Lycurgue, fit cependant araser le tympan du fronton dont le bas-relief représentait *Le Sacrifice de la messe*. La fresque actuelle, *La Vierge consolant les affligés*, est une œuvre tardive de Jan Portaels (1852), surmontée de trois sculptures (Saint André, Saint Jacques, Saint Jean) dues au ciseau d'Égide Mélot.

L'intérieur est à la fois simple et solennel. Le visiteur y remarquera notamment un chemin de croix de J. Geefs, ainsi que deux grandes toiles de J. Portaels aux extrémités du transept : *La Crucifixion* et *La Croix consolatrice*. À gauche dans le cœur se trouve la loge royale qui est reliée aux jardins du palais par une galerie.

Le 21 juillet 1831, le prince Léopold de Saxe-Cobourg-Gotha prononça sur les marches du perron précédant le péristyle de l'église le serment qui faisait de lui le premier roi des Belges.

Au centre de la place se dresse la statue équestre de **Godefroi de Bouillon**, roi de Jérusalem, exécutée par Eugène Simonis en 1848, en remplacement d'une statue de Charles de Lorraine démolie sous la Révolution française. De ce point central, on bénéficie d'une belle **vue** sur la tour de l'hôtel de ville (vers l'Est) et sur le palais de justice (vers le Sud).

Les souterrains du Palais du Coudenberg

Palais du Coudenberg ⊙ – *Entrée par les musées Bellevue.* Des fouilles ont permis de dégager des vestiges importants de l'ancien palais ducal détruit par un violent incendie en 1731. Flanquée de tours polygonales, la **Magna Aula**, ou grande salle d'apparat, fut construite en 1452-1461 sous le règne de Philippe le Bon. Charles Quint y abdiqua en 1555. À proximité se trouve la **rue Isabelle**, également souterraine, par laquelle l'archiduchesse Isabelle se rendait à la cathédrale. Ces vestiges du passé renferment aussi les soubassements de l'ancienne chapelle ducale (1524-1553). Un véritable dédale de galeries voûtées et de passerelles mène ensuite à l'ancien hôtel des comtes d'Hoogstraeten, dont la galerie de style gothique donnait autrefois sur un jardin.

★**Musées Bellevue** ⊙ (**KZ M²⁸**) – *Entrée : place du Palais.* Construit entre 1776 et 1777, l'hôtel Bellevue abritait jadis un hôtel de luxe pour voyageurs, accueillant entre autres Franz Liszt et Honoré de Balzac. Au début du 20ᵉ s., le bâtiment fut transformé par l'architecte Maquet et incorporé au Palais royal. Il fut successivement la résidence de la princesse Clémentine, la fille préférée de Léopold II, et du futur roi Léopold III.

Les musées Bellevue comprennent deux musées : le **musée de la Dynastie** et le **mémorial Roi Baudouin**. La visite commence par le 2ᵉ étage. Le musée de la Dynastie retrace de manière dynamique l'histoire de la dynastie belge depuis la révolution de 1830 *(voir Introduction, Une longue tradition cosmopolite)* au règne, souvent contesté, de Léopold III. Objets personnels, documents inédits, photos, présentations audiovisuelles et écrans interactifs donnent un bon aperçu des activités des différents rois. Le mémorial Roi Baudouin est entièrement consacré au roi triste, ayant perdu à l'âge de 5 ans sa mère, la reine Astrid, dans un accident de voiture. Le visiteur découvrira les différents aspects d'un roi remarquable, ayant joué un rôle prépondérant dans l'histoire du royaume belge. La salle de l'enfance expose une étonnante petite maison, construite par Léopold III pour ses trois enfants après la mort de la reine Astrid. La salle suivante renferme la reconstitution du bureau du roi : bibliothèque, photos de famille, mappemonde reçue en cadeau du président français F. Mitterrand. Remarquer dans cette salle, illustrant la fonction royale, la lettre adressée au Premier ministre Martens dans laquelle le roi explique qu'il lui est impossible de signer la loi sur l'avortement au nom de sa conscience. Le film sur les funérailles du roi démontre à quel point les Belges étaient touchés par la mort de Baudouin, disparu brusquement le 31 juillet 1993.

DU CHÂTEAU FORT AU PALAIS ROYAL

Le palais ducal du Coudenberg – *Pour les dates, voir Introduction : Chronologie des familles régnantes.* Vers la seconde moitié du 11ᵉ s., le comte de Louvain Lambert II fit élever un château sur la colline du Coudenberg afin d'épauler le castrum de l'île Saint-Géry construit par le fondateur de la ville, Charles de France.

À la fin du 13e s., Jean Ier abandonna les rives humides de l'île Saint-Géry au profit du nouveau château ducal qui dominait l'agglomération. L'île perdit dès lors la faveur des ducs. La construction de la seconde enceinte au cours de la seconde moitié du 14e s. impliqua la transformation du château en palais d'agrément. Ces travaux de longue haleine s'achevèrent avec la fin du règne de la duchesse Jeanne : le Coudenberg devint le siège quasi permanent de la cour.

Sous les ducs de Bourgogne, le palais ducal *(voir les différents tableaux conservés au musée de la Ville)* répondait aux exigences du grand-duc d'Occident qu'était Philippe le Bon. Aussi chaque règne apportait-il sa part d'aménagements et d'améliorations, c'est donc peu dire que le palais était fastueux. Malheureusement, la nuit du 3 au 4 février 1731, un incendie le ravagea entièrement, emportant dans ses cendres une multitude de chefs-d'œuvre.

Le Palais royal ⓥ **(KZ)** – En mars 1815, le retour de Napoléon de l'île d'Elbe poussa aussitôt Guillaume d'Orange à se proclamer roi des Pays-Bas. Le 30 mars, celui-ci fit son entrée solennelle dans Bruxelles. Le 9 juin, le congrès de Vienne confirmait la réunion de la Belgique aux Pays-Bas. Diplomate, Guillaume Ier d'Orange-Nassau décida que Bruxelles et La Haye se partageraient la fonction de capitale. Dès lors, l'édification d'un palais royal s'imposait.

Extérieur – Les premiers plans du Palais royal sont dus à l'architecte dinantais Ghislain-Joseph Henry qui décéda pendant les travaux. Charles van der Straeten lui succéda puis fut remplacé par Tilman-François Suys. Ce dernier construisit un portique monumental entre les deux pavillons Belgiojoso et Bender élevés lors des travaux de la place Royale, dont il uniformisa les façades qu'il relia aux hôtels Walckiers, à gauche, et Belle-Vue, à droite. Achevés en 1829, les travaux reprirent en 1862 lorsque le duc de Brabant, le futur Léopold II, demanda à Alphonse Balat (1819-1895), qui fut son architecte attitré pendant une quarantaine d'années, de modifier et d'agrandir le bâtiment. A. Balat transforma également plusieurs salles intérieures qu'il dota d'un style Louis XIV. En 1902, le roi chargea enfin Henri Maquet de refaire la façade : construite en pierre d'Euville, elle présente au centre

Palais royal

Ch. Bastin et J. Evrard

un portique monumental orné de colonnes corinthiennes surmontées d'un fronton dont les sculptures sont dues à Thomas Vinçotte. Les petits pavillons situés à l'extrémité des galeries courbes sont coiffés de petits dômes que Léopold II appelait « les couvercles de cercueil de Monsieur Maquet ».

Le drapeau national au sommet du palais signale la présence du roi en Belgique.

Intérieur – Le vestibule (bustes par Geefs, Courtens, Samuel, Rousseau) et le grand escalier d'honneur mènent à la grande antichambre. L'escalier est sans aucun doute la plus belle réalisation de A. Balat : le marbre des marches et la pierre blanche des murs ont une sobriété toute majestueuse ; *La Paix*, due au ciseau de C.-A. Fraikin, est ici personnifiée par Minerve. Datant du régime hollandais, le salon Empire (*Le Roi Léopold Ier* par C.-A. Fraikin et *Le Prince Philippe* par Thomas Vinçotte) précède les deux salons blancs (mobilier de Jacob Desmalter). L'escalier des secrétaires (tapisserie madrilène d'après un carton de F. de Goya), le vestibule de l'appartement royal et l'escalier de Venise (œuvres vénitiennes dues à Jean-Baptiste van Moer) sont suivis du salon Goya (tapisseries madrilènes et sièges exécutés pour Napoléon par P.-B. Marcion), du salon Léopold Ier et du salon Louis XVI (*La Princesse Charlotte* par G. Geefs). Le salon bleu conserve des assiettes « aux oiseaux de Buffon » et de la très belle vaisselle ornée de la coquille Saint-Jacques (manufacture londonienne). Le salon des maréchaux abrite un portrait de Léopold Ier (copie d'après l'original de Franz Winterhalter).

On accède ensuite aux grandes salles de A. Balat. La grandiose **salle du trône★** est divisée en trois parties. Les portes d'accès aux ailes sont surmontées de bas-reliefs réalisés par Thomas Vinçotte. Les deux salons latéraux sont séparés du corps central par trois arcades supportées par des piliers à pilastres. Auguste Rodin a collaboré à la décoration d'un des quatre bas-reliefs aux extrémités de la partie centrale. Remarquer la loge prévue pour recevoir un orchestre. La salle de marbre précède la grande galerie longue de 40 m. Enfin, le salon du penseur, transformé en chapelle ardente lors du décès d'un membre de la famille royale, ouvre sur la salle des glaces réservée aux cérémonies.

★ Parc de Bruxelles (KYZ) – Au 14e s., le duc Jean III acheta des terres qu'il entoura de murs pour créer un parc privé que Philippe le Bon peupla de gibier au siècle suivant. Agrandie au 16e s. sous Charles Quint, cette garenne était vantée en Europe pour ses jets d'eau et ses grottes, de même que pour sa vallée où l'on chassait le cerf et le sanglier. Pendant l'été s'y déroulaient des joutes.

Le parc – L'incendie du proche palais ducal en 1731 provoqua l'abandon de la garenne jusqu'en 1776, date à laquelle l'impératrice Marie-Thérèse chargea le Français Barnabé Guimard et l'Autrichien Joachim Zinner de dessiner un parc à la française, à l'exemple des promenades publiques dont s'étaient dotées les grandes capitales européennes. Ouvert en 1780, le site fut embelli de statues provenant de l'ancien labyrinthe du parc ducal, du château de Tervueren ainsi que de l'hôtel des Tour et Taxis au Sablon.

En 1830, l'armée hollandaise s'y retrancha pendant les Journées de septembre *(voir Introduction, Une longue tradition cosmopolite)*, position qu'elle dut abandonner devant le courage des patriotes belges.

Modifié par l'agrandissement de la place des Palais en 1904, le parc couvre actuellement une superficie de 13 ha et offre d'agréables perspectives ponctuées par des jets d'eau. Les statues y sont nombreuses. Face au palais, les trois entrées sont ornées de groupes dus à Gilles-Lambert Godecharle (*Trophées de chasse*, à gauche et à droite), Victor Poelaert (*Le Printemps*, au centre) et Égide Mélot (*L'Été*, au centre). À l'intérieur du parc, dont le plan terrier serait une réunion de symboles maçonniques, on remarquera plusieurs sculptures. *Le Lion* (1895), avec une patte posée sur une boule, est une œuvre d'Alphonse de Tombay, artiste liégeois qui travailla à Rome. Près du petit bassin octogonal, la gracieuse *Fillette à la coquille* (1901), du même sculpteur, est une fontaine de bronze qui n'est plus alimentée ; elle permettait aux enfants jouant dans le parc de se désaltérer. Le monument à Gilles-Lambert Godecharle, du côté de la rue Ducale, a été érigé par Thomas Vinçotte ; le médaillon résume ses œuvres marquantes. On rencontrera également quelques constructions : un kiosque tout d'abord, mais surtout le Théâtre royal du parc (1782), construit d'après des dessins de Montoyer, et le Vauxhall (1776), derrière, conçu par les architectes du parc. Récemment restauré, ce bâtiment autrefois destiné aux activités de loisirs présente encore une scène aveugle peu commune.

Juste en face du palais royal, les deux ravins situés de part et d'autre de l'entrée axiale présentent une particularité étonnante. En effet, leur mur d'appui porte sur toute la longueur les initiales V.I.T.R.I.O.L. qui sont celles d'une formule latine chère aux alchimistes (en français : « descends dans les entrailles de la terre, en distillant tu trouveras la pierre de l'œuvre »). Selon certains, Charles de Lorraine, grand maître de l'ordre Teutonique, se serait livré à d'intenses recherches concernant le mystère de la pierre philosophale. Peut-être ces discrètes initiales en sont-elles un témoignage.

Les abords – Déjà impliqué dans la réalisation de la place Royale, B. Guimard, architecte français habitant Bruxelles et sur lequel on sait peu de choses, dressa les plans des hôtels particuliers de style Louis XVI bordant le parc. Afin de les élever, on fit appel aux grandes abbayes du Brabant qui achetèrent les parcelles et payèrent les travaux. À l'époque, c'est-à-dire en 1777 précisément, l'ensemble formé par la place Royale et les rues longeant le parc fut pensé comme un quartier fermé. Il fallait en effet masquer au prince les rues irrégulières des quartiers vétustes contigus à ces larges voies où l'on pouvait enfin déployer toute la pompe souhaitée.

La rue Belle-Vue a été muée en place des Palais au début du siècle. La rue Royale est sans conteste la plus noble. Face à l'entrée orientale du parc s'ouvre l'entrée secondaire du palais des Beaux-

Le parc de Bruxelles sous la neige

Arts *(voir quartier des Musées des Beaux-Arts)*. À hauteur de la rue Baron Horta se dresse la statue du général français Augustin-Daniel Belliard (1769-1832). Au lendemain de l'Indépendance, Paris avait dépêché cet officier supérieur à Bruxelles pour protéger la nation d'un retour des forces hollandaises. La statue est une très belle réalisation de Guillaume Geefs ; l'armée aurait abandonné une journée de solde pour couvrir les frais d'exécution. La rue de la Loi aligne également de sobres et belles façades Louis XVI. Au centre s'élève le palais de la Nation *(voir quartier du Parlement)*. La rue Ducale a été traitée avec davantage de simplicité : ses hôtels adossaient alors les remparts de la deuxième enceinte. Lord George Byron fit une halte en 1816 au n° 51 *(voir Introduction, Bruxelles et les personnalités étrangères)* ; au n° 23 décéda Walthère Frère-Orban (1812-1896), grand homme politique libéral *(voir quartier du Parlement)* ; le n° 17 abrite la résidence de l'ambassadeur de Grande-Bretagne, qui bénéficie d'un mobilier digne d'un musée.

Palais des Académies (**KZ**) – *Rue Ducale*. De style néoclassique, cet ancien palais occupé par le prince d'Orange, le fils de Guillaume Ier, jusqu'en 1830 a été commencé par Charles van der Straeten en 1823 et achevé par Tilman-François Suys en 1825. Par son rez-de-chaussée traité en soubassement soutenant deux étages et délimité par des pilastres ioniques, l'édifice évoque un palazzo italien. Propriété de l'État depuis 1842, il connut plusieurs affectations avant de devenir le palais des Académies en 1876 ; il est le siège de l'Académie royale des sciences, des lettres et des beaux-arts de Belgique fondée par l'impératrice Marie-Thérèse en 1772. Plusieurs autres académies l'ont rejointe au fil des années.

Le jardin s'orne de quelques statues : face à la place des Palais trône une statue d'Alphonse Quetelet (1796-1874), astronome, statisticien, mathématicien, sociologue et fondateur de l'observatoire de Bruxelles. Côté boulevard du Régent, on distingue trois bronzes, *Caïn maudit* de Jehotte, *Le Vainqueur à la course du stade* de Geefs et *Le Lanceur de disques* de Kessels.

Statue équestre de Léopold II (**KZ S**) – *Place du Trône*. Cette œuvre due à Thomas Vinçotte (1850-1925), sculpteur de talent qui réalisa notamment les bas-reliefs du fronton du palais royal, est un bel hommage à la personnalité particulièrement forte du roi-bâtisseur.

En face s'ouvre la rue du Luxembourg au bout de laquelle on aperçoit la gare du quartier Léopold (Gustave Saintenoy, 1855), dominée depuis peu par le nouveau bâtiment du Parlement européen. Toujours en face, mais légèrement sur la droite, au n° 24 de l'avenue Marnix, se trouve le siège de la Banque Bruxelles-Lambert réalisé par l'Américain Gordon Bunshaft en 1959 ; l'esplanade est ornée d'une sculpture en bronze due au grand artiste anglais Henry Moore.

Trône, on peut :

- quartier des Musées royaux des Beaux-Arts en retournant à la place s'amorce la rue de la Régence.
- le quartier du Mont des Arts en retournant à la place Royale, puis escendant la rue Montagne de la Cour.
- gner le quartier du Parlement en rejoignant la rue de la Loi située de l'autre côté du parc de Bruxelles.
- Gagner le quartier des Institutions européennes en traversant la « petite ceinture » pour longer l'avenue des Arts afin de tourner à droite dans la rue Belliard. Ne pas s'engager dans les tunnels si l'on est en voiture et suivre la contre-allée, puis tourner à gauche dans la rue Froissart.
- Se rendre à Ixelles en longeant le boulevard du Régent jusqu'à la porte de Namur.

Le quartier du PARLEMENT

Plans, voir p. 18 et p. 20

Délimité par la rue de la Loi et la rue Royale, ainsi que par les boulevards Bischoffsheim et du Régent, ce quartier du Nord-Est du centre de la ville abrite le Parlement et plusieurs administrations.

La plupart des rues situées au Nord du palais de la Nation ont été ouvertes par l'architecte Mennessier peu avant 1880 à l'emplacement de l'ancien quartier de Notre-Dame-aux-Neiges, populairement nommé « des Dentellières », lesquelles y furent jadis très nombreuses. Le voisinage du parc de Bruxelles et la proximité du siège du Parlement (depuis 1831) avaient en effet décidé la ville à substituer un quartier résidentiel au réseau de ruelles et d'impasses où vivait majoritairement une population ouvrière. Bâti de belles maisons bourgeoises et d'hôtels particuliers monumentaux, ce quartier forme depuis un ensemble très homogène.

Palais de la Nation ⓥ **(KY)** – *Place de la Nation 1 et 2, rue de la Loi.* La première pierre de ce palais fut posée en 1779. Érigé en style néoclassique par l'architecte français Barnabé Guimard, il fut construit pour abriter le Conseil du

Ch. Bastin et J. Evrard

Palais de la Nation

Brabant, cour supérieure de législation et de justice. À l'époque, pour être conseiller, il était exigé de connaître le français, le néerlandais... et le latin. Achevé en 1784, le palais présente une belle façade qui s'inscrit harmonieusement dans la perspective de l'allée centrale du parc de Bruxelles *(voir quartier du Palais royal)* ; huit colonnes de style ionique supportent un fronton dont les bas-reliefs sont l'œuvre de Gilles-Lambert Godecharle (1750-1835).

Ce bâtiment, restauré après un incendie en 1883, est le siège de la Chambre des représentants et du Sénat, qui constituent le Parlement belge. Depuis le 17 février 1994, la Belgique est devenue, selon l'article 1 de sa Constitution, « un État fédéral, composé de communautés et de régions ». Cette révision a modifié la composition du Parlement : 150 membres à la Chambre, 71 au Sénat outre S.A.R. le prince Philippe, duc de Brabant, qui y siège de droit en tant que membre de la famille royale appelé à régner.

Du péristyle intérieur s'amorcent deux escaliers : l'un à tapis vert mène à la Chambre, l'autre à tapis rouge conduit au Sénat. Plusieurs statues ornent ce lieu de rencontre dont le duc Jean Ier par Charles Geerts, Philippe le Bon par Jean-Baptiste De Cuyper, et Charles Quint par Jean-Baptiste de Bay. Il est possible de visiter plusieurs salles et salons et d'assister à une séance plénière de la Chambre ou du Sénat.

La **salle des séances du Sénat**★ est décorée d'une façon particulièrement raffinée. D'un style alliant le Louis XVI et le Louis-Philippe, elle est éclairée par une coupole ornée des blasons des 9 provinces. (Depuis le 1er janvier 1995, la Belgique compte 10 provinces).

La galerie de portraits immortalise les principaux seigneurs et souverains entre le Moyen Âge et la fin du 18e s. Les panneaux du mur de face évoquent quelques épisodes ayant marqué l'histoire belge : les Flamands face à l'agression étrangère ; Charles le Téméraire forçant Louis XI à assister au châtiment de ses alliés liégeois (à gauche) ; le duc d'Albe opposé au comte d'Egmont et à Guillaume le Taciturne ; Louis XIV assiégeant Bruxelles (au centre) ; les courants révolutionnaires contre l'empereur Joseph II ; la défaite napoléonienne à Waterloo (à droite).

Longer la rue de la Loi vers le centre de la ville et tourner à droite dans la rue Royale.

Rue Royale (FQR) — Longue de deux kilomètres, elle relie en ligne droite la place Royale *(voir quartier du Palais royal)* à l'église Sainte-Marie *(voir quartier du Botanique)*. Au n° 13, face aux bureaux du quotidien *Le Soir* créé en 1887 par Émile Rossel, les gracieuses sinuosités Art nouveau au rez-de-chaussée d'un bâtiment classique sont l'œuvre de l'architecte **Paul Hankar** (1896) *(voir Introduction, Les arts à Bruxelles)* ; il s'agit du dernier exemple des **vitrines**★ (KY W) qui contribuèrent à sa renommée. Au n° 73, presque en face de la colonne du Congrès, le chocolatier Mary ravira tous les gourmands curieux de goûter les « pralines », spécialité belge. Aux n°s 101-103, l'hôtel Astoria, édifié au début du siècle à l'occasion de l'Exposition universelle de 1910, conserve de son fastueux passé un hall de style

Vitrine de P. Hankar, rue Royale

Ch. Bastin et J. Evrard

néovictorien éclairé par une verrière. Le bar Pullman est une reconstruction d'un wagon-lit des années 1920. L'hôtel accueille traditionnellement des hôtes illustres. L'histoire veut que l'épouse de l'Agha Khan y prit son bain au lait d'ânesse.

Colonne du Congrès (KY E[1]) — *Place du Congrès.* Conçu et inauguré en 1859 par Joseph Poelaert (1816-1879), auteur du palais de justice, ce monument commémore le Congrès national qui promulgua, au lendemain de la révolution de 1830, la Constitution belge. Haute de 47 m, la colonne contient un escalier *(fermé)* de 193 marches menant à la statue de Léopold Ier sculptée par Guillaume Geefs (1805-

1883). Chaque angle du piédestal où sont inscrits les noms des 237 membres du Congrès et les principaux articles de la Constitution porte une femme assise (J. Geefs, E. Simonis, C.-A. Fraikin). Ces allégories symbolisent les quatre principales libertés de la nation : liberté des cultes, liberté d'association, liberté de la presse et liberté de l'enseignement. De part et d'autre de l'entrée, deux lions sculptés par Eugène Simonis gardent la tombe du Soldat inconnu placée là le 11 novembre 1922. À l'instar de l'Angleterre, de la France, du Portugal, de l'Italie et des États-Unis, une flamme y brûle jour et nuit afin de perpétuer le souvenir des soldats morts lors de la Première Guerre mondiale.

La place a été créée par Cluysenaar. L'architecte Poelaert y a bâti des hôtels particuliers dans le style des palazzi italiens. De l'esplanade toute proche aménagée entre les édifices de la Cité administrative (1958-1984) s'offre une intéressante vue d'ensemble sur la ville.

S'engager dans la rue du Congrès qui s'ouvre face à la colonne.

De la place de la Liberté (statue du ministre Charles Rogier par De Groot, 1897) rayonnent quatre rues aux noms des libertés garanties par la Constitution. Dans la rue de l'Enseignement, le **Cirque royal** est une salle de spectacles et de concerts fort courue ; ce bâtiment (1877) tire son nom de son illustre correspondant parisien.

Depuis la place, prendre la rue de l'Association et tourner à droite dans la rue de la Révolution.

Place des Barricades (KY) – La seule place circulaire du centre de la capitale commémore par son nom les combats de la révolution de 1830. Elle fut néanmoins tracée sous le régime hollandais par l'architecte Vifquain (vers 1828) qui dota ses maisons d'un style néoclassique d'une grande sobriété.

Au centre de la place se dresse la statue de l'anatomiste bruxellois André Vésale (1514-1564) exécutée par Joseph Geefs en 1846. Médecin de Charles Quint, puis de Philippe II, Andries van Wesele, dont le nom a été francisé, fut le premier à décrire le fonctionnement des muscles, le rôle des nerfs et le mécanisme de la voix. Victor Hugo habitait au n° 4 lorsqu'il fut expulsé de Belgique *(voir Introduction, Bruxelles et les personnalités étrangères)* ; Adèle Hugo y mourut le 27 août 1868.

Longer le boulevard Bischoffsheim, traverser la « petite ceinture » à hauteur de la place Madou et prendre à droite l'avenue des Arts.

★ **Musée Charlier** ☉ **(FR M⁹)** – *Avenue des Arts 16.* Riche amateur d'art, Henri van Cutsem acheta en 1890 deux maisons mitoyennes de l'avenue des Arts, sur la commune de Saint-Josse. Après avoir fait unir les deux façades, il chargea son ami Victor Horta d'y concevoir des verrières afin d'éclairer ses collections. Puis, il proposa à l'artiste Guillaume Charlier (1854-1925) d'y emménager. Ce dernier, légataire universel de son mécène à sa mort en 1904, hérita de cet hôtel particulier et fit construire un musée à Tournai, par Victor Horta, pour accueillir les collections de toiles impressionnistes de H. van Cutsem.

Le musée Charlier conserve un grand nombre de tableaux et de sculptures d'artistes différents, mais également d'intéressantes collections de mobilier, de tapisseries et d'objets décoratifs. Quelques pièces méritent une attention plus particulière, soit parce qu'elles sont signées d'artistes justement célèbres, soit qu'il en émane ce charme propre aux talents sans génie, soit enfin qu'elles nous font découvrir un aspect peu connu du passé artistique de la capitale. Heureuse initiative : des concerts sont organisés chaque premier jeudi du mois.

Rez-de-chaussée – Salon Charlier : parmi les porcelaines protégées par une bibliothèque Louis-Philippe en acajou, remarquer les chinoiseries (fin 18ᵉ s.) issues de la fabrique bruxelloise de Montplaisir ; les belles spirales de fleurs des deux **vitrines** (argenterie et cristaux) auraient été réalisées par Victor Horta. Salle de réception : prix de Rome 1882. G. Charlier sculpta une *Idylle* posée sur une commode de style Louis XVI, copie d'un meuble Riesener conservé à Chantilly ; *Lucy Kufferath* est un agréable portrait de Jean Gouweloos ; deux plâtres d'Émile Namur évoquent l'éclectisme du 19ᵉ s.

Salle de concert : naturellement séduit par une *Marine* de Marguerite Verboeckhoven, par *Fleurs et papillons* de **James Ensor** ou par *L'Homme à la pipe* de Ramah, on pourra s'intéresser à *Floréal* de Louis Pion, grisaille parfaite dont le réalisme s'inspire de la photographie naissante.

Salon chinois : il témoigne de cet orientalisme européen qui fut si friand d'une surcharge décorative que les Chinois, davantage tournés vers la simplicité, fabriquaient pour leur clientèle occidentale. Escalier : peinture pastorale de Constantin Meunier.

1ᵉʳ étage – Salon de rencontre : voir les trois peintures décoratives au-dessus des portes et la tapisserie d'Audenarde (milieu 17ᵉ s.) à sujet mythologique. Salon Louis XVI : le secrétaire à abattant est typique du Louis XVI, l'horloge ornant la cheminée est de style Empire ; au mur est accroché un tableau impressionniste. *Vase de fleurs*, par Anna Boch, qui faisait partie du cercle des XX *(voir Introduction, Les arts à Bruxelles).* Salon Empire : belle série de mobilier estampillé Jean-Joseph Chapuis, ébéniste bruxellois formé à Paris où il obtint sa maîtrise. Salon Louis XV : l'horloge rocaille de la cheminée est signée du Parisien Le Noir. Salon de la tapisserie : une encoignure abrite de la porcelaine de Delft ; de composition encore gothique, la tapisserie de Bruxelles (vers 1500) du mur gauche illustre un des articles du Credo. Salon du Christ : encadré par deux verdures (Aubusson fin 17ᵉ s. et Bruxelles fin 16ᵉ s.), *Le Pilote* de G. Charlier est une esquisse en bronze d'un monument visible à Blankenberge, station balnéaire de la mer du Nord.

2ᵉ étage – Chambre Empire : le lit en acajou est estampillé J.-J. Chapuis. Salle du folklore : évocation du passé de la commune de Saint-Josse.

Poursuivre l'avenue des Arts et tourner à gauche dans la rue de la Loi. Prendre la 3ᵉ rue à droite, la rue de l'Industrie.

Square Frère-Orban (FR 104) – Cette oasis de verdure dans un quartier de bureaux porte le nom du libéral Walthère Frère-Orban (1812-1896) qui fut plusieurs fois Premier ministre. Le square fut aménagé en 1860 d'après les plans de Tilman-François Suys.
Les deux bâtiments monumentaux encadrant l'**église St-Joseph** sont de style éclectique. Quant à l'église (1842-1849) en pierre bleue, elle fut également construite par Suys. La façade de style néo-Renaissance italienne présente un relief au-dessus du portail central, le *Triomphe de la Foi*.
À gauche, au n° 33 de la rue des Sciences, se trouve l'hôtel du Marquis d'Assche, érigé par l'architecte Balat en 1858. Il abrite le Conseil d'État.

Depuis le palais de la Nation, on peut :

▶▶ Gagner le quartier du Palais royal en traversant le parc de Bruxelles.
Gagner la cathédrale en traversant la rue Royale pour s'engager dans la rue des Colonies, puis en tournant à droite dans la rue de la Chancellerie.
Gagner le quartier du Botanique en tournant à droite dans la rue Royale.
Se rendre dans le quartier de l'Union européenne en contournant le parc pour prendre la rue Belliard. Ne pas s'engager dans les tunnels et suivre la contre-allée, puis tourner à gauche dans la rue Froissart.

Le quartier du SABLON★★

Plan, voir p. 20

Intimement lié à l'histoire de l'église de la guilde des arbalétriers, ce quartier au passé nobiliaire présentait une allure nettement populaire au début du siècle. Depuis environ trente ans, sa population a pratiquement disparu, et ses magasins se sont totalement renouvelés au profit des brocanteurs, des antiquaires et des galeries d'art. Il est vrai que devenue un lieu chic, la place du Grand-Sablon bénéficie d'un cachet indéniable, auquel participent le soir les vitraux illuminés de son église.
Très fréquenté à toute heure du jour et du soir, ce quartier de Bruxelles, qui assure en quelque sorte le rôle de charnière entre le « haut » et le « bas » de la ville, possède de nombreux cafés et restaurants.

Place du Grand-Sablon (JKZ 112) – Les Bruxellois la nomment simplement « Sablon ». Elle tire son nom d'une appellation très ancienne. En effet, en 1374, les archives de l'église Sainte-Gudule (la cathédrale actuelle) mentionnaient déjà une « mare sablonneuse ». Les arbalétriers y exerçaient et ils y édifièrent une chapelle à leur protectrice, Notre-Dame. De nombreuses fêtes et processions s'y déroulaient. Des habitations s'élevèrent à proximité, et au 16ᵉ s. de riches seigneurs y firent construire de somptueux hôtels dans la partie haute (Egmont, Bréderode, Mansfeld, Tour et Taxis entre autres), si bien qu'au siècle suivant le quartier était le plus aristocratique de la ville. Avec le temps et les modes, la haute société déserta le Sablon, puis de nombreuses et modestes petites boutiques envahirent la place. Longtemps celle-ci accueillit la finale du championnat de la balle pelote, autrement nommée la « petite reine blanche », sport populaire dont le déclin s'amorça avec l'accroissement du parc automobile.
Au début du 17ᵉ s., le « Zavelpoel » ou « Marais du Sablon » fut comblé. À cet emplacement fut érigée en 1751 la fontaine de Minerve de Jacques Bergé. Elle fut élevée aux frais de lord Thomas Bruce, comte d'Ailesbury, en reconnaissance de l'accueil que lui avait réservé Bruxelles où il séjourna 40 ans après avoir émigré à cause de ses opinions politiques. Assise, Minerve tient un médaillon aux effigies du roi François Iᵉʳ et de l'impératrice Marie-Thérèse.
Site traditionnel de nombreux marchés depuis le 15ᵉ s., le haut de la place est occupé tous les samedis et les dimanches matin par un marché de brocanteurs et d'antiquaires abrité par des tentes vert et rouge aux couleurs de la ville. Dès les premières chaleurs printanières, les terrasses du Sablon attirent la jeunesse aisée de la ville. Aux nᵒˢ 12-13, le pâtissier et chocolatier *Wittamer* est une sorte d'institution, bien qu'un peu coûteuse.

Musée des Postes et des Télécommunications ⓥ (JZ M²⁴) – *Place du Grand-Sablon 40. Momentanément fermé pour travaux.* L'histoire de la poste à travers des documents (privilèges, lettres, etc.) et du matériel ancien (coins, cachets, cornets, uniformes, boîtes aux lettres, bureau de poste de 1900), ainsi qu'une petite salle consacrée à la philatélie. La section Télécommunications relate l'évolution des télégraphes (à aiguilles ou à cadran, système Morse) et des téléphones (réplique du premier téléphone de Bell, centraux, modèles à colonne ou à clavier) ; borne interactive à l'entrée.

★ **Église Notre-Dame-du-Sablon** ⊘ (**KZ**) – *Travaux en cours.* C'est un des plus beaux édifices de style flamboyant de Belgique. Il a succédé à la chapelle que la guilde des arbalétriers avait érigée en 1304. La légende raconte qu'en 1348 la pieuse Béatrice Soetkens eut un songe. La Vierge souhaitait remercier la ville de Bruxelles et en particulier le Serment de l'Arbalète d'avoir érigé une chapelle en son honneur. Béatrice eut mission de se rendre à Anvers et d'y dérober la statue miraculeuse de la Vierge. Elle en fit don aux arbalétriers bruxellois, notre gendarmerie actuelle. Après l'insurrection de 1421, ceux-ci résolurent d'agrandir leur église devenue lieu de pèlerinage. Achevée vers 1550, elle consacre le stade ultime de l'évolution de l'architecture ogivale. Ses architectes ne sont pas connus. De la fin du 19ᵉ s. au début de ce siècle, l'église fut complètement restaurée et dotée d'une « enveloppe extérieure neuve ». En effet, les architectes J.-J. et M. van Ysendijck, disciples de Viollet-le-Duc, y ajoutèrent tourelles, clochetons, pinacles, balustrades et statues. C'est à partir de ce sanctuaire que démarre chaque année la procession de l'Ommegang se rendant à la Grand-Place *(voir les Renseignements pratiques en début de volume)*.

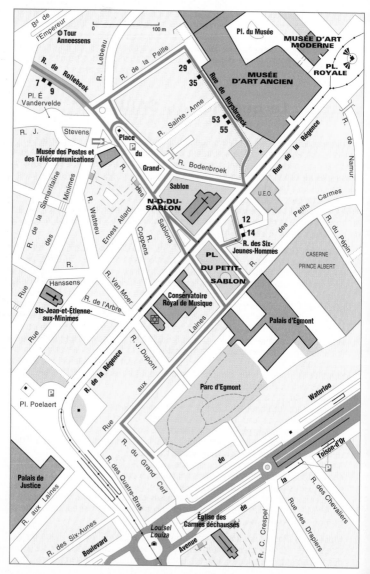

E. Baret

Vitrail de N.-D.-du-Sablon

Extérieur – Pour respecter la chronologie, il faut successivement observer le chœur (1435), le transept (1450), la nef (2ᵉ moitié du 15ᵉ s.) et le portail principal (vers 1530). Les éléments les plus intéressants sont : le sacrarium (1549) situé au chevet du chœur ; le portail Sud dont les voussures illustrent la Résurrection, et qui est surmonté d'une splendide rosace formée par 12 trèfles à 4 feuilles ; les bas-côtés où l'alignement des gâbles est typiquement brabançon.

Intérieur – *Entrée par le portail ouvrant sur la rue de la Régence. Pour le détail des vitraux et des nombreuses œuvres décoratives ou commémoratives, se procurer un plan à droite de l'entrée.* La nef est constituée de 5 vaisseaux, ce qui est une particularité à Bruxelles, car ailleurs les chapelles sont habituellement séparées par des murs remplissant la fonction de contreforts. Les chapiteaux de la nef principale, surmontés des statues des douze apôtres (milieu du 17ᵉ s.), sont ornés de feuilles de chou frisé, ornement propre au style gothique brabançon. Au-dessus du triforium dont la galerie est ajourée, les fenêtres hautes au remplage flamboyant éclairent des voûtes à clefs armoriées. Près de la chaire de vérité (1697, Marc De Vos), une plaque évoque le souvenir de Paul Claudel qui venait souvent prier alors qu'il était ambassadeur de France dans la capitale belge.

Dans le bras droit du transept, le monument funéraire du poète français Jean-Baptiste Rousseau est situé à gauche de l'entrée ; au-dessus de l'entrée, la statue de la Vierge en bateau.

Très élevé et éclairé par 11 fenêtres lancéolées, le chœur est décoré d'écoinçons sculptés (difficiles à observer par manque d'éclairage) figurant notamment le *Massacre des Innocents*, au-dessus de la porte menant à la sacristie, et les quatre Évangélistes, à l'entrée du sacrarium. Ce petit édifice de plan polygonal possède un lanterneau doté de petites clefs de voûte joliment ouvragées.

La jolie **chapelle sépulcrale des Tour et Taxis** est dédiée à sainte Ursule. Elle fut aménagée au 17ᵉ s. par L. Fayd'herbe et V. Anthony. La chapelle baroque en marbre noir est décorée de sculptures en marbre blanc. À l'intérieur, la statue de sainte Ursule est due à Jérôme Duquesnoy le Jeune. Des figures allégoriques comme celle de la Fidélité rappellent la fiabilité de la poste fondée par cette famille célèbre.

Les Tour et Taxis

Vers 1490, la famille Tasso, originaire du Nord de l'Italie, créa le service postal international entre Malines et Innsbruck pour le futur empereur du Saint-Empire germanique, Maximilien Iᵉʳ. Les Tassi établirent bientôt leur résidence à Bruxelles, qui devint ainsi la plaque tournante de *La Compania di Tassi*. Désormais alliée aux Torriani de Milan, cette famille renommée, l'une des plus influentes des Provinces-Unies, reçut le titre de prince en 1695, puis émigra en 1702 vers la ville impériale de Francfort suite à la guerre de Succession d'Espagne (le nom, signifiant blaireau, se germanisa en Taxis). Les Tour et Taxis, définitivement établis à Ratisbonne en 1748, avaient leur hôtel à l'emplacement de l'ancien Musée instrumental à coté du Conservatoire (plaque commémorative) et ils possèdent leur mausolée dans une chapelle de l'église Notre-Dame-du-Sablon.

Les métiers, place du Petit-Sablon

La deuxième chapelle, dédiée à saint Marcou, a également été élevée par les Tour et Taxis.

★Place du Petit-Sablon (KZ 195) – À l'emplacement de l'ancien cimetière de l'hôpital Saint-Jean, cette place a été transformée en square par l'architecte Henri Beyaert en 1890. Ce petit jardin public délicieux est clos par une magnifique grille en fer forgé et est entouré de colonnettes néogothiques toutes différentes. Celles-ci portent 48 charmantes statuettes en bronze représentant les métiers bruxellois ; elles ont été réalisées par près de vingt sculpteurs. Les métiers sont identifiés par leurs attributs, un exercice relativement difficile étant donné que la majorité d'entre eux ne sont plus pratiqués, comme par exemple les arquebusiers (une arquebuse et une enclume), les tondeurs de drap (des ciseaux), les ceinturonniers et épingliers (des ceinturons) ou les graissiers (une oie morte et un flacon), etc.
À l'intérieur du square où règne une atmosphère apaisante, les statues des comtes d'Egmont et de Hornes par C.-A. Fraikin (1817-1893) symbolisent la résistance à la tyrannie espagnole ; ces sculptures datant de 1864 se trouvaient auparavant sur la Grand-Place en face de la maison du Roi *(voir quartier de la Grand-Place)*. D'autres statues figurent des hommes politiques et de grands humanistes belges du 16e s. *(de droite à gauche)* : Guillaume le Taciturne (C. van der Stappen), qui souleva le pays contre l'Espagne ; Louis van Bodeghem (J. Cuypers), un des architectes de la maison du Roi ; Henri de Bréderode (A. van Rasbourgh), autre résistant à la tyrannie ; Cornelis Floris de Vriendt (J. Pécher), sculpteur et architecte de l'hôtel de ville à Anvers ; Rombaud Dodonée (A. de Tombay), éminent botaniste ; Gérard Mercator (L. van Biesbroeck), célèbre géographe ; Jean de Locquenghien (G. van den Kerckhove), amman de la ville ; Bernard van Orley (J. Dillens), grand peintre de la Renaissance ; Abraham Ortelius (J. Lambeaux), auteur du premier atlas de géographie ; Philippe de Marnix de Sainte-Aldegonde (P. de Vigne), diplomate et philosophe. Bordé de maisons du début du siècle, sauf le n° 9, le Roy d'Espagne, qui daterait de 1601 ou de 1610, ce square représente un résumé historique, hommage au passé national poétiquement mis en scène par la fin du 19e s.
Karl Marx y logea en février 1845.

Palais d'Egmont (KZ) – *Dépendance du ministère des Affaires étrangères (centre de conférences internationales)*. L'origine de la construction remonte à 1533-1534, lorsque la princesse de Gavre, mère du fameux comte Lamoral d'Egmont qui poursuivra les travaux, fait élever un premier bâtiment. Le corps de logis Renaissance situé au fond de la cour d'honneur s'inspire du palais Granvelle, aujourd'hui disparu : neuf arcades séparées par des pilastres doriques au rez-de-chaussée, colonnes ioniques au premier ; l'ensemble est surmonté d'une corniche continue et de lucarnes. La galerie à colonnettes a été ajoutée en 1832. En 1759, le duc d'Arenberg charge l'architecte d'origine florentine Jean Nicolas Servandoni d'ajouter entre autres une aile de style classique (reconstruite après un incendie en 1892) face au parc. De 1830 à 1839, l'architecte Tilman-François Suys *(voir quartier du Palais royal)* agrandit les bâtiments et construit l'aile gauche ainsi qu'un manège. Respectant l'ordonnance Renaissance de l'ancienne façade, Flanneau ajoute en 1905 une aile vers le parc. Restauré en 1971, le palais forme un ensemble architectural très cohérent qui s'étale sur près de 100 m.

Le parc d'Egmont – *Voir quartier Louise.*

Qui sont les comtes d'Egmont et de Hornes ?

Né près d'Ath, Lamoral, **comte d'Egmont** (1522-1568), épousa Sabine de Bavière, fille du comte palatin du Rhin. Couvert de gloire militaire, il fut nommé commandant des armées espagnoles aux Pays-Bas par Philippe II. Il réclama l'abolition de l'Inquisition. Le jour où la politique du roi alla à l'encontre de ce qui lui avait été promis en Espagne, il se lia plus étroitement à Guillaume de Nassau, prince d'Orange, tout en restant fidèle à l'Église catholique. Philippe de Montmorency, **comte de Hornes** (vers 1518-1568), prit fait et cause pour Orange et Egmont contre les mesures du cardinal Granvelle qui sévissait contre les calvinistes depuis 1539. Tous trois réclamèrent le pardon pour les nobles confédérés, mais des troubles agitant sérieusement la ville à partir de 1566, Philippe II réagit en envoyant le duc d'Albe à Bruxelles l'année suivante. Ce dernier ne tarda pas à installer une politique de répression. Orange ayant fui, il ne restait plus à l'émissaire que les courageux Egmont et Hornes pour exprimer toute la fermeté espagnole. Le « Conseil des troubles » les condamna à la décapitation, qui fut exécutée le 5 juin 1568 devant la maison du Roi.

ALENTOURS

Au Nord de la place du Petit-Sablon, dans la **rue des Six-Jeunes-Hommes** (JKZ **268**) percée au 17e s., de jolies maisons anciennes appareillées en briques dites « espagnoles » ont été restaurées. L'enseigne du n° 14 rappelle l'histoire de ces six jeunes hommes (il n'en reste plus que quatre) pendus pour avoir envoyé de la suie à la figure d'un certain Vargas, agent du redouté duc d'Albe ; le millésime 1503 à peine visible au-dessus de la fenêtre du n° 12 est fantaisiste, mais la porte est joliment travaillée.

Rue de la Régence (JKZ) se trouvent, au n° 4, le siège de l'Union de l'Europe Occidentale (UEO) et, au n° 3, les Musées royaux des Beaux-Arts de Belgique *(voir ce nom)*. De l'autre côté de la place du Petit-Sablon se dresse, au n° 30, le **Conservatoire royal de musique** (1872-1876) (JKZ) élevé en style néo-Renaissance par Cluysenaar, et au n° 32, la **synagogue** (JKZ) construite par l'architecte De Keyser en style romano-byzantin en 1875.

Plus bas, la **rue de Ruysbroeck** (KZ **219**) date approximativement de la première enceinte de la ville ; elle porte le nom du ruisseau qui la bordait autrefois. Fortement dégradée au 20e s., la rue préserve quelques jolies maisons : les n°s 55 et 53 remontent au 17e s., la façade au n° 35 présente une jolie serlienne, la maison à pignon au n° 29 date du début du 18e s. Perpendiculaire, l'étroite et piétonnière rue Sainte-Anne est, comme la place du Grand-Sablon, riche en magasins d'antiquaires.

En contrebas de la place du Grand-Sablon, la pittoresque **rue de Rollebeek** (JZ **217**) recèle au n° 7 un beau portail du 17e s. À côté, au n° 9, charmant pignon à gradins.

Depuis le Sablon, on peut :

▶▶ Gagner le quartier des Musées royaux des Beaux-Arts de Belgique en remontant à gauche la rue de la Régence où se trouve le musée d'Art ancien au n° 3.

Gagner le quartier du Palais royal en remontant à gauche la rue de la Régence jusqu'à la place Royale.

Gagner le quartier Louise en remontant à droite la rue de la Régence.

Gagner le quartier des Marolles en descendant la rue J. Stevens située à gauche de la rue de Rollebeek.

Gagner le quartier du Mont des Arts en descendant la rue J. Lebeau, puis en prenant l'escalier à droite à hauteur du pont pour s'engager à droite dans le boulevard de l'Empereur.

Cathédrale
des SAINTS-MICHEL-ET-GUDULE★★(KY)

Plan, voir p. 20

L'ancienne collégiale des Saints-Michel-et-Gudule partage avec Malines, depuis 196.
le titre de cathédrale de l'archidiocèse de Malines-Bruxelles. « Nef ancrée au cœur d
Bruxelles », ce très beau monument offre la particularité de synthétiser plusieurs style
architecturaux, depuis l'âge roman jusqu'au plein épanouissement de l'art gothique a
16ᵉ s.

Cette cathédrale est l'édifice des grandes célébrations depuis 1312, lorsque y fu
inhumé le duc Jean II de Brabant. En 1993, les obsèques du roi Baudouin Iᵉʳ se dérou
lèrent dans l'église où il s'était marié avec Doña Fabiola de Mora y Aragon e
15 décembre 1960. D'autres mariages princiers furent célébrés à la cathédrale don
celui du prince Albert (l'actuel roi Albert II) avec Donna Paola Ruffo di Calabria e
1959 et celui du prince Philippe avec Mathilde d'Udekem d'Acoz en décembre 1999

Le nom – En 1047, le comte Lambert II fonda sur la colline du Treurenberg une églis
dédiée à l'archange Michel *(voir ci-contre)*, qui n'était pas un saint local. Son cult
provenait d'Orient et se diffusa vers le Nord via l'Italie. On le rencontre en Flandre a
milieu du 8ᵉ s. Gudule, quant à elle, est une sainte carolingienne née à Moorsel, e
Flandre-Orientale. Ses reliques reposaient dans la chapelle Saint-Géry *(voir Vill
ancienne)*, à proximité du *castrum* de Charles de France, duc de Basse-Lotharingie. L
même Lambert II les fit transférer à Saint-Michel, car en tant que comte de Louvain
il aspirait vivement à la reconquête du titre de duc de Lotharingie qu'obtint finale
ment Godefroi Iᵉʳ au début du 12ᵉ s.

Le blason de Bruxelles

Sur fond rouge, un saint Michel doré terrasse un démon noir. Tel est le blason
que soutiennent deux lions jaunes, dont l'un porte une bannière aux armes du
Brabant, l'autre aux armes de la ville. Si Bruxelles est millénaire, ses armoiries
ne datent que du 25 mars 1844, suite à un arrêté du roi Léopold Iᵉʳ. Toutefois,
un saint Michel archange coiffe la tour de l'hôtel de ville depuis 1455, et orne
le sceau de la ville depuis 1229.

Selon la légende, Lambert II, comte de Louvain et gouverneur de Bruxelles
(1041-1063), avait été condamné à mort par son père, Henri Iᵉʳ, pour avoir
enlevé sa fiancée. Afin d'échapper à la sentence, Lambert II invoqua saint Michel
qui favorisa une fuite somme toute miraculeuse. Le comte aurait alors proclamé
le saint patron de Bruxelles.

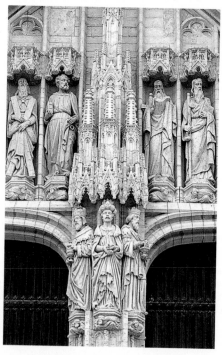

Cathédrale des Saints-Michel-et-Gudule
Détail de la façade

Ch. Bastin et J. Evrard

La façade – Venant de la
Grand-Place ou de la Monnaie,
c'est-à-dire débouchant de
rues et de ruelles au réseau
étroit, le promeneur est sou-
dain étonné de voir se dresser
devant lui ce gigantesque écrin
de pierre, qui a retrouvé sa
blancheur primitive grâce à
une restauration récente. Un
bel escalier monumental
(1860) mène au perron de
l'édifice. L'ensemble forme un
parvis très agréable.

La présence de deux tours,
comme dans les églises françaises, est une exception
puisque l'architecture brabançonne impose théoriquement
une tour axiale. Épaulées par
de puissants contreforts,
celles-ci datent du 15ᵉ s. **Jan van
Ruysbroeck** (début 15ᵉ s.-1485),
auteur de la fabuleuse tour de
l'hôtel de ville, y travailla cer-
tainement et fut probablement
chargé de les couronner d'une
flèche, mais la mort l'en empê-
cha. À leurs pieds s'ouvrent
trois portails en arc brisé dont
les portes sont recouvertes par
un arc en anse de panier peu
courant. À hauteur des gâbles,

ne balustrade délicatement ajourée simule un fenestrage. Surmonté d'une haute fenêtre au remplage flamboyant, le portail central (15e s.) est délicatement orné : le pier est décoré des trois Rois mages (Melchior, Gaspard et Balthazar) tandis que le tympan contient six statues d'apôtres (19e s.) dont la série est complétée de part et d'autre u portail central. Ce programme décoratif est indéniablement à rapprocher de celui es retables, composés d'un panneau central flanqué de volets.

L'intérieur ⊘ – *Entrée par le portail de droite.*
Dès qu'il se dirige vers la nef centrale, le visiteur est immédiatement frappé par l'extrême sobriété de la décoration, pourtant essentiellement baroque. Jusqu'à hauteur des fenêtres, le vaisseau central date du 14e s. Ses énormes colonnes à chapiteau à feuilles de chou frisé sont adossées de statues des douze apôtres exécutées au 17e s. Ces sculptures sont de L. Fayd'herbe, Jérôme Duquesnoy Le Jeune, J. van Mildert et Tobie de Lelis, dit Tobias, artistes bruxellois parmi les plus brillants de leur siècle. On voit à gauche : Simon le Zélote, Barthélemy, Jacques le Mineur, Jean l'Évangéliste, André, Pierre ; à droite : Thaddée, Matthieu, Philippe, Thomas, Jacques le Majeur, Paul. La **chaire de vérité** (1699) est un chef-d'œuvre du sculpteur anversois Hendrik Frans Verbruggen (1655-1724) illustrant le thème d'Adam et Ève chassés du Paradis et, au couronnement, la promesse de Rédemption incarnée par la Vierge de l'Immaculée Conception sur son croissant de lune écrasant la tête du serpent. Ce meuble si audacieusement ouvragé qui ne peut qu'étonner provient de l'église St-Michel du couvent des jésuites à Louvain. Le triforium et les fenêtres hautes datent du 15e s. La voûte, achevée au début du 16e s., présente de belles clefs dont la polychromie est originale. Côté Ouest, le **vitrail** du *Jugement Dernier* (1528, J. De Vriendt) est particulièrement remarquable pour ses couleurs éclatantes ; le vert et le bleu y sont très intenses. Le collatéral Sud (14e s.) est de style rayonnant dans son ensemble. Les nervures de la voûte y reposent sur des colonnes engagées alors que le collatéral Nord (2e moitié du 15e s.), de style flamboyant, se distingue par des faisceaux de colonnettes. C'est par ce bas-côté que l'on accède aux **vestiges romans** dégagés lors de fouilles archéologiques entreprises sous la nef dans les années 1980. Cette visite souterraine donne une excellente idée de l'église romane primitive (vers 1047-1150), avec ses deux tours rondes flanquant un avant-corps massif ou « Westbau » (2e moitié du 12e s.).
Le chœur, entouré d'un déambulatoire, est la partie la plus ancienne de l'édifice actuel. Achevé en 1280, il est de style gothique primaire. Les vitraux de Nicolas Rombouts, peintre-verrier installé à Malines à la cour de Marguerite d'Autriche, datent du 16e s. Située dans l'axe du chœur, la chapelle Maes (17e s.) de plan hexagonal servait de crypte funéraire à la famille du même nom. Elle comprend le très beau retable de la Passion attribué au sculpteur Jean Mone.
Surplombant le flanc Nord du déambulatoire, la chapelle du Saint-Sacrement (16e s.) de style gothique flamboyant est embellie de vitraux Renaissance conçus par J. Haeck d'après des cartons de Bernard van Orley. D'autres sont du peintre Michel Coxie et le vitrail central représentant la *Glorification du St-Sacrement* au-dessus de l'autel est l'œuvre de J.-B. Capronnier. La chapelle abrite actuellement le **trésor** ⊘ de la cathédrale. Il contient des objets d'art religieux dont une croix-reliquaire d'origine anglo-saxonne (vers l'an 1000). La très belle sculpture, *La Vierge et l'Enfant*, est attribuée à l'Allemand Conrad Meit, sculpteur au service de Marguerite d'Autriche, gouvernante des Pays-Bas. Remarquer également *La Légende de sainte Gudule* de Michiel Coxcie, appelé le Raphaël flamand.
À droite du déambulatoire, la chapelle Notre-Dame-de-la-Délivrance fut édifiée à la demande de l'infante Isabelle en 1649. Également ornée de magnifiques vitraux réalisés par J. De Labaer d'après des cartons de Théodore van Thulden, élève de Rubens, ils relatent les principaux épisodes de la vie de la Vierge. Dans le fond, l'autel en marbre noir et blanc présente en son centre une *Assomption* de J.-B. de Champaigne, neveu de Philippe.

Depuis la cathédrale, on peut :

▶▶ Gagner le quartier de la Grand-Place en descendant la rue de la Montagne, puis en s'engageant dans la rue du Marché-aux-Herbes. Tourner immédiatement à gauche dans la rue de la Colline.
Gagner le quartier de la Monnaie en descendant la rue de l'Écuyer.
Gagner le quartier du Mont des Arts en longeant le boulevard de l'Impératrice jusqu'à la place de l'Albertine.
Gagner le quartier du Parlement par le chevet de la cathédrale. Remonter le Treurenberg pour atteindre la rue Royale.
Gagner le quartier du Palais royal par le même itinéraire, puis en longeant à droite la rue Royale jusqu'à la place du même nom.

La VILLE ANCIENNE

Plans, voir p. 18 et p. 20

Centre historique de la ville par l'établissement du *castrum* de Charles, duc de Basse
Lotharingie vers 979 sur l'île Saint-Géry, ce quartier ne possède plus que quelque
vestiges de son passé médiéval. Aujourd'hui, cette zone est devenue un des endroit
les plus en vogue et les plus animés de la ville. En témoignent la ribambelle de bou
tiques d'avant-garde rue Antoine Dansaert, ainsi que les cafés colorés et les petit
restaurants aguichants qui ont élu domicile en bordure de la place Saint-Géry et dan
les rues avoisinantes. La proximité de la Bourse et surtout de la Grand-Place n'est pa
étrangère à cette animation entretenue par un public très jeune. Enfin, la toute proch
rue du Midi est le paradis des philatélistes.

Voûtement de la Senne – Fortement impressionné par les grands boulevards percé
à Paris sous le Second Empire par le baron Haussmann, le futur roi Léopold II, alor
duc de Brabant, souhaitait que l'on envisageât des travaux en vue de transformer e
d'assainir le centre de Bruxelles. Suite à la terrible épidémie de choléra qui fi
3 467 victimes en 1866, les autorités décidèrent de voûter la Senne aux eaux deve
nues polluées. Ce fut chose faite entre 1867 et 1871, à l'initiative du bourgmestre
Jules Anspach.

Selon Louis Quiévreux, initiateur de l'Îlot sacré *(voir quartier de la Monnaie)*, « ces
travaux gigantesques ont isolé la rivière, ont transformé le centre de Bruxelles plus
radicalement que ne l'aurait fait un bombardement aérien ». Et il est vrai qu'ils modi
fièrent radicalement le visage du berceau de Bruxelles dont les chroniqueurs du temps
passé se plaisaient à souligner la ressemblance avec Bruges. Dirigés par l'architecte
Léon Suys, que l'on peut qualifier de Haussmann bruxellois, les travaux dégagèrent
de grands boulevards centraux (Lemonnier, Anspach, Max, Jacqmain), ouvrirent des
places (Fontainas, Bourse et de Brouckère) et rectifièrent le tracé des ruelles sinueuses
percées au Moyen Âge. Cette opération d'envergure se solda par un succès personnel
du bourgmestre J. Anspach qui parvint à vaincre les obstacles tant politiques que
financiers soulevés par le gouvernement de l'époque.

Le voûtement de la Senne eut pour conséquence directe de renouveler les principes
de l'habitat urbain en Belgique *(voir quartier de la place de Brouckère, Une allure parisienne)* et de faire rapidement de Bruxelles une ville forte d'un million d'habitants.
Durant 60 ans, la Senne coula entre les gares du Midi et du Nord avant d'être
détournée afin que le trop-plein s'écoule dans le canal Bruxelles-Charleroi.

*Les curiosités suivantes sont situées de part et d'autre du boulevard Anspach reliant
la place de la Bourse et la place Fontainas. La rue du Marché-au-Charbon commence à partir de la place Fontainas.*

Église Notre-Dame-de-Bon-Secours ⓥ **(JY)** – *Rue du Marché-au-Charbon.*
S'inspirant des exemples italiens, l'architecte Jean Cortvrindt (?-1681) a conçu
un plan associant l'axe traditionnel de la nef et des bas-côtés à un hexagone ouvert
sur des absides semi-circulaires dont l'abside centrale abrite le chœur. Cette distribution s'inspirait probablement de Notre-Dame-des-Consolations à Vilvorde
(1665), l'église bruxelloise n'ayant été totalement achevée que vingt-neuf ans plus
tard. Cette combinaison habile a donné une église italo-flamande très intéressante
qui s'éloigne du type flamand traditionnel dont l'église Saint-Jean-Baptiste-au-
Béguinage *(voir quartier du Béguinage)* est un exemple marquant. La façade,
joliment proportionnée, est percée de fenêtres en oculus et couronnée d'un fronton
triangulaire. Au milieu, statue de la Vierge à l'Enfant dans une niche en forme de
coquille. Parmi les ornements, il faut remarquer, d'une part, le blason (au-dessus
de la porte) du gouverneur Charles de Lorraine avec la croix de l'ordre Teutonique
dont il était le grand maître, d'autre part, le chapeau et la coquille (porte) qui évoquent la traditionnelle route des pèlerinages à St-Jacques-de-Compostelle.

L'**intérieur** est particulièrement gracieux. La coupole était initialement couronnée
d'un lanterneau. Trois nefs très courtes sont surmontées de tribunes à balustrades.
Il émane de cette disposition inusitée dans les Pays-Bas méridionaux une atmosphère toute Renaissance. Le programme décoratif de l'édifice cultive cet hommage
à l'Italie du 17e s., comme par exemple les piliers d'angle dont les pilastres com-
posites supportent un puissant entablement. Dans le chœur, divisé par des pilastres
surmontés d'une architrave, le maître-autel en marbre et bois peint date du début
du 18e s. La statue en bois de chêne de Notre-Dame-de-Bon-Secours date du
14e s. ; le nom proviendrait de vertus miraculeuses reconnues par le haut patro-
nage de l'infante Isabelle.

*Par la rue du Jardin-des-Olives, regagner le boulevard Anspach. Tourner à droite
et prendre à gauche dans la rue des Riches-Claires.*

Église Notre-Dame-des-Riches-Claires **(ER)** – *Rue des Riches-Claires.* Attribuée au
Malinois Lucas Fayd'herbe (1617-1697), l'église fut commencée par les religieuses
en 1665. Agrandie au 19e s. et gravement endommagée par un incendie en 1989,
la restauration n'est toujours pas tout à fait terminée. La présence d'un gâble à
volutes au-dessus des parties arrondies de l'édifice caractérise son style italo-
flamand.

Le plan de cette église répondait à une double exigence : une partie était destinée au public, l'autre, attenante au cloître, était réservée aux religieuses. Les travaux d'agrandissement ont supprimé cette distinction en ajoutant des nefs latérales. Le dôme a été reconstitué.

Une partie de l'ancien couvent des Riches-Claires est aménagée en appartements.

La rue de la Grande-Île mène à la place Saint-Géry.

Halles St-Géry (ER) – *Place Saint-Géry.* Berceau de la ville, l'île Saint-Géry a vu son rôle historique de marché central se matérialiser par l'édification d'une halle en 1881 (voir ancres des façades) à l'emplacement de l'église rasée à la fin du 18ᵉ s. par les révolutionnaires français. Le bâtiment combine un style néo-Renaissance flamand et des matières assez nouvelles pour l'époque comme le verre et le fer. À l'intérieur, l'édifice s'est doté d'une fontaine pyramidale provenant de l'ancienne abbaye de Grimbergen.

Les travaux de réhabilitation à la fin des années 1980 ont préservé les ferronneries en fonte.

Au 1ᵉʳ étage, une petite exposition permanente présente l'évolution du patrimoine urbain bruxellois du bombardement de Louis XIV en 1695 à la naissance de l'Art nouveau à la fin du 19ᵉ s. en passant par la reconstruction de la Grand-Place, Bruxelles sous le règne des Autrichiens, le

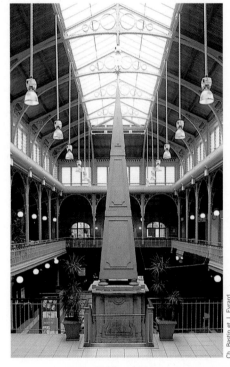

Halles St-Géry – Intérieur

Ch. Bastin et J. Evrard

développement de l'industrie, le voûtement de la Senne, et Léopold II, le roi-bâtisseur. Expositions temporaires consacrées à l'urbanisme et à l'environnement. En face des halles se dresse l'ancien relais, le Lion d'Or, qui daterait de 1622. De la cour intérieure à côté, accessible via un passage cocher, belle **vue** sur le voûtement de la Senne et l'église des Riches-Claires.

Depuis la place Saint-Géry, traverser la rue Van Artevelde pour s'engager dans la rue St-Christophe qui donne dans la rue des Chartreux.

Album, le musée de la Publicité ⊘ (ER M¹) – *Rue des Chartreux 25.* Situé dans une maison du 17ᵉ s., ce charmant petit musée interactif donne un aperçu de la Belgique au moyen de différents aspects de la publicité : films, gadgets et campagnes de publicité.

Dans ce quartier en plein développement, l'on trouve encore quelques vestiges de la première enceinte, notamment dans le couloir de la maison en face du musée de la Publicité au n° 42. Symbole du brassage des cultures à Bruxelles, la statue en bronze du petit chien Zinneke *(coin de la rue des Chartreux et de la rue du Vieux Marché aux Grains)* est due à Tom Frantzen. À hauteur du n° 19, la fresque d'Yslaire fait partie d'un parcours voué à la bande dessinée *(voir Introduction, L'Art dans la rue)*. Plus loin, aux nᵒˢ 5-7 se trouve l'authentique café Greenwich, aux très jolies ferronneries, où le célèbre René Magritte venait jouer aux échecs.

La rue des Chartreux débouche sur la place du Jardin-aux-Fleurs où se trouve In 't Spinnekopke. Le nom de ce vieux estaminet classé, qui serait le plus ancien de Bruxelles, signifie « à la petite araignée ». On y déguste des bières belges authentiques et des plats typiquement bruxellois (la carte est à la fois en français et en bruxellois). Les véritables amateurs d'archéologie industrielle pourront poursuivre le circuit jusqu'à la rue Ransfort à Molenbeek.

Prendre la rue Notre-Dame-du-Sommeil.

Au n° 12 de cette rue se trouvent les anciens ateliers de la maroquinerie Delvaux, célèbre pour ses sacs, foulards et autres accessoires de luxe. L'ancienne brasserie de l'Étoile au n° 81 a été réaménagée en salle de théâtre (Kaaitheater Studio's).

Près du canal, la brasserie Bellevue est le plus grand fabricant de lambic en Belgique.

Prendre à droite le boulevard Barthélémy ; traverser le canal et s'engager dans la chaussée de Gand. Ensuite, prendre la 4ᵉ rue à gauche, la rue Ransfort.

Musée bruxellois de l'Industrie et du Travail ⊘ (ER)– *Rue Ransfort 27.* Ce petit musée se situe dans la partie basse de la commune de **Molenbeek-St-Jean** abritant une forte population émigrée. Consacrée à l'histoire de la vie sociale et économique de la région bruxelloise, la collection fait l'objet d'expositions temporaires dans la halle des tourneurs de l'ancienne Compagnie des bronzes. Fondée en 1859, cette ancienne fonderie s'est établie en 1862 à Molenbeek, au centre d'un quartier appelé à l'époque le Manchester belge. Spécialisée dans la fabrication de bronzes artistiques, elle ferma ses portes en 1977.

Depuis le boulevard Anspach, on peut :

▶▶ Gagner le quartier de la Bourse en longeant le boulevard jusqu'à la place de la Bourse.

Gagner le quartier du Béguinage en longeant le boulevard jusqu'à la place de la Bourse, puis en tournant à gauche dans la rue Auguste Orts que prolonge la rue Antoine Dansaert. Tourner à droite dans la rue du Vieux-Marché-aux-Grains menant à la place Sainte-Catherine.

Gagner le quartier de la Grand-Place en longeant le boulevard jusqu'à la place de la Bourse. S'engager dans la rue au Beurre à laquelle on accède par l'arrière de la Bourse.

Serres royales à Laeken

Ch. Bastien-J. Évrard

Les autres communes

Plans, voir p. 14, p. 16 et p. 18

Si la fondation du village se perd dans la nuit des temps (traces d'habitat de l'âge du fer, restes d'une villa romaine du 4e s., cimetière mérovingien), le nom apparaît pour la première fois dans un document de 1046, date à laquelle il était le lieu de résidence d'un chapitre de chanoines qui a subsisté jusqu'en 1796.

Très connue grâce à son équipe de football, Anderlecht a une vocation industrielle et concentre de nombreux ateliers et manufactures le long du canal de Charleroi et de la Senne, non loin des abattoirs construits à la fin du siècle dernier. Si elle a la réputation d'être populaire, la commune connaît par ailleurs des quartiers tranquilles et résidentiels aux alentours du parc Astrid. Les abords de la place de la Vaillance comptent un grand nombre de petits commerces, ceux de la place Bara englobent la gare du Midi et sa nouvelle ligne TGV ainsi que le quartier animé des négociants de vêtements.

Royal Sporting Club d'Anderlecht

Depuis le boulevard Poincaré de la « petite ceinture », s'engager dans la chaussée de Mons, puis à droite dans la rue Wayez juste après avoir franchi le canal. Gagner la place de la Vaillance.

★**Collégiale des Saints-Pierre-et-Guidon** Ⓥ **(AM D)** – *Place de la Vaillance. Travaux en cours.* Les dimensions respectables de cette belle collégiale gothique des 14e et 15e s. (la plus grande après la cathédrale) rappelle l'ancienne importance du chapitre Saint-Pierre. Ce dernier fut créé vers 1078 par Reinilde d'Aa, dont la famille fut longtemps l'une des plus influentes du duché.

À l'**extérieur**, l'élément le plus intéressant est le porche Sud qui date approximativement de 1350. Il a été fortement refaçonné par une restauration au 19e s. Les statues des niches ont été placées en 1908. Qu'il s'ouvre dans cette direction répondait à la situation du village. Initialement, ce porche était isolé, les chapelles adjacentes ayant été ajoutées ultérieurement. La succession de pignons latéraux illustre merveilleusement un aspect particulièrement marquant du gothique brabançon : la prédilection pour les toitures perpendiculaires à la nef. La tour carrée date de 1517 ; la flèche octogonale a été dressée en 1898, on ne la distingue donc pas sur le délicieux dessin (1612) à la plume du Florentin Remigio Cantagalina (1582-vers 1630) visible à la Maison d'Érasme (chambre de rhétorique).

Il paraît que jadis, celui qui sortait vainqueur de la course hippique consistant à faire cinq fois le tour de l'église gagnait le droit de rentrer à cheval dans l'édifice. L'**intérieur** réserve quelques belles surprises. La nef remonte à la fin du 14e s. : ses quatre travées sont assez peu élevées et ses voûtes d'ogives reposent directement sur des chapiteaux décorés de choux frisés, autre caractéristique brabançonne. Des peintures murales (15e-16e s.) sont entre autres visibles dans les chapelles, mais on s'arrêtera surtout à celles de la **chapelle Notre-Dame-de-Grâce** : la voûte porte des anges annonçant ceux du palais Jacques Cœur à Bourges ; les murs illustrent la vie de saint Guidon, mort en 1012 et très vénéré comme patron des paysans et comme protecteur des chevaux. Le bras gauche du transept abrite le monument funéraire d'Albert Ditmar, médecin de Philippe le Bon décédé en 1438 : cette sculpture sur bois séduit l'œil par sa tendance réaliste. Le bras droit du transept présente des parties romanes repérables à la fenêtre en plein cintre du mur Est. Profond et doté de stalles pour les chanoines, le chœur (vers 1460) est l'œuvre de Jan van Ruysbroeck, l'architecte de la tour de l'hôtel de ville de Bruxelles. Parmi les vitraux se démarquent ceux de la première travée gauche (fin 15e s.) et de la première travée droite (16e s.). Dans le chœur toujours, le gisant de Jean Walcourt (mort en 1362), seigneur d'Aa, fait face au monument funéraire d'Arnoul de Hornes (1505) et de son épouse Marguerite de Montmorency.

Sous le chœur, la crypte (fin 11e s.) compte parmi les très rares exemples romans de la capitale. Deux couloirs d'accès mènent à trois nefs délimitées par six colonnes centrales. Les onze fenêtres sont étroites et cintrées, ébrasées et sans ornements. La nature et la couleur rosée de la pierre laisseraient supposer, selon la légende, que les supports proviennent de la villa romaine mise au jour dans la commune. La dalle centrale serait la pierre tombale de saint Guidon.

Au chevet de l'église, le square Jef Dillen communique avec la rue du Chapitre.

★★ Maison d'Érasme ⏱ (AM) – *Rue du Chapitre 31.*

Construite en 1468 et agrandie en 1515 (voir millésime en fer forgé sur la façade de droite), cette maison en briques « espagnoles » était l'une des maisons du chapitre Saint-Pierre où les chanoines logeaient leurs hôtes illustres, tels le géographe Gérard Mercator ou l'humaniste Juste Lipse. Pierre Wijchman, écolâtre du chapitre, entretenait une relation épistolaire avec Desiderius Erasmus Roterodamus, dit Érasme (1469-1536). Fils naturel, né à Rotterdam, cet esprit génial souhaitait réformer l'Église en dénonçant les abus de plusieurs facultés de théologie et les rivalités de certains ordres. Fidèle à sa plume ironique et à sa devise « je ne cède à personne », ce contemporain de Martin Luther et ami intime de Thomas More voyagea énormément pour étancher sa soif d'étude et garantir son indépendance. Ainsi, avant de s'arrêter ici durant cinq mois (de fin mai à fin octobre 1521), après avoir séjourné à Louvain et avant de gagner définitivement Bâle, avait-il été chanoine à Gouda, boursier à la Sorbonne, professeur à Oxford, Cambridge et Bologne, et précepteur du prince Alexandre d'Écosse. Cet érudit fut l'auteur le plus édité et le plus lu de son époque, et comptait des admirateurs dans les sphères les plus élevées de la société.

Achetée en 1931 par la commune d'Anderlecht, la maison abrite un musée consacré à Érasme et son époque. Outre de nombreux portraits et ouvrages relatifs au « prince des humanistes », les pièces réellement magnifiques si le soleil est au rendez-vous conservent quelques **tableaux** de choix et une remarquable collection de **mobilier**.

Chambre de rhétorique – Ancienne pièce de réunion où l'on verra notamment un saint Érasme en pierre de Lombardie (fin 15e s.), *Le Dernier Séjour d'Érasme à Bâle* de Félix Cogen (1838-1907), un coffret en chêne du gothique tardif (1500-1550), la plus ancienne **charte du Brabant** (1078) et un recueil des lettres d'Érasme (publié à Paris en 1525).

Cabinet de travail – C'est dans cette pièce qu'Érasme écrivait ses lettres datées d'Anderlecht témoignant d'« une vie passablement agréable ». Aux **portraits** d'Érasme par Quentin Metsys, Albrecht Dürer et Hans Holbein le Jeune, il faut ajouter : une crédence en chêne à fenestrages avec effigie de sainte Catherine (fin 15e s.-début 16e s.), l'écritoire en chêne du 16e s., un lavis rehaussé de craie blanche d'Albert Dürer représentant saint Jean l'Évangéliste, une étonnante *Étude de chauves-souris* aux ailes déployées

Ph. Gajic/MICHELIN

Le cabinet de travail d'Érasme à Anderlecht

par H. Holbein et dans la vitrine un moulage du crâne du grand humaniste.

Couloir – Voir le miroir dans un cadre Renaissance en chêne polychromé (16e s.), la statuette en marbre doré (début 16e s.), et près de l'escalier un meuble d'appui à décor parchemin (16e s.).

Salle du chapitre ou **salle Renaissance** – Cette pièce est sans aucun doute la plus belle de la maison. Son atmosphère très agréable invite à la curiosité de découvrir les meubles et les tableaux qu'elle conserve. Les murs sont garnis d'un cuir de Malines turquoise à motif doré (16e s.) mettant joliment en valeur un très beau mobilier dont une armoire en chêne à décor parchemin et serrure en cœur (fin 16e s.), une crédence en chêne à deux vantaux (début 16e s.) et deux crédences (15e ou 16e s.) flanquant la cheminée. La série de **tableaux** est d'une richesse surprenante : *Saint*

Jérôme se fustigeant avec une pierre de Joos van Cleve (début 16ᵉ s.) ; *Saint Jean Baptiste et Saint Jean l'Évangéliste* de l'école de Rogier van der Weyden (fin 15ᵉ s.) ; le triptyque *L'Adoration des Mages* du célèbre Jérôme Bosch (fin 15ᵉ s.) ; *La Fuite en Égypte* de Cornelis Metsys (milieu 16ᵉ s.) ; *Mater Dolorosa* de l'atelier de Thierry Bouts (15ᵉ s.) ; *Pietà* de l'atelier de Hugo van der Goes (fin 15ᵉ s.) ; *La Tentation de saint Antoine* de Pieter Huys (milieu 16ᵉ s.). Dans les vitrines, remarquer la première édition de *L'Éloge de la folie* (Strasbourg, 1511), les **lettres** signées par François Iᵉʳ et par Charles Quint (Carolus), ainsi que deux ravissantes miniatures de l'entourage de Hans Holbein dont les cadres portent des roses Tudor (16ᵉ s.).

Cage d'escalier – La statue représenterait Érasme en pèlerin (16ᵉ s.). Sur le palier se trouve une crédence à deux vantaux avec au centre un Saint Georges terrassant le dragon (début 16ᵉ s.).

Salle blanche – Cet ancien dortoir abrite de précieuses éditions originales. Parmi les vitrines, la plus étonnante est celle renfermant des ouvrages d'Érasme ayant subi l'interdit de la censure ecclésiastique. La dernière vitrine expose de belles reliures, tel ce recueil de lettres relié mi-cuir mi-bois avec des fermoirs en laiton, travail typiquement allemand daté de 1536. Voir également un bahut de corporation en chêne mouluré incrusté d'ébène et de citronnier, et un bahut à quatre vantaux, à décor parchemin et orné de rosaces, dont les ferrures sont posées sur des pièces de cuir (fin 16ᵉ s.).

Bibliothèque – Cette petite pièce qui contient diverses éditions des œuvres de l'humaniste est à envisager sous l'angle de l'anecdote. À ce titre, c'est probablement la caricature d'Érasme par lui-même qui mérite un intérêt plus particulier (n° 556). L'armoire en chêne du 16ᵉ s. présente de merveilleux fenestrages de style gothique flamboyant.

Jardin – En passant sous les arcades, le visiteur découvre à l'arrière de la maison le jardin à plantes médicinales aménagé par René Pechère en 1987. Puis on arrive au « jardin philosophique » qui se compose de plusieurs parties dont des parterres en forme de feuilles représentant à chaque fois un échantillon d'un paysage parcouru par Érasme lors de ses nombreux voyages. Des installations de Marie-Jo Lafontaine (s'inspirant des *Adages*), Bob Verschueren (*L'Observatoire* au centre) et Perejaume (construction en verre) complètent la visite du jardin.

Regagner le square Jef Dillen et s'engager au Nord dans la rue Delcourt. Prendre immédiatement à gauche un petit passage ombragé menant au béguinage.

Béguinage (AM) – *Rue du Chapelain 8*. Fondé en 1252, ce béguinage avait la particularité d'être rural. Partiellement reconstruit après un incendie en 1756, il fut sécularisé sous la Révolution française. Seulement 8 béguines y habitaient. Elles étaient très appréciées de la population environnante puisque, étant relativement libres, elles participaient à la vie locale en assistant les malades ou en assurant un enseignement gratuit aux enfants pauvres.
Très modeste, ce béguinage se compose de deux maisons ouvrant sur une cour intérieure. Les locaux abritent un **musée** consacré à l'histoire, à l'art et au folklore de la commune. Remarquer la petite chapelle aux huit prie-Dieu.

Place de la Vaillance, prendre à droite la rue Paul Janson jusqu'au rond-point du Meir.

Parc Astrid (AM) – Ce parc a pour hôte le stade Constant Vanden Stock où joue la très fameuse équipe du **Royal Sporting Club d'Anderlecht** qui existe depuis 1908. Les « Mauve et Blanc » ont été plus d'une vingtaine de fois champions de Belgique, vainqueurs de la Coupe des vainqueurs de coupe, de la Coupe de l'UEFA, de la Super-Coupe d'Europe.

Depuis le rond-point du Meir, prendre la rue du Limbourg puis à gauche la rue de Veeweyde jusqu'à la place de la Vaillance. Reprendre la rue Wayez et la chaussée de Mons en direction du boulevard Poincaré. Se garer après le croisement avec l'avenue Clemenceau. S'engager à pied dans la 3ᵉ rue à droite, la rue Gheude, qui est à sens unique.

★ **Musée de la Gueuze – Brasserie Cantillon** ○ (ES M¹⁹) – *Rue Gheude 56*. La dernière brasserie artisanale que compte encore Bruxelles a créé ce musée en 1978 au sein même de ses bâtiments où l'on fabrique encore du lambic, de la kriek, de la gueuze et du faro de tradition. Avant la Première Guerre mondiale, près de cinquante brasseries artisanales s'activaient dans la capitale.
Depuis la salle de brassage où s'effectue cette opération dans la « cuve-matière », jusqu'au magasin des futailles avec ses tonneaux de chêne ou de châtaignier, on suit les différentes étapes de la fabrication. Appelée « bac refroidissoir », l'étonnante grande cuve de cuivre placée sous la toiture sert non seulement à refroidir le moût, mais également à le mettre en contact avec l'air ambiant bruxellois pour qu'il subisse un ensemencement de ferments, tels les *Brettanomyces bruxellensis* et *Brettanomyces lambicus*, microbes spécifiques à la vallée de la Senne et sans lesquels il n'est point de lambic.

Si la visite est possible toute l'année, la brasserie ne produit que de fin octobre à fin avril. Deux fois par an, une journée « brassin public » propose de suivre en direct l'élaboration du lambic, depuis le brassage, qui commence à 6 h du matin, jusqu'au pompage du moût sur le bac refroidissoir en milieu d'après-midi *(se renseigner par téléphone, voir les Conditions de visite en fin de volume)*. Pour terminer la visite, une bière vous est offerte par le musée.

Depuis la porte d'Anderlecht, on peut :

▶▶ Gagner le centre de la ville en descendant le boulevard Poincaré de la « petite ceinture » et en tournant au feu à gauche dans le boulevard Maurice Lemonnier (quartiers de la Bourse, de la Ville ancienne, de Brouckère).
Se rendre à Forest en descendant le boulevard Poincaré de la « petite ceinture », puis en tournant à droite après le pont de chemin de fer dans l'avenue Fonsny que prolonge l'avenue Van Volxem. Tourner à droite dans la chaussée de Bruxelles jusqu'à la place Saint-Denis.

AUDERGHEM

Plan, voir p. 17

Cette commune dont le nom signifie littéralement « ancienne habitation » borde l'immense forêt de Soignes, à l'Ouest de la ville. Son histoire débute dans la seconde moitié du 13ᵉ s. avec la fondation du couvent de 's Hertoghinnedael, ou Val-Duchesse, autour duquel s'organisa un hameau qui se développa autour des routes reliant Bruxelles à Tervuren et à Wavre.
De nos jours, commune tranquille à vocation résidentielle, Auderghem a pour particularité d'avoir attiré la plupart des Japonais en poste dans la capitale européenne. Le boulevard du Souverain, tracé sous Léopold II, est le meilleur repère pour articuler la visite.

Val-Duchesse (DN) – *Boulevard du Souverain 259. Pas accessible au public.* Supprimé par le gouvernement autrichien en 1784, ce couvent dominicain (1262), l'un des plus anciens de Belgique, doit son nom à sa fondatrice, la duchesse Aleyde de Bourgogne, veuve de Henri III. Reconstruits au 18ᵉ s., les bâtiments formaient primitivement un carré. Il n'en subsiste que deux corps de logis, dont le château actuel qui appartient à l'État. Il accueille des rencontres internationales ; le traité de Rome y fut élaboré.
La végétation du domaine cache la **chapelle Sainte-Anne**. La partie la plus ancienne de ce petit édifice est sa tour (11ᵉ ou 12ᵉ s.). La nef a été rebâtie, comme en témoignent les briques des parties hautes, et n'est éclairée que par trois fenêtres. Le retable qui ornait jadis la chapelle se trouve aujourd'hui au musée du Cinquantenaire *(salle 58)*. La patronne de cette chapelle était invoquée par les femmes souhaitant être mères.

Hôtel communal – *Boulevard du Souverain 175.* Au carrefour de la chaussée de Wavre et du boulevard du Souverain, et formant une section de la « grande ceinture », ce bâtiment inauguré en 1970 abrite un centre culturel et une salle de spectacles.

S'engager dans la chaussée de Wavre vers l'extérieur de la ville et obliquer à gauche dans la chaussée de Tervuren (direction Tervuren). Après 400 m, tourner à droite dans la rue du Rouge-Cloître, chemin carrossable à l'angle du carrefour, et parcourir 600 m.

Le Rouge-Cloître (DN) – *Parking dans l'enclos.* À l'origine ermitage, ce monastère de la forêt de Soignes *(voir ce nom)* fut fondé en 1368. L'origine du nom est discutée : soit il provient du nom populaire de *Rood Clooster* (Rouge Cloître), car les murs étaient en effet couverts d'un ciment rouge à base de tuiles brisées et pilées ; soit il faut y voir la traduction fautive du mot néerlandais *roo* (essart en français) qui indiquerait que le cloître aurait été bâti dans un lieu où les arbres avaient été coupés. Ce prieuré de chanoines augustins connut des années prestigieuses sous la protection de Charles Quint. Le peintre Hugo van der Goes vint s'y retirer et y mourut en 1482. La suppression du cloître par Joseph II en 1784 sonna le glas du monastère qui fut vendu sous la Révolution. L'église fut même détruite dans un incendie, en 1834. Dès l'entrée se présentent les dépendances : la maison du portier à droite, et, en face, la ferme au toit rouge, flanquée d'un joli bâtiment abritant un centre d'art. Au grenier se trouve le **Centre d'information de la Forêt de Soignes** ⊙. Il présente une exposition permanente (panneaux didactiques, photos et maquettes) qui est une vulgarisation scientifique destinée à renseigner sur les différents aspects du milieu forestier en général, et de la forêt environnante en particulier. Sur la gauche se trouve la maison de Savoie, à savoir l'ancien quartier du prieur et la chambre du chapitre. Au-delà de la toute proche maison de l'ancien moulin à eau, les berges de deux étangs bordés d'aulnes et de tilleuls ouvrent des promenades qui s'enfoncent dans la forêt. On peut ainsi suivre un sentier balisé de panneaux évoquant ici et là l'écologie de la sylve.

Étang du Rouge-Cloître

Au débouché de l'unique route permettant de quitter le Rouge-Cloître, prendre immédiatement à gauche la chaussée de Tervuren. Tourner à gauche dans la chaussée de Wavre et tourner à nouveau à gauche après être passé sous le pont de l'autoroute A4-E411. Ne pas s'engager sur l'autoroute qu'il faut longer par la contre-allée.

Château forestier de Trois-Fontaines (DN) – *Repérer le bâtiment rectangulaire du Centre sportif de la Forêt de Soignes (en verre sombre) situé en lisière de forêt de Soignes ; se garer puis s'engager dans le chemin des Trois-Fontaines en contrebas du viaduc autoroutier.* Également nommé *Drij Borren*, son donjon servait à enfermer, dans des coffres bardés de fer, les malandrins surpris dans la forêt de Soignes. À l'origine pavillon de chasse des ducs, ce château jadis entièrement cerné de douves remonterait au 14ᵉ s. Il n'en subsiste plus qu'un tout petit bâtiment *(pas accessible au public)* de briques rouges dont les croisées rappellent le passé médiéval.

Aller voir les vestiges de cet ancien château est surtout prétexte à une promenade dans la forêt de Soignes *(voir ce nom)*. Trois **circuits de jogging** ont été balisés à partir du Centre sportif de la Forêt de Soignes où un panneau indique le départ : circuit vert, 5 km ; circuit bleu, 10 km ; circuit rouge, 20 km.

EXCURSION

Passer sous le pont autoroutier et prendre à gauche pour repasser dessous afin de s'engager sur l'autoroute A4-E411. Prendre la première sortie et tourner à gauche pour franchir le pont.

Jezus-Eik – Dans cette localité nommée en français Notre-Dame-au-Bois convergent les promeneurs qui viennent s'y restaurer et déguster une de ces fameuses tartines au fromage blanc, aux oignons et aux radis, spécialité de la région de Bruxelles.

L'**église Notre-Dame** ⊘ (fin du 17ᵉ s.) fut probablement construite d'après les plans de l'architecte Jacques Francart. Lors de la restauration de 1970, la façade d'origine a été refaite. À l'intérieur, une décoration en faux marbre ainsi que de nombreux portraits ex-voto.

À partir de l'hôtel communal d'Auderghem, on peut :

▶▶ Gagner le centre-ville en prenant le boulevard du Souverain vers le parc de Woluwe, puis en tournant à gauche dans l'avenue de Tervuren que prolonge, après deux tunnels, la rue de la Loi (quartiers du Parlement, de la cathédrale des Sts-Michel-et-Gudule).

Se rendre à Woluwe en prenant le boulevard du Souverain vers le parc de Woluwe, puis en tournant à gauche dans la contre-allée de l'avenue de Tervuren pour gagner le square Léopold II repérable à son obélisque blanc.

Se rendre à Watermael-Boitsfort en prenant le boulevard du Souverain vers le Sud.

Se rendre à Tervuren en s'engageant dans la chaussée de Wavre vers l'extérieur de la ville, puis en obliquant à gauche dans la chaussée de Tervuren (direction Tervuren) que prolonge l'avenue de Tervuren.

Gagner la forêt de Soignes *(voir ce nom)*.

es origines de Forest remontent peut-être au 7ᵉ s. La légende veut que saint Amand vint christianiser le village. Il y consacra l'église paroissiale à saint Denys l'Aréopagite. De 1354 à 1795, Forest fit partie de la cuve de Bruxelles, deux ans plus tard le village devint une commune autonome.

Le haut de Forest s'articule autour des parcs de Forest et Duden et de l'Altitude Cent ; le bas de Forest se situe autour de la place St-Denis, près de l'église du même nom et de l'abbaye de Forest.

La grande salle de **Forest National** (BN) (1969) accueille des concerts de musique pop et rock, des spectacles divers et des manifestations sportives.

Parc de Forest (BN) – En 1875, le roi Léopold II décide de faire aménager un vaste parc (13 ha) sur le territoire de Forest. Quelques années plus tard, le tracé sera quelque peu modifié par l'architecte-paysagiste Laîné (*voir Woluwe, parc de Woluwe*). Tout autour du parc, de larges avenues ont été agencées. Elles sont bordées de jolies maisons particulières du début du 20ᵉ s. Le bâtiment de style Art nouveau situé au nᵒ 5 de l'avenue du Mont Kemmel retient toute l'attention. Cette remarquable maison (1905), dont le premier étage est en arc de cercle, était celle de l'architecte Arthur Nelissen. L'habitation du nᵒ 6 combine des éléments traditionnels et innovateurs. Sa toiture lui donne un aspect campagnard. Descendre l'avenue Besme, juste en face, jusqu'au nᵒ 103. Cette maison Art nouveau de 1901 combine un bel étage en arc de cercle, une gracieuse marquise, des boiseries et des ferronneries aux formes sinueuses.

Suivre le tracé ondoyant du parc en descendant (square de la Délivrance, avenue Besme, avenue Reine Marie-Henriette) pour joindre le square Laîné, créé en 1949, qui forme la liaison entre les parcs de Forest et Duden.

Parc Duden (BN) – Ce pittoresque parc d'une superficie de 23 ha couvre des vallons très accidentés. Jadis, le parc faisait partie de la forêt de Soignes. Son dernier propriétaire, l'homme d'affaires allemand Wilhelm Duden, légua en 1895 le parc à Léopold II. La commune de Forest l'acquit en 1911, et un an après le parc devint accessible au public. L'ancien château Duden de style néoclassique abrite une école de cinéma. Du parc, on a une superbe vue sur le dôme du palais de justice.

Du parc Duden, prendre l'avenue Victor Rousseau pour gagner la place de l'Altitude Cent.

L'un des points culminants de Bruxelles, la **place de l'Altitude Cent** (BN 7) s'est dotée en 1936 d'une des rares églises Art déco de la région Bruxelloise. Restaurée il y a peu, l'**église Saint-Augustin** en béton armé fut construite d'après les plans des architectes Léon Guianotte et André Watteyne.

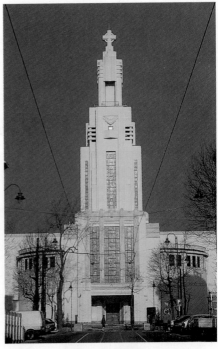

Ch. Bastin et J. Evrard

Église St-Augustin

Revenir sur ses pas, longer le parc Duden par l'avenue Victor Rousseau et la rue du Mystère. Descendre la chaussée de Bruxelles pour gagner la place St-Denis.

★**Église St-Denis** ⏱ (ABN) – Située au pied de la colline et non loin de Forest National (*voir ci-dessus*), l'église primitive datant du 13ᵉ s. a été plusieurs fois remaniée. La nef et le chœur sont de style gothique primaire (vers 1300). La tour massive et carrée, dont le niveau inférieur remonte au 15ᵉ s., ressemble à un donjon. Le niveau supérieur en briques fut ajouté trois siècles plus tard. L'église renferme plusieurs chapelles. La **chapelle Ste-Alène**, dépassant largement le chœur, peut être divisée en deux parties. La partie ancienne du 12ᵉ s. est le seul vestige de l'église primitive. En effet, on y trouve encore des traces de fenêtres romanes. La chapelle abrite le tombeau de sainte Alène (12ᵉ s.) en pierre noire. Tout autour des peintures illustrent la légende de la sainte. Remarquer également la grille en fer forgé (1769) de style Louis XV et les clés de voûte sculptées. Un arc en plein cintre relie l'oratoire primitif à la partie plus récente, construite au 15ᵉ s. Le polyptyque du 16ᵉ s. relatant l'Annonciation, la Nativité et l'Adoration des Mages est attribué à Jan Van Coninxloo. La chapelle de Saint-Joseph et la chapelle Notre-Dame ont été ajoutées au 16ᵉ s. Le chœur est décoré d'un joli Christ en croix du début du 13ᵉ s.

Ancienne abbaye de Forest (ABN A²) – Vers 1105, Fulgence, l'abbé d'Affligem, fonde près de l'église St-Denis une abbaye de bénédictines. Détruite par un incendie, elle sera reconstruite en 1764-1765 d'après les plans de Laurent-Benoît Dewez *(voir Jette)*. Situés autour d'une vaste cour intérieure, les bâtiments abritent un centre culturel. Du côté de la place St-Denis, beau portail de style Louis XVI.

HEYSEL

Plan, voir p. 14

Heysel n'est pas le nom d'une commune de l'agglomération bruxelloise, mais celui d'un plateau situé au Nord-Ouest du centre de la ville, à proximité des résidences royales de Laeken et du Belvédère (parc de Laeken). Avide de grands projets urbanistiques, Léopold II y avait constitué un domaine de 200 ha qu'il légua à l'État à sa mort en 1909, et qui resta de longues années en friche. Afin de dynamiser cette partie de la capitale, il fut décidé que le site recevrait les expositions internationales à partir du centenaire de l'indépendance nationale. Ce ne fut vraiment le cas qu'à partir de 1935, car l'exclusivité de la célébration du centenaire fut réservée à Liège et à Anvers.

★**Atomium** ⊘ (BK) – Témoin de l'Exposition universelle de 1958, ce symbole spectaculaire de l'âge atomique représente une molécule de cristal de fer agrandie 165 milliards de fois. Sa structure en acier revêtu d'aluminium est composée de 9 sphères de 18 m de diamètre, représentant les provinces belges (depuis 1995, la Belgique compte 10 provinces). Ces sphères sont reliées entre elles par des tubes de 29 m de long et 3 m de diamètre. Chaque sphère comporte deux étages. Le poids total du bâtiment est de 2 400 tonnes. Conçue par l'ingénieur André Waterkeyn, cette molécule de fer nécessita 18 mois d'études et autant de mois de travaux. Cette quasi-sculpture culminant à 102 m traduisait les espoirs d'une génération qui venait de signer le traité de Rome et de rêver à l'orbite du premier spoutnik, de même qu'elle synthétisait les perspectives d'un progrès promis par la fission de l'atome.

Un ascenseur logé dans le tube central mène en 23 secondes à la sphère supérieure offrant un **panorama** sur Bruxelles et ses environs ; il est même possible d'apercevoir le clocher de l'église St-Rombaut de Malines par temps clair. Sous l'action du vent, la structure élastique de l'Atomium bouge pour des raisons de sécurité. En effet, l'édifice casserait s'il en était autrement. C'est ainsi que la sphère supérieure se déplace jusqu'à près d'un demi-mètre sans même que l'on s'en aperçoive.

Parc des expositions (BK) – Accueillant foires, salons et congrès, le site a préservé le tracé urbanistique et quelques bâtiments des Expositions universelles de 1935 et 1958. Des 125 000 m² de superficie utile, le **Grand Palais** (Van Neck, 1935), dit du Centenaire, couvre à lui seul 14 000 m². Sa façade-écran se distingue par 4 piles et 18 figures allégoriques tout à l'image d'un style plutôt raide et colossal qui caractérisa la décennie. À l'intérieur, les arcs de béton ont une portée de 86 m.

Le Grand Palais

Valdin/PHOTONONSTOP

À gauche des palais se trouve l'ancien stade du Heysel, aujourd'hui appelé stade Roi Baudouin, dont la première pierre remonte à 1930. Tragiquement associé au drame du 29 mai 1985, il a été réaménagé depuis. Face à son entrée, les pelouses sont ornées de deux bronzes : *Le Serment olympique* de P. de Soete et *Les Lutteurs* de J. Lambeaux.

Au pied de l'Atomium s'étend le **Bruparck**, vaste terrain récréatif comprenant, outre Mini-Europe *(voir ci-dessous)*, le Kinepolis avec ses presque 30 salles de cinéma dont une salle IMAX d'un écran mesurant 600 m², l'Océade, aménagé pour les plaisirs aquatiques, et The Village, ensemble de cafés et de restaurants.

Mini-Europe ⏱ (BK) – Tous les pays de l'Union européenne sont représentés ici à travers des maquettes (échelle 1/25) de bâtiments ayant une valeur socioculturelle, historique et symbolique. Ainsi se trouvent rassemblés dans un parc de 2,5 ha l'Acropole d'Athènes, des maisons danoises du temps des Vikings, l'hôtel de ville de Louvain (15ᵉ s.), l'austère monastère de l'Escurial (16ᵉ s.) que fit élever Philippe II au Nord-Ouest de Madrid, des maisons bordant les canaux d'Amsterdam (17ᵉ s.), la ville anglaise de Bath, chef-d'œuvre du 18ᵉ s., le centre Pompidou de Paris, etc.

Des évocations plus contemporaines animent le parc, tels une plate-forme de forage, la fusée Ariane, le TGV ou un jumbo-ferry.

Depuis le Heysel, on peut :

▶▶ Gagner le centre de la ville par l'avenue Jean Sobieski, puis le boulevard Émile Bockstael que prolonge le boulevard du Jubilé. Tourner à gauche dans le boulevard Léopold II et poursuivre par le boulevard d'Anvers afin de tourner à droite dans le boulevard Émile Jacqmain (quartiers du Béguinage, de Brouckère, du Botanique).

Se rendre à Laeken par l'avenue Jean Sobieski, puis en tournant à gauche dans l'avenue des Robiniers.

Se rendre à Koekelberg par l'avenue Houba de Strooper pour tourner à droite dans le boulevard De Smet de Naeyer que prolonge l'avenue Jacques Sermon.

Se rendre à Jette par l'avenue Houba de Strooper pour tourner à droite dans le boulevard De Smet de Naeyer que prolonge l'avenue Jacques Sermon. Tourner à droite dans l'avenue Démosthène Poplimont que prolonge l'avenue de l'Exposition universelle.

Se rendre à Meise par la chaussée Romaine, puis en tournant à droite dans la N 276 (suivre indication Plantentuin).

IXELLES★

Plans, voir p. 16-17 et p. 18

En 1210, *Elsele* (du néerlandais *els* qui signifie aune, d'où la demeure aux aunes) comprenait deux seigneuries : le Haut-Ixelles et Ixelles-sous-le-Châtelain, ou Boendaal. Ce territoire fut longtemps réputé pour son agriculture et ses carrières de pierre de taille. Au début du 19ᵉ s., Ixelles n'était qu'un village comptant quelque 1 500 personnes, puis le démantèlement de l'enceinte de Bruxelles entraîna une excroissance citadine. La commune se peupla rapidement et elle est aujourd'hui l'une des plus importantes de l'agglomération.

Une commune animée – Venant du centre, et plus précisément du quartier du Palais royal, Ixelles débute à la porte de Namur où s'amorce la chaussée d'Ixelles aboutissant à la place Flagey. Ce quartier est connu à plus d'un titre. Cette portion du « haut de la ville » est un pivot où convergent prémétro (tramways souterrains), bus et voitures, drainant ainsi quotidiennement une foule nombreuse vers les bureaux et les commerces qui s'étendent vers l'avenue de la Toison-d'Or *(voir quartier Louise)*. On y trouve par ailleurs des boutiques spécialisées dans les produits d'Afrique centrale, concentrées à proximité de, et dans la galerie d'Ixelles (entre les chaussées d'Ixelles et de Wavre), dite « Matonge ».

Ixelles est renommée pour l'agrément de ses étangs, vestiges de la vallée du Maelbeek qui s'étendait jusqu'à l'actuel square Marie-Louise à Etterbeek, mais également pour son animation entretenue par ses nombreux cafés et restaurants, ainsi que par ses commerces et sa population estudiantine.

Enfin, cette commune est avant tout celle qui attire et où logent les étudiants, les artistes et les amateurs d'ambiance décontractée.

Depuis la porte de Namur, s'engager dans la chaussée de Wavre.

Maison des Écrivains belges de langue française ⏱ (FS) – *Chaussée de Wavre 150.* Cette association littéraire qui organise de façon régulière des conférences est logée dans une grande maison particulière de 1889. Elle abrite le **musée Camille Lemonnier** (FS **M⁷**) *(voir Introduction, Les arts à Bruxelles)*. Le musée présente quelques œuvres d'art intéressantes, dont plusieurs portraits du « maréchal des lettres belges », une belle collection de livres précieux (n'oubliez pas d'admirer l'édition d'*Un mâle* illustrée par Van der Stappen), ainsi que la reconstitution fidèle du cabinet de travail de l'écrivain, appelé parfois le Zola belge.

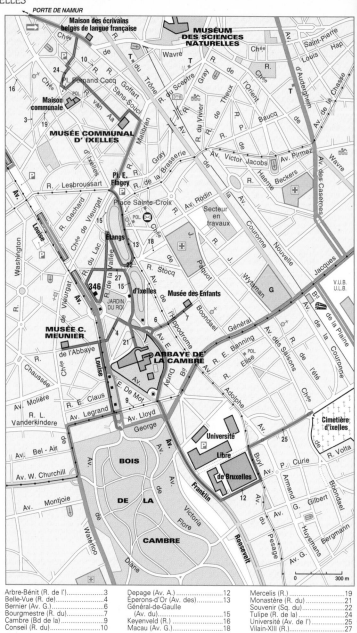

Reprendre à droite la chaussée de Wavre et tourner immédiatement à gauche dans la rue de la Tulipe qui aboutit place Fernand Cocq.

Maison communale (**FS K²**) – *Place Fernand Cocq.* La « belle campagne » fut la résidence de la Malibran (1808-1836), la célèbre cantatrice d'origine espagnole dont on a dit qu'elle avait « de l'or dans la bouche ». En 1836, elle épousa le violoniste belge Charles de Bériot qu'elle avait rencontré en 1830. Elle mourut à Londres des suites d'un accident de cheval (elle est inhumée au cimetière de Laeken). Le bâtiment fut construit en 1833 en style néoclassique par l'architecte Van der Straeten, puis fut acquis en 1849 par la commune d'Ixelles. Le jardin a été sacrifié au profit de l'actuelle place Fernand Cocq.

À deux pas, le *n° 57 de la rue Keyenveld* vit naître le célèbre architecte français du béton armé Auguste Perret, tout comme le *n° 73 de la rue de l'Arbre Bénit* le dramaturge Michel de Ghelderode ; le *n° 55 de la rue Mercelis* fut la dernière demeure du romancier Charles De Coster.

Prendre la rue du Conseil, tourner à droite dans la rue Van Aa qui s'achève face au musée.

★★ **Musée communal d'Ixelles** Ⓥ **(GT M¹²)** – *Rue Jean Van Volsem 71.* Inauguré en 1892 dans les bâtiments d'un ancien abattoir, agrandi en 1973 et partiellement restructuré en 1994, ce musée accueille de fréquentes expositions temporaires de qualité (les deux salles du sous-sol et la première salle du rez-de-chaussée) et présente une collection permanente d'où se dégagent quelques très belles œuvres. Principalement consacrée aux 19ᵉ et 20ᵉ s., la collection se répartit entre trois ailes parallèles et une nouvelle aile perpendiculaire.

La première aile se divise en plusieurs salles réunissant des œuvres du 16ᵉ au 19ᵉ s., notamment *La Cigogne*, un dessin d'Albrecht Dürer, *Tête d'homme* attribuée au Bolonais Bartolomeo Passerotti, *Tobie et l'Ange* de Rembrandt, *Réunion villageoise* d'Isaac van Ostade, *Nature morte* de Willem Heda, *Pierre Paul Rubens* du sculpteur d'origine anversoise Jan-Michaël Rysbrack, terre cuite de 1743 dont la version en bronze se trouve au Victoria and Albert Museum de Londres, un portrait de sir John Raede par l'Écossais Allan Ramsay, une sanguine de Jean-Honoré Fragonard (1732-1806), des études de Théodore Géricault (1791-1824) et Eugène Delacroix (1798-1863), enfin *L'Homme à la corde* de Jacques-Louis David. Une importante **série d'affiches** introduit les 19ᵉ et 20ᵉ s. Le musée possède quasiment toutes les affiches de Henri de Toulouse-Lautrec, d'autres de Jules Chéret, du Tchèque Alphonse Mucha, une de René Magritte, etc.

Les deux ailes suivantes bénéficient d'un éclairage zénithal très agréable. L'accrochage est varié et très intéressant : Théo van Rysselberghe, un des fondateurs du groupe des XX (1883) et de la Libre Esthétique (1894), Berthe Morisot, Maurice Denis, Jean van Eeckhoudt, Rik Wouters, artiste très attachant disparu avant la consécration, Edgard Tytgat, Georges Creten, Auguste Oleffe, Émile Claus, Maurice de Vlaminck, Gustave De Smet, Constant Permeke, artiste appartenant au deuxième groupe de Laethem-Saint-Martin, Xavier Mellery, Gustave van de Woestijne, Jean Brusselmans, etc.

Les **sculptures** sont remarquables : un marbre, *Idylle*, et deux terres cuites, *La Lorraine* et *J.-B. Willems*, d'Auguste Rodin ; la superbe *Vierge folle* de Rik Wouters ; *Maternité* et *Fuga* d'Oscar Jespers ; *L'Agenouillé de la fontaine* de George Minne.

Récente, la nouvelle aile se divise en trois galeries superposées regroupant des artistes de réputation internationale à d'autres plus méconnus. Ainsi, au rez-de-chaussée : *L'Heureux Donateur* et *Le Visage du génie* de René Magritte, *Femmes nues* de Paul Delvaux, *Opus 53* de Victor Servranckx, *Rumeurs* de Jo Delahaut, *Cobra de transmission* de Pierre Alechinsky, *Obscurité illuminée* d'Asger Jorn, mais aussi des toiles de Pierre-Louis Flouquet, Felix De Boeck, Marcel-Louis Baugniet, Louis van Lint, Marc Mendelson, Anne Bonnet, René Guiette, Jean Miló, Pol Mara, Félix Roulin, Roberto Matta, Wifredo Lam voisinent des réalisations de Michel Frère, Walter Swennen, Alan Green, Francis Dusépulchre, Xiao-Xia, artiste chinois habitant Bruxelles, Pal Horvath, Jacques Charlier et Patrick Corillon, Maurice Wyckaert, Roger Raveel, Adami.

À l'étage, un ensemble d'œuvres du premier tiers du siècle réunit plusieurs artistes belges de renom dont Jan Toorop, Théo van Rysselberghe, Max Liebermann, Léon Spilliaert, Fernand Khnopff, Paul Dubois, Victor Rousseau ou Edgard Tytgat ; voir surtout *La Glèbe* de Constantin Meunier, *Saint-Tropez* de Paul Signac, *La Saltimbanque* de Félicien Rops, *Paysage. Effet de nuit* de William Degouve de Nuncques, *Mélancolie du soir* de Rik Wouters, et *Palace-Cannes* de Raoul Dufy. On peut voir par ailleurs une fameuse *Casserole de moules* de Marcel Broodthaers, plusieurs œuvres de Gaston Bertrand, quelques réalisations de Ferdinand Schirren, ainsi que des petits travaux d'artistes français et belges (De la Fresnaye, Lhote, Picabia, Picasso, Poliakoff, Pompe, Vantongerloo, Guiette, Van den Berghe, De Smet, Mesens, Mariën, Cordier) et une petite section consacrée à la photographie. *La troisième galerie est fermée.*

En sortant, prendre à droite et tourner à droite dans la rue Sans-Souci (où habita le politicien François Raspail en 1848 avant de résider à Uccle en 1855, et où Rodin eut un atelier). Tourner à droite dans la rue Malibran et descendre jusqu'à la place Flagey.

◥ L'ancien Institut national de la Radiodiffusion, place Flagey

Place Flagey – L'un des côtés était occupé par l'**ancien Institut national de la Radiodiffusion** (INR), dont les briques jaunes et les lignes horizontales ont servi de modèle aux autres bâtiments de la place. Édifié entre 1935 et 1937 par Joseph Diongre (1868-1963), cet immeuble, à l'allure d'un paquebot, illustre le courant belge de l'architecture moderniste d'avant-guerre. Il abrite l'une des meilleures salles de concert d'Europe. Aujourd'hui, les bureaux de l'ancienne Maison de la radio se trouvent boulevard Reyers. Partiellement classé, le bâtiment a subi tout récemment une restauration en profondeur. Véritable usine à son à l'époque, la Maison de la radio Flagey est redevenue un pôle audiovisuel et musical important à Bruxelles (concerts de musique classique, jazz, films, etc.).

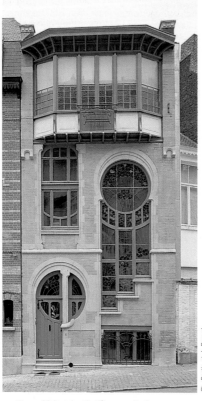

Ch. Bastin et J. Evrard

⌁ Maison particulière, rue du Lac

À proximité de l'étang, le monument à l'écrivain Charles De Coster est l'œuvre du sculpteur Charles Samuel (1894). De Coster est surtout connu pour la magistrale épopée de Thyl Uylenspiegel *(voir Introduction, Les arts à Bruxelles)*, représenté ici en compagnie de sa fiancée Nele ; l'auteur est figuré au centre. En s'approchant, on peut distinguer des détails amusants liés au récit, comme ce hibou et ce miroir placés au fronton du monument : c'est-à-dire « uil en spiegel » en néerlandais.

Gagner la place Sainte-Croix adjacente où se dresse l'église du même nom.

★Promenade des étangs – À partir de la place Sainte-Croix, s'engager dans l'avenue des Éperons d'Or en longeant le côté Est du premier étang. Les nᵒˢ 3-14 (sauf deux immeubles modernes) ont été élevés par les architectes Delune, (quatre dont trois frères). Les façades présentent un éclectisme élégant. À l'intersection de l'avenue Guillaume Macau, à gauche, on remarque l'immeuble d'angle dit « La Tourelle » construit par Caluwaers pour le baron Snoy. De l'autre côté de la rue, aux nᵒˢ 3 et 5, se situent deux maisons, au vocabulaire éclectique, réalisées par Edmond Delune.

Traverser le square du Souvenir qui sépare les deux étangs et s'engager à droite dans l'avenue du Général-de-Gaulle. Le nᵒ 41 présente une façade inspirée de l'architecture classique contrastant avec l'enveloppe moderniste du nᵒ 36, « La Cascade », conçu par R. Ajoux en 1940. Mais on s'attardera avantageusement devant les maisons jumelées d'Ernest Blérot (1902, nᵒˢ 38 et 39), dont les **ferronneries** sont un véritable hymne à l'esthétique du début du 20ᵉ s.

Un peu plus loin, tourner à gauche juste après la maison d'angle due à Ernest Delune (1903-1905) pour gagner le nᵒ 6 de la rue du Lac (la deuxième rue) où son cousin Léon Delune créa une maison assez originale renfermant un atelier d'artiste. La cage d'escalier est ornée d'un magnifique vitrail aux motifs floraux. Revenir sur ses pas pour s'engager dans la rue de la Vallée (la première rue) ; comme la plupart des constructions (1903-1905) du côté pair, le nᵒ 32 est d'Ernest Delune. À l'intersection de la rue Vilain-XIIII, un immeuble d'angle mérite l'attention : le nᵒ 22, d'Ernest Blérot (1901), avec son balcon d'angle très joliment travaillé illustrant discrètement les sinuosités de l'Art nouveau. En poursuivant l'ascension de la rue de la Vallée (voir aussi le nᵒ 40 construit par le même architecte en 1903), on atteint le haut du jardin du Roi.

Le jardin du Roi est l'une des nombreuses créations du roi Léopold II. Ce dernier acheta le terrain lors du percement de l'avenue Louise *(voir quartier Louise)* et imposa l'heureuse servitude de ne jamais le bâtir. Ce quartier très recherché par les promoteurs immobiliers offre toujours ce petit parc en pente qui réalise la liaison entre l'avenue Louise et les étangs d'Ixelles. À son sommet, *Le Tombeau des lutteurs* de Charles van der Stappen fait face à une sculpture inaugurée en 1994 : *Phénix 44* d'Olivier Strebelle, symbolisant le V de la victoire de 1944 et commémorant l'entrée des chars britanniques dans la capitale belge.

S'engager à droite dans l'avenue Louise. Au n° 346, l'**hôtel Max Hallet** (1903-1904) de Victor Horta présente au passant sa superbe façade ; on y relève un certain classicisme que le maître de l'Art nouveau dynamisa en animant sa composition de légères moulures très élégantes. L'hôtel est contigu à une agréable maison dédoublée abritant aujourd'hui un café-restaurant à la clientèle principalement américaine, *Le Rick's* ; la terrasse permet de découvrir la façade arrière de l'hôtel Max Hallet, notamment trois verrières rondes tout en opposition avec la rigueur de la façade avant.

Tourner à droite dans la rue du Lac. On aperçoit dans la perspective la tourelle jaune de l'ancienne Maison de la radio de la place Flagey *(voir ci-dessus)*. Tourner à nouveau à droite dans la rue Vilain-XIIII et croiser la rue de la Vallée. Remarquer au passage l'immeuble d'angle au n° 17 A d'Ernest Delune. Dans la partie basse de la rue, les n°s 11 et 9 sont des réalisations d'Ernest Blérot (1902). Le n° 7, avec sa véranda en bow-window, est dû à l'architecte Franz Tilley (1902).

Reprendre l'avenue du Général-de-Gaulle, mais à droite cette fois. On passe devant la sculpture de De Tombay représentant le minéralogiste Alphonse Renard (1906), située exactement dans l'axe du jardin du Roi, avec au loin une sculpture figurant le roi Léopold II. Un des angles (n° 51) est occupé par l'immeuble « Le Tonneau » réalisé en 1939 par Jean-Florian Collin et Stanislas Jasinski, bel exemple d'aboutissement moderniste d'avant-guerre.

Contourner l'étang. On passe devant un bronze de Jules Herbays, *La Danse*. Les admirateurs d'Auguste Rodin apprendront peut-être qu'en 1910 le groupe *Les Bourgeois de Calais* fut placé ici en vue de l'Exposition universelle de Bruxelles. Les n°s 15 et 16 de l'avenue des Klauwaerts sont deux autres maisons jumelées d'Ernest Blérot (1907).

Dans le prolongement du second étang, au creux du petit val, se niche l'abbaye de la Cambre.

★★ Abbaye de la Cambre (CN **A¹**)

Un passé mouvementé – En 1201, le duc Henri Ier et son épouse Mathilde offrent aux moniales cisterciennes un vallon du cours du Maelbeek, si délicieux qu'il est surnommé la Petite Suisse, où sœur Gisèle élève un monastère. Le futur saint Boniface, alors évêque de Lausanne bien que bruxellois, s'installe à l'abbaye en 1242 pour échapper à l'empereur Frédéric II qui vient d'être excommunié par le pape Grégoire IX. L'abbaye prospère, s'enrichit et connaît l'apogée de sa splendeur à la fin du 13e s.

À l'apogée succède le déclin. L'abbaye souffre des guerres de Religion au 16e s. Les moniales quittent leur maison en 1581, dévastée par les troupes espagnoles qui mettent le feu à l'abbaye pour empêcher l'armée des États de s'y réfugier. Généreusement obstinées, les religieuses se réinstallent en 1599, jusqu'à ce qu'Henri de Nassau ruine le Brabant en 1622. À peine revenues, les religieuses évacuent le couvent en 1635, les troupes hollandaises et françaises occupant les lieux. Elles y reviennent à temps pour voir Louis XIV en route pour assiéger Maastricht.

Malheureusement, comme l'écrit le vicomte Terlinden, « cette fulgurante apparition de la guerre en dentelle s'évanouit, ne laissant derrière elle que les tristes réalités des pillages, des exactions, de la ruine et de la mort ».

Supprimée en 1796 par la République française, l'abbaye de la Cambre abrite aujourd'hui les services de l'Institut géographique national et plusieurs sections de l'École nationale supérieure d'architecture et des arts décoratifs dit « La Cambre ». La Cambre est une traduction du latin *camera* (chambre) et a perdu son « h » en transitant par le néerlandais *Ter Kameren*.

Le site – Avec son logis abbatial flanqué de pavillons d'angle et ses communs sur plan semi-circulaire, la belle **cour d'honneur** forme un ensemble du 18e s. très harmonieux. Il faut y voir la volonté des abbesses souhaitant que ces bâtiments leur rappellent les châteaux familiaux. En effet, la communauté comptait en général une centaine de personnes souvent issues de la plus haute noblesse du duché.

En terrasses, les **jardins** à la française sont à envisager depuis l'avenue De Mot qui surplombe l'abbaye. Ils ont été planifiés vers 1720 et ont été restaurés en 1930. Le promeneur pourra s'y reposer agréablement ou y flâner les soirs d'été afin de profiter des illuminations.

L'église ⊙ – L'édifice original du 14e s. a été détruit lors de l'incendie de 1581 *(voir ci-dessus)*. Reconstruit à la fin du 16e s. grâce à Philippe II, il a été intégré aux bâtiments qui l'entourent. Gracieuse, la façade gothique est ornée de quelques sculptures. Le portail classique en pierre bleue masque un porche sous-jacent beaucoup plus sobre de style gothique. Contourner la cour pour voir le chevet et ses beaux contreforts.

On entre par le bras Nord du transept ; il s'agit en fait d'un faux transept formé par deux chapelles. Au mur Est se trouve la châsse de saint Boniface (refaite au 17e s.). On découvre ensuite une nef unique d'une simplicité toute cistercienne. Couverte d'un berceau brisé en bois partiellement polychromé et éclairée par huit hautes fenêtres à remplage, elle est ornée d'un chemin de croix dû à Anto Carte (1886-1954). Le chœur, qui n'a plus ses voûtes primitives (elles datent du 17e s.), a reçu des vitraux réalisés par le même artiste.

Les éléments les plus intéressants sont un **Christ aux outrages**★ d'Albrecht Bouts (vers 1452/1460-1549), situé au mur Nord de la nef ; la chapelle du Saint-Sacrement, parallèle à la nef, est consacrée à saint Philippe de Néri ; le bras Sud du transept, c'est-à-dire la chapelle de la Vierge (voir les consoles sculptées de person-

Abbaye de la Cambre – Jardins

nages et d'animaux symboliques), communique avec le chœur par une petite baie. Par le mur Ouest de ce bras du transept, on accède au cloître. Dans ses dimensions actuelles, il remonte à 1610 (40 m sur 37 m), mais a été restauré de 1932 à 1934. Les blasons et devises de 41 abbesses ornent les fenêtres donnant sur le préau. Le portail de pierre mouluré ouvrant sur la nef est une restauration datant du 17e s.

Prendre à gauche la rue du Monastère et tourner dans la 2e à gauche, la rue de Belle-Vue. Traverser l'avenue Louise et s'engager dans la rue de l'Abbaye.

★ **Musée Constantin Meunier** ⓥ (BN M¹³) – *Rue de l'Abbaye 59*. Après avoir résidé à Louvain où il professait, le sculpteur du réalisme social habita cette maison à la façade plutôt modeste durant les cinq dernières années de sa vie. Il naquit dans la commune voisine d'Etterbeek le 12 avril 1831 et décéda à Ixelles le 4 avril 1905. On visite le bel étage et l'atelier de ce grand artiste trop méconnu au-delà des frontières.

De nombreuses sculptures sont exposées, mais également un grand nombre de tableaux et de dessins qui permettent de bien comprendre à quel point le monde du travail, et plus particulièrement le « pays noir » des charbonnages, a hanté la production de Constantin Meunier. L'intérêt majeur de la visite porte sur les bronzes : *Le Débardeur, Le Puddleur, Hiercheuse à la pelle, Pêcheur de crevettes à cheval, Le Laboureur*. Toutefois, certaines peintures très évocatrices méritent toute l'attention, notamment *Charbonnage sous la neige* et une série de petites huiles sur bois très réussies, ainsi que de très beaux pastels. Dans le couloir, des vitrines exposent quelques documents photographiques, un moulage de la main de l'artiste, ses outils et ses deux palettes. Les pièces disposées dans l'atelier forment un ensemble remarquable : d'une part, des **bronzes** tels que *Le Haleur de Katwijck, Le Moissonneur, Vieux cheval de mine* et le superbe *Émile Zola* ; d'autre part, des plâtres de grand format et un peu rigides *(Débardeur, Faucheur au repos, Semeur, Faucheur, Marteleur, Maternité)*, auxquels certains préféreront la maquette du *Monument à Émile Zola* (jamais réalisé) dont est tirée la *Fécondité* qui précède de peu la mort de son créateur.

Soit on gagne le bois de la Cambre situé au bout de l'avenue Louise, soit on revient à la rue du Monastère que l'on descend jusqu'à l'avenue G. Bernier, qui remonte vers la rue du Bourgmestre où se trouve le musée des Enfants.

★ **Bois de la Cambre** (CN) – En 1852, Napoléon III céda le bois de Boulogne à la ville de Paris. Huit ans plus tard, le gouvernement belge, également soucieux d'offrir à sa capitale un parc public, céda à la ville les 123 ha du bois de la Cambre qui représente la partie de la forêt de Soignes la plus proche de l'agglomération. Le tracé du bois, dont le nom provient de l'abbaye de la Cambre qui posséda plusieurs bois sous l'Ancien Régime, fut confié à l'architecte-paysagiste Keilig, un Allemand né en Saxe en 1827. Celui-ci détermina deux prairies en forme d'ovale dans un style paysager. Ce style, aussi dit « anglais » en raison de son origine, imite la nature ; on trouve donc un lac artificiel ou un pont enjambant un ravin, ainsi qu'une diversité d'essences d'arbres. Le succès du bois fut immédiat et celui-ci ne tarda pas à devenir la promenade aristocratique de la ville : on pouvait y

A. Schroeder/GLOBAL PICTURES

saluer la reine Marie-Henriette, épouse de Léopold II, conduisant elle-même son équipage ; elle assistait également à la « fête du Longchamp », une reprise de la tradition parisienne qui était prétexte à admirer les toilettes de ces dames.

Les deux pavillons néoclassiques qui marquent l'entrée du bois sont les deux pavillons élevés en 1835 à la porte de Namur pour percevoir l'octroi ; cette taxe fut abolie en 1860, et les bâtiments furent transférés au bout de l'avenue Louise en raison de leur beauté, certes un peu fanée aujourd'hui. Quant aux quatre établissements construits à l'origine dans le parc, aucun ne subsiste (le dernier, le chalet Robinson, a brûlé au début des années 1990). Le bois de la Cambre demeure un parc où les Bruxellois aiment à se promener le week-end ou lors des lourdes soirées que la ville connaît en été.

Musée des Enfants ⊙ (CN M¹⁷) – *Rue du Bourgmestre 15*. Une initiative sympathique qui s'adresse aux plus petits (de 4 à 12 ans) à travers un itinéraire thématique renouvelé tous les trois ans. Le thème vise à offrir aux enfants la possibilité de mieux se connaître tout en les distrayant. Les enfants y circulent librement et peuvent toucher à tout. Les ateliers cuisine, couleur, bricolage et théâtre sont permanents. Quand il fait beau, le jardin à plantes aromatiques est ouvert.

Redescendre l'avenue G. Bernier. Tourner à gauche dans l'avenue E. Duray qui surplombe l'abbaye. S'engager dans la très large avenue F. Roosevelt.

Université Libre de Bruxelles (ULB) (CN U) – *Avenue Franklin Roosevelt 15*. Jusqu'en 1923, cette université fondée en 1834 occupait l'extraordinaire palais Granvelle qui fut malheureusement sacrifié à la jonction Nord-Midi. Offert par la ville, le terrain situé à l'Est du bois de la Cambre fut l'objet d'un projet financé et choisi par une commission américaine (Commission for Relief in Belgium Educational Foundation), notamment par le futur président Herbert Hoover qui avait organisé le ravitaillement de la Belgique durant la Première Guerre mondiale. Le projet de l'architecte Alexis Dumont fut sélectionné : des bâtiments de briques rouges (1924-1930) rappelant le style des Pays-Bas de la fin du 17ᵉ s. Devant se trouve la statue du fondateur, P.-T. Verhaegen, par G. Geefs (1865). Le site du « Solbosch » compte sept facultés, augmentées d'instituts et de centres de recherche, accueillant quelque 20 000 étudiants.

Un autre « campus », dit de la Plaine, se situe au-delà du cimetière d'Ixelles, entre le boulevard de la Plaine et le boulevard du Triomphe (physique, chimie, pharmacie et cité universitaire).

Plus bas, vers le boulevard Général-Jacques, se dressent les bâtiments de la Vrije Universiteit Brussel, le pendant néerlandophone de l'ULB.

L'avenue « chic » du Sud-Est bruxellois (CN) – Ouverte sur le site de l'Exposition universelle de 1910, l'avenue F. Roosevelt (anciennement avenue des Nations) attira une clientèle riche qui fit construire par les meilleurs architectes belges de l'époque plusieurs villas, hôtels particuliers et immeubles de luxe qui intéresseront les amateurs d'architecture d'avant-guerre : n°ˢ 27-29, Henry van de Velde (1931-1932, annexe de l'école de la Cambre) ; n°ˢ 39-41, Adrien Blomme (1937) ; n° 52,

Adrien Blomme (vers 1928, actuellement le rectorat de l'ULB) ; n° 60, Henry van de Velde (1927) ; n° 74, Victor Bourgeois (1928) ; n° 67, Michel Polak (1931, pour le baron Empain), n° 86, Léon Delune (1904), ce petit « château » fut le théâtre du thriller *Le Bonheur dans le crime* de Jacqueline Harpman.

À l'angle du site universitaire, prendre l'avenue Antoine Depage, tourner à gauche dans la rue Adolphe Buyl et à droite dans l'avenue de l'Université. Gagner le rond-point.

Cimetière d'Ixelles (CN) – Dans ce cimetière reposent plusieurs personnalités, tels les écrivains C. De Coster et C. Lemonnier, le violoniste E. Ysaye, le sculpteur C. Meunier, l'architecte M. Broodthaers dont la stèle (avenue 1) intrigue par le rébus qu'elle porte à son revers.

Au bout de l'avenue 3 se trouve une tombe à colonne tronquée où l'on ne lit que deux prénoms, Marguerite et Georges, privés de leur patronyme. Cette sépulture réunit le général Boulanger et sa maîtresse Mme de Bonnemain. Le fameux officier s'était enfui avec elle à Bruxelles en avril 1889 après sa tentative de coup d'État du 27 janvier. Marguerite décéda le 16 juillet 1891. Le 30 septembre de la même année, le « général Revanche » se suicida sur la tombe de sa maîtresse. Sous le prénom de celle-ci, on lit : *À bientôt* ; sous le prénom de celui-ci : *Ai-je bien pu vivre deux mois sans toi.*

Parvenu au cimetière d'Ixelles, on peut :

▶▶ Prendre le bus 71 pour gagner le centre de la ville (quartiers de la Monnaie, de la Bourse, de Brouckère).

Se rendre à Auderghem et gagner les étangs du Rouge-Cloître par la chaussée de Wavre (puis indications).

Se rendre à Watermael-Boitsfort par l'avenue Franklin Roosevelt, la chaussée de la Hulpe, puis le boulevard du Souverain.

Se rendre à Uccle en retournant au bois de la Cambre, que l'on traversera pour s'engager dans l'avenue Winston Churchill jusqu'au rond-point où l'on tournera à gauche dans l'avenue Errera où se trouve le musée Van Buuren.

JETTE

Plan, voir p. 14

La commune doit son nom à un ruisseau, la « Gette », qui coulait à l'endroit où l'agglomération a pris forme.

Durant des siècles, des carrières de pierres blanches, dont les principaux points d'extraction se trouvaient à l'emplacement des trois bois actuels (« Laerbeekbos », « Poelbos » et « Dieleghembos »), ont été exploitées par les moines de l'abbaye afin de pourvoir à leurs propres besoins, ainsi qu'à ceux d'autrui, comme par exemple la cathédrale des Sts-Michel-et-Gudule.

Par la rue Bonaventure, on accède à l'hôpital Brugmann construit grâce au célèbre banquier Georges Brugmann (1829-1900). Cette œuvre de l'architecte Victor Horta, dont l'entrée est marquée par un monument honorifique symbolisant la Souffrance et la Reconnaissance (projet de J. Dillens), fut construite entre 1911 et 1926.

Le quartier commercial le plus fréquenté se situe autour de la place Reine Astrid ou quartier du Miroir. Dans la rue Léopold, la vieille auberge (1636) dite « Pannenhuis » (maison à toiture de tuiles), lieu de rencontre des anciens commerçants se rendant sur les marchés bruxellois, abrite aujourd'hui une rôtisserie.

Demeure abbatiale de Dieleghem ⏱ (BL M¹⁵) – *Rue Jean Tiebackx 14*. Située sur le plateau de Dieleghem, c'est le seul vestige d'une abbaye fondée en 1095 par des chanoines de St-Augustin, qui adoptèrent l'ordre des Prémontrés dès 1140. Dévastée et incendiée à plusieurs reprises (en 1488 et 1580), c'est finalement en 1796 que les révolutionnaires expulseront définitivement les religieux. Le palais abbatial, bel édifice classique, date de 1775 et a été construit en pierre de Dieleghem par Laurent-Benoît Dewez. Précédées d'un avant-corps en légère saillie, les façades extérieures, à l'allure sobre et dépouillée, contrastent avec l'intérieur de style Louis XVI. La petite collection Moreau-Genot au rez-de-chaussée comprend un bel ensemble de porcelaine (France, Delft et Bruxelles) des 18ᵉ et 19ᵉ s. L'escalier d'honneur en bois mène à l'impressionnante **salle de réception** aux portes très ouvragées. Les bas-reliefs en stuc présentent les saisons, l'agriculture et la chasse par le biais de putti portant leurs attributs, tout comme ceux de la coupole représentant les quatre éléments. Le second étage est réservé au **musée communal du Comté de Jette** qui retrace l'histoire de la commune depuis la préhistoire.

Musée Magritte ⏱ (BL M²²) – *Rue Esseghem 135 ; sonner pour entrer.* Ce petit musée privé quelque peu surréaliste – seul le nom Magritte à la sonnette laisse présager qu'on est au bon endroit – est installé dans une maison typiquement bruxelloise des années 1930. Au rez-de-chaussée, que louaient le célèbre surréaliste et sa femme Georgette de 1930 à 1954, règne encore l'univers magrittien. L'intérieur a été rigoureusement reconstitué avec du mobilier et de la décoration pour la plupart d'origine. Quoique Magritte disposait d'un atelier au fond du jardin, il préférait la petite salle à manger pour réaliser ses œuvres. C'est d'ailleurs dans cette pièce que se réunissaient une fois par semaine les surréalistes belges. Les vitrines aux premier et deuxième étages présentent des objets personnels, dont la fameuse pipe, des lettres, photos, documents, gouaches et dessins. Un espace est consacré aux autres surréalistes belges.

KOEKELBERG

Plan, voir p. 14

À l'Ouest du centre de la ville, tout au bout du boulevard Léopold II, la petite commune de Koekelberg est étroitement associée à la vaste basilique dont on distingue très nettement l'imposante silhouette depuis toutes les hauteurs de la capitale.

★ **Basilique du Sacré-Cœur** ⏱ (ABL) – Après avoir songé à un panthéon national, le roi Léopold II décida en 1902 d'élever une basilique dédiée au Sacré-Cœur, comme celle de Montmartre qu'il venait de visiter. La première pierre fut posée en 1905. Cependant, la construction ne fut totalement achevée qu'en 1970, après que le projet d'édifice néogothique conçu par Pierre Langerock eut été remplacé en 1920, pour cause de difficultés financières, par celui du Gantois Albert van Huffel (1877-1935).

Point focal, le dôme de cet immense édifice de brique et de béton armé s'élève à 90 m au-dessus de l'esplanade de la colline de Koekelberg. Un large narthex précède les trois porches de l'atrium. Le regard du visiteur est immédiatement happé par la perspective de la nef, longue de 141 m, et le volume de cette basilique qui, fait rare, n'est pas orientée. La combinaison de la brique, de la terracotta jaune, du grès et du béton participe à cette sensation de grandeur que l'on éprouve

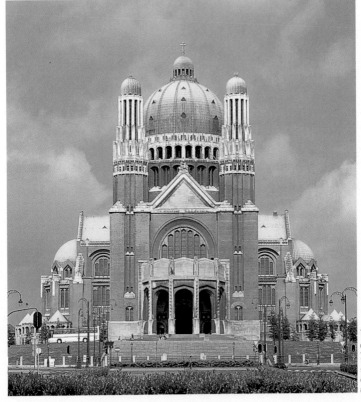

Basilique du Sacré-Cœur

Ch. Bastin et J. Evrard

en évoluant dans la nef. Au centre de ce plan en croix latine, le chœur principal occupe, sous une coupole de 31 m de diamètre, un carré surélevé par deux volées d'escaliers. Le transept, par lequel on accède à la crypte, atteint 108 m de long, et la grande abside, où se trouve le chœur de l'église paroissiale, mesure 45 m. Toutes ces dimensions soulignent combien cet édifice, consacré en 1951, a été avant tout conçu pour accueillir de grands rassemblements religieux, auxquels répondent parfaitement l'importance accordée à l'autel et le système de circulation motivés par le mouvement bénédictin de renouveau liturgique. Par son plan et ses matériaux, cette église si souvent décriée relève de l'architecture fonctionnaliste. Certains voudront toutefois déceler diverses influences, comme par exemple la Sécession viennoise qui bannissait tout ornement, ou privilégier au contraire la présence de détails Art déco.

Au-dessus du maître-autel, le **ciborium** est surmonté d'un calvaire et de quatre anges en bronze agenouillés, exécutés par le sculpteur Harry Elstrøm. De nombreux **vitraux** développant l'histoire de l'amour du Christ pour les hommes diffusent une lumière chaude ; ils sont notamment l'œuvre d'Anto Carte, *Jugement dernier* au-dessus de l'entrée, et de Michel Maertens pour les plus contemporains.

À l'extérieur, au chevet, se dresse un grand *Christ en croix* de George Minne.

Il est possible de monter à la **galerie-promenoir** (petite exposition sur la construction de l'église) et au sommet du **dôme** (ascenseur) : **vue** panoramique sur Bruxelles.

Depuis la basilique du Sacré-Cœur, on peut :

▶▶ Gagner le centre de la ville en descendant le boulevard Léopold II jusqu'à la place Sainctelette, puis le boulevard d'Anvers de la « petite ceinture » jusqu'à la place Rogier où l'on tournera à droite dans le boulevard Émile Jacqmain (quartiers du Botanique, de Brouckère...).
Se rendre au Heysel en s'engageant dans l'avenue Jacques Sermon que prolongent l'avenue de Laeken et le boulevard De Smet de Naeyer. Tourner à gauche dans l'avenue Houba de Strooper et suivre les indications Bruparck.
Se rendre à Laeken en suivant le même itinéraire jusqu'au boulevard De Smet de Naeyer que l'on prolonge par l'avenue des Robiniers aboutissant près du palais royal.
Se rendre à Jette en s'engageant dans l'avenue Jacques Sermon, puis à gauche dans l'avenue Démosthène Poplimont que prolonge l'avenue de l'Exposition Universelle.

LAEKEN

Plan, voir p. 14

Pour tout Belge, Laeken évoque son roi. C'est en effet au Nord de la capitale, dans un quartier relevant de la commune de Bruxelles, que s'est installée la résidence royale. L'histoire du village de Laeken est peu connue. On prétend que l'église de la localité était déjà l'objet d'un pèlerinage au début du 9ᵉ s. À partir du 11ᵉ s., un grand nombre de pèlerins venaient en tout cas y honorer la Vierge dans un oratoire où se produisaient des miracles. Au 14ᵉ s., le village fut rattaché à Bruxelles. Au 18ᵉ s., le gouverneur-général autrichien, le duc de Saxe-Teschen, et l'archiduchesse Marie-Christine y firent l'acquisition d'un vaste terrain où ils construisirent un château, ancêtre lointain du château royal actuel.

Laeken a été annexée à la capitale en 1921 afin que Bruxelles puisse étendre ses installations portuaires, alors très importantes.

Aujourd'hui, Laeken constitue un quartier très calme à caractère principalement résidentiel.

Église Notre-Dame-de-Laeken ⊘ (BL **F¹**) – *Avenue de la Reine*. Elle fut élevée à la mémoire de la première reine des Belges, Louise-Marie, fille de Louis-Philippe. Commencée en 1854 par Joseph Poelaert *(voir quartier Louise, palais de justice)*, l'église ne fut jamais achevée. Consacrée en 1872, elle est de style néogothique. Qu'elle ne fût pas orientée vers l'Est comme la plupart des églises gothiques répondait à la nécessité de placer la façade principale dans la perspective de l'avenue de la Reine qui faisait partie de la voie royale reliant le château de Laeken au palais du centre de la ville.

L'aspect monumental et peut-être un peu lourd de cet édifice cache un intérieur d'une élégance étonnante. En effet, une fois le porche franchi, on découvre trois nefs d'égale hauteur, séparées par des piliers à colonnettes engagées. La régularité parfaite de ces colonnes s'explique : elles ne sont pas en pierres mais en briques recouvertes de ciment.

Le cardinal Joseph Cardijn (1882-1967), fondateur de la Jeunesse Ouvrière Chrétienne (JOC), est inhumé dans le bras droit du faux transept. Parmi le mobilier liturgique, on découvre : à droite du maître-autel, une *Vierge* très vénérée (13ᵉ s.), polychromée à la fin du 19ᵉ s. ; à gauche du maître-autel, un *Saint Roch* (17ᵉ s.) ; au fond du collatéral gauche, les fonts baptismaux (1745) de l'ancienne église du site.

Derrière le maître-autel se trouve l'entrée de la **crypte royale** ⊘. Le pavement visible depuis les deux volées d'escaliers est orné des blasons des 9 provinces du royaume (la Belgique compte depuis le 1er janvier 1995 une dixième province). À l'intérieur reposent Léopold Ier et Louise-Marie (au centre) ; Léopold II et Marie-Henriette, ainsi que Baudouin Ier (à droite) ; Albert Ier et Élisabeth, ainsi que Léopold III et Astrid (à gauche). D'autres membres de la famille royale y sont également ensevelis.

À gauche du parvis de l'église se trouvent deux monuments. Le premier a été dressé à la mémoire du maréchal Foch ; le second est le monument du Soldat français inconnu érigé en l'honneur des soldats français tombés sur le sol belge durant la Première Guerre mondiale.

Cimetière de Laeken (BL) – Les tombes de nombreuses célébrités, belges et étrangères, s'y côtoient. Auprès du cénotaphe du général français Augustin-Daniel Belliard *(voir quartier du Palais royal, parc de Bruxelles)*, on recense entre autres : les peintres François-Joseph Navez et Xavier Mellery ; Jef Dillen dont la sépulture est signalée par **Le Penseur** d'Auguste Rodin ; les architectes Joseph Poelaert et Tilman-François Suys ; la fameuse soprano espagnole Maria de la Felicidad Garcia (1808-1836), dite la Malibran, dont le souvenir est entretenu par un quatrain d'Alphonse de Lamartine :

> « *Beauté, Génie, Amour furent son nom de femme*
> *Écrit dans son regard, dans son cœur, dans sa voix ;*
> *Sous trois formes au ciel appartenait cette âme,*
> *Pleurez, terre ! et vous, cieux, accueillez-la trois fois !* »

Isolé parmi les tombeaux et des mausolées désormais frappés d'anonymat, le **chœur** de l'ancienne église (démolie au début du 20e s.) est un bel exemple de gothique primaire, introduit en Brabant vers 1260. Ce vestige, qu'il faut se contenter de contourner, se compose de deux travées et d'une abside à cinq pans. Les gargouilles intéresseront à plus d'un titre ceux qui auront déjà visité l'église Notre-Dame-de-la-Chapelle *(voir quartier des Marolles)*. Leur forme trapue du début du 13e s. s'est ici effacée au profit d'une forme saillante dont la gueule crache les eaux à distance des murs. De style flamboyant, le portail et sa jolie guirlande fleurie sont des ajouts datant de la restauration entreprise en 1905.

À l'entrée du cimetière se trouve l'**atelier Ernest Salu**, où trois générations de sculpteurs se sont consacrées à l'art funéraire.

Parc de Laeken (BK) – Dans ce parc aux vallons agréables parsemés de bouquets de jasmins et de rhododendrons se dissimulent deux bâtiments très protégés. Le château du Stuyvenbergh est l'ancienne demeure de l'architecte de Charles Quint, Louis van Bodeghem, transformée par Léopold II ; les hôtes étrangers de marque y sont logés. Propriété royale, le pavillon du Belvédère date de la fin du 18e s. et a été agrandi par Léopold II dans le goût des villas italiennes.

Face au château royal se dresse le monument néogothique érigé à la mémoire de Léopold Ier (1880). Ce cénotaphe dû à l'architecte L. de Curte abrite la statue du roi par G. Geefs.

Cimetière de Laeken

Ch. Bastin et J. Evrard

Château royal (BL) – *Avenue du Parc Royal. Ne se visite pas.* Situé dans la partie orientale du parc de Laeken, le domaine royal (160 ha) est la résidence habituelle des souverains de Belgique, bien que le roi Albert II ait choisi de rester dans sa demeure toute proche du Belvédère *(voir parc de Laeken ci-dessus)* qu'il occupait déjà lorsqu'il était prince de Liège.

Le château fut initialement construit par les architectes Payen et Montoyer à la demande de l'archiduchesse Marie-Christine et de son époux le duc Albert-Casimir de Saxe-Teschen, gouverneurs (1781-1790) sous le règne autrichien de Joseph II. Il fut restauré en 1804 par le Dinantais Ghislain-Joseph Henry sur les ordres de Napoléon Bonaparte qui y résida à maintes reprises et y signa la déclaration de guerre à la Russie en 1812. Léopold Ier y décéda le 16 décembre 1865. Léopold II chargea l'architecte Balat de reconstruire le bâtiment après un incendie survenu le 1er janvier 1890. Au-delà des grilles d'entrée, on aperçoit l'édifice de style Louis XVI, agrandi en 1902 par le Français Charles Girault (1851-1932), architecte du Petit Palais à Paris, du musée royal de l'Afrique centrale à Tervuren et de l'arcade du Cinquantenaire.

★★Serres royales ⊘ (BK R) – *Entrée par le portail de l'avenue du Prince Royal, entre la grille du château et la fontaine de Neptune.* Éminemment 19e par la combinaison du métal et du verre, de même que par le succès du Crystal Palace de Joseph Paxton, le type architectural de la serre ne pouvait échapper à un homme tel que Léopold II. Le roi-bâtisseur était toujours prompt à exploiter les progrès et les dernières inventions de son siècle. Il chargea son architecte Alphonse Balat (1819-1895) d'édifier les serres royales à partir de 1873. Certes, elles étaient destinées à abriter des collections de plantes venues de pays chauds, mais elles furent également conçues pour servir de cadre aux réceptions de personnalités de marque dans la mesure où chaque pavillon pouvait être transformé.

La construction majeure de ce « palais de verre idéal » est la rotonde du **jardin d'hiver** (1876, 651 533 kilos de fer), dont la lanterne est magnifiquement couronnée. Sa silhouette rappelle la Palm House des jardins royaux de Kew bordant la Tamise au Sud-Ouest de Londres. Sa coupole centrale de 41 m de diamètre repose sur une colonnade dorique composée de 36 supports et une galerie circulaire vitrée. Cette splendide corolle vitrée est reliée par des serres annexes à la serre du Congo et à l'Orangerie, construite en 1817 pendant la période hollandaise. S'y ajoutent plusieurs serres : celles de la Salle à manger, de l'Embarcadère (une gare devait y être aménagée), du Débarcadère, de Diane, aux Palmiers, aux Rhododendrons, aux Azalées, ainsi que les petites serres de la Croix des Fougères, sans oublier l'« église de fer » (élevée en 1895 et désaffectée 5 ans plus tard suite à l'installation d'une chapelle dans le château). Après la mort de A. Balat, d'autres architectes poursuivirent son œuvre : la serre Maquet (1902), du nom de son architecte ; la serre du Théâtre (1905) par C. Girault *(voir château royal, ci-dessus)* ; six serres enfin sous le règne d'Albert Ier.

La superficie au sol actuelle de ce vaste et majestueux ensemble totalise 1,5 ha pour une couverture de verre de 2,5 ha. Les amateurs de fleurs et de plantes peuvent y apprécier diverses collections. Les principales d'entre elles sont les orangers (l'une des plus belles collections au monde) remontant à l'orangerie de Tervuren érigée par les archiducs Albert et Isabelle, les palmiers provenant du château du duc d'Arenberg à Enghien, et les camélias qui étaient la passion de Léopold II (les serres abritant ces arbrisseaux immortalisés par Alexandre Dumas fils sont inaccessibles, mais des spécimens sont placés dans l'Orangerie lors des périodes de visite).

Toutes les serres ne sont pas accessibles. La promenade représente un parcours de près d'un kilomètre et débute par le Débarcadère (où l'on verra une copie du *David* de Donatello) et la serre aux Palmiers. Ce sera l'occasion d'apprécier des fougères, des bananiers et des orchidées. Ensuite, la serre aux Azalées et la grande galerie longue de 200 m (géraniums, fuchsias et abutilons aux couleurs du drapeau belge) mènent via la serre de Diane (fougères arborescentes) à la serre Miroir et sa belle cage d'escalier. La galerie souterraine conduit à la serre de l'Embarcadère (médinillas) puis à la serre du Congo (caoutchoucs, palmiers et fougères) dont le toit est couronné de l'étoile, symbole de l'État du Congo. Enfin, le jardin d'hiver aux essences et fleurs très diverses précède l'Orangerie à l'assortiment remarquable.

Hormis la file d'attente, le seul inconvénient de cette visite délicieuse est le chaulage des serres (du printemps à l'automne) destiné à atténuer l'intensité lumineuse. On ne peut donc pleinement admirer la structure aérienne des serres royales lorsqu'elles sont ouvertes au public.

Le « Tour du monde » de Laeken – Ayant visité le *Tour du monde* que l'architecte parisien Alexandre Marcel (1860-1928) avait conçu pour l'Exposition universelle de Paris en 1900, le roi Léopold II, jamais en mal d'inventivité et souhaitant doter son peuple d'une sorte de musée de plein air, eut l'idée d'un site où l'on pût admirer des répliques de monuments célèbres à proximité de son château de Laeken. Si ce projet de voyage imaginaire ne se concrétisa pas entièrement loin s'en faut suite au décès du roi en 1909 et à cause de problèmes de coût et d'affectation, trois réalisations ont cependant pris place : la fontaine de Neptune, le Pavillon chinois et la Tour japonaise, tous remarquables par l'extrême qualité de leur exécution.

Fontaine de Neptune – *Avenue Jules Van Praet (carrefour du Gros Tilleul).* L'original de cette splendide fontaine du Douaisien Jean de Bologne (1529-1608) orne la Piazza del Nettuno de Bologne. La réplique du carrefour du Gros-Tilleul est l'œuvre du Romain Sangiorgi. Le roi en fit don à la nation par testament.

Pavillon chinois ⊘ (BK) – *Avenue Jules Van Praet 44.* Ce témoignage du goût de la Belle Époque pour l'exotisme eut Alexandre Marcel pour maître d'œuvre. Commencé en 1901 et achevé en 1909, ce pavillon conçu à l'origine pour être un restaurant n'est pas une simple chinoiserie, car toute la boiserie extérieure et le kiosque furent exécutés à Shanghai. Le parachèvement fut confié à des décorateurs parisiens, anonymes pour la plupart. Peintres, stucateurs, bronziers, sculpteurs et ébénistes furent donc chargés d'apporter une note fantaisiste, voire excentrique, nettement perceptible une fois l'entrée franchie.
D'allure authentiquement orientale (voir l'importance de la couverture et l'ornementation du faîtage), le pavillon recèle quelques originalités. Par exemple, Jacques Galland réalisa des revêtements polychromes en pâte de verre, et Émile Müller créa de beaux grès flammés. Cette intervention « occidentalisante » fut couronnée d'un détail amusant intégré à la façade ouvrant sur le kiosque : le petit portrait placé à gauche de la porte-fenêtre centrale figurerait Léopold II ; celui se trouvant à l'extrême droite représenterait le jésuite Ferdinand Verbiest, devenu astronome de l'empereur de Chine.
Appartenant au musée du Cinquantenaire *(voir Cinquantenaire)*, le Pavillon chinois dispose d'une très belle collection de porcelaines sino-japonaises manufacturées pour l'exportation, dont les pièces sont exposées par roulement. Elles éclairent l'histoire du commerce de la porcelaine entre l'Orient et l'Europe, très actif du 17e au 19e s. grâce surtout aux diverses compagnies des Indes. Au rez-de-chaussée, la grande salle est flanquée des salons Delft et Saxe renfermant des porcelaines conçues spécialement pour le pavillon. Le salon Delft est orné de dessins illustrant les fables de La Fontaine ; le plafond du salon Saxe comporte une « singerie », décor probablement inspiré du cabinet des Singes de l'hôtel de Rohan à Paris, et devenu indispensable dans toute chinoiserie du 18e s. Aménagés en cabinets particuliers, les petits salons du premier étage sont entre autres décorés de tableaux de l'école hollandaise et de mobilier chinois (fin 19e s.-début 20e s.).

Une galerie-tunnel creusée sous l'avenue Jules Van Praet relie les deux bâtiments.

Tour japonaise ⊘ (BK) – *Avenue Jules Van Praet 44.* Trois parties constituent cette pagode bouddhique (1901-1904), communément appelée Tour japonaise. Le pavillon d'entrée correspond au porche réédifié du *Tour du monde* de l'Exposition universelle de Paris en 1900, réalisé par Alexandre Marcel et racheté à la fermeture. La tour et l'aile abritant le grand escalier ont été construites à Bruxelles par ce même architecte que Léopold II avait fait venir de la capitale française.
L'un des intérêts de cette réalisation est que A. Marcel s'est conformé aux méthodes de construction du pays du Soleil levant exigeant qu'il ne soit fait aucun usage du fer pour assembler une structure en bois. En outre, ce souci d'authenticité se traduisit par des commandes adressées à des artisans de Yokohama (les sculptures décoratives des portes et des panneaux, des plafonds, les multiples plaques de cuivre). Les seuls sacrifices

J.-C. Geltmeyer/GLOBAL PICTURES

Tour japonaise

consentis à ce travail de vérité furent, d'une part, l'installation d'un chauffage central et d'un ascenseur, plus appropriés au confort européen, et, d'autre part, le recours, à l'instar du Pavillon chinois, à des décorateurs parisiens pour l'ornementation intérieure, dont il faut reconnaître la grande cohérence. On y retrouve l'intervention de Jacques Galland, dont les 34 vitraux du **grand escalier** illustrent les légendes épiques qu'éveille le répertoire héroïque des estampes japonaises du 19ᵉ s. Ce maître verrier a ici créé une palette très harmonieuse à dominante bleu-vert et a dessiné des scènes qui ont remarquablement capté et exalté la tension dramatique des représentations guerrières du Japon. Les appliques « fleurs de thé » et les lustres « nymphéas » du même grand escalier sont l'œuvre d'Eugène Soleau. Le résultat de cette combinaison est magnifique, et l'ascension vers la quatrième et dernière salle d'exposition laisse une impression de grandeur aussi surprenante qu'inattendue.

Également annexe du musée du Cinquantenaire, la Tour japonaise expose des œuvres provenant de cette institution dont les réserves sont si riches. Il est donc impossible de préciser le contenu des collections présentées ici par roulement, sinon qu'elles sont en rapport direct avec l'Orient.

SAINT-GILLES

Plans, voir p. 16 et p. 18

Entre Anderlecht, Forest et Ixelles, cette commune fut autrefois appelée *Obbrussel* avant qu'elle prenne le nom du saint patron de son église paroissiale. On y distingue deux parties : le haut de St-Gilles, réputé pour ses maisons Art nouveau et éclectiques, et le bas de St-Gilles, autour de la porte de Hal et du parvis de l'église St-Gilles. Outre les maisons particulières, deux bâtiments publics retiennent l'attention : la remarquable prison érigée en style Tudor, et l'hôtel communal dont le plafond de la salle des Mariages a été décoré par Fernand Khnopff.

★ Porte de Hal ⊙ **(ES M²³)** – *À la jonction des boulevards du Midi et de Waterloo ; entrée côté ville.* Cet imposant vestige médiéval a été épargné lors du démantèlement de la seconde enceinte, car l'ouvrage servait de prison. Il s'agit de la seule porte subsistant des anciens remparts de la ville, qui comptaient sept portes. La seule, oui, mais il faut néanmoins avouer que la restauration entreprise par l'architecte Henri Beyaert en 1870 *(voir quartier du Sablon, place du Petit-Sablon et cité Fontainas ci-dessous)* a radicalement transformé la porte originale qui datait de la seconde moitié du 14ᵉ s. En effet, la fin du 19ᵉ s. appréciait énormément les édifices médiévaux, au point de ne pas hésiter à transformer la silhouette d'un bâtiment existant afin qu'il fût davantage crédible que son modèle authentique. Située au beau milieu de la « petite ceinture », la porte de Hal offre son aspect le plus intéressant lorsqu'on l'envisage du côté de Saint-Gilles. On distingue clairement deux contreforts puissants entre lesquels s'ouvre l'ancienne voie charretière par laquelle il fallait passer pour entrer intra-muros.

Le bâtiment est couronné de mâchicoulis, de bretèches et d'une toiture pentue bien éloignée du toit plat original.

Intérieur – Le rez-de-chaussée présente l'opportunité de dominer l'ancienne voie charretière que l'on apercevait de l'extérieur, et de découvrir une chambre de herse dans le beau berceau brisé du passage. Jadis, ce dernier était fermé par un pont-levis. Avant de monter, se placer dans le noyau de l'escalier à vis qui offre une vue insolite de l'élévation.

Les treize sculptures historiques furent réalisées d'après les dessins du peintre de talent Xavier Mellery (1845-1921) qui exposa au Salon des XX *(voir Introduction, Les arts à Bruxelles)*. Les statues furent exécutées par plusieurs sculpteurs dont Victor de Haen, Émile Namur et Antoine van Rasbourgh.

Avec ses six solides colonnes soutenant des voûtes d'ogives, la **salle** du premier étage est magnifique. Une épaisse dalle de verre insérée dans le sol permet de voir sans danger la chambre de herse. Du côté droit se trouve une porte baroque en chêne provenant de la maison dite des Poissonniers (voir les bas-reliefs sur les côtés) ; du côté gauche, belle cheminée malinoise du début du 16ᵉ s. illustrant une scène de chasse.

Au deuxième étage, ne pas manquer dans une niche l'assommoir dont le surplomb permettait de déverser des projectiles sur les assaillants.

Le grenier est doté d'une magnifique charpente en bois. Le chemin de ronde, d'où l'on découvre un beau panorama de Bruxelles, est accessible sur demande *(s'adresser à l'accueil au rez-de-chaussée).*

En se plaçant dans la perspective descendante de la « petite ceinture », on aperçoit sur la gauche la cité Fontainas.

Cité Fontainas (ES) – *Rue De Paepe, rue Fontainas.* Son aspect de palais ne doit pas abuser, il s'agit d'un ensemble de logements modestes bâtis en 1867. Paradoxale, cette monumentalité d'inspiration néoclassique et éclectique masque de petites maisons mitoyennes construites en hémicycle, qui ont récemment retrouvé

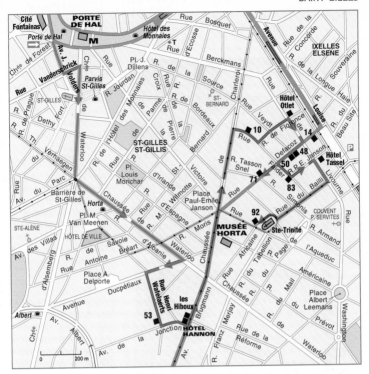

leur destination originale. La partie centrale abrite la Fondation pour l'Art belge contemporain qui organise des expositions temporaires. Le fronton triangulaire de l'avant-corps central est orné d'un médaillon flanqué de deux anges tenant chacun un enfant. André Fontainas n'en fut pas l'architecte (Antoine Trappeniers et Henri Beyaert), mais était un bourgmestre de la ville très sensibilisé par la politique de l'instruction publique : la cité qui porte son nom abritait des instituteurs retraités.

PARCOURS ART NOUVEAU

Cet itinéraire à travers les rues de Saint-Gilles, qu'il est préférable d'effectuer en voiture entre la rue Vanderschrick et la rue Américaine, est l'occasion de faire davantage connaissance avec plusieurs tendances de cet art, particulièrement mis en valeur à Bruxelles au début du 20e s. Les exemples sélectionnés ci-dessous fournissent une bonne synthèse de l'application de ce style à l'habitat particulier.

Depuis la porte de Hal, s'engager dans l'avenue Jean Volders.

Le tracé de l'**avenue Jean Volders** (**EST 138**) date précisément du début du 20e s. Son intérêt réside dans sa cohérence architecturale. L'enfilade d'immeubles est restée intacte, fait rare à Bruxelles. À l'angle de la rue Volders et de la rue Vanderschrick se trouve la brasserie « La Porteuse d'Eau » à l'intérieur néo-Art nouveau.

Tourner dans la première rue à gauche.

Rue Vanderschrick – On s'intéressera au très bel ensemble de maisons particulières (1900-1902), côté impair, dû à l'architecte Ernest Blérot. Ce dernier a su rythmer la succession de ses façades en les ornant de sgraffites, de bow-windows, de pignons, de ferronneries et de balcons différents à chaque maison. Les nos 19 et 21 (1902) retiennent plus particulièrement l'attention, le premier pour son vitrail du paon au bel-étage, le second pour son oriel à la forme si séduisante.

Tourner à droite dans la chaussée de Waterloo. À la « Barrière » de Saint-Gilles, dont le centre est orné d'une charmante statuette nommée La Porteuse d'eau (Julien Dillens), continuer la chaussée de Waterloo (5e rue à droite), puis prendre la 4e rue à droite, l'avenue Ducpétiaux, pour tourner immédiatement à gauche dans la rue Henri Wafelaerts.

Le n° 53 de la **rue Henri Wafelaerts** a été bâti par Antoine Pompe pour son ami, le docteur Van Neck. Bien sûr, l'architecture de cette ancienne clinique orthopédique n'étonnera plus personne aujourd'hui, pourtant sa date de construction (1910) suggère à quel point elle était d'avant-garde lorsqu'elle fut élevée.

Tourner à gauche dans l'avenue de la Jonction et gagner l'intersection avec l'avenue Brugmann.

★Hôtel Hannon ⊘ (BN I')– *Avenue de la Jonction 1.* Cette demeure Art nouveau fut construite en 1903 par l'architecte Jules Brunfaut (1852-1942) et décorée par les Français Louis Majorelle & Émile Gallé, fondateur de l'école de Nancy. Elle a long-

temps été laissée à l'abandon, aussi le mobilier a-t-il disparu pour l'essentiel. Restaurée en 1988, elle est actuellement occupée par une galerie de photos, en hommage à l'industriel Édouard Hannon qui fut un photographe de talent. À la qualité esthétique de la façade répond un bel intérieur spacieux. Remarquer le bas-relief extérieur, représentant une fileuse due à Victor Rousseau (1865-1958), la fenêtre du jardin d'hiver et son vitrail réalisés par Évaldre dans un style qui rappelle Tiffany, la fresque de l'escalier et la décoration du fumoir dues au Rouennais Paul-Albert Baudouin, élève de Puvis de Chavannes.

Juste à côté, au n° 55 de l'avenue Brugmann se trouve la maison dite « **Les Hiboux** », construite par Édouard Pelseneer en 1899. Elle tire son nom des ornements du couronnement et du sgraffite au-dessus de la porte d'entrée.

Les Hiboux – Détail de la façade

Ch. Bastin et J. Evrard

Longer l'avenue Brugmann en direction de l'avenue Louise. Au-delà de la chaussée de Waterloo, le prolongement se nomme la chaussée de Charleroi. Prendre la première rue à droite, la rue Américaine. Se garer et terminer le parcours à pied.

★★Musée Horta ⊘ (BN M²⁰) – *Rue Américaine 23 et 25.* Le musée est installé dans les deux étroites maisons que l'architecte Victor Horta (1861-1947) a construites entre 1898 et 1901 pour en faire son habitation et son atelier. Ce ne sont assurément pas les façades les plus spectaculaires du père de l'Art nouveau en Belgique, mais une fois la porte franchie, le visiteur pénètre dans un monde d'harmonie et d'élégance où verre et fer sont rois, où la courbe et la contre-courbe se marient avec grâce. Dans ses *Mémoires*, V. Horta écrivit : « J'étais loin d'être le premier architecte de mon temps à avoir fait des meubles, mais ma manière de les concevoir s'apparentait à mon architecture », et « Si l'on veut bien se rendre compte de ce que dans chaque maison je dessinais et créais le modèle de chaque meuble, de chaque charnière et clenche de porte, les tapis et la décoration murale... ». L'ensemble, qui s'articule autour d'une **cage d'escalier** magnifique, offre en effet une unité remarquable. Dès l'entrée, le détail du radiateur à ailettes exploité en colonne portante avertit que tout a été traité avec un soin peu courant. L'escalier mène à la salle à manger, qui étonne par ses murs en briques émaillées blanches. Ensuite, on accède au salon de musique pour passer à la salle d'attente et au bureau avec une aisance que peu de constructions fonctionnelles parviennent à offrir. Les pièces se situent toutes à des niveaux différents, ce qui confère une fluidité très agréable à l'organisation de cette maison aux dimensions somme toute modestes. L'escalier – remarquer les lignes de la rampe – conduit à une chambre à coucher, son dressing-room et sa salle de bains *(pas accessible au public)*, puis à deux pièces en façade qui étaient les salons de madame. Une pièce, dotée d'un petit jardin d'hiver et d'une terrasse, et la chambre à coucher de la fille des époux Horta donnant sur la rue clôturent la visite. À cette hauteur de la cage d'escalier, on peut apprécier la présence de deux miroirs encastrés dans les murs, artifice judicieux qui, avec la verrière courbe, exalte la luminosité de l'habitation.

Les effets architecturaux et décoratifs sont ici d'une grande richesse. Par exemple, il est instructif de considérer attentivement les couvertures de la salle à manger et du salon de musique. On constate que V. Horta a utilisé la structure métallique non seulement comme ornement afin de privilégier un contraste de matière et de

Musée Horta – Cage d'escalier

Ch. Bastin et J. Evrard

couleur, mais aussi afin d'éviter les murs porteurs divisant l'espace. Dans la seconde pièce, il s'est inspiré de la voûte gothique propre à évoquer une alcôve. Cet architecte génial sut, plus que tout autre créateur de l'Art nouveau, concevoir des ensembles où le plus petit détail répond, par sa matière et sa fonction décorative, à la totalité qui l'englobe. Pour compléter la visite du musée, le souterrain expose quelques maquettes et des moulages réalisés dans l'atelier du célèbre architecte.

Revenir à la chaussée de Charleroi que l'on continue de longer vers l'avenue Louise. Après la place Paul Janson, prendre la deuxième à droite, la rue Faider.

La façade du n° 10 de la **rue Faider** interpelle le regard par son académisme à la fois rigoureux et italianisant. L'architecte Octave van Rysselberghe (1855-1929) la conçut en 1882 pour le sénateur Goblet d'Alviella. Au profil de la déesse Minerve, le médaillon est surmonté d'un bandeau décoré d'une frise représentant l'eau en tant qu'élément, d'après un dessin de Julien Dillens qui travailla au programme sculptural de la Bourse. Une jeune femme assise tenant un fil de plomb à la main représente la Rectitude de l'architecture.

Tourner à gauche dans la rue de Florence.

Hôtel Otlet – *Rue de Florence 13 ; ne se visite pas.* Également élevé par Octave Van Rysselberghe, l'hôtel particulier de Paul Otlet, éminent sociologue belge, présente une façade toute différente. Douze années la séparent de la précédente. L'architecte a abandonné sa rigueur académique pour se laisser glisser vers les sinuosités de l'Art nouveau, style davantage sensible dans le traitement des volumes que dans la décoration, ici quasi inexistante. Il est à signaler que l'illustre Henry van de Velde fut chargé de l'intérieur (vitraux et aménagements).

Prendre la rue de Livourne face à l'angle de l'hôtel Otlet et tourner à droite dans la rue Defacqz.

La maison (1897) du peintre d'origine bolonaise Albert Ciamberlani occupe le n° 48 de la **rue Defacqz**. L'architecte Paul Hankar (1859-1901) a réalisé une façade surprenante, appartenant à la tendance géométrique de l'Art nouveau. Cette façade est toutefois résolument propre à cet art par son esprit et le rôle attribué à la décoration. La partie picturale est due au propriétaire. Les sgraffites autour des grandes fenêtres symbolisent les trois âges de la vie. Les médaillons de la frise en dessous de la corniche devraient représenter plusieurs travaux d'Hercule. Il n'en reste malheureusement pas grand-chose. L'admirable travail du balcon est typique de l'œuvre de P. Hankar.

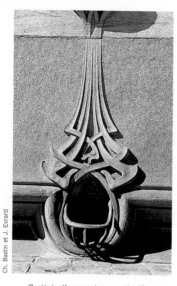

Ch. Bastin et J. Evrard

Grattoir d'une maison particulière,
rue Faider

À côté, la maison du peintre René Jans sens au n° 50 a également été réalisée par Hankar.

Avant de descendre la rue, il serait dommage de ne pas s'arrêter à l'**hôtel Wielemans** ⏱ au n° 14. L'étonnante demeure (1927), construite par l'architecte Adrien Blomme pour Léon Wielemans, directeur de la brasserie Wielemans-Ceuppens abrite le centre culturel « Art Media ». L'intérieur, dont certaines pièces sont décorées d'azulejos, rappelle le style mauresque de l'Alhambra à Grenade.

Conjointement avec l'hôtel Tassel *(voir ci-dessous)*, la maison personnelle de Paul Hankar (1893) au n° 71 annonce la naissance de l'Art nouveau à Bruxelles. Au regard de la façade, on ne sera pas étonné d'apprendre que cet architecte avait reçu une formation orientée sur le néogothique et le néo-Renaissance. Aussi est-il intéressant d'observer la polychromie de la façade, le bow-window et ses consoles, ainsi que les quatre sgraffites sous la corniche représentant le matin, le jour, le soir et la nuit sous la forme d'un oiseau. Cette construction fut très innovatrice à l'époque. L'architecte parisien Guimard vint même spécialement à Bruxelles pour en réaliser un dessin.

Remonter la rue Defacqz et tourner à droite pour regagner la rue Faider.

En face de la rue Paul-Émile Janson, le n° 83 de la **rue Faider** est l'œuvre (1900) d'Albert Roosenboom, élève de V. Horta dont on perçoit nettement l'influence. L'auteur, habituellement adepte du néo-rococo, a laissé libre cours à son imagination dans la ferronnerie du balcon. Un splendide sgraffite encadre la fenêtre supérieure. Remarquer également le très beau grattoir aux lignes sinueuses du rez-de-chaussée.

Prendre en face la rue Paul-Émile Janson.

Au n° 6 de la **rue Paul-Émile Janson**, l'**hôtel Tassel** (1893) est la première réalisation Art nouveau du maître du genre, Victor Horta. À l'époque, ce bâtiment suscita autant l'admiration que le rejet, mais l'architecte venait d'asseoir une réputation qui n'allait plus jamais faillir. Peu visibles de l'extérieur, les innovations, encore très dosées, concernaient le mouvement de courbe et de contre-courbe de la façade, le contraste des dimensions accordées aux fenêtres, ainsi que toute la conception intérieure dont seule la visite du musée Horta *(voir ci-dessus)* peut donner une idée.

Avant de quitter Saint-Gilles, il serait dommage de ne pas prolonger le parcours de quelques dizaines de mètres en retournant sur ses pas pour prendre immédiatement à gauche, la rue de Livourne, puis immédiatement à droite, la rue du Bailli.

Église de la Ste-Trinité (BN) – *Rue du Bailli*. La valeur de cet édifice tient essentiellement à sa façade, qui est celle, entièrement reconstituée, de l'église des Augustins construite par Jacques Francart (1583-1652) entre 1620 et 1641, et qui fut démolie vers 1895 pour ouvrir la place de Brouckère, au centre de la ville. Cette façade est remarquable par la vigueur de son relief (parements, pilastres, colonnes et frontons brisés), alors inconnu en Brabant. Les volutes sont un peu fines pour cette composition puissante, mais elles veulent accentuer la verticalité de l'ensemble.

Longer l'église sur le côté droit.

Au n° 92 de la **rue Africaine** se trouve une maison particulière de style Art nouveau, construite en 1905 par l'architecte Benjamin De Lestré-De Fabribeckers. La façade, très équilibrée, présente de nombreux détails géométriques.

Depuis l'avenue Louise qui se trouve au bout de la rue du Bailli, on peut :

▶▶ Gagner le centre de la ville en tram (quartiers du Palais royal, du Mont des Arts, du Botanique).

Se rendre à Ixelles en remontant l'avenue Louise jusqu'à la porte du même nom, puis en tournant à droite dans le boulevard de Waterloo pour gagner la porte de Namur.

Se rendre à Uccle en descendant l'avenue Louise jusqu'au bois de la Cambre, que l'on traversera pour s'engager dans l'avenue Winston Churchill jusqu'au rond-point où l'on tournera à gauche dans l'avenue Errera où se trouve le musée Van Buuren.

La commune d'Uccle est l'une des plus étendues de l'agglomération. La plupart de ses rues, souvent ombragées, ne datent que de la fin du 19ᵉ s. et présentent une unité architecturale peu fréquente à Bruxelles. C'est notamment le cas des avenues Brugmann et Molière qui recèlent quelques très belles façades éclectiques et Art nouveau. Résidentiels et très convoités, les divers quartiers d'Uccle ont une réputation de tranquillité qui n'est pas usurpée. Une population généralement aisée y habite, prolongeant ainsi une longue tradition amorcée par la noblesse qui y élut domicile dès que Bruxelles se forma – Uccle est citée dans un document remontant à 1098. Cela explique le grand nombre de châteaux disséminés sur le territoire de la commune, bien abrités des regards indiscrets par l'épaisse végétation des parcs qu'ils occupent.

★★ Musée David et Alice van Buuren Ⓥ (BN M⁶) – *Avenue Léo Errera 41.*

Une maison de briques rouges aux lignes architecturales sans éclat, construite en 1928, abrite la remarquable **collection** du financier hollandais et mécène éclairé David van Buuren (1886-1955). La magnifique cage d'escalier, dont la rampe aux motifs géométriques fut dessinée par Van Buuren lui-même, fut réalisée en bois de palissandre. La pièce est éclairée par un étonnant lustre pesant plus de sept cents kilos. Le petit bronze *L'Âgenouillé* est dû au sculpteur symboliste George Minne. Le magnifique intérieur de style Art déco préserve la douce atmosphère que ce couple d'exception réserva à ses œuvres tant anciennes que modernes. L'ensemble est remarquablement bien conservé. La plupart du mobilier fut conçue par l'ensemblier parisien Dominique. Rappelant par leurs formes abstraites le mouvement néerlandais De Stijl, les tapis et les vitraux de couleurs chaudes sont l'œuvre de Jaap Gidding.

Parmi les nombreux tableaux, une version de *La Chute d'Icare* sur panneau de **Pieter Bruegel l'Ancien** retient immédiatement l'attention du visiteur (cosy-corner). Les murs de la salle à manger sont ornés de six natures mortes de **Gustave van de Woestijne**, un ami de la famille, membre de la première école de Laethem-Saint-Martin. L'ensemble des trois plafonniers est typique de l'école d'Amsterdam par son style géométrisant. À noter que le piano du salon de musique, qui a reçu une jaquette Art déco, appartint à Éric Satie. Lors de la visite, l'on découvrira de beaux paysages de J. Patenier (16ᵉ s.) et H. Seghers (17ᵉ s.), une *Vierge à l'Enfant* de Joos van Cleve (16ᵉ s.), un intérieur d'église de Saenredam (17ᵉ s.), des natures mortes de Fantin-Latour, des études de Pieter Bruegel le Jeune et Vincent van Gogh, des toiles de C. Permeke, E. Tytgat, R. Wouters, K. van Dongen, J. Ensor et G. De Smet, des sculptures de G. Minne et J. Martel, et des faïences de Delft.

L'énorme jardin ne manque pas de charme avec ses roseraies, son Jardin pittoresque, son jardin du Cœur, et son labyrinthe aménagé par R. Pechère *(voir quartier du Mont des Arts, jardin suspendu)* dont les étapes évoquent des versets du *Cantique des Cantiques*.

Regagner le rond-point et tourner immédiatement à droite dans l'avenue Montjoie et à nouveau à droite dans la rue E. Cavell. Traverser l'avenue De Fré et prendre en face l'avenue Houzeau.

Musée Van Buuren – Le jardin du cœur

Ch. Bastin et J. Evrard

Au n° 99 de l'avenue Houzeau, la maison Van de Velde (1933-1934) a été construite d'après les plans de l'architecte Adrien Blomme.

Observatoire royal (BN) – *Avenue Circulaire 3.* Édifié entre 1883 et 1890, cet édifice occupe un parc circulaire de 12 ha à l'image des planètes que l'institution est chargée d'étudier. L'architecte de ce complexe scientifique où règne la symétrie fut Octave van Rysselberghe. Au fil des années se sont ajoutés d'autres bâtiments sans pour autant masquer les installations originales bien caractérisées par les dômes amovibles destinés aux lunettes.

Longer l'avenue Circulaire par la gauche.

Remarquer au n° 70 une villa édifiée par Victor Horta en 1899 et au n° 146 une villa de Victor Dirickx datant de 1925.

S'engager dans le Dieweg et dépasser l'avenue Wolvendael.

Au n° 292 du Dieweg, une maison réalisée par l'architecte Henry van de Velde en 1933. Les formes pures et l'enduit blanc de la façade rappellent le Style international.

Cimetière du Dieweg Ⓥ (BN) – *Dieweg 95.* Ce cimetière désaffecté depuis 1958 – une dérogation fut accordée en 1983 pour la tombe de Georges Remi, alias Hergé, père du célèbre Tintin – constitue un site inattendu où dialoguent pierres funéraires et luxuriance végétale, particulièrement dans la section israélite selon l'ancienne conception du cimetière juif. Si la plupart des noms ici gravés dans l'éternité sont réservés au seul souvenir des Bruxellois (excepté les architectes Hankar et Cluysenaar), les allées respirent un romantisme que décline une multitude de détails sculpturaux plus lyriques ou anecdotiques les uns que les autres.

Reprendre le Dieweg pour tourner à gauche dans l'avenue Kamerdelle. Prendre à gauche dans l'avenue du Manoir que l'on descend jusqu'à l'avenue De Fré.

Église orthodoxe russe (BN F[4]) – *Avenue De Fré.* À deux pas de l'ambassade de la fédération de Russie, cet édifice à dôme bulbeux construit par l'architecte Iselenov (1936) rappelle la silhouette des églises de Novgorod.

Reprendre l'avenue De Fré à droite, puis tourner à gauche dans l'avenue de l'Échevinage.

Avenue de l'Échevinage (BN 67) – Au n° 3 se situe la maison du collectionneur et industriel Dotremont, construite en 1931 par l'architecte Louis-Herman De Koninck (1896-1984). La façade aux volumes géométriques est réalisée en voiles de béton armé, un procédé audacieux pour l'époque. De l'autre côté de la rue, au n° 16, une réalisation moderniste (1930) de R. Delville.

Le Cornet (BN E[2]) – *Angle avenue De Fré et chemin du Crabbegat.* Dans cette charmante auberge serait passé **Thyl Uylenspiegel**, héros du roman picaresque écrit en 1867 par Charles De Coster, et incarné par Gérard Philipe à l'écran, qui y « fit la rencontre des aveugles, des femmes archères d'Uccle et des frères de la bonne trogne ». Cet ancien castel de 1570, agrandi au 18e s., fut jusqu'au début du 20e s. un café fréquenté par les artistes. S'engager dans le **chemin du Crabbegat**, l'un des derniers chemins creux de l'agglomération bruxelloise. Ce passage très pittoresque présente une végétation luxuriante, dominée par de grands hêtres.

Revenir sur ses pas, puis descendre l'avenue De Fré jusqu'au square des Héros.

Parc de Wolvendael (BN) – *Entrée principale : square des Héros ; plusieurs entrées secondaires.* Cité en 1209, ce domaine de 18 ha est parc public depuis 1921. Le petit château de pierres blanches fut édifié vers 1763 ; en 1877, on y célébra le mariage des grands-parents paternels de la reine Paola. Un peu plus loin se trouve un bas-relief de F. Huygelen. Du côté de l'avenue Wolvendael, le pavillon Louis XV abrite aujourd'hui un restaurant. Ce bâtiment carré en pierre bleue qui se dressait autrefois à Amsterdam fut transféré à Uccle en 1909. Tout en regrettant qu'il soit flanqué de palissades de bois, on peut apprécier son décor sculpté (coquilles, feuilles, vases et rinceaux) qui anticipe le style Louis XVI. Un peu à l'écart, un puits également de style Louis XVI est embelli de trois amours nus traités en bas relief. Le parc est un terrain vallonné qui rappelle la forêt ducale dans laquelle il fut taillé. Le visiteur y rencontrera une majorité de hêtres, mêlés d'érables, de marronniers, etc.

Suivre l'avenue Brugmann.

Au n° 384 de cette avenue, l'on peut voir un étonnant hôtel particulier de style Art déco. Il fut construit en 1928 par l'architecte Courtens.

Descendre la rue de Stalle.

Chapelle Notre-Dame-des-Affligés Ⓥ (BN F[2]) – *Rue de Stalle 50.* Ce petit édifice de grès lédien et de briques a probablement été élevé vers la fin du 15e s. Le plafond en stuc et le dallage datent de la fin du 17e s. La statue de N.-D.-de-Bon-Secours placée au-dessus de l'entrée est du 18e s.

Presque en face, le petit *parc Raspail (angle rue de Stalle et rue Victor Gambier)* porte le nom du chimiste et politicien français François Raspail (1794-1878). Le futur député de Marseille habita cette propriété durant son exil entre 1855 et 1859, mais la « maison Raspail » a été abattue en 1972.

Suivre la rue de Stalle, puis la Verlengde Stallestraat. S'engager dans la Kuikenstraat, la deuxième rue à gauche, après le rond-point.

Drogenbos – Le **musée Felix De Boeck** ⊘ (**AN M¹⁸**) *(Kuikenstraat 6)* propose par un accrochage chronologique une sélection de 700 œuvres léguées par l'artiste. Autodidacte, De Boeck (1898-1995) commence la peinture dans un style fauviste, mais évolue rapidement vers l'abstraction géométrique dont témoignent quelques très beaux paysages aux couleurs chaudes. Pendant cette période, De Boeck collabore aux revues d'avant-garde *7 Arts* et *Het Overzicht*. Vers la fin des années 1920, le peintre s'éloigne de plus en plus de la « plastique pure » et revient à la figuration. Parmi ses œuvres figuratives, le visiteur retiendra quelques monumentaux tableaux allégoriques dont le triptyque *Bêcher, Semer* et *Faucher* qui symbolise la sacralisation du travail de la terre ainsi que l'*Échelon de la vie* où le peintre s'entretient avec la mort. Comportant souvent un message visionnaire et religieux, les peintures de De Boeck respirent un certain mysticisme : *Don de soi, Enfantement, Maternité*. Le peintre excelle aussi dans l'art du portrait *(Jan Walravens, Wannes De Boeck)* et réalise de nombreux autoportraits.

À partir de l'intersection de la rue de Stalle avec la chaussée d'Alsemberg, on peut :

▶▶ Se rendre à Forest en descendant la rue de Stalle et en tournant à droite dans la chaussée de Neerstalle que l'on suit jusqu'à la place Saint-Denis.

Se rendre à Saint-Gilles en remontant la chaussée d'Alsemberg jusqu'à la Barrière de Saint-Gilles où l'on s'engage dans la chaussée de Waterloo que l'on descend jusqu'à la porte de Hal.

Gagner le quartier de l'avenue Louise en remontant l'avenue Brugmann que prolonge la chaussée de Charleroi aboutissant place Stéphanie, toute proche de la porte Louise.

Se rendre à Ixelles en suivant le même itinéraire que l'on prolongera jusqu'à la porte de Namur.

WATERMAEL-BOITSFORT

Plan, voir p. 17

Jusqu'au début du siècle, les anciennes véneries ducales de Watermael et de Boitsfort (la commune de Watermael est citée dès 914) étaient deux villages distincts bien différents à l'agitation de la capitale. L'ouverture des avenues de Tervuren et Franklin Roosevelt, reliées par la chaussée de la Hulpe et le boulevard du Souverain, de même que le percement de la ligne de chemin de fer vers le Luxembourg bouleversèrent la sérénité de ces deux localités désormais réunies.

Cependant, Watermael-Boitsfort est restée une commune essentiellement résidentielle, principalement parce qu'elle ne fut jamais intégrée à la planification urbanistique de la capitale. Cette situation explique la variété d'habitat que l'on y rencontre, et aussi le quasi-labyrinthe formé par ses petites rues.

Le promeneur y verra une architecture éclectique, souvent pittoresque, côtoyer de petites maisons modestes. Un témoignage de la double vocation de cette commune tranquille dont on s'amuserait presque à dire qu'elle réalise le souhait ironique

Train du soir, Paul Delvaux

d'Alphonse Allais de ville à la campagne. Peut-être est-ce ce cachet si particulier qui poussa de nombreux artistes à s'y installer, notamment Paul Delvaux et Rik Wouters. Outre l'église Saint-Clément et les célèbres cités-jardins, deux bâtiments retiennent toute l'attention : la charmante petite gare de Watermael, datée du 19e s., plusieurs fois représentée par le peintre Paul Delvaux (1897-1994), et la Maison Haute *(place Antoine Gilson 2)*, ancienne vénerie construite au 17e s, qui a été transformée en centre culturel.

Église Saint-Clément (CN) – *Rue du Loutrier*. Son cadre boisé et sa robuste **tour** qui serait millénaire lui donnent un cachet campagnard qui ne manque pas de charme. Le percement d'une porte dans la tour n'est pas d'origine. Aux murs de l'église sont adossées quelques pierres tombales provenant de l'ancien cimetière. De la fin du 12e s., l'église est en croix latine. Agrandie au 18e s., la nef romane a conservé le dépouillement et la toiture de bois qui étaient siens au 12e s. Remarquer la chaire de vérité Renaissance pour le mobilier, et une *Sainte Trinité* du 16e s. pour la peinture. Le dallage porte des emblèmes se rapportant à la chasse.

À gauche de l'église, descendre la rue du Loutrier, puis l'avenue des Princes Brabançons qui débouche sur le square des Archiducs.

Cités-jardins « Le Logis » et « Floréal » (CN) – *Elles occupent les ruelles qui séparent le square du boulevard du Souverain.* Construites entre 1921 et 1927 à l'initiative de coopératives de locataires, elles servirent de référence à la politique de logement social en Belgique (« Le Logis » se distingue de « Floréal » par ses châssis de couleur verte). Les architectes J.-J. Eggericks (1884-1963) et L.-M. van der Swaelmen (1883-1929) se sont inspirés des exemples anglais et hollandais, surtout dans l'utilisation des matériaux traditionnels (maçonnerie de briques et châssis de bois).

Fin avril-début mai, on peut admirer le magnifique spectacle rose des cerisiers du Japon en fleur.

Watermael-Boitsfort – Cerisiers du Japon en fleur

Remonter le boulevard du Souverain et l'avenue Delleur.

La sculpture « *Les Travaux domestiques* » (1913) de Rik Wouters, placée entre l'avenue et la chaussée de la Hulpe, situe l'entrée du parc Tournay-Solvay.

Parc Tournay-Solvay ⏱ (CN) – *Entrée chaussée de la Hulpe, à côté de la gare de Boitsfort.* Ancienne propriété de la célèbre famille Solvay, ce parc vallonné (7 ha) s'anime d'un jardin à l'anglaise, de plantations d'espèces exotiques, d'un verger, d'un potager et d'une roseraie récemment aménagée. En ruine suite à un incendie, le château (1878) a été construit dans un style néo-Renaissance flamande.

Remonter la chaussée de la Hulpe et tourner au premier feu à gauche dans la drève du Comte.

Promenade dite des « Enfants noyés » – *Schéma, voir Forêt de Soignes. Parking au bout de 400 m.* Particulièrement agréable pour la diversité de sa flore, cette promenade de la forêt de Soignes dure environ une heure.

Le véhicule garé, descendre la drève du Comte jusqu'à l'étang du Fer-à-Cheval et prendre le sentier goudronné à main gauche, le chemin des Tumuli. Depuis la petite côte, belle vue sur l'étang des « Enfants noyés » situé sur la gauche. Le chemin coupe une forêt mixte de chênes, d'érables, de hêtres et de noisetiers. Après le croisement avec le chemin des Deux-Montagnes se trouvent, à droite, une vaste hêtraie précédée de vieux sureaux, et, à gauche, des pins sylvestres dominant des sapins géants et un bouquet de mélèzes. Après l'étang sec, avant que le chemin s'élève, tourner à gauche dans le sentier du Vuylbeek recouvert de gravillons. Le chemin sillonne entre les arbres en longeant un terrain marécageux.

À droite de cette petite vallée, on voit une splendide pineraie de pins de Corse et sa lisière de fougères aigle. Le sentier passe entre les deux étangs de l'Ermite, puis s'élève pour croiser le chemin des Deux-Montagnes. Le plateau est couvert de hêtres plantés au début du 19e s. Après 100 m, le chemin tourne brusquement à droite et descend vers le Nouvel Étang auprès duquel on a de grandes chances de surprendre quelques écureuils de Corée.

Contourner l'étang sur la gauche et gagner l'étang des « Enfants noyés » qui est une traduction littérale du nom flamand de l'exploitant d'un ancien moulin : Verd(r)oncken. Ses enfants reprirent plus tard l'affaire, d'où le nom actuel de l'étang. Ces deux pièces d'eau très riches par la faune (grenouilles, foulques, canards, grèbes et même des tortues) sont des aleviniers dont les poissons (carpes, perches, brèmes et brochets) servent à peupler d'autres étangs. Le chemin, flanqué de chênes et de hêtres, rejoint l'étang du Fer-à-Cheval et la drève du Comte.

Depuis la chaussée de la Hulpe, on peut :

▶▶ Se rendre à Auderghem par la chaussée de la Hulpe et le boulevard du Souverain avant de tourner à gauche dans la chaussée de Tervuren pour gagner les étangs du Rouge-Cloître (suivre les indications).

Se rendre au quartier de l'avenue Louise par l'autre côté de la chaussée de la Hulpe, par l'avenue Franklin Roosevelt, puis en remontant l'avenue Louise jusqu'à la porte du même nom.

Se rendre à Ixelles par le même itinéraire, puis en gagnant la porte de Namur par l'avenue de la Toison-d'Or.

WOLUWE

Plans, voir p. 15 et p. 17

C'est au 12e s. que les localités de Woluwe (prononcer Woluwé) commencèrent à ajouter à leur nom celui de leur saint patron. Jusqu'à la fin du 19e s., la vallée du ruisseau de la Woluwe, qui prend sa source dans la forêt de Soignes, avait préservé le pittoresque de son ancienne physionomie. Peu à peu déboisée, elle fut annexée à l'agglomération bruxelloise tout en préservant un caractère rural jusque dans l'entre-deux-guerres, puis elle connut l'ère de l'urbanisme qui avait déjà gagné la partie haute des deux Woluwe depuis les travaux du proche Cinquantenaire.

Aujourd'hui résidentielles, ces deux communes très étendues ont connu et connaissent des hôtes illustres : l'archéologue Jean Capart, l'explorateur des régions polaires Adrien de Gerlache, les artistes Edgard Tytgat, Oscar Jespers et Constant Montald.

WOLUWE-SAINT-PIERRE

Séjour du comte de Paris – De 1926 à 1939, l'héritier prétendant à la couronne de France habita au manoir d'Anjou *(rue au Bois 365b ; ne se visite pas)*. Primitivement nommé château de Putdael, ce bâtiment avait été acheté en 1913 par Philippe VIII, duc d'Orléans, et rebaptisé aussitôt manoir d'Anjou en souvenir du frère de Louis XIV. Au décès du duc d'Orléans, son cousin le duc de Guise fut contraint de quitter le sol français, puisque frappé à son tour de la Loi d'exil. Les cinq premiers enfants du comte Henri y sont nés. À l'intérieur, une cheminée est frappée de la devise « Montjoie-Saint-Denis ».

Large et boisée, l'avenue de Tervuren *(voir Cinquantenaire)* est le meilleur repère pour débuter la visite ou pour se rendre, via le boulevard de la Woluwe qui lui est perpendiculaire, aux différents sites décrits ici.

À partir du square Montgomery, descendre l'avenue par la contre-allée jusqu'au square Léopold II, facilement repérable à son bel obélisque qui est un monument à la cavalerie.

★ **Palais Stoclet** (CM Q⁴) – *Avenue de Tervuren 279-281*. Cette magnifique propriété privée *(ne se visite pas)* fut commandée à l'Autrichien **Josef Hoffmann** (1870-1956) par l'ingénieur et homme d'affaires Adolphe Stoclet, oncle de l'architecte français Mallet-Stevens. Élève d'Otto Wagner et membre du mouvement Sécession, J. Hoffmann n'avait alors que peu construit, sa renommée reposant principalement sur ses travaux de décoration intérieure et de mobilier. Il put appliquer ici les principes des *Wiener Werkstätte* qui, à l'instar du mouvement *Arts and Crafts* créé en Angleterre pendant la seconde moitié du 19e s., avaient pour but d'associer artistes et artisans aux techniques de la production industrielle.

Le chantier s'étala sur six années (1905-1911) et associa les sculpteurs Powolny, Luksch et Metzner, ainsi que le très célèbre peintre **Gustav Klimt**. Tout comme la maison d'Horta, le palais Stoclet représente un des plus beaux exemples d'une œuvre d'art total à Bruxelles. J. Hoffmann et ses ateliers réalisèrent tout, depuis les poignées des portes jusqu'au tracé du jardin.

Ch. Bastin et J. Evrard

Palais Stoclet

L'extérieur est devenu une référence classique de l'art du début du 20ᵉ s. à laquelle se sont référés des architectes du monde entier. La perfection de l'exécution et la modernité des volumes ont magistralement résisté au temps. Depuis les grilles, on peut aisément distinguer certains détails tels que les fenêtres sans rebords et la qualité des cordons décoratifs qui dynamisent gracieusement les surfaces en marbre blanc et les baies de la seule façade visible par le passant. Remarquer également la magnifique tour d'escalier ornée de quatre figures et d'un demi-cercle en bronze du sculpteur Metzner.

Cette demeure aux formes pures et abstraites est toujours habitée par la famille Stoclet.

Descendre l'avenue jusqu'au feu et tourner à droite dans la rue Jules César. Descendre la rue et obliquer à gauche dans l'avenue de l'Atlantique, à hauteur du monument à la guerre de Corée. Tourner dans la première rue à gauche.

★**Bibliotheca Wittockiana** ⊘ (**CM C**) – *Rue du Bémel 21. Visite par le conservateur, uniquement sur rendez-vous, sauf exposition temporaire.* Ce musée privé rassemble dans un bâtiment récent spécialement conçu à cet effet, l'importante collection de

P. Dijkmans/GLOBAL PICTURES

Bibliotheca Wittockiana – Reliure

reliures appartenant à l'industriel Michel Wittock. Par la grande salle qui accueille des expositions temporaires, on accède à la réserve précieuse, riche d'environ 1 100 volumes. Cette petite pièce, qui n'est ouverte qu'aux groupes succincts pour des raisons de sécurité, abrite des reliures rares, du 16ᵉ s. au 20ᵉ s. plus un incunable du 15ᵉ s. Cette réserve compte entre autres : 10 ouvrages du 16ᵉ s. ayant appartenu au « prince des bibliophiles », Jean de Broglie, trésorier de François Iᵉʳ ; une édition aux coquilles de la reine Margot ; le livre de chevet de Marie Stuart ; une reliure mosaïquée exécutée pour Henri de Lorraine ; un maroquin dont l'ex-libris est de la main de Marie-Antoinette, etc. Au cas où le public serait trop important, une vitre permet d'apprécier quelques pièces exceptionnelles, comme des reliures frappées aux chiffres de Louis XIV, de Louis XV, du comte d'Arundel ou de Bonaparte. Dans la salle où sont rangés les ouvrages du 20e s., le conservateur, ganté afin d'éviter que l'acidité de ses doigts n'attaque les cuirs, présente quelques spécimens afin d'illustrer l'évolution des styles.

Une collection de 500 hochets, la plus importante dans le domaine privé, s'étend sur quarante siècles d'histoire, à partir de la période hittite. Ces pièces, parfois chargées d'une symbolique prophylactique, sont en terre cuite, cristal de roche, corail, nacre, ivoire, argent, vermeil ou or, et affectent des formes variées, comme par exemple des animaux, des haltères ou des instruments de musique.

Dans une salle a été reconstitué le cabinet de travail de Valère-Gille (1867-1950), grand-père maternel de Michel Wittock. Les meubles furent réalisés par Paul Hankar *(voir St-Gilles)* dans un style Art nouveau qui rappelle Mackintosh. Poète, dramaturge et essayiste, Valère-Gille fut l'un des principaux animateurs de la revue littéraire *La Jeune Belgique* (1881-1898). Il fut aussi intimement associé à la fondation de l'Académie royale de langue et de littérature françaises de Belgique. À l'étage, une salle de lecture permet de consulter des livres de documentation.

Au bout de la rue s'ouvre le parc de Woluwe.

Parc de Woluwe et étangs Mellaerts (CMN) – Pour aménager le terrain marécageux qui bordait « son » avenue de Tervuren, le roi Léopold II chargea en 1895 le Français Laîné d'élaborer un parc paysager à l'anglaise. Ses vallons sont très fréquentés en été.

De l'autre côté du boulevard du Souverain, les étangs Mellaerts ont gardé le nom de leur ancien propriétaire. Possibilité de canotage en été.

Que l'on vienne du parc de Woluwe ou des étangs Mellaerts, il faut traverser l'avenue de Tervuren au carrefour avec le boulevard du Souverain et s'engager dans la contre-allée de l'avenue de Tervuren pour se garer dans la première rue à droite, la rue du Leybeek.

Musée du Tram bruxellois Ⓥ (DM M²⁶) – *Avenue de Tervuren 364b.* Le tramway, ou « chemin de fer américain » comme on disait à l'époque, fit son apparition dans la capitale belge en mai 1869 : il s'agissait d'un tramway à traction chevaline reliant la porte de Namur au bois de la Cambre. En 1894, suite aux innovations de l'Allemand Siemens et du Belge Van de Poele, lequel mit au point la perche à trolley, l'électricité se substitua à la traction hippomobile et aux essais de locomotives à vapeur qui ne parvenaient que très difficilement à gravir les côtes des boulevards de Waterloo et du Jardin botanique. Dès lors, motrices et remorques se firent plus puissantes et plus confortables, de même que les autobus, mis en service à partir de 1907, et les trolleybus, en circulation de 1939 à 1964.

Logé dans un ancien dépôt de la Société des Transports Intercommunaux de Bruxelles (STIB), le musée retrace l'évolution des trams et des bus, dont la livrée jaune et bleu est devenue si caractéristique de la ville depuis la Première Guerre mondiale. Le tramway hippomobile, populairement dit « moteur à crottins », la chevaline à impériale, doyenne de la collection, et le tram « déraillable » raniment un instant les parfums d'une belle époque révolue avant que les motrices tout électriques des années 1950 ne préfigurent la ligne ultramoderne du tram T2000 qui circule depuis 1994.

Le ticket d'entrée donne droit à un aller-retour en tramway des années 1930 vers la forêt de Soignes ou le Cinquantenaire (compter environ 1 h).

Balade en vieux tram

WOLUWE-SAINT-LAMBERT

Le large boulevard de la Woluwe est le meilleur repère pour se rendre aux différents sites renseignés ci-dessous.

Depuis le musée du Tram, s'engager à droite dans le boulevard de la Woluwe et tourner au second feu à gauche, dans la rue Voot.

Église Saint-Lambert (DM F⁶) – *Place du Sacré-Cœur*. Bien que restauré et agrandi en 1939, cet édifice de plan basilical a conservé une partie de la nef et la tour qui semblent remonter au 12ᵉ s. De style roman, la tour-clocher a préservé son aspect de refuge fortifié ; l'entrée axiale est récente, l'entrée latérale est originale. Le bas-côté Sud est percé de charmantes petites fenêtres romanes ébrasées. On y verra une vitrine au contenu étonnant : une adorable sculpture sur bois que le futur roi Albert Iᵉʳ réalisa alors qu'il était seulement âgé de 12 ans.

Dans une arcade du bas-côté Nord a été inscrit un orgue de facture moderne, spécialement conçu pour la musique baroque espagnole du 16ᵉ s.

Redescendre la rue Voot par la place Saint-Lambert – brocante chaque premier dimanche du mois – et croiser le boulevard de la Woluwe. Tourner à gauche dans la chaussée de Stockel.

Château Malou (DM) – *Chaussée de Stockel*. À l'entrée d'un vaste parc et dominant un étang régulièrement garni d'installations sculpturales, ce bâtiment communal construit à la fin du 18ᵉ s. propose une galerie de prêt d'œuvres d'art et des expositions temporaires. Ce château a abrité deux hommes d'État : Van Gobbelschroy, ministre de l'Intérieur du royaume des Pays-Bas, et Jules Malou, ancien ministre des Finances du roi Léopold II, qui y décéda en 1886.

Redescendre la chaussée de Stockel et la rue Voot, puis prendre à droite la contre-allée du boulevard de la Woluwe. Ou bien gagner à pied le boulevard de la Woluwe par le parc et s'engager dans le sentier qui longe le boulevard.

Suite à une restauration assez récente, la roue à aubes du **moulin de Lindekemale** bat à nouveau le petit cours de la Woluwe, aujourd'hui régularisé par un collecteur. Ce bâtiment qui remonterait au 15ᵉ s. conserve deux pignons à redents. Il servit à la fabrication du papier puis à moudre du grain ; il abrite aujourd'hui un restaurant. À deux pas, toujours sur le boulevard de la Woluwe, « het Slot » est le dernier vestige de la gentilhommière (début 16ᵉ s.) des comtes de Hinnisdael, seigneurs par alliance de Woluwe et de Kraainhem ; restauré, il a été également aménagé en restaurant.

Revenir sur ses pas et s'engager dans l'avenue J.-F. Debecker, puis prendre à gauche la petite avenue de la Chapelle.

Chapelle de Marie la Misérable (DM) – *Angle de l'avenue de la Chapelle et de l'avenue E. Vandervelde*. Cette charmante chapelle fut érigée vers 1360 en l'honneur d'une jeune fille pieuse vivant sous le règne de Jean II. Ayant repoussé les avances d'un chevalier, elle fut accusée par celui-ci de l'avoir enchanté et d'avoir volé une coupe de prix qu'il avait lui-même dissimulée chez la jeune Marie. Condamnée, elle fut enterrée vivante ; quant au scélérat, il sombra dans la démence. À l'endroit du supplice se produisirent des miracles.

À l'entrée se trouve une belle pierre tombale de Georgy Kieffel et sa femme Anna van Asseliers datant du 17ᵉ s. Une clôture de chœur de la même époque sépare l'unique nef de l'abside polygonale éclairée par des fenêtres gothiques. Le chœur est orné d'un tableau représentant les sept douleurs de la Vierge et les épisodes de la vie de la patronne. Le plafond en bois est armorié. Actuelle cure, l'habitation contiguë servait de demeure au chapelain.

Traverser l'avenue Émile Vandervelde et s'engager en face dans la rue Klakkedelle. Après avoir traversé l'avenue Chapelle-aux-Champs, s'engager immédiatement dans un sentier pédestre.

Le vieux **moulin à vent** (DL) à pivot du 18ᵉ s., dit « moulin brûlé », provient de la région de Tournai. Il a été restauré en 1987.

À deux pas, le site bruxellois de l'Université catholique de Louvain (UCL) a disposé sa faculté de médecine autour de son hôpital. La Maison médicale dite la « Mémé » est un ensemble de logements pour étudiants (1975) dû à l'architecte Lucien Kroll. Il fut construit après une longue concertation avec les étudiants.

De part et d'autre de l'avenue Émile Vandervelde, presque adjacente, la **cité-jardin du Kapelleveld** (DM), planifiée entre 1921 et 1926 à l'initiative d'une coopérative de locataires, et nettement influencée par le mouvement hollandais De Stijl, fut édifiée par cinq architectes modernistes, dont Antoine Pompe, Louis-Martin van der Swaelmen et Huib Hoste. Ces deux réalisations, si proches bien que distantes d'un demi-siècle, intéresseront les amateurs d'architecture fonctionnaliste.

Depuis la cité-jardin du Kapelleveld, on peut :

▶▶ Prendre le métro pour gagner le centre-ville (quartiers du Béguinage, Louise...). Gagner le Cinquantenaire en descendant la rue Émile Vandervelde que prolongent les avenues P. Hymans et De Broqueville. À partir du square Montgomery, prendre l'avenue de Tervuren.

Se rendre à Auderghem en descendant la rue Émile Vandervelde, puis en tournant à gauche dans le boulevard de la Woluwe. S'engager à gauche dans l'avenue de Tervuren puis immédiatement à droite dans le boulevard du Souverain.

Se rendre à Tervuren en descendant la rue Émile Vandervelde, puis en tournant à gauche dans le boulevard de la Woluwe. S'engager à gauche dans l'avenue de Tervuren que l'on remonte jusqu'à son terme.

Tervuren, musée royal de l'Afrique centrale

Les environs de Bruxelles

Possédant Beersel, les seigneurs de Witthem s'illustrèrent à la fin du 15e s. en épousant le parti de Maximilien d'Autriche, contre les villes révoltées des Pays-Bas. En 1489, les Bruxellois, qui comptaient parmi les révoltés, assiégèrent le château qu'était venu soutenir Philippe, le fils de Maximilien. Le renfort d'un corps d'artillerie français assura le succès des Bruxellois, toutefois bientôt vaincus par Albert de Saxe qui pacifia la ville. En reconnaissance de sa fidélité, Henri de Witthem, personnage puissant, fut nommé chevalier de la Toison d'or avant de devenir le chambellan de Philippe le Beau (son gisant se trouve dans l'église Saint-Lambert, anciennement fortifiée).
C'est dans cette localité que vécut dès 1936 le romancier néerlandophone Herman Teirlinck (1879-1967).

Château de Beersel

Château fort ⏱ **(AP)** – Implanté sur la vallée de la Senne, cette forteresse tout en briques, bâtie entre 1300 et 1310, et reconstruite à la fin du 15e s., n'est plus habitée depuis 1554. Une restauration réalisée à partir d'une gravure de Harrewyn la représentant à la fin du 17e s. lui a rendu son éclat d'antan.
Le château est formé de trois tours rondes à échauguettes et pignons à redents reliées par des courtines élevées délimitant une enceinte elliptique. D'allure certes très romantique avec sa couronne de douves où se reflètent les chemins de ronde à mâchicoulis, ce château constitue la forteresse brabançonne la mieux conservée même si les corps de logis ont disparu. Les murailles sont épaisses de plus de deux mètres. La date de 1617 visible sur les ancrages d'une des façades indique probablement une restauration.

Alsemberg – Dans cette commune de l'entité de Beersel, au sommet d'une colline, se dresse la magnifique **église Notre-Dame** de style gothique tardif (14e s.-16e s.). Elle fut restaurée en profondeur par J. et M. van Ysendijck à la fin du 19e s. À part des fonts baptismaux romans du 13e s., un chancel en style rococo et une chaire de vérité monumentale, l'église abrite une statuette miraculeuse de la Vierge Marie datant d'environ 1200. Elle aurait été offerte par Sofia, la fille d'Élisabeth de Hongrie en 1241.
Le **moulin Herisem** ⏱ *(Fabriekstraat no 20)* se trouve dans la vallée du Molenbeek, à la limite de la commune de Tourneppe (Dworp). Cet ancien moulin à papier est recensé pour la première fois dans les archives en 1536. Il appartient à la famille

Winderickx depuis 1763 qui le convertit à la fabrication du carton en 1858. Après 50 ans d'inactivité, le complexe a été restauré il y a peu et rouvert au public. Le visiteur découvre ainsi sur le vif comment le papier et le carton étaient fabriqués au siècle dernier. Il peut notamment assister à une démonstration de fabrication de papier à la main dans le bâtiment le plus ancien du complexe. Le papier est ensuite séché naturellement, feuille par feuille, au grenier. Le processus de production dans son ensemble est expliqué au fil des salles et des machines exposées, dont le *kollergang*, qui déchire chiffons et vieux papiers, le *hollanderkuip*, qui écrase et hache la structure fibreuse de la pulpe à papier, des presses mécaniques et hydrauliques, une cartonneuse, des roues à aubes et une machine à vapeur.

Huizingen – Son **domaine récréatif provincial** ⊙ couvre 90 ha. Bien entretenu, il représente une oasis de verdure (quelque 1 200 espèces de plantes) au sein d'une région industrielle. Trois promenades traversent un bois de feuillus et de conifères d'une superficie de 55 ha. En outre, un jardin pour aveugles *(Blindentuin)* avec bornes sonores explicatives *(en français et en néerlandais)* dessine un circuit très agréable. L'été, la piscine à ciel ouvert est accessible.

GAASBEEK★

La région du « Pajottenland » – Situé au Sud-Ouest de la capitale, ce paysage aux pentes douces est limité au Nord par l'autoroute E 40 vers Ostende, à l'Ouest par la vallée de la Dendre, au Sud par la frontière linguistique, et à l'Est par la vallée de la Senne.
Cette région très fertile, dont le nom fut créé au 19e s., est un régal pour les cyclotouristes. Ils y verront d'opulentes fermes, des moulins à vent et à eau, et de charmants villages disséminés au gré de vallons.
Pays d'orge, de blé et de houblon, le Pajottenland est aussi, avec la vallée de la Senne, le pays d'où sont originaires plusieurs bières fameuses : la kriek, le lambic, le faro et la gueuze.

★★**Château et parc de Gaasbeek** ⊙ – Godefroi de Louvain, frère cadet du duc de Brabant Henri II, fit édifier vers 1240 un château fort de plaine à Gaasbeek, qui était à l'époque un hameau de Lennik. Dès lors, tout le pays environnant fut soumis à la puissante seigneurie de Gaasbeek, à la fois redoutable par la force de sa position et par la richesse de ses maîtres. Au 14e s., la baronnie échut à la famille de Hornes, puis en 1565, le château et les 17 villages du pays de Gaasbeek furent vendus au fameux Lamoral d'Egmont, gouverneur et capitaine général de Flandre et d'Artois, chevalier de la Toison d'or, qui allait périr trois ans plus tard, décapité sur la Grand-Place de Bruxelles pour lèse-majesté.
À l'origine, cette forteresse était de forme elliptique : de puissantes courtines reliaient quatre tours semi-circulaires et le corps de garde. Ce dispositif défensif ne résista cependant pas à la rage des Bruxellois qui, en 1387, mirent le château à sac suite au meurtre d'Everard 't Serclaes *(voir quartier de la Grand-Place)*. Philippe de Hornes le fit reconstruire et le marquis d'Arconati Visconti le fit restaurer et embellir au 19e s. – embellir comme on le concevait à ce siècle, car il s'agit à vrai dire de rajouts décoratifs un peu fantaisistes.

Château de Gaasbeek – Cour intérieure

Ch. Bastin et J. Evrard

Aujourd'hui encore, le château, qui appartient à la Communauté flamande depuis 1981, semble vouloir veiller sur le salut du Brabant. Depuis la terrasse de la cour d'honneur, la vue sur la campagne évoque les œuvres de Bruegel l'Ancien qui représenta cette région, en particulier à St-Anna-Pede dont on reconnaît l'église sur un de ses tableaux : *La Parabole des aveugles*, aujourd'hui au musée de Naples. Planté de nombreux hêtres, le parc est magnifique.

Intérieur – La visite débute par le premier étage. Meublée en Renaissance flamande, la chambre de la bretèche est enrichie d'une tapisserie de Tournai en laine et soie (début 16ᵉ s.) illustrant un campement gitan ; la baignoire en noyer, décorée de chevaux, est du 18ᵉ s. La chambre de la grande verrière, semblablement meublée, abrite une charmante miniature française (début 16ᵉ s.) et la tapisserie du Jugement (Tournai, début 16ᵉ s.). Dans la chambre dite d'Arrivabene, du nom du comte qui y séjourna par intermittence de 1827 à 1859, remarquer les tableaux bibliques des reliefs en albâtre (école de Nottingham, 15ᵉ s.) et la croix de procession russe (18ᵉ s.) offerte par la grande-duchesse Maria Feodorovna à Giammartino Arconati Visconti, dont la famille posséda le domaine au 19ᵉ s. ; d'un beau bleu, l'émail de Limoges (16ᵉ s.) est cependant d'une facture maladroite.

Autour du médaillon figurant Charles Quint et attribué à Leone Leoni (16ᵉ s.), on accède à la salle des chevaliers dont le plafond néogothique polychrome est dû à Jean van Holder. D'un intérêt artistique minime, les tableaux évoquent plusieurs épisodes de l'histoire des lieux, dont la mise à sac de Gaasbeek par les Français en 1684, peu avant que le maréchal de Villeroi, en route pour bombarder Bruxelles, n'en démolisse une partie avec ses boulets. Deux bretèches contiennent un cadran solaire aux armes de la famille de Médicis et une horloge astronomique fabriquée en 1588 par le Strasbourgeois Georg Kostenbader.

Dans la bibliothèque, l'on peut voir, à côté d'un portrait de son époux, une photographie de la marquise Arconati Visconti qui céda le château à l'État belge en 1922. La salle des archives et l'escalier de Hornes sont décorés d'une suite de **tapisseries de Bruxelles** relatant l'histoire de Tobie (vers 1540), remarquables par la perspective du paysage et les motifs floraux et animaliers des bordures. La vitrine contient entre autres le contrat prénuptial de Pierre Paul Rubens avec Hélène Fourment ainsi que le testament de l'artiste. Des deux pièces suivantes, on retiendra un panneau représentant Marie de Bourgogne avec un oiseau de chasse à la main (vers 1480), et des tapisseries de Bruxelles et Tournai du début du 16ᵉ s.

La chambre tendue de soie bleue recèle un **double portrait en albâtre** (16ᵉ s.) de Charles Quint et d'Isabelle de Portugal représentés en buste, probablement réalisé à l'occasion de leur mariage ; le tondo en faïence vient de l'atelier florentin de della Robbia, les quatre albâtres de style Renaissance d'un atelier malinois. Au rez-de-chaussée, la chambre d'Egmont expose un retable anversois du 16ᵉ s., deux statues de sainte Catherine (Allemagne, vers 1470 ; Pays-Bas septentrionaux, vers 1530), ainsi qu'une vitrine d'objets en ivoire. Richement décorée, la salle de la galerie présente un buste d'argent d'Isabelle la Catholique, travail espagnol orné de pierres précieuses et datant de la fin du 15ᵉ s. ; le portrait d'Éléonore d'Autriche, sœur aînée de Charles Quint, serait de la main de Joos van Cleve, qui travailla à la cour de François Iᵉʳ. Au-dessus de la cheminée de la salle de garde, l'on peut admirer les portraits de Lamoral d'Egmont, Guillaume d'Orange et Philippe de Hornes, les trois opposants principaux à l'Inquisition du cardinal Granvelle ; le cor de chasse en ivoire et cuivre ciselé aurait appartenu au premier.

Après la salle à manger et la cuisine, on accède à la chambre de Rubens où s'impose *La Tour de Babel*, œuvre de Maarten van Valckenborch (peintre de la seconde moitié du 16ᵉ s.) aux nombreux détails anecdotiques. Enfin, la chambre de l'Infante : deux représentations de l'infante Isabelle, fille de Philippe II ; l'une en pied, l'autre la représentant à la fête des arbalétriers devant l'église du Sablon, en 1615. Les deux statues d'anges ailés sont en chêne mais recouvertes d'une couche de plâtre peint en couleur bronze ; au-dessus de la porte se trouve une *Sainte Famille* provenant de l'atelier de Jordaens.

GRIMBERGEN

Cette commune, située au Nord de Bruxelles à proximité de Meise *(prendre l'A 12 jusqu'à Meise, puis tourner à droite)* et réputée pour sa monumentale église baroque, présente une belle place de l'église dont les maisons remontent au 18ᵉ s.

Ancienne église abbatiale des Prémontrés – C'est un des plus intéressants ensembles d'architecture et de décoration baroque de Belgique. Commencée en 1660 d'après un projet de Gilbert van Zinnick, l'église fut consacrée en 1725. Restée inachevée (la nef devait compter 4 travées au lieu de 2), elle présente un chœur très allongé que prolonge une tour carrée. L'intérieur tient sa majesté de la hauteur des voûtes et de la coupole. Il conserve un riche mobilier. Les quatre **confessionnaux★**, datant du début du 18ᵉ s. et attribués à Henri-François Verbruggen, représentent des allégories et des personnages de l'Ancien et du Nouveau Testament. Les stalles du 17ᵉ s. sont abondamment décorées (colonnes torsadées, volutes, angelots, médaillons, etc.).

Au milieu du maître-autel (attribué au sculpteur Langhermans, disciple de L. Fayd'herbe), dont la partie basse est réalisée en marbre noir et blanc, on peut admirer une *Assomption*. L'église renferme plusieurs tableaux baroques dont l'*Élévation de la Croix*, attribué à G. Maes et *Les Quatre Évangélistes*, probablement du ciseau de J. Quellin. Le chœur de l'église abrite le mausolée de Philippe, prince de Bergues et seigneur de Grimbergen, ainsi que le monument funéraire des abbés. La **grande sacristie** (1763) à gauche du chœur est décorée de lambris remarquables ; au plafond, la fresque et les grisailles sont consacrées à saint Norbert, fondateur de l'ordre.

Dans la petite sacristie, beaux tableaux du 17ᵉ s.

MEISE

Plan, voir p. 14

Située au Nord de la capitale à proximité de l'A 12 menant à Anvers, cette localité dont l'église gothique s'enorgueillit d'un carillon à 47 cloches est surtout connue pour son domaine de Bouchout qui accueille le Jardin botanique national.

★★ **Jardin botanique (Plantentuin)** ⊘ **(BK)** – Voici plus d'un demi-siècle, il fut décidé que le Jardin botanique national de Belgique quitterait la rue Royale et serait aménagé dans le vaste domaine de Bouchout que l'État venait d'acquérir en 1939. Le transfert fut retardé par la Seconde Guerre mondiale. En fait, c'est seulement en 1958 que le public fut autorisé à pénétrer dans le parc sans pour autant jouir des collections végétales proprement dites, auxquelles il n'accéda qu'en 1965.

Aujourd'hui, le domaine a parfaitement absorbé le transfert du Jardin botanique dont les serres abritent quelque 18 000 espèces de plantes en provenance du monde entier, et il offre au touriste qui visite la capitale l'occasion de se promener dans le cadre très agréable d'un domaine de 93 ha.

L'aspect du parc est déterminé par les implantations scientifiques, les massifs boisés alternant avec les pelouses, les étangs, et les arbres remarquables plantés en solitaire. Au hasard de sa promenade et en fonction de la saison, le visiteur découvrira des collections d'hortensias, de magnolias, de rhododendrons, de chênes et d'érables.

Château de Bouchout – L'origine de la forteresse semble remonter à Godefroi Iᵉʳ, duc de Brabant de 1095 à 1140. Aujourd'hui très restauré (la tour de garde, carrée et haute de 22 m, est du 12ᵉ s. alors que l'aspect actuel du château date de 1832), l'édifice accueille des expositions temporaires. C'est ici que mourut, le 21 janvier 1927, l'impératrice Charlotte, sœur du roi Léopold II et veuve de Maximilien, empereur du Mexique.

Meise – Le Jardin botanique

Un petit jardin historique a été aménagé à l'emplacement de la cinquième tour du château, aujourd'hui disparue.

Palais des plantes – *Travaux en cours*. On visite 12 des 13 serres (sans compter les petites serres uniquement accessibles aux chercheurs). Le circuit propose des plantes tropicales et subtropicales groupées par régions géographiques. Il ne faut surtout pas manquer la serre dite « à Victoria » qui réunit des nymphéacées et des jacinthes d'eau, des « palettes de peintre » ou diverses orchidées aux coloris chatoyants. L'eau y est maintenue à une température d'environ 30°.

Collections de plein air de la partie Sud – À visiter de préférence de juin à septembre, elles comportent 4 grandes unités : plantes ligneuses (Fruticetum), principalement des arbustes ; plantes médicinales, classées selon leur action pharmacologique ; plantes herbacées (Herbetum), originaires des 5 continents ; conifères (Coniferetum), arbres à feuillage persistant. L'Herbetum se pare d'une serre délicieuse construite par A. Balat *(voir Laeken, Serres royales)* en 1853 et qui se trouvait antérieurement dans le parc Léopold puis dans le Jardin botanique de la rue Royale.

RIXENSART

Entre la forêt de Soignes et la ville de Wavre, les bois et les vallons de la partie occidentale du Brabant wallon offrent plusieurs possibilités de promenades. Calmes et verdoyantes, les communes du grand Est de la capitale sont à caractère nettement résidentiel.

Quelques entreprises internationales y ont établi leur siège, notamment *Swift* à La Hulpe, qui a fait appel à l'Espagnol Ricardo Bofill pour élever une architecture prestigieuse.

Suivre les indications depuis la sortie Rosière de l'autoroute A 4-E 411.

Château ⊙ – *Entrée à gauche de l'église Sainte-Croix*. Propriété de la famille de Merode depuis la fin du 17e s., dont un membre, Félix de Merode, fit partie du gouvernement provisoire en 1830 (voir le monument en face de l'église). L'une des filles de ce dernier, Anne-Marie, épousa le célèbre écrivain catholique français Charles de Montalembert. Ce dernier séjourna fréquemment au château où il écrivit une partie de son *Histoire des moines d'Occident*. Cet édifice de briques roses fut construit entre 1631 et 1662, d'abord par Charles de Gavre, puis par Philippe Spinola, conseiller des archiducs Albert et Isabelle. La visite étant obligatoirement guidée, les lignes suivantes, volontairement sélectives, ont pour objectif d'attirer l'attention sur ses aspects les plus intéressants et les plus particuliers. La presque totalité du mobilier provient du château d'Ancy-le-Franc en Bourgogne, dont hérita Françoise de Merode, née de Clermont-Tonnerre.

Avant la visite, on entre dans la cour d'honneur dont trois côtés sont ouverts de galeries aux arcades en anse de panier. Cet ensemble, assez original en Belgique, est dominé par une tour-porche coiffée d'une flèche. L'aile Nord, percée de jolies fenêtres à croisillons, possède un portail baroque dont le fronton est frappé des armes de Philippe Spinola, qui sont également celles de la commune.

La salle à manger est couverte de **boiseries**, rachetées en 1920 par le second Félix de Merode et provenant du manoir de Nérac, dans le Lot-et-Garonne, résidence du futur Henri IV (une des deux portes est encore trouée d'un impact de balle qui aurait été causé par un attentat manqué dont il fut victime) ; la table est décorée d'un service en porcelaine (17e s.) du Royal Copenhague. Sur le palier, demander que l'on ouvre le beau cabinet en ébène sculpté de scènes mythologiques pour découvrir le travail de bois précieux qu'il renferme. Les fenêtres du grand salon donnent sur les jardins à la française qui auraient été dessinés par Le Nôtre (on n'en devine plus que le schéma). Dans cette pièce se trouvent une bijoutière en filigrane d'or et d'argent provenant de Tolède, un cabinet anversois (17e s.) et deux belles **tapisseries** des Gobelins (17e s.) représentant l'Enlèvement d'Europe et Diane chasseresse (elles appartiennent à une série de quatre, les deux autres étant au Metropolitan Museum de New York). La chambre de monseigneur Xavier de Merode est restée intacte. Cet homme dont la première carrière avait été militaire fut le camérier secret du pape Pie IX lors de la prise de Rome en 1870 ; on lui doit la création des zouaves pontificaux. La chambre dite des fleurs doit son nom aux **motifs peints** des boiseries retrouvées au château d'Ancy-le-Franc, demeure des Clermont-Tonnerre dont on peut voir les initiales au plafond, accompagnées de la couronne princière des Merode. Ces motifs sont attribués au Primatice, décorateur italien appelé en France par François Ier et nommé surintendant des Bâtiments royaux par François II en 1559. Enfin, la galerie des armes bénéficie de pièces rassemblées par le mathématicien français Gaspard Monge lors de la campagne d'Égypte menée par Bonaparte ; outre les selles de dromadaire, remarquer le superbe travail d'incrustation de corail de quelques crosses de fusil.

Une fois sorti du château, et s'il y a du soleil, on peut s'amuser à lire le cadran solaire de la tour-porche, du côté de la cour des communs. Une table de conversion accrochée à la droite de la porte cochère permet de préciser l'heure légale.

EXCURSION

Depuis le château de Rixensart, suivre l'indication « Lac de Genval ».

Lac de Genval – Rendez-vous de week-end de nombreux Bruxellois, ce vaste lac de 18 ha permet la pratique de quelques sports nautiques. Ses abords boisés sont assez peu bâtis ; dans le domaine du « château Schweppes » au style vaguement Tudor jaillit une source d'eau minérale commercialisée. Plusieurs cafés dotés de terrasses occupent les berges du lac. Possibilité de canotage.

À deux pas du lac, le **musée de l'Eau et de la Fontaine** *(avenue Hoover 63)* est une initiative sympathique. Aux nombreux spécimens de fontaines s'ajoutent des documents photographiques et des panneaux didactiques consacrés à leurs mécanismes, ainsi qu'à la distribution et à la qualité de l'eau.

Prendre la direction « Ring » vers La Hulpe. Le domaine Solvay est indiqué.

Domaine Solvay ⊘ – Résidences et châteaux sont disséminés sur l'opulente commune de **La Hulpe**. Ce domaine de 220 ha, ancienne propriété de la famille de l'industriel Ernest Solvay, a été légué à l'État en 1968. Magnifique, le **parc** est une espèce de musée forestier parsemé d'étangs et de sentiers. Il est dominé par un **château** de 1840 que Victor Horta aménagea en 1894. Le célèbre architecte de l'Art nouveau avait déjà édifié pour la famille un monument dans la cour de leur usine de Couillet, près de Charleroi, le tombeau du cimetière d'Ixelles, et l'hôtel particulier d'Armand Solvay sur l'avenue Louise à Bruxelles. Modernisé au début des années 1930, le château a été le cadre de nombreuses scènes du film *Le Maître de musique*. La **ferme du château**, dont les bâtiments sont disposés en carré, date de 1889. Elle accueille depuis peu la **fondation Folon**★ ⊘. Né à Uccle en 1934, Jean-Michel Folon abandonne ses études d'architecture à la Cambre pour s'adonner au dessin. Ce véritable touche-à-tout artistique se lance consécutivement dans l'illustration de livres, la réalisation d'affiches, de collages, d'aquarelles, de tapisseries et de couvertures pour de nombreuses revues. Aujourd'hui, il se consacre essentiellement à la sculpture « qu'il invente tous les jours en sculptant ». Dans une mise en scène tout à fait remarquable, ce musée sympathique présente une sélection des plus belles œuvres dont l'artiste n'a jamais voulu se séparer. Dès la première salle, le visiteur pénètre dans l'univers poétique de Folon où règne une douceur intimiste. L'accent est mis sur quelques thèmes chers à l'artiste, notamment l'homme – qui ne connaît pas son célébrissime homme au chapeau ? – et son environnement, l'homme et la ville.

Forêt de SOIGNES★★

La forêt charbonnière et la chasse ducale – Soignes, ce nom est à rapprocher de celui de la rivière Senne qui la longe et qui partage la même racine celtique, *Sonia*. Ce massif forestier, aux limites de la forêt charbonnière qui s'étendait de la Sambre à l'Escaut, fut habité par l'homme préhistorique et fut le cadre de la défaite des Nerviens commandés par Ambiorix devant les armées romaines de César, ce désastre qui ouvre l'histoire de la Belgique.

La forêt fut propriété des ducs dès le 12e s., et fut vite réputée parmi les seigneurs du monde occidental qui appréciaient la chasse. Charles Quint aimait à s'y engager appuyé de ses meutes afin d'y poursuivre force sangliers si près de Bruxelles. Mais ce domaine était surtout une source de revenus considérables, les ducs ayant l'habitude d'hypothéquer la sylve, quoique sans jamais la vendre, car il s'agissait du « plus beau fleuron de leur couronne ».

Une cathédrale de bois – Avec le temps, la forêt fut entourée de seigneuries comprenant terres, fermes et châteaux rivalisant de richesses : le plus splendide était celui de Tervuren *(voir ce nom)*. Elle accueillit sur son territoire alors nettement plus vaste qu'aujourd'hui de nombreux monastères attirés par ce cadre idéal aux méditations et aux pénitences. Quatorze fondations monastiques s'y installèrent au lendemain des croisades : Wezembeek, Tervuren, Val-Duchesse, Rouge-Cloître, Groenendael, la Cambre, Bootendael, Forest (Bruxelles) ; Sept-Fontaines, Ter Cluysen, Wauthier-Braine, Nizelle, Bois-Seigneur-Isaac, Aywières (Hal). Toutes ont disparu à la fin du 18e s. Quelques rares constructions subsistent : l'enclos du Rouge-Cloître (encore situé sur le territoire actuel de la forêt) et la chapelle Notre-Dame-de-Bonne-Odeur, élevée en 1485 à l'emplacement d'une petite statuette de la Vierge fixée à un arbre ; modifiée, elle a ensuite été déplacée au milieu du 19e s. à l'extrémité de la drève qui porte son nom.

Le règne d'un paysan – Si l'on excepte la période de révolte contre l'Espagne, la forêt fut un lieu de quiétude privilégié qui vit notamment Marie de Médicis, alors échappée de Compiègne où l'avait exilée son fils Louis XIII, en faire sa promenade favorite en compagnie de la duchesse d'Ornano. Cependant, la guerre de la succession d'Augsbourg entre l'Espagne et l'Autriche transforma la forêt en théâtre de multiples escarmouches entre les soldats français qui avaient investi Charleroi en 1692 et la troupe « de fayctnéans » levée par le gouverneur général pour protéger la forêt.

FORÊT DE SOIGNES

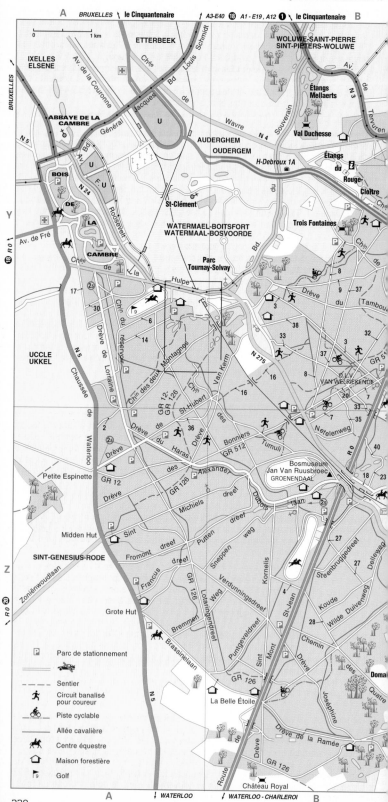

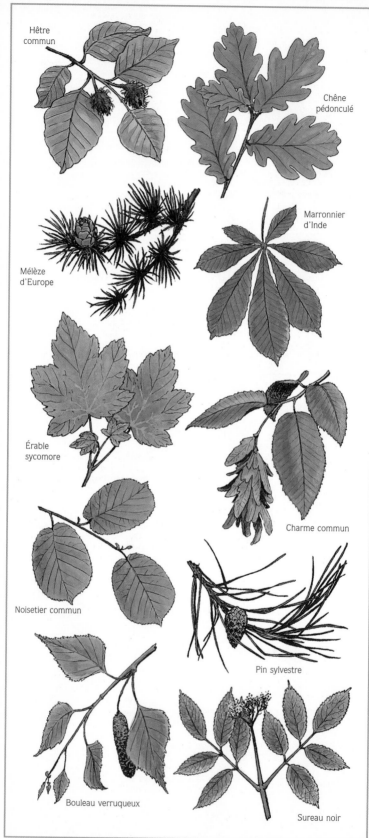

Hêtre commun

Chêne pédonculé

Mélèze d'Europe

Marronnier d'Inde

Érable sycomore

Charme commun

Noisetier commun

Pin sylvestre

Bouleau verruqueux

Sureau noir

Durant trois ans, cette troupe commandée par l'audacieux paysan Jacques Pasture, que Maximilien de Bavière anoblit même, mena la vie dure aux Français. Ceux-ci, pillant Waterloo au passage..., parvinrent tout de même à Bruxelles, qu'ils assiégèrent en 1695 (voir quartier de la Grand-Place), non sans que cet intrépide Jaco Pasture continuât à faire régner la terreur dans la forêt où ses hommes détroussaient quiconque osait s'y aventurer. Un quartier de la commune d'Uccle, nommé Fort Jaco, évoque encore le souvenir de cet étonnant général.

La forêt domaniale – La Révolution française mit fin à la juridiction des ducs. Les républicains morcelèrent le territoire et le répartirent entre les communes qui l'entouraient. Propriété de l'État depuis 1843, la forêt fut dès lors gérée par l'administration des Eaux et Forêts. Elle couvrait autrefois le triple de sa superficie actuelle (4 386 ha) et comptait un grand nombre de ruisseaux et d'étangs dont certains ont disparu depuis les travaux de captation que la ville de Bruxelles a effectués vers le milieu du 19e s. Après avoir été considérablement déboisée au cours des siècles, suite à l'accroissement de la population, elle est aujourd'hui située sur 11 communes.

La flore, la faune et la promenade – Ce domaine sylvestre est principalement constitué par des hêtraies (80 %), chênes et conifères se partageant les 20 % restants. On rencontre néanmoins de nombreuses essences d'arbres, concentrées en lisières. Cette prépondérance du hêtre date du régime autrichien, les chênes remontant pour leur part à la période française. Dans les sous-bois et clairières, le botaniste amateur qu'est parfois le promeneur observera de nombreuses espèces de plantes : bruyère, primevère, jacinthe, fougère, lierre terrestre, véronique, etc.
Si jadis le loup et l'ours hantaient la forêt, naguère le sanglier, la grande faune se limite désormais au renard et au chevreuil. De multiples petits rongeurs comme le campagnol cohabitent avec l'écureuil roux, qui se raréfie, et l'écureuil de Corée, animal peu farouche introduit accidentellement dans les années 1970. L'avifaune est très riche. Si l'on est discret et patient, on reconnaîtra divers oiseaux : troglodyte, mésange, coucou, pivert, chouette hulotte, buse, etc.
En dehors des grandes voies de circulation, de nombreux sentiers et allées cavalières ainsi que quelques pistes cyclables permettent des promenades très agréables. Plusieurs sites jalonnés d'étangs offrent un cadre romantique, notamment Groenendael où vécut au 14e s. le grand mystique Jan van Ruysbroek, surnommé l'Admirable (pour les autres sites, voir Auderghem, Tervuren et Watermael-Boitsfort).

TERVUREN★

Saint Hubert, patron des chasseurs, y serait mort fortuitement en 727 dans une bâtisse située tout près de l'endroit où, vers 1200, le duc Henri Ier fit construire un château en bordure de la forêt de Soignes. Cet édifice magnifique et sévère, cantonné de massives tours rondes à meurtrières, fut transformé en palais par Marguerite de York, duchesse de Bourgogne, la « princesse gracieuse et débonnaire », qui aménagea les bois alentour en parcs et jardins. Les archiducs Albert et Isabelle, amoureux des lieux, chargèrent Wenceslas Cobergher (1560-1634) de restaurer le château et d'élever la chapelle St-Hubert, et firent délimiter le parc par dix portes tirant leurs noms de la localité sur laquelle elles ouvraient (quelques-unes servent encore). Le château, qui selon la chronique présentait un tableau sans égal, fut démantelé en 1782 sur ordre de Joseph II.
Tervuren, ce Versailles belge selon Roger Martin du Gard, est l'occasion d'une promenade très agréable.

Gagner le centre du bourg.

Église Saint-Jean-l'Évangéliste ⊘ – Dans cette église gothique du 13e s. (collatéraux du 14e s. ; façade de 1779) sont enterrés les ducs de Brabant Antoine de Bourgogne (fils de Philippe le Hardi), tombé à Azincourt en 1415, Jean IV et Philippe de Saint-Pol qui avait été capitaine général de Paris. Outre le beau jubé des frères Keldermans (1517) remonté en tribune d'orgue, voir le maître-autel Renaissance frappé aux armes de Charles de Lorraine et deux confessionnaux gothiques. Dans la sacristie, on conserve un cor de chasse en ivoire revêtu de lames d'argent porté en procession le dernier dimanche d'octobre ; ayant prétendument appartenu à saint Hubert, cette trompe date en réalité du 17e s.

Accès principal par la Klarastraat et la Tervurendreef.

Parc domanial – Venant du village, on entre par la *Warandepoort* construite en 1897 à l'occasion de l'exposition coloniale. Sur la droite, face à l'ancien haras transformé en caserne, se trouve la **chapelle St-Hubert** (ne se visite pas) en briques rouges élevée par Cobergher en style italo-flamand ; on y bénit cavaliers, chevaux et meute le jour de la procession du cor (voir ci-dessus). À proximité de la chapelle, au bord de l'étang, on distingue les fondations de l'ancien palais ducal. Agrandi à ses limites actuelles entre 1615 et 1635, le parc fut redessiné au 19e s. et doté de jardins à la française étagés en terrasses face au Musée royal. Plus loin, entre l'étang dit du combat naval et l'étang de Vossem, se trouve la Maison espagnole (17e s.) très

---

Une « folie » française

Nièce du cardinal Mazarin, veuve du comte de Soissons, Olympe Mancini, courtisane à la cour de France, séjourne en Brabant après avoir été mêlée à l'affaire de la Voisin. Suite à un acte signé à Madrid en mars 1689 par le roi d'Espagne Charles II, elle obtient la jouissance du palais ducal de Tervuren. Cette veuve joyeuse dont parle Saint-Simon dans ses *Mémoires* y mène une vie si dissolue, sans payer en outre les rentes du domaine mis à sa disposition, qu'en 1698 l'électeur Maximilien de Bavière la fait enfermer dans un couvent. Échappée, elle s'installe à nouveau dans le palais ducal, ne modifiant en rien son attitude et ruinant le château jusqu'à sa mort en 1708 dans des conditions mystérieuses.

---

négligée et qui se distingue par ses pignons à redents. Le carrefour central du parc est marqué par trois pierres mégalithiques mises au jour dans le village voisin de Duisburg. À noter que la partie Nord-Ouest du parc était autrefois agrémentée du pavillon de chasse du prince d'Orange (construit en 1817 et incendié en 1879), magistralement décoré par le célèbre François Rude dont les reliefs ornent l'Arc de Triomphe de Paris. À son emplacement se dresse l'actuel palais des Colonies (1896), œuvre de l'architecte Acker de style néoclassique (face à l'avenue de Tervuren). Il accueillit en 1897 la première exposition coloniale.

★★ **Musée royal de l'Afrique centrale** (Koninklijk Museum voor Midden-Afrika) ⓥ – *Parking Leuvensesteenweg ; entrée côté parc.*

En 1897, le roi Léopold II, « souverain fondateur de l'État indépendant du Congo », organisa une exposition coloniale à Tervuren *(voir ci-dessus)*, dans le cadre de l'Exposition universelle organisée sur le site du Cinquantenaire. Le succès fut tel que l'année suivante le roi fonda un musée permanent à la double fonction muséographique et scientifique. Il demanda au Français Charles Girault (1851-1932), architecte du Petit Palais à Paris, d'élever un musée du Congo au sein d'un complexe – jamais réalisé – qui devait comprendre un musée de la Chine, un musée du Japon, ainsi qu'une école mondiale et un palais des congrès.

Girault ne put construire que le bâtiment central de style Louis XVI et les deux pavillons latéraux. Commencés en 1904, les travaux, entièrement financés par les revenus du domaine privé de Léopold II au Congo, furent interrompus en 1910, date de l'inauguration solennelle par le roi Albert Iᵉʳ.

Bien qu'un peu « poussiéreuses », les collections du musée présentent un vaste panorama de l'Afrique et comptent environ 250 000 pièces dans ses réserves. Les sculptures et autres objets ethnographiques offrent un choix de pièces représentatives de divers groupes ethniques, et en particulier de deux foyers majeurs : l'Afrique centrale, avec une place privilégiée pour l'ancien Congo belge, et l'Afrique occidentale. Cet établissement est aussi un centre de recherche fondamentale sur le continent africain : il possède 13 bibliothèques spécialisées réunissant plus de 85 000 ouvrages.

À la caisse, se procurer un plan du musée (gratuit) et prendre à droite à partir de la rotonde d'entrée.

Salle 2b – Art et artisanat d'Afrique centrale présentés par tribu : Pygmées, Kongo, Tshokwe (Angola, d'où influence portugaise), Zande et Mangbetu, Kuba (tissus et masques), Ngbaka (Zaïre), Kasai (masques), Luluwa, Kwango, Lega (masques d'initiation), Luba, Lengola (statuaire), Tabwa **(masque de buffle)** et Songye (Zaïre, **masque).**

Salle 3 – *Fermée.*

Salle 4 – Sculpture. Les vitrines sont principalement consacrées à la partie méridionale de l'Afrique centrale où la production est variée et somptueuse (contrairement au Nord où elle est rare, sobre et géométrisante). Des sculptures aux formes souples, notamment **Luba** (Zaïre), qui ne présentent pas la frontalité rigide qui caractérise habituellement l'art africain.

Salle 7 – Évolution de la cartographie relative au continent africain et souvenirs d'explorateurs (Stanley, Livingstone, etc.). Riche collection de crucifix, dont des formes spécifiquement africaines (avec orants), et image de l'Européen par des artistes locaux.

Salle 9 – Cinq dioramas (forêt équatoriale, forêt de montagne, forêt de bambous, forêt de bruyères, étage alpin) expliquent l'interrelation entre la faune, la flore et le climat du Ruwenzori, massif montagneux situé sur l'équateur.

Salle 6 – *Fermée.*

Salle 5 – *Réservée aux expositions temporaires.*

Salle 10 – Avec plus de 50 000 échantillons, dont une partie est exposée, le musée dispose de la deuxième xylothèque du monde (collection d'échantillons de bois). Évocation de la production agricole et forestière, ainsi que des diverses vertus des plantes.

Salle 8 – La présence belge, particulièrement celle de Léopold II, en Afrique occidentale, centrale et orientale ; la fameuse « campagne anti-esclavagiste » menée au Congo contre les Arabes ; les rôles de Stanley et Savorgnan de Brazza. Curieuse collection de garnitures de cheminée d'inspiration symbolique ou historique témoignant de l'influence africaine sur l'art décoratif métropolitain.

Salle 11 – Des mammifères naturalisés donnent un aperçu de la faune des savanes et de la forêt équatoriale.

Salle 12 – Différentes familles d'oiseaux naturalisés, dont des paons congolais (vitrine 6), une espèce rarissime.

Salle 13 – Poissons, reptiles et amphibiens naturalisés : poisson-chat, cœlacanthe, tilapia ; python, cobra, vipère ; crocodile, tortue, lézard, caméléon...

Salle 16 – Minéralogie et géologie. Un parcours didactique consacré à la planète terre, sa situation à l'intérieur du système solaire, sa structure interne, sa composition chimique et ses propriétés physiques. Au mur, intéressante carte peinte des grandes explorations.

Salle 14 – La plus riche collection mondiale d'insectes d'Afrique centrale (vitrines 1 à 15), région où près des trois quarts des animaux connus sont des insectes. Les vitrines 16 à 25 exposent des invertébrés ; les vitrines 26 à 35 sont consacrées au dimorphisme saisonnier ou sexuel des insectes ; les vitrines 36 à 58 renferment des parasites et une sélection de mollusques.

Salle 17 – Préhistoire et archéologie : évolution de la vie sur terre et techniques archéologiques. Pièces de l'âge de la pierre jusqu'à l'âge du fer et reconstitution d'une tombe du Shaba (Zaïre). Mais remarquer dans la vitrine « Protohistoire » les très beaux bronzes du Nigeria et de Côte-d'Ivoire, notamment ces moulages d'une tête royale d'Ifé (12e-13e s.) et d'une tête de princesse du Bénin (16e-17e s.).

Salle 15 – Groupes d'animaux naturalisés d'Afrique centrale dont un éléphant haut de 3,4 m au garrot.

Salle 2a – La culture matérielle d'Afrique centrale comparée aux cultures océaniennes et américaines (vitrines vertes). La pirogue de la tribu Lengola est longue de 22,5 m et peut contenir jusqu'à une centaine d'hommes.

Alentours – Les amateurs de courses hippiques peuvent se rendre à l'hippodrome de Sterrebeek qui se trouve non loin du musée royal de l'Afrique centrale *(Accès : du parking de la Leuvensesteenweg, prendre vers Bruxelles et tourner aussitôt à droite dans la Grensstraat ; prendre à droite la Perkstraat puis tourner dans la 2e rue à droite, la du Roy de Blicquylaan)*, mais les intérêts majeurs des alentours immédiats de Tervuren sont la forêt de Soignes *(voir ce nom)* et l'arboretum géographique.

★ **Arboretum géographique** ⊘ – *L'accès par le bourg est assez compliqué. Il est préférable de prendre la Tervurenlaan vers Bruxelles puis de tourner au feu à gauche dans la Vestenstraat et à droite dans la Jezus Eiklaan qui s'enfonce dans la forêt. Le carrefour Saint-Jean indique l'entrée principale de l'arboretum.* Créé en 1902 dans le bois des Capucins, cet arboretum (100 ha) est remarquable parce qu'il constitue une leçon de géographie botanique, contrairement aux arboretums classiques où les essences sont disposées dans l'ordre systématique des genres et des espèces *(malheureusement, aucun panneau ne renseigne le promeneur)*.
L'arboretum, qui compte 460 espèces ligneuses, est divisé en deux sections : nouveau et ancien continent. Au départ du carrefour Saint-Jean, la promenade royale débute par le nouveau continent (arbres géants : douglas, séquoias, tsugas, sapins ; pins du Sud, érables, frênes, marronniers, noyers, tulipiers, etc.). La Droge Vijverdreef qui croise la longue et rectiligne Kapucijnendreef marque le passage à l'ancien continent. Les amateurs y reconnaîtront mélèzes, chênes, bouleaux, pins sylvestres, pins noirs, hêtres, sapins, etc. Une section asiatique est riche de feuillus arbustifs et de conifères assez rares ; la forêt nippone est représentée par une soixantaine d'espèces différentes.

WATERLOO★

> « Waterloo ! Waterloo ! Waterloo ! morne plaine !
> Comme une onde qui bout dans une urne trop pleine,
> Dans ton cirque de bois, de coteaux, de vallons,
> La pâle mort mêlait les sombres bataillons... »

Quel Français ne connaît les premiers vers (extraits des *Châtiments*) que la célébrissime bataille inspira à un Victor Hugo guère bonapartiste ? C'est qu'en effet, le 18 juin 1815, les Alliés, Anglo-Néerlandais commandés par Wellington et Prussiens dirigés par Blücher, mirent un terme à l'épopée napoléonienne.

Les prémices – Le retour en France de **Napoléon** après son exil à l'île d'Elbe et sa reprise du pouvoir au cours de la période dite des Cent-Jours ne purent qu'inquiéter ses anciens adversaires (Grande-Bretagne, Prusse, Russie, Autriche). Menacée d'encerclement par le traité de Vienne du 25 mars, la France voyait le danger se préciser surtout au Nord où étaient déjà massées de fortes armées prussiennes et britanniques (respectivement au Sud-Est et au centre de la Belgique).

Le bal de la duchesse de Richmond

Le 15 juin 1815, la duchesse de Richmond donnait un bal à Bruxelles. Ce bal est resté célèbre car c'est pendant cette fête qu'un pli annonça au commandant en chef des troupes alliées, le général duc de Wellington, que Napoléon n'était plus qu'à 14 milles de la capitale. On dit que la salle de bal fut désertée en 20 minutes. Nul ne sait précisément dans quel hôtel particulier de la ville ce bal fut offert.

« ... *Tout était gai, comme la cloche qui sonne un mariage. Mais, silence ! Écoutez ! Un bruit sinistre retentit, pareil au glas des funérailles !... Ce son redoutable se fait entendre encore. On dirait que les nuages servent d'écho. Il semble s'approcher et, de moment en moment, devient plus distinct et plus terrible ! C'est la voix du bronze des batailles qui commence à mugir !...* » (Lord George Byron).

C'est pour briser cette menace que Napoléon prend les devants et s'élance vers le Nord avec une grande armée reconstituée. Il conçoit le plan audacieux d'écraser chaque force séparément. Le 16 juin, à Ligny, au Nord-Est de Charleroi, l'Empereur remporte une victoire (sa dernière) sur **Blücher**, tandis que le maréchal **Ney** s'avance vers Bruxelles où sont concentrés les Britanniques. Puis il charge le maréchal Grouchy de poursuivre les Prussiens dans leur apparente retraite vers le Nord. À son tour, il prend la direction de Bruxelles à proximité de laquelle Ney se bat sans succès contre les Britanniques, aux Quatre-Bras. Le 17 juin, Napoléon poursuit les troupes de **Wellington** et arrive dans la nuit à la **ferme du Caillou**. Wellington installe son quartier général au village de **Waterloo**, ses troupes s'étant retranchées près de Mont-Saint-Jean. Napoléon décide d'attaquer le lendemain matin.

Les forces en présence – L'armée anglo-néerlandaise (troupes britanniques et des Pays-Bas augmentées de contingents de Brunswick, de Hanovre et de Nassau), commandée par le duc de Wellington, totalise 99 000 hommes et 222 bouches à feu. L'armée prussienne, commandée par le feld-maréchal prince Blücher von Wahlstatt, surnommé le maréchal « En avant », totalise 117 000 hommes et 312 canons. L'armée française, commandée par Napoléon, totalise 112 000 hommes et 366 bouches à feu.

La bataille – Le 18 juin, le mauvais temps de la veille ayant retardé certaines troupes françaises, le combat ne s'engage que vers midi. Tandis que près du **relais de la Belle Alliance** sont installés les premières pièces de l'artillerie française et le poste d'observation de Napoléon, la **ferme de Hougoumont** est le lieu d'une rencontre meurtrière entre les Anglais et les Français. Puis les Français attaquent la **ferme de la Papelotte** et la **ferme de la Haie-Sainte** tenue par la légion allemande renforcée par des compagnies de Nassau. Bien que terrible, la contre-attaque de la cavalerie britannique est refoulée, mais elle a repoussé l'ennemi. Après des assauts répétés et la perte de positions prises et reprises, les Français s'engagent vers 16 h, sous un soleil de plomb, dans le fameux « **chemin creux** » où se brisent les furieuses charges de cavalerie conduites par Ney et Kellerman.

Napoléon attend le renfort des 30 000 hommes de Grouchy devant arriver de Wavre à l'Est. Mais Blücher, ayant regroupé ses troupes et échappant à Grouchy, tourne la droite française pour opérer la jonction avec l'armée britannique : les premières troupes prussiennes s'emparent alors de **Plancenoit**.

Vers 19 h 30, Napoléon, cerné, envoie la Vieille Garde à la rencontre des troupes britanniques. Au passage du chemin creux, c'est le massacre. À la nuit tombante, dans un champ de bataille jonché de 49 000 morts et blessés, s'effectue la retraite des troupes françaises, en déroute malgré les efforts héroïques de Ney. Dans la nuit, Napoléon disparaît vers Genappe.

LE CHAMP DE BATAILLE

Dès l'abdication de Napoléon et sa relégation à l'île de Sainte-Hélène, les touristes anglais déferlèrent sur le continent, et notamment sur Waterloo. Le poète lord George Byron (le 3e chant du fameux *Childe Harold* évoque la bataille), les écrivains Robert Southey et Walter Scott furent au nombre de ces voyageurs. Pourtant, malgré cet intérêt et la victoire des Alliés, la visite du champ de bataille permet de saisir l'ampleur et la ténacité du culte impérial.

En 1861, Victor Hugo vint séjourner à Mont-Saint-Jean, à l'hôtel des Colonnes, aujourd'hui disparu, pour écrire le chapitre des *Misérables* concernant la bataille, déjà évoquée par Stendhal dans les premières pages de *La Chartreuse de Parme* (1839).

Très modifié depuis 1815 (une autoroute et une nationale le traversent), le champ de bataille est constellé de bâtiments historiques et de monuments commémoratifs. Tous les cinq ans a lieu une reconstitution historique à laquelle participent plus de 2 000 figurants.

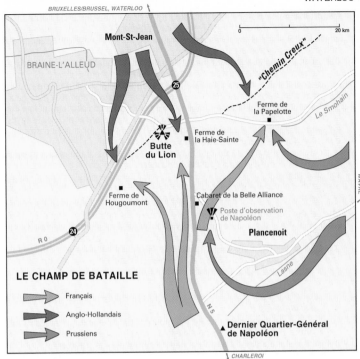

LE CHAMP DE BATAILLE

- Français
- Anglo-Hollandais
- Prussiens

Si le site est fort touristique, il a toutefois préservé une atmosphère démodée plutôt sympathique grâce à la butte et au Panorama.

Centre du Visiteur ⊙ – Installé au pied de la butte du Lion, ce centre offre au public un programme audiovisuel plongeant le spectateur au cœur des événements du 18 juin 1815. Une maquette bénéficiant d'un éclairage synchronisé permet de bien situer les lieux stratégiques de la bataille ainsi que ses phases majeures. La seconde partie consiste en un film assez plaisant mais sans grand intérêt didactique qui fait revivre la célèbre bataille.

Butte du Lion ⊙ – *226 marches.* Accès par le Centre du visiteur. Haute de 40,5 m, elle a été élevée en 1826 par le royaume des Pays-Bas à l'endroit présumé où le prince d'Orange fut blessé en combattant la Vieille Garde. La butte est surmontée d'un lion en fonte de fer pesant 28 t dont le plâtre a été exécuté par Van Geel et fondu à Seraing par Cockerill. Une légende erronée veut que la sculpture ait été coulée avec des canons ramassés sur le champ de bataille.

Du sommet, on a une bonne **vue** d'ensemble du site et du paysage environnant en pente douce. Au pied, au Sud, le fameux chemin creux a été fortement nivelé, la terre environnante ayant servi à constituer la butte.

La butte du Lion

Panorama de la Bataille ⓥ – Au pied de la butte, un édifice circulaire construit en 1912 abrite une toile de 110 m de circonférence et 12 m de hauteur, réalisée en 1913-1914 par Louis Dumoulin, peintre de la Marine française, en collaboration avec cinq autres artistes.

Cette peinture panoramique représente quelques épisodes saisissants de la bataille au moment où Ney engage la cavalerie dans le chemin creux. En prenant l'Empereur (cheval blanc) situé à l'arrière-plan comme point de repère, derrière les grenadiers à cheval du général Guyot, on voit successivement vers la gauche : les chasseurs à cheval et la ferme de la Haie-Sainte ; les combats du chemin creux ; la résistance des compagnies de Nassau et de la légion allemande ; le prince d'Orange et le duc de Wellington ; l'infanterie britannique formée en carrés et attaquée par Ney ; la charge de la cavalerie du général Donop (qui gît à terre, blessé) ; la ferme de Hougoumont en feu à l'arrière-plan avec les dragons de l'Impératrice au premier plan ; Ney (sans chapeau) engageant la brigade de cuirassiers, suivi de son état-major.

Au rez-de-chaussée, une salle d'exposition permanente complète la visite par la présentation de divers costumes, armes et autres documents.

Musée de Personnages de Cire ⓥ – Près de la butte et presque en face du Panorama, ce petit musée un peu vieillot évoque le dernier conseil tenu par Napoléon et son état-major dans la ferme du Caillou. On y verra également les trois commandants des forces alliées présents à la bataille : le prince d'Orange (1792-1849), Wellington (1769-1852), et Blücher (1742-1819). Les costumes ne sont pas d'époque *(voir Cinquantenaire, musée royal de l'Armée et de l'Histoire militaire)*.

Prendre la N 5 en direction de Charleroi pour atteindre le Dernier Quartier-Général de Napoléon à 4 km.

Au carrefour, le monument aux Belges rappelle indirectement la curieuse situation des « futurs Belges » : s'ils dépendaient du royaume des Pays-Bas depuis 1814, ils furent cependant nombreux à se battre dans les rangs français.

On passe ensuite devant le monument du lieutenant-colonel Gordon, aide de camp de Wellington, et devant le monument des Hanovriens. À droite, la ferme de la Haie-Sainte. Plus loin, sur la gauche, une colonne assez grossière a été érigée à la mémoire de Victor Hugo. Sur la droite se trouve *L'Aigle blessé*, œuvre du sculpteur Gérôme.

Dernier Quartier-Général de Napoléon ⓥ – Située tout au Sud du champ de bataille, l'**ancienne ferme du Caillou** fut le quartier général de Napoléon à la veille des combats. Celui-ci y passa la nuit du 17 au 18 juin 1815 en compagnie du prince Jérôme Bonaparte, le frère cadet de Napoléon, des maréchaux Ney, Soult et Bertrand, ainsi que du fameux mamelouk Ali.

La **chambre de l'Empereur** conserve un de ses lits de camp et quelques souvenirs (buste en marbre par Chaudet, sceau, code napoléonien original datant de 1807, masque mortuaire en bronze de l'Empereur à Ste-Hélène). Les autres salles abritent des autographes de généraux français relatifs à la campagne de 1815, des armes, des cartes et des reliques du champ de bataille, dont le squelette d'un hussard découvert à l'emplacement du « dernier carré ».

Dans le jardin, outre un **ossuaire** (1912) constitué au hasard des fouilles et portant l'inscription en latin « Pour l'Empereur souvent, pour la Patrie toujours », le culte de la relique est entretenu par la présence du véritable balcon de l'hôtel des Colonnes à Mont-Saint-Jean où séjourna Victor Hugo en 1861. Dans le verger, un monument rappelle l'ultime veillée du bataillon de la Garde Impériale.

Reprendre la N 5 en direction de Waterloo (9 km).

LA VILLE

Du 15e au milieu du 17e s., un hameau se forme le long de la voie reliant Genappe à Bruxelles. Gîte d'étape, Waterloo n'apparaît sur les cartes qu'à la fin du 17e s. Universellement connu depuis la victoire décisive des Alliés, Waterloo connaît une multitude d'homonymes, dont une quarantaine aux États-Unis.

Musée Wellington (Wellington Museum) ⓥ – *Chaussée de Bruxelles 147 (N 5)*. L'auberge du 18e s. où Wellington avait installé son quartier général a été transformée en musée. Celui-ci comporte trois sections : le QG proprement dit, un musée illustrant l'histoire de Waterloo, une bibliothèque *(pour consultation, s'adresser à l'accueil)*.

Une succession de petites salles enrichies de nombreux tableaux, gravures, documents, armes et souvenirs relate l'Europe de 1815 et la personnalité d'Arthur Wellesley, duc de Wellington et prince de Waterloo. Parmi ces objets, remarquer : la rampe (18e s.) de l'escalier ; une étonnante prothèse en bois dans la chambre où mourut durant la nuit du 18 juin le lieutenant-colonel Alexander Gordon, aide de camp de Wellington ; un sabre de pionnier anglais à dos en forme de scie, dans le couloir ; la chambre du duc de Wellington avec sa table de campagne et plusieurs objets personnels (service de Sèvres offert par Louis XVIII, service prussien offert par Frédéric-Guillaume III de Prusse) ; une gravure représentant le prince d'Orange blessé (salle des Pays-Bas) ; une belle **gravure** évoquant la rencontre de Wellington et de Blücher à la ferme de Mont-St-Jean *(Les Prussiens de Blücher)* ; un dessin étonnant de James Thiriar représentant la cavalerie française (salle des Français). Enfin, après avoir traversé le jardinet où l'on peut apercevoir les pierres tombales de trois officiers britanniques, la salle des plans lumineux retrace l'évolution de la bataille, à côté de pièces historiques comme « La Suffisante », canon fabriqué à Douai (1813) et pris à Waterloo, ou anecdotiques, comme ce parapluie-épée ayant appartenu au duc.

Église Saint-Joseph ⊙ – *En face du musée Wellington.* À l'origine, cette église n'était qu'une chapelle forestière (1690). Charmante, celle-ci est toujours debout et sert d'entrée à la nouvelle église qui renferme de nombreuses dalles commémoratives d'officiers et de soldats tombés à Waterloo.

De plan central, la chapelle fut bâtie à l'initiative du marquis de Castañaga (1685-1691), gouverneur au nom du roi d'Espagne Charles II, dans l'espoir de voir naître un héritier *(voir inscription au fronton du péristyle)*. La coupole est éclairée par six œils-de-bœuf et un lanterneau. Deux bas-reliefs ornent des portails simulés : l'un en bronze (Wiener) symbolise la Victoire tenant une branche de laurier dans la main droite et une couronne de la main gauche ; l'autre en marbre blanc (Geefs) représente les armes de la Grande-Bretagne et commémore le souvenir des officiers britanniques. Juste devant se trouve un buste de Wellington signé C. Adams (1855).

ZAVENTEM

Plan, voir p. 15

Cette localité au Nord-Est de Bruxelles *(prendre la chaussée de Louvain et ensuite à gauche)* est surtout connue pour son aéroport. Créé en 1958 et récemment agrandi, ce port aérien est le plus important de Belgique.

Sur la place du village se trouve l'église paroissiale.

Église St-Martin (DL) – Cette église gothique dont les origines remontent à l'époque romane a été agrandie plusieurs fois (16e, 17e et 19e s.). Elle présente une nef (1602-1646) divisée en 3 parties, une tour carrée, un transept et un chœur datant de 1567. L'église possède un intéressant tableau d'Antoine van Dyck : *Saint Martin partageant son manteau.* L'histoire veut que Van Dyck aurait séjourné en 1624 à Zaventem où il serait tombé amoureux d'une jeune femme. Le personnage de saint Martin serait Van Dyck lui-même.

Conditions de visite

En raison de l'évolution du coût de la vie et de modifications fréquentes dans les horaires d'ouverture de la plupart des curiosités, nous ne pouvons donner les informations ci-dessous qu'à titre indicatif. Lorsqu'il nous a été impossible d'obtenir des informations à jour, les éléments figurant dans l'édition précédente ont été reconduits. Dans ce cas ils apparaissent en italique.

Ces renseignements s'appliquent à des touristes voyageant isolément et ne bénéficiant pas de réduction. Pour les groupes constitués, il est généralement possible d'obtenir des conditions particulières concernant les horaires ou les tarifs, avec un accord préalable.

Les églises ne se visitent pas pendant les offices ; elles sont ordinairement fermées de 12h à 14h. Les conditions de visite en sont données si l'intérieur présente un intérêt particulier.

Les prix sont donnés en euros.

Dans la partie descriptive du guide, les curiosités soumises à des conditions de visite sont signalées au visiteur par le signe ⊙.

A

ALSEMBERG

Moulin à papier Herisem – Mars-nov. : lun.-mar. et jeu.-ven. 10h-16h, et 1ᵉʳ et 3ᵉ w.-end du mois 10h-18h. Fermé j. fériés. 4,46€. ☎ 02 381 07 70.

ANDERLECHT

Collégiale des Sts-Pierre-et-Guidon – En sem. 9h-12h, 14h-17h30. ☎ 02 521 74 38.

Maison d'Érasme – Tlj sf lun. 10h-17h. Fermé 1ᵉʳ janv. et 25 déc. 1,25€. ☎ 02 521 13 83.

Musée de la Gueuze-Brasserie Cantillon – En sem. 9h-17h, sam. 10h-17h. Fermé j. fériés. 3,50€. ☎ 02 521 49 28 ; www.cantillon.be

AUDERGHEM

Centre d'Information de la Forêt de Soignes – Avr.-oct. : 14h-18h ; nov.-mars : tlj sf lun. 14h-17h. Fermé j. fériés et semaine entre Noël et Nouvel An. ☎ 02 629 34 11.

B

BEERSEL

Château fort – De déb. mars à mi-nov. : tlj sf lun. 10h-12h et 14h-18h, de mi-nov. à fin déc. et en févr. : w.-end 10h-12h et 14h-18h. 2,50€. ☎ 02 331 00 24.

BRUXELLES
 Grand-Place – 1000 – ☎ 02 513 89 40

Album, le musée de la Publicité – Tlj sf mer. 13h-18h. Fermé la dernière sem. de déc. et la 1ʳᵉ sem. de janv. Le prix d'entrée varie en fonction de votre temps de présence (entre 1,25€ et 5€). ☎ 02 511 90 55.

Appartements de Charles de Lorraine – Mar.-ven. 13h-17h, sam. 10h-17h. Fermé j. fériés, la dernière semaine d'août et entre Noël et Nouvel An. 3€. ☎ 02 519 57 86 ; www.kbr.be

Autoworld – Avr.-sept. 10h-18h ; oct.-mars 10h-17h. Fermé 1ᵉʳ janv. et 25 déc. 5€. ☎ 02 736 41 65 ; www.autoworld.be

Bibliothèque Royale de Belgique – Visite accompagnée uniquement pour groupes sur demande auprès du Service éducatif, ☎ 02 519 53 57. Fermé dim., dernière sem. d'août, j. fériés légaux, 2 et 15 nov., et entre Noël et Nouvel An ; www.kbr.be

Le Botanique – 10h-18h. Fermé 1ᵉʳ janv. et 25 déc. Entrée gratuite. ☎ 02 218 37 32 ; www.botanique.be

Cathédrale des Sts-Michel-et-Gudule – En sem. 8h30-18h, sam. 8h30-15h30 et dim. 14h-18h. ☎ 02 217 83 45.

Centre belge de la bande dessinée – Tlj sf lun. 10h-18h. Fermé 1ᵉʳ janv. et 25 déc. 6,20€. ☎ 02 219 19 80.

Chapelle de l'Hospice Pachéco – Visite accompagnée uniquement sur demande préalable auprès de la direction, rue du Grand Hospice 7, 1000 Bruxelles, ☎ 02 226 42 11.

Chapelle de la Madeleine – 7h-20h, dim. 7h-12h. ☎ 02 513 89 40 (Office de tourisme).

Église N.-D.-de-Bon-Secours – En été : tlj sf dim. ap.-midi 10h-17h. En hiver, 10h-16h. ☎ 02 219 75 30.

Église N.-D.-de-la-Chapelle – Tlj sf ven. 12h30-16h30. ☎ 02 513 53 48.

Église N.-D.-du-Sablon – 9h-17h en sem., 10h-17h w.-end. Fermé aux visiteurs durant les offices. ☎ 02 511 57 41.

Église Ste-Marie – 11h-13h, w.-end 15h-17h. ☎ 02 245 45 77.

Centre de la bande dessinée – Hall d'entrée

J.-M. By/EUREKA SLIDE

Église St-Jacques-sur-Coudenberg – Mar.-sam. 10h-18h, lun. et dim. 15h-18h. ☎ 02 511 78 36.

Église St-Jean-Baptiste-au-Béguinage – Mar.-sam 10h-17h, dim. 11h-12 h. ☎ 02 217 87 42.

Église St-Nicolas – Fermé pour cause de travaux au moment de la rédaction. ☎ 02 513 80 22.

Église Sts-Jean-et-Étienne-aux-Minimes – 10h-13h. ☎ 02 511 93 84.

Fondation internationale Jacques Brel – Tlj sf lun. 10h-17 h. Fermé j. fériés. 5€. ☎ 02 511 10 20 ; www.jacquesbrel.be

Hôtel de ville – Avr.-sept. : visite accompagnée mar.-mer. 14h30, dim. 11h30. Le reste de l'année mar.-mer. 14h30. Fermé 1er janv., 1er mai, 1er et 11 nov., et 25 déc. 2,50€. ☎ 02 279 43 65.

Maison de la Bellone – Août-juin : mar.-ven. 10h-18h. Fermé j. fériés. Gratuit. ☎ 02 513 33 33.

Maison Cauchie – Visite accompagnée (45mn) 1er w.-end de chaque mois : 11h-13h, 14h-18h. Fermé 1er janv. et 25 déc. 4€. ☎ 02 673 15 06.

Musée d'Art ancien – Tlj sf lun. 10h-17h. Fermé 1er janv., 2e jeu. de janv., 1er mai, 1er et 11 nov. et 25 déc. 5€ (musée d'Art moderne inclus). ☎ 02 508 32 11 ; www.fine-arts-museum.be

Musée d'Art moderne – Tlj sf lun. 10h-17h. Fermé 1er janv., 2e jeu. de janv., 1er mai, 1er et 11 nov. et 25 déc. 5€ (musée d'Art ancien inclus). ☎ 02 508 32 11 ; www.fine-arts-museum.be

Musée de la Brasserie – 10h-17 h. Fermé 1er janv. et 25 déc. 3€. ☎ 02 511 49 87 ; www.beerparadise.be

Musée Bruxella 1238 – Visite accompagnée mer. 11h15 et 15h. Rendez-vous à la Maison du Roi, Grand-Place. 3€. ☎ 02 279 43 50.

Musée du Cacao et du Chocolat – Tlj sf lun. (sf juil.-août) 10h-16h30. 5€. ☎ 02 514 20 48 ; www.mucc.be

Musée Charlier – Tlj sf lun. et j. fériés 12h-17h. 5€. ☎ 02 218 53 82 ; www.charliermuseum.be

Musée du Cinéma – 17h30-22h30. 2€. ☏ 02 507 83 70 ; www.cinematheque.be

Musée du Cinquantenaire – Une partie des salles peut être fermée pour des raisons de personnel. S'adresser à l'accueil. Mar.-ven. 9h30-17h, w.-end et j. fériés 10h-17h. Fermé 1er janv., 1er mai, 1er et 11 nov. et 25 déc. 4€. ☏ 02 741 72 11 ; www.kmkg-mrah.be

Musée du Costume et de la Dentelle – Tlj sf mer. 10h-12h30 et 13h30-17h, w.-end 14h-16h30. Fermé 1er janv., 1er mai, 1er et 11 nov. et 25 déc. 3€. ☏ 02 213 44 50.

Musée de l'Imprimerie – Tlj sf dim. 9h-17h. Mêmes jours de fermeture que pour la Bibliothèque royale. Entrée gratuite. ☏ 02 519 53 56 ; www.kbr.be

Musée des Instruments de Musique – Mar.-ven. 9h30-17h, w.-end 10h-17h. Fermé 1er janv., 1er mai, 1er et 11 nov. et 25 déc. 5€. ☏ 02 545 01 53 ; www.mim.fgov.be

Musée du Livre et Cabinets de Donations – Lun., mer. et sam. 14h-16h50. ☏ 02 519 53 57 ; www.kbr.be

Musée des Postes et des Télécommunications – Fermé pour travaux. ☏ 02 511 77 40.

Musée royal de l'Armée et d'Histoire militaire – Tlj sf lun. 9h-12h et 13h-16h30. Fermé 1er janv., 1er mai, 1er nov. et 25 déc. Entrée gratuite. ☏ 02 737 79 07 ; www.klm-mra.be

Muséum des Sciences naturelles – Travaux de rénovation en cours. Mar.-ven. 9h30-16h45, w.-end et vac. scolaires (sf juil. et août) 10h-18h. Fermé 1er janv., 1er mai et 25 déc. 4€. ☏ 02 627 42 38 ; www.sciencesnaturelles.be

Musée de la Ville de Bruxelles – Tlj sf lun. 10h-17h. Fermé 1er janv., 1er mai, 1er et 11 nov. et 25 déc. 3€. ☏ 02 279 43 50.

Musée Wiertz – Mar.-ven. 10h-12h, 13h-17h. Ouvert un w.-end sur deux (prière de se renseigner) aux mêmes heures. Fermé 1er janv., 2e jeu. de janv., 1er mai, 1er et 11 nov., 25 déc. Gratuit. ☏ 02 508 32 11 ; www.fine-arts-museum.be

Musées Bellevue – Tlj sf lun. 10h-17h (dernière entrée 16h). Fermé 1er janv., Pâques, 25 déc. 4€. ☏ 02 512 28 21. Billet combiné avec le Palais du Coudenberg 5€ ; www.musbellevue.be

Palais de Justice – Tlj sf w.-end 9h-15h. Fermé j. fériés. ☏ 02 508 65 78.

Palais de la Nation – Visite accompagnée pour groupes seulement (1h30) sur demande préalable auprès de la Chambre des Représentants, Service des Relations publiques et internationales, 1008 Bruxelles, ☏ 02 549 81 36.

Palais du Coudenberg – Mêmes conditions de visite que pour les Musées Bellevue. 4€. Billet combiné avec les Musées Bellevue 5€. ☏ 02 512 28 21 ; www.musbellevue.be

Palais Royal – De fin juil. à début sept. : tlj sf lun. 10h30-16h30. Entrée gratuite. ☏ 02 513 89 40 (Office de tourisme).

Place du Jeu-de-Balle : marché aux puces – 7h-14 h. ☏ 02 279 40 20.

Porte de Hal – Tlj sf lun. 10h-17h. 4€. ☏ 02 534 15 18 ; www.kmkg-mrah.be

Théâtre de marionnettes de Toone – Séances ven.-sam. 20h30. Pour les autres jours, se renseigner au ☏ 02 217 04 64. Fermé dim., 1er janv., lun. de Pâques et de Pentecôte et 25 déc ; www.toone.be

Théâtre royal de la Monnaie – Sept.-déc. et mars-juin : visite accompagnée sam. 12h. Tickets : bureau de location. Fermé j. fériés. 6€. ☏ 02 229 13 72 ; www.lamonnaie.be

D

DROGENBOS

Musée Felix de Boeck – Mar.-ven. 13h-17h, w.-end. 14h-17h. Fermé j. fériés, de mi-juil. à mi-août, 24 déc.-2 janv. 3,75€. ☏ 02 377 57 22.

F

FOREST

Église St-Denis – Lun.-mer. 10h-11h, jeu.-ven. 15h-16h. En dehors de ces heures, s'adresser au secrétariat, rue des Abbesses 15. ☏ 02 344 87 19.

G

GAASBEEK

Château et parc – Avr.-oct. : mar.-jeu. et w.-end 10h-18h. Fermé lun. (sf juil.-août), ven. et de nov. à mars. 2,50€. ☎ 02 531 01 30.

H

HEYSEL

Atomium – Avr.-août 9h-20h, sept.-mars 10h-17h30. 6€. ☎ 02 475 47 77 ; www.atomium.be

Mini-Europe – Fin mars-fin juin et sept. tlj 9h30-17h, juil.-août 9h30-19h (nocturne ven., sam. et dim 9h30-23h de mi-juil. à mi-août), de début oct. à début janv. 10h-17h. Fermeture annuelle de début janv. à fin mars. 11,50€. ☎ 02 478 05 50 ; www.minieurope.com

HUIZINGEN

Provinciedomein – Avr.-sept. : tlj 9h-20h (nov.-janv. 17h ; févr. et oct. 18h ; mars 19h). 2,50€. ☎ 02 383 00 20.

La HULPE

Ancien Domaine Solvay :

Parc – Été : 8h-21h ; hiver : 8h-18h. Gratuit. ☎ 02 653 64 04.

Château – Pas accessible au public.

Fondation Folon – Tlj sf lun. 10h-18h (dernière entrée 17h). Fermé 1er janv. et 25 déc. 7,50€. ☎ 02 653 34 56.

I

IXELLES

Abbaye N.-D.-de-la-Cambre : église – 9h-12h, 15h-18h. ☎ 02 648 11 21.

Maison des écrivains belges de langue française – Visite accompagnée lun. 10h-12h, mer. et ven. 10h-12h, 14h-16h. ☎ 02 512 29 68.

Musée communal – Mar.-ven. 13h-18h30, w.-end 10h-17h. Fermé j. fériés. Entrée gratuite pour les collections permanentes. ☎ 02 515 64 21 ; www.musee-ixelles.be

Musée des Enfants – Mer., sam., dim. 14h30-17h. Fermé j. fériés et août. 6,70€. ☎ 02 640 01 07 ; muséedesenfants.be

Musée Constantin Meunier – Mar.-ven. 10h-12h, 13h-17h, un w.-end sur deux aux mêmes heures (prière de se renseigner). Fermé 1er janv., 2e jeu. de janv., 1er mai, 1er et 11 nov. et 25 déc. Gratuit. ☎ 02 508 32 11 ; www.fine-arts-museum.be

J – K – L

JETTE

Demeure abbatiale de Dieleghem – Mar.-ven. 14h-17h et chaque 1er w.-end du mois aux mêmes heures. Fermé j. fériés et du 15 au 31 déc. Gratuit. ☎ 02 476 04 39.

Musée Magritte – Mer.-dim. 10h-18h. 6€. Fermé 1er janv. et 25 déc. ☎ 02 428 26 26 ; www.magrittemuseum.be

JEZUS-EIK

Église Notre-Dame – 8h-19h. ☎ 02 657 13 46.

Basilique du Sacré-Cœur

KOEKELBERG

Basilique nationale du Sacré-Coeur – Accès à la galerie-promenoir et à la coupole tlj 9h-17h15 en été et 10h-16h15 en hiver. 2,50€. ☎ 02 425 88 22.

LAEKEN

Église N.-D.-de-Laeken – Tlj sf lun. 14h-17h. ☎ 02 478 20 95.

Crypte royale – Dim. 14h-17h. Gratuit. ☎ 02 478 20 95.

Pavillon chinois – Mar.-ven. 9h30-17h, w.-end 10h-16h45. Fermé 1er janv., 1er mai. 1er et 11 nov. et 25 déc. 3€. ☎ 02 268 16 08 ; www.kmkg-mrah.be

Serres royales de Laeken – Elles sont visibles quelques jours (qui varient chaque année) au printemps (avr. et mai). Se renseigner au ☎ 02 513 89 40 (Office de tourisme).

Tour japonaise – Mar.-ven. 9h30-17h, w.-end 10h-16h45. Fermé 1er janv., 1er mai, 1er et 11 nov. et 25 déc. 3€. ☎ 02 268 16 08 ; www.kmkg-mrah.be

M

MEISE

Jardin botanique national – Avr.-oct. : 9h-17h ; le reste de l'année 9h-16h. Fermé 1er janv. et 25 déc. 4€. ☎ 02 260 09 70 ; www.br.fgov.be

MOLENBEEK-ST-JEAN

Musée bruxellois de l' Industrie et du Travail – Mar.-ven. 10h-17h, w.-end 14h-17h. Fermé 1er janv., 1er nov. et 25 déc. 3€. ☎ 02 410 99 50.

R

RIXENSART

Château – Visite accompagnée (40 mn) dim. 14h-18h de Pâques à fin sept. 4€. ☎ 02 653 65 05.

S

ST-GILLES

Hôtel Hannon – Mer.-ven. 11h-18h, w.-end 13h-18h. Fermé j. fériés. 2,50€. ☎ 02 538 42 20 ; www.contretype.org

Hôtel Wielemans – Momentanément fermé. ☎ 02 403 85 85.

Musée Horta – Tlj sf lun. 14h-17h30. Fermé j. fériés. 5€. ☎ 02 543 04 90 ; www.hortamuseum.be

T

TERVUREN Markt 7 – 3080 – ☎ 02 769 20 81

Arboretum – Visite du lever au coucher du soleil. Promenades limitées aux sentiers et pelouses. Entrée gratuite. ☎ 02 769 20 81 (Office de tourisme).

Kerk van Sint-Jan-Evangelist – 8h30-18h30. ☎ 02 769 20 81 (Office de tourisme).

Musée royal de l'Afrique centrale – Mar.-ven. 10h-17h, w.-end 10h-18h. Fermé 1er janv., 1er mai et 25 déc. 4€. ☎ 02 769 52 11 ; www.africamuseum.be

U

UCCLE

Chapelle Notre-Dame-des-Affligés – Lun.-mar. et jeu.-sam. 10h-17h, mer. et dim. 10h-12h. ☎ 02 344 23 65.

Cimetière du Dieweg – 9h-16h. ☎ 02 348 67 67.

Musée David et Alice van Buuren – Dim. et lun. 13h-18h, mer. 14h-18h. Fermé j. feriés et du 24 déc. au 1er janv. 10 €. ☎ 02 343 48 51 ; www.museumvanbuuren.com

W

WATERLOO ☐ Chaussée de Bruxelles 149 – 1410 – ☎ 02 354 99 10

A Waterloo un « ticket commun » donne accès à tous les musées de Waterloo 1815 au prix avantageux de 12€. Le ticket est en vente dans chaque musée et à la Maison du Tourisme de Waterloo. Il est valable pendant un an à partir de la date d'émission.

Butte du Lion – Avr.-sept. 9h30-18h30, oct. 9h30-17h30, nov.-févr. 10h30-16h, et mars 10h-17h. Fermé 1er janv. et 25 déc. 1€. ☎ 02 385 19 12.

Pavillon chinois

Ch. Bastin-J. Evrard

Centre du visiteur – Avr.-sept. : 9h30-18h, oct. 9h30-17h30, nov.-févr. 10h30-16h, mars 10h-17h. Fermé 1er janv. et 25 déc. 4,96€. ☎ 02 385 19 12.

Église Saint-Joseph – 8h30-19h. ☎ 02 354 00 11.

Dernier Quartier-Général de Napoléon – Avr.-oct. 10h-18h30, nov.-mars 13h-17h. Fermé 1er janv. et 25 déc. 2€. ☎ 02 384 24 24.

Musée de Personnages de Cires – Avr.-sept. 9h30-19h, oct. : 10h-18h, nov.-mars: w.-end et j. fériés 10h-17h. 1,75€. ☎ 02 384 67 40.

Musée Wellington – Avr.-sept. : 9h30-18h30, le reste de l'année 10h30-17h. Fermé 1er janv. et 25 déc. 5€. ☎ 02 354 78 06 ; www.museewellington.com

Panorama de la Bataille – Avr.-sept. 9h30-18h30, oct. 9h30-17h30, nov.-févr. 10h30-16h, mars 10h-17h. Fermé 1er janv. et 25 déc. 2,73€. ☎ 02 385 19 12.

WATERMAEL-BOITSFORT

Parc Tournay-Solvay – De 8h au coucher du soleil.

WOLUWE-ST-PIERRE

Bibliotheca Wittockiana – Tlj sf lun et dim. 10h-17h. Fermé j. fériés. 2,50€. ☎ 02 770 53 33.

Musée du Tram bruxellois – Avr.-oct. : w.-end et j. fériés 13h30-19h. 6€ (billet incluant une balade en tramway). ☎ 02 515 31 08 ; www.mtub.be

Hôtel Hannon

Index

A

B

C

V – W – X – Z

Notes

A.Leprince / Michelin

☐ a.  *Hôtel agréable de grand luxe*

☐ b. *"Bib hôtel" : bonnes nuits à petits prix*

☐ c. *Hôtel très tranquille*

Vous ne savez pas quelle case cocher ?

Alors plongez-vous dans Le Guide Michelin !

De l'auberge de campagne au palace parisien, du Bib Hôtel au 🏰🏰🏰🏰, ce sont au total plus de 45000 hôtels et restaurants à travers l'Europe que les inspecteurs Michelin vous recommandent et vous décrivent dans ce guide. Plus de 300 cartes et 1600 plans de villes vous permettront de les trouver facilement.

Le Guide Michelin Hôtels et Restaurants, le plaisir du voyage

Notes

B. Kaufmann / Michelin

- ☐ a. **Studios d'Hollywood (Californie)**
- ☐ b. **Mini Hollywood Tabernas (Espagne)**
- ☐ c. **Studio Atlas Ouarzazate (Maroc)**

Vous ne savez pas quelle case cocher ?
Alors plongez-vous dans Le Guide Vert Michelin !

- tout ce qu'il faut voir et faire sur place
- les meilleurs itinéraires
- de nombreux conseils pratiques
- toutes les bonnes adresses

Le Guide Vert Michelin, l'esprit de découverte

Notes

- musé Horta
- tour japanoise
- Serres Royale